App-Marketing

Rafael Mroz

App-Marketing
für iPhone und Android
Planung, Konzeption, Vermarktung
von Apps im Mobile Business

mitp

Bibliografische Information der Deutschen Nationalbibliothek
Die Deutsche Nationalbibliothek verzeichnet diese Publikation in der Deutschen Nationalbibliografie; detaillierte bibliografische Daten sind im Internet über <http://dnb.d-nb.de> abrufbar.

Bei der Herstellung des Werkes haben wir uns zukunftsbewusst für umweltverträgliche und wiederverwertbare Materialien entschieden. Der Inhalt ist auf elementar chlorfreiem Papier gedruckt.

ISBN 978-3-8266-9209-3
1. Auflage 2013

E-Mail: kundenbetreuung@hjr-verlag.de

Telefon: +49 6221/489-555
Telefax: +49 6221/489-410

www.mitp.de

© 2013 mitp, eine Marke der Verlagsgruppe Hüthig Jehle Rehm GmbH
Heidelberg, München, Landsberg, Frechen, Hamburg

Dieses Werk, einschließlich aller seiner Teile, ist urheberrechtlich geschützt. Jede Verwertung außerhalb der engen Grenzen des Urheberrechtsgesetzes ist ohne Zustimmung des Verlages unzulässig und strafbar. Dies gilt insbesondere für Vervielfältigungen, Übersetzungen, Mikroverfilmungen und die Einspeicherung und Verarbeitung in elektronischen Systemen.

Lektorat: Sabine Schulz
Sprachkorrektorat: Petra Heubach-Erdmann
Coverbild: © Marcello Bertolino – iStockphoto.com
Satz: III-satz, Husby, www.drei-satz.de
Druck: CPI Clausen & Bosse, Leck

Inhalt

	Einleitung		9
Teil I	**Planung und Konzeption**		**13**
Kapitel 1	**Die Smartphone-Revolution**		**15**
1.1	Das iPhone als Urknall		15
1.2	Das iPad – schon wieder eine Revolution		18
1.3	Google und Android rücken vor		19
1.4	Microsoft und Co. proben den Aufstand		23
1.5	Kein Ende des Booms in Sicht		25
Kapitel 2	**iOS und Android im Vergleich**		**27**
2.1	iOS		27
2.2	Android		29
2.3	Alternative Appstores		32
Kapitel 3	**Ideenfindung und -entwicklung**		**37**
3.1	Arten von Apps		37
3.2	Smartphone vs. Tablet		46
3.3	Alltagsprobleme lösen		49
3.4	Brainstorming und Mindmapping		50
3.5	Market-based vs. Resource-based View		52
3.6	Massenmarkt vs. Nische		55
3.7	Synergien nutzen		56
3.8	Große Ideen, kleiner Anfang		58

Kapitel 4 Das Marktumfeld — 61

- 4.1 Marktpotenzial & Zielgruppenanalyse 61
- 4.2 Der Wettbewerb 73
- 4.3 Content- und Datenlieferanten 88
- 4.4 SWOT-Analyse 92

Kapitel 5 Die perfekte App — 97

- 5.1 Besonderheiten von Smartphones 97
- 5.2 Das Trichter-Modell 101
- 5.3 Der USP 104
- 5.4 Gelungenes Interface-Design 109
- 5.5 Nomen est omen 127
- 5.6 Impressumspflicht & Datenschutz 131
- 5.7 Lokalisierung 136
- 5.8 Testing und Debugging 139

Kapitel 6 Geschäftsmodelle & Preisgestaltung — 149

- 6.1 Zielsetzung 149
- 6.2 Kostenpflichtige Apps 150
- 6.3 InApp-Purchases 162
- 6.4 Das Freemium-Modell 166
- 6.5 Virtuelle Güter 171
- 6.6 Abonnements 173
- 6.7 Werbung 176
- 6.8 Die Geschäftsmodelle im Vergleich 190
- 6.9 Kostenkalkulation & Break-even-Analyse 192

Kapitel 7 Appstore Optimization — 197

- 7.1 Keywords 197
- 7.2 Die Beschreibung 200

7.3	Die richtige Kategorie	211
7.4	Screenshots	217
7.5	Icons	221
7.6	Bewertungen & Kommentare	226
7.7	Neue Funktionen	232
7.8	Suchergebnisse	233

Teil II   Marketing und Controlling   235

Kapitel 8   App-Marketing   237

8.1	Timing ist alles	237
8.2	Die Lite-Version	239
8.3	Preissenkungen	241
8.4	Cross-Promotion	249
8.5	Die App-Website	254

Kapitel 9   Social Media   269

9.1	YouTube	269
9.2	Facebook	276
9.3	Twitter	284

Kapitel 10   Mobile Advertising   287

10.1	Die Wahl des richtigen Netzwerks	287
10.2	Werbemittel erstellen	291
10.3	Ihre erste AdMob-Kampagnen	294
10.4	Anzeigenoptimierung & Kosten-Nutzen-Kalkulation	301

Kapitel 11   Public Relations   305

11.1	Die Pressemitteilung	306
11.2	Die Pressemappe	315

11.3	Der Presseverteiler	316
11.4	Promo-Codes	324
11.5	Versand und Nachfassen	327
11.6	Presseportale und -services	333
11.7	Media-Monitoring	336

Kapitel 12 Kundenbindung — 339

12.1	Push-Nachrichten	339
12.2	Feedback und Umfragen	346
12.3	Updates	349

Kapitel 13 Erfolgsmessung — 353

13.1	Die wichtigsten Kennzahlen im Blick	353
13.2	App Analytics mit dem Distimo Monitor	359
13.3	Das Ursache-Wirkung-Prinzip	365

Index 371

Einleitung

Als Apple 2007 das erste iPhone veröffentliche, wurde innerhalb weniger Wochen klar, dass sich die Nutzung von Mobiltelefonen grundlegend ändern würde. Das Smartphone war geboren und ist seitdem ständiger Begleiter und Alltagshelfer. Neben den technischen Unterschieden haben Smartphones gegenüber Handys aber noch einen entscheidenden Vorteil – das reichhaltige Angebot an Apps. Die Nachfrage nach mobilen Applikationen ist so groß wie nie, regelmäßig werden Rekordumsätze vermeldet. Dabei spielt es keine Rolle, ob iPhone oder Android-Gerät – kaum ein Smartphone-Besitzer kann heutzutage noch auf Apps verzichten, sei es zur Planung von Terminen oder zum Bieten auf eBay von unterwegs.

Mit der Verbreitung von Smartphones und der damit steigenden Nachfrage nach Apps wuchs auch die Anzahl der Entwickler, die sich in diesem neuen Markt beweisen und neue Umsatzquellen erschließen wollten. Mittlerweile tummeln sich zig Tausende verschiedene App-Publisher in den Appstores und buhlen um die Gunst der Nutzer. Dabei reicht es heute nicht mehr aus, eine App einfach nur zu veröffentlichen und auf den Erfolg zu warten. Schnell verschwindet die eigene App trotz aufwendiger Entwicklung in der Versenkung und findet niemals den Weg auf den Screen der Smartphone-Nutzer.

Dieses Buch liefert alle wichtigen Werkzeuge, um Ihre App im hart umkämpften App-Markt gewinnbringend zu positionieren. Ein umfangreiches Angebot an Marketing-Instrumenten sowie Hilfestellungen in der Planungs- und Umsetzungsphase mit zahlreichen Beispielen sollen Ihnen dabei helfen, von Anfang an den Erfolg in die eigene Hand zu nehmen und diesen auch langfristig auszubauen.

An wen sich dieses Buch richtet

Das Buch richtet sich an Entwickler, die ihre eigene Idee umsetzen möchten und ihre Mühen dabei nicht unbelohnt lassen wollen. Schließlich ist auch die Entwicklung von mobilen Applikationen mit einem enormen Aufwand verbunden. Aber auch App-Publisher, die keine eigenen Programmierkenntnisse haben und ihre Idee von externen Dienstleistern umsetzen lassen, werden in diesem Buch wertvolle Einblicke gewinnen.

Ebenfalls profitieren können von den Inhalten Unternehmen, die bereits online präsent sind und nun den Sprung in die mobile Welt wagen wollen. Sie können ihre Produkte und Services auch auf Smartphones verfügbar machen und so ihre bestehenden Kunden vor allem binden, aber auch neue Kunden auf diesem relativ jungen Medium hinzugewinnen.

Dabei spielt es übrigens keine Rolle, ob Sie sich dazu entscheiden, eine App für Smartphones oder Tablets wie dem iPad zu veröffentlichen. Die Inhalte dieses Buches lassen sich auf beide Plattformen problemlos anwenden. Das Buch konzentriert sich dabei auf die Veröffentlichung von Apps für Apple iOS und Google Android, da diese Systeme zurzeit die größte Verbreitung aufweisen. Die Unterschiede werden dabei an den entsprechenden Stellen ausführlich erläutert, so dass App-Publisher beider Lager von den Inhalten gleich profitieren können.

Aufbau des Buches

Das Buch gliedert sich in zwei Teile. Die Kapitel bauen inhaltlich aufeinander auf, können jedoch auch schwerpunktmäßig gelesen werden.

Teil I: Planung und Umsetzung

Im ersten Teil lernen Sie alle Schritte kennen, die vor der Veröffentlichung Ihrer App durchlaufen werden. Der Erfolg einer App wird definiert durch Entscheidungen, die in einem ganz frühen Stadium getroffen werden. Der erste Teil soll Ihnen dabei helfen, von Anfang den Blick auf das Wesentliche zu richten und durch eine strukturierte Arbeitsweise den Grundstein für den Erfolg Ihrer App zu legen.

- Kapitel 1: Ein kurzer Rückblick auf die vergangenen fünf Jahre und wie sich die Welt der Smartphones verändert hat. Weiterhin werden die wichtigsten Player in diesem Markt vorgestellt sowie ein kleiner Ausblick auf die nächsten Jahre gegeben.
- Kapitel 2: Ein Vergleich der beiden populärsten Betriebssysteme iOS und Android sowohl in technischer Hinsicht als auch hinsichtlich der beiden genutzten Plattformen iTunes und Google Play. Außerdem lernen Sie alternative Appstores kennen, über die Sie Ihre Android-App vertreiben können.

- Kapitel 3: In diesem Kapitel werden zunächst die verschiedenen Arten von Apps vorgestellt sowie auf die Unterschiede von Smartphone- und Tablet-Apps eingegangen. Weiterhin erhalten Sie einen Überblick darüber, wie Sie mit Hilfe verschiedener Tools und Entscheidungskriterien Ideen für Apps generieren und die besten auswählen können.
- Kapitel 4: Hier wird das gesamte Marktumfeld analysiert, in dem Sie sich bewegen werden. Dazu gehört zunächst die Erfassung des Marktpotenzials sowie eine Zielgruppen- und Wettbewerbsanalyse. Content- und Datenlieferanten werden ebenfalls ausführlich betrachtet. Die anschließende SWOT-Analyse soll Ihnen dabei helfen, Ihre Wettbewerbsposition zu definieren.
- Kapitel 5: In diesem Kapitel werden zunächst die Besonderheiten von Smartphones vorgestellt, die Sie sich zunutze machen sollten. Die einzelnen Erfolgsfaktoren wie USP, ein gelungenes Interface-Design, das Einhalten von rechtlichen Rahmenbedingungen werden ebenso vorgestellt wie Herausforderungen einer Lokalisierung Ihrer App. Zuletzt wird noch auf die Bereiche Testing und Debugging eingegangen sowie die Uploadprozesse bei Apple und Google im Detail vorgestellt.
- Kapitel 6: In den einzelnen Abschnitten werden die wichtigsten Erlösmodelle ausführlich mit zahlreichen Rechenbeispielen und einer Gesamtübersicht vorgestellt. Dazu gehören kostenpflichtige Apps, InApp-Purchases, Freemium-Apps, virtuelle Güter, Abonnements sowie natürlich die Einbindung von Werbung. Anschließend erfahren Sie mehr über das Thema Kostenkalkulation und Break-even-Analyse zur Errechnung Ihrer Gewinnschwelle.
- Kapitel 7: Ein guter Beschreibungstext, die Auswahl der richtigen Kategorie und Keywords sowie das Erstellen von geeigneten Screenshots und App-Icons gehören zu den wichtigsten Stellschrauben, an denen Sie drehen können, um Ihre App so gut wie möglich im Appstore zu präsentieren. Darüber hinaus erfahren Sie, welchen Einfluss Bewertungen, Kommentare und Suchergebnisse der Appstores auf den Erfolg Ihrer App haben und wie Sie dies positiv beeinflussen können.

Teil II: Marketing und Controlling

Der zweite Teil des Buches beschäftigt sich vor allem mit den Maßnahmen, die Sie außerhalb der Appstores ergreifen können, um Ihre App populärer zu machen und dadurch mittelfristig immer und immer höhere Einnahmen zu generieren.

Einleitung

- Kapitel 8: In diesem Kapitel dreht sich alles um klassische Marketing-Maßnahmen. Es wird gezeigt, welchen Einfluss das richtige Timing auf Ihre Downloadzahlen hat. Weiterhin werden Sie erfahren, welche Vor- und Nachteile sich aus einer Lite-Version Ihrer App ergeben, wie Sie mit Preissenkungen kurz- und langfristig höhere Umsätze erreichen können und welche Rolle Cross-Promotion in Ihrem Marketing-Mix einnimmt.
- Kapitel 9: Das Thema Social Media spielt auch für Apps eine große Rolle. Hierzu gehören die Verbreitung Ihrer App über YouTube und der geschickte Einsatz von Facebook sowie Twitter. So bauen Sie eine treue Nutzerschaft auf und erzeugen gleichzeitig einen viralen Effekt.
- Kapitel 10: Mobile Advertising gehört ebenfalls zu den wichtigsten Instrumenten, um Werbung für Ihre App zu betreiben. So müssen Sie ein geeignetes Werbenetzwerk aussuchen und eigene Werbemittel erstellen. Es wird gezeigt, wie Sie eine eigene Kampagne in AdMob erstellen und starten. Zuletzt müssen Sie Erfolgsmessungen durchführen, um die Wirtschaftlichkeit Ihrer Kampagnen zu überprüfen.
- Kapitel 11: Public Relations stellen einen weiteren Baustein in Ihrem Marketingplan dar. Es wird gezeigt, wie eine gute Pressemitteilung aufgebaut ist, welche Inhalte Ihre Pressemappe haben muss und wie Sie einen Presseverteiler aufbauen. Der Einsatz von Promo-Codes wird in diesem Kapitel ebenfalls thematisiert. Beim Versand und Nachfassen gibt es ebenfalls wichtige Entscheidungen zu treffen sowie Stolpersteine zu umgehen. Eine Übersicht der wichtigsten Presseportale und -services sowie der Einsatz von Media Monitoring runden dieses Kapitel ab.
- Kapitel 12: Um langfristig mit Ihrer App Erfolg zu haben, müssen Sie nicht nur neue Kunden gewinnen, sondern auch bestehende Kunden halten. In diesem Kapitel werden die dazu geeigneten Instrumente Push-Nachrichten, User-Feedback und -umfragen sowie App-Updates ausführlich vorgestellt.
- Kapitel 13: Die Erfolgsmessung zur Kontrolle all Ihrer Bemühungen wird im letzten Kapitel des Buches thematisiert. Es werden die wichtigsten Kennzahlen im App-Business vorgestellt sowie der Umgang mit Apples und Googles Reporting Tool erläutert. Als Alternative wird ebenfalls der Distimo Monitor vorgestellt, bevor im letzten Abschnitt verschiedenste Ursachen für steigende bzw. fallende Downloadzahlen analysiert werden.

Teil I

Planung und Konzeption

1	Die Smartphone-Revolution............................	15
2	iOS und Android im Vergleich	27
3	Ideenfindung und -entwicklung........................	37
4	Das Marktumfeld.....................................	61
5	Die perfekte App.....................................	97
6	Geschäftsmodelle & Preisgestaltung	149
7	Appstore Optimization	197

Planung und Konzeption

Kapitel 1

Die Smartphone-Revolution

1.1 Das iPhone als Urknall

Als Apple 2007 das iPhone auf den Markt brachte, war direkt klar – die Zukunft der mobilen Endgeräte hatte begonnen. Das für damalige Verhältnisse riesige Display und der eingebaute Touchscreen vermittelten dem Besitzer eine völlig neue Art der Nutzerführung und Usability. Besonders die Möglichkeit, direkt auf dem Bildschirm mit Inhalten zu interagieren, übte auf die Menschen eine besondere Faszination aus und veranlasste sie dazu, mehr Zeit als bisher üblich mit der Nutzung ihres Smartphones zu verbringen.

Abbildung 1.1: iPhone 2G aus dem Jahr 2007

1 Die Smartphone-Revolution

Heutzutage ist diese Form des Bildschirms aus der mobilen Welt nicht mehr wegzudenken. Bis auf ganz wenige Ausnahmen verfügen alle neuen Handys mittlerweile über einen Touchscreen. Kaum jemand erinnert sich noch daran, dass diese Technologie vor fünf Jahren wie Hightech aus einem Star-Trek-Film wirkte. Das iPhone wurde dadurch zu dem Smartphone schlechthin und viele sehen es noch heute als Referenz, obwohl mittlerweile die Anzahl an Smartphones stark gestiegen ist. Gleichzeitig wurden von T-Mobile, damals dem exklusiven Anbieter des iPhones in Deutschland, die ersten bezahlbaren Flatrate-Tarife für die mobile Datennutzung angeboten – bis dato musste man sich als Nutzer ganz genau überlegen, ob man für den Wetterbericht auf einer sehr unschönen WAP-Seite horrende Kosten in Kauf nehmen wollte. Dass das iPhone 2G nur EDGE[1] und nicht UMTS[2] bzw. HSDPA[3] unterstützte, war den Besitzern egal. Internetseiten ließen sich in einer akzeptablen Zeit laden, und wenn es doch größere Datenmengen sein mussten, wich man eben auf das eigene WLAN-Netz aus.

Diese eben genannten Faktoren alleine würden eine wahre Flut von neuen Entwicklungen im mobilen Sektor rechtfertigen. Jedoch war es eine weitere Neuerung, die den mobilen Boom erst wirklich auslöste. So genannte Apps, also mobile Applikationen für Smartphones, gaben den Usern fernab von WAP-Seiten die Möglichkeit, bequem auf Daten aus dem Netz zuzugreifen, beispielsweise auf E-Mails oder YouTube-Videos. Allerdings waren diese 2007 in noch überschaubarer Menge auf dem iPhone vorinstalliert. Eigene Apps zu programmieren und zum Download anzubieten, wurde erst ab 2008 möglich und löste eine wahre Goldgräberstimmung unter Programmierern aus, und dies aus gutem Grund. 2012 wurden insgesamt um die 45 Milliarden App-Downloads[4] durchgeführt. Diese Zahl wirkt noch beeindruckender, wenn man bedenkt, dass es drei Jahre zuvor erst drei Milliarden waren[5]. Das iPhone war allerdings nicht das erste Handy, auf dem zusätzliche Programme installiert

---

1. http://de.wikipedia.org/wiki/Enhanced_Data_Rates_for_GSM_Evolution
2. http://de.wikipedia.org/wiki/Universal_Mobile_Telecommunications_System
3. http://de.wikipedia.org/wiki/HSDPA
4. http://www.gartner.com/newsroom/id/2153215
5. http://www.apple.com/de/pr/library/2010/01/05Apples-App-Store-Downloads-Top-Three-Billion.html

1.1 Das iPhone als Urknall

werden konnten. PDAs von z. B. Hewlett-Packard verfügten bereits seit vielen Jahren über Software, die dem User das Leben unterwegs vereinfachen sollte.

Auch für Nokias Symbian-Plattform existieren bereits seit den 90er Jahren eine Vielzahl an Games. Und doch hat es Apple geschafft, den Begriff App neu zu definieren und seitdem entscheidend zu prägen. Dieser Erfolg liegt in einer Vielzahl von Faktoren begründet. Apple, angetrieben von Steve Jobs, verstand es noch früher als alle Konkurrenten, Apps in ihre Produkt- und Marketingstrategie miteinzubeziehen und so, zumindest zeitweise, zum weltweit wertvollsten Unternehmen aufzusteigen. Apple hatte 2007 mit iTunes bereits erfolgreich ein System installiert, das es Besitzern von Apple-Produkten ermöglichte, schnell und bequem digitale Inhalte zu erwerben und auf allen Produkten zu konsumieren. Sie brauchten lediglich einmal ein Nutzerkonto zu erstellen, Zahlungsinformationen zu hinterlegen und schon konnten Songs, Alben oder gar Videos heruntergeladen werden.

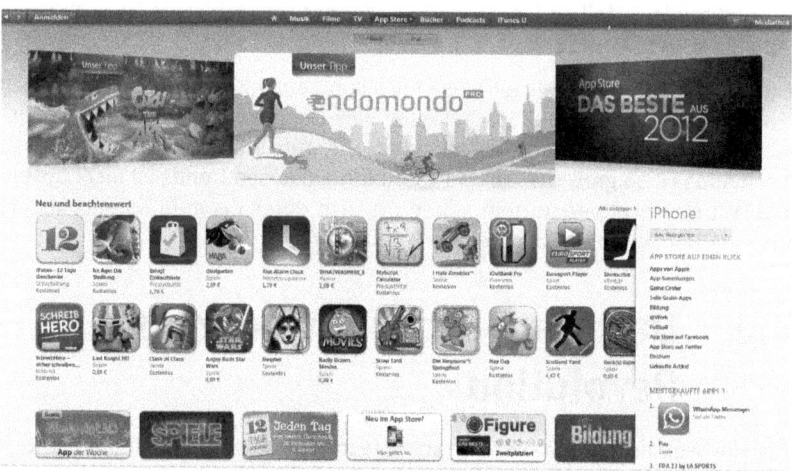

Abbildung 1.2: Der iTunes Store

Apple nutzte dies und implementierte 2008 also den App Store in iTunes, über den Smartphone-User fortan Apps für ihr iPhone oder auch ihren iPod Touch kaufen und herunterladen konnten. Dies ist ein entscheidender Schritt von Apple gewesen und bis heute liegt hierin die höhere Zahlungsbereitschaft von iPhone-Besitzern gegenüber Android-Nutzern begründet. Für Inhalte zu zahlen, war bereits damals für Apple-User normal. Viele Android-Nutzer schrecken bis heute vor diesem Schritt zurück und zwingen Entwickler dazu, auf andere Einnahmemöglichkeiten auszuweichen. Dazu jedoch mehr in Kapitel 6.

Viele Entwickler sprangen also schon 2008 auf den App-Zug auf und entwickelten ihre ersten Apps, um diese auf dem von Apple geschaffenen Marktplatz anzubieten und rechtzeitig ein Stück vom Kuchen zu ergattern. Die Anzahl vorhandener Apps stieg seitdem Jahr um Jahr explosionsartig an und mittlerweile tummeln sich mehr als 775.000 Apps im App Store und warten darauf, von iPhone-Besitzern gefunden zu werden.

Reichte es damals noch aus, rudimentäre Funktionen und ein schlichtes Design in die Apps zu integrieren, stoßen Sie heute auf eine sehr anspruchsvolle und zugleich sehr preissensible Kundschaft. Denn obwohl iPhone-Nutzer, wie schon bereits erwähnt, grundsätzlich bereit sind, für eine App zu zahlen, so erwarten sie dafür auch ansprechende Inhalte und Funktionen. 0,89 Euro für eine App werden Ihre Kunden nicht davon abhalten, bei einem Bug eine wütende E-Mail an Sie zu senden oder gar eine schlechte Bewertung im App Store zu hinterlassen.

Sie finden heute weiterhin ein wesentlich kompetitiveres Umfeld, als das noch 2008 der Fall war. Seien Sie sich dessen bewusst, wenn Sie sich für einen Eintritt in den mobilen Markt entscheiden. Die gute Nachricht: Die Nachfrage nach Apps ist so groß wie nie und ein Abreißen dieses Trends ist nicht absehbar. Mit den richtigen Mitteln haben Sie also durchaus gute Möglichkeiten, erfolgreich in diesem Markt bestehen zu können.

1.2 Das iPad – schon wieder eine Revolution

Als alle Welt dachte, das iPhone sei in technologischer Hinsicht kaum noch zu toppen, präsentierte Apple 2010 das iPad. Ähnlich der Entwicklung des iPhones stürmten Apple-Jünger weltweit die Läden und auf eBay wurden horrende Summen bezahlt, um eines dieser begehrten Tablets sein Eigen nennen zu können. Zunächst fragten sich viele, ob Tablets tatsächlich eine Daseinsberechtigung zwischen Smartphones und Laptops finden würden. Denn die Preise konnten sich durchaus sehen lassen und machten das iPad zu einem sehr kostspieligen »Spielzeug«.

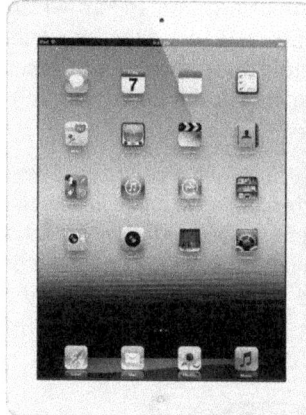

Abbildung 1.3: iPad 3

Gleichzeitig wurde auch der App Store aufgewertet. Es war nun möglich, Apps gezielt für das iPad zu entwickeln und zu einem anderen Preis anzubieten als die iPhone-Version. Entwickler hatten dadurch die Möglichkeit, ihre Apps aufzuwerten und höhere Preise zu verlangen – eine lukrative, zusätzliche Einnahmequelle zum sonstigen App-Geschäft. Jedoch sollten Sie als Entwickler den Aufwand einer iPad-optimierten Version Ihrer App nicht unterschätzen. Das iPad unterscheidet sich hinsichtlich der technischen Möglichkeiten und des Nutzungsverhaltens enorm vom iPhone. Dieses Buch wird sich in den folgenden Kapiteln inhaltlich auf Apps für Smartphones konzentrieren. Die Maßnahmen, die ab Kapitel 7 vorgestellt werden, gelten jedoch für Tablets genau so wie für mobile Apps.

1.3 Google und Android rücken vor

2007 hob Google ebenfalls das Betriebssystem Android aus der Taufe, um dem De-facto-Monopolisten Apple entgegenzutreten. Um schnell Entwickler für das neue Betriebssystem zu gewinnen, lud Google zu einer Developer Challenge, bei der insgesamt 500.000 Dollar als Preisgelder ausgeschüttet wurden. 2008 wurde dann die Version 1.0 des Android SDKs veröffentlicht.[6]

---

6. http://android-developers.blogspot.de/2008/09/announcing-android-10-sdk-release-1.html

1 Die Smartphone-Revolution

Da Google selbst keine Smartphones produziert, wurden Partnerschaften mit namhaften Herstellern wie Samsung und HTC geschlossen, deren Smartphones mit diesem Betriebssystem Android ausgestattet werden sollten. Den Anfang machte das HTC G1, damals noch mit ausklappbarer Tastatur als alternative Eingabemethode zum Touchscreen.

Viele User störte damals fehlendes Multitouch und eine unzureichende Usability gegenüber dem iPhone. Jedoch wurde hier bald Abhilfe geschaffen und die Anzahl verfügbarer Android-Geräte ist in den letzten Jahren beinahe so stark gestiegen wie die Anzahl der verfügbaren Apps selbst. Zurzeit gibt es etwa 40 verschiedene Smartphones mit Android als Betriebssystem, angefangen von Einsteigermodellen mit wenig Leistung bis hin zu iPhone-Konkurrenten wie dem Galaxy Nexus oder dem Samsung S III.

Abbildung 1.4: Galaxy Nexus

Preislich ist für jeden Geldbeutel etwas dabei, es gibt außerdem eine Vielzahl von Mobilfunk-Tarifen, bei denen man gute Modelle beinahe geschenkt bekommt.

> **Tipp**
>
> Eine gute Übersicht aller Android-Geräte finden Sie auf http://www.androidphonesarena.com. Hier können Sie nach Jahren sortiert alle Geräte recherchieren und sogar miteinander vergleichen.

Androids entscheidender Unterschied zu Apples iOS: Es wurde als Open Source veröffentlicht. Jeder kann somit auf den Kern des Systems zugreifen und eigene Versionen veröffentlichen. Samsung und HTC beispielsweise installierten auf ihren Geräten eigene Android-Versionen, genannt TouchWiz bzw. HTC Sense. Laut einer Studie der IDC sind knapp 70% aller Smartphones mit Android ausgerüstet. Dies zeigt eindeutig die Popularität dieses Betriebssystems zum jetzigen Zeitpunkt.

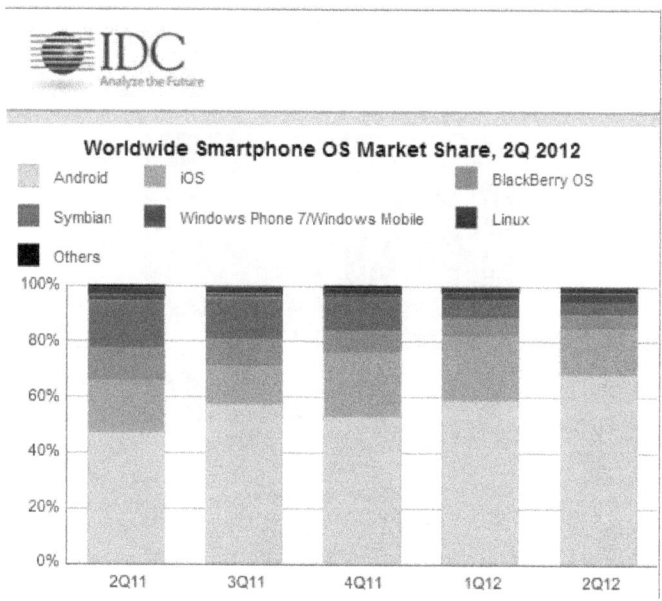

Abbildung 1.5: Weltweite Marktanteile der mobilen Betriebssysteme
(Quelle: www.idc.com)

Das Pendant zu Apples App Store heißt Google Play Store. Dieser Name wurde jedoch erst Anfang 2012 eingeführt, bis zu diesem Zeitpunkt war der Marktplatz unter dem Namen Android Market bekannt.

Natürlich hatte Google gegenüber Apple beim Start einen entscheidenden Nachteil: Die Anzahl verfügbarer Apps war sehr klein. Zu diesem Zeitpunkt war ein ausreichend großes Angebot an Apps für viele Leute bei der Neuanschaffung eines Smartphones ein wichtiges Kaufkriterium. Vorbei die Zeiten, wo auf Sprachqualität und Akkulaufzeit geachtet wurde. Ohne Angry Birds und Co. ging plötzlich nichts mehr. Und um möglichst schnell eben diesen Bedarf

1 Die Smartphone-Revolution

decken zu können, entschied sich Google dafür, bei der Kontrolle der Apps im Gegensatz zu Apple wenig Strenge walten zu lassen. Das Ergebnis: Aktuell sind bei Google Play mehr als 700.000 Apps erhältlich, der Plan ist also aufgegangen. Leider lässt sich feststellen, dass ein Großteil der Apps wenig bis gar keine Funktionen enthält und ein furchtbares Design aufweist – das Angebot an qualitativ ansprechenden Apps ist also wesentlich kleiner, als es die Statistik vermuten lässt. Mittlerweile ist jedoch auch Google dazu übergegangen, Apps zu kontrollieren und nachträglich zu entfernen, auch wenn man noch weit von der Strenge Apples entfernt ist.

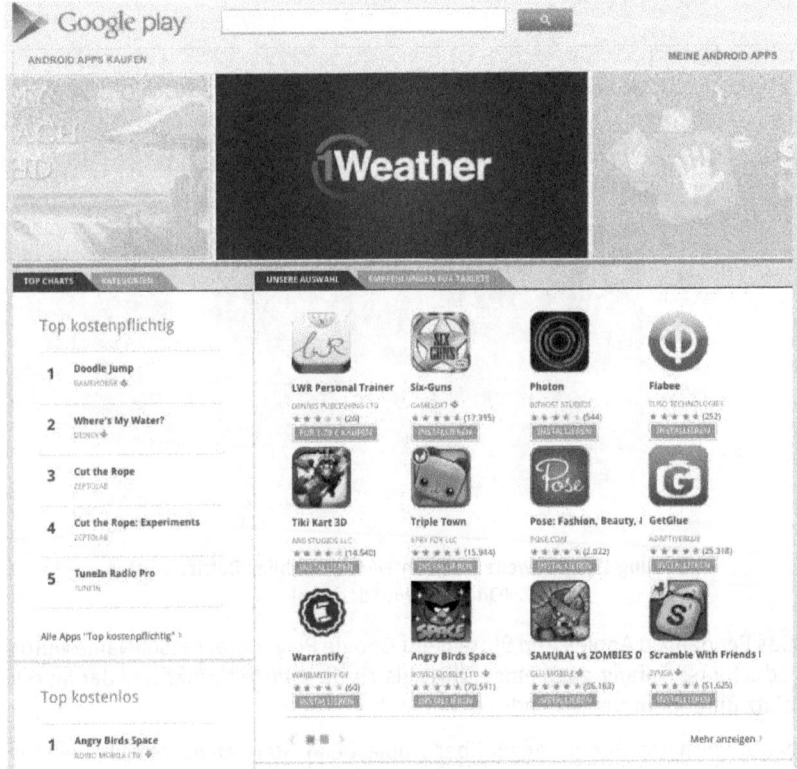

Abbildung 1.6: Google Play

Mittlerweile erfreut sich Google Play großer Beliebtheit bei den Nutzern, im Dezember 2011 wurden bereits zehn Milliarden Downloads verkündet werden.

Für Sie als Entwickler sind das natürlich gute Nachrichten, da Sie auf beiden Plattformen eine große Nutzerschaft vorfinden können.[7]

Google Play ist jedoch nicht die einzige Möglichkeit, um Android Apps zu vertreiben. Im Gegensatz zu Apple schreibt Google den Entwicklern nämlich nicht vor, wie sie ihre App an den Mann oder die Frau bringen sollen. Daher gibt es mittlerweile eine Handvoll Alternativen zu Google Play, allen voran Amazon. Das Internet-Urgestein hat rechtzeitig die Zeichen der Zeit erkannt und sein Angebot an digitalen Gütern auf Apps ausgeweitet mit ähnlichen Konditionen wie Google selbst. Durch die hohe Reichweite, die Amazon bietet, ist es auf jeden Fall eine Überlegung wert, sollten Sie Ihre Apps für Android veröffentlichen wollen. In Abschnitt 2.3 werden diese Alternativen ausführlich vorgestellt, jedoch wird sich dieses Buch trotzdem auf Google Play konzentrieren, da es die primäre Anlaufstelle für alle Android-Nutzer auf der Suche nach neuen Apps ist.

1.4 Microsoft und Co. proben den Aufstand

Der Smartphone-Boom der letzten Jahre hat viele Gewinner, aber ebenso Verlierer. Nokia, lange unangefochtener Marktführer im Mobilfunkmarkt, hat es verpasst, innovative Geräte und Software zu entwickeln, und so sinkt der Marktanteil der Finnen immer weiter. Blackberry, seinerzeit Marktführer im Business-Sektor, konnte seine Marktstellung ebenfalls nicht ausnutzen. Das iPhone konnte seit seinem Start dank innovativer Apps und Integrationen in B2B-Software ebenfalls in diesem Segment Fuß fassen und ist heute auch bei Geschäftskunden im Einsatz. Vor Einführung der Smartphones wurde primär auf die Umsätze geachtet, die mit dem Verkauf von Endgeräten erwirtschaftet wurden. Heutzutage hat sich dies dank der Plattformen von Apple und Google geändert, die wichtigste Kennzahl lautet: Umsatz pro Nutzer. Denn sowohl Apple als auch Google partizipieren an jedem App-Kauf und können so das Umsatzpotenzial pro Besitzer, das früher begrenzt war, vervielfachen.

Bei einem weiteren Marktteilnehmer herrscht in der Branche noch Uneinigkeit darüber, inwiefern dieser in den mobilen Markt eingreifen kann. 2011 veröffentlichte Microsoft sein neues mobiles Betriebssystem Windows Phone 7 und

---

7. http://android-developers.blogspot.de/2011/12/10-billion-android-market-downloads-and.html

1 Die Smartphone-Revolution

kurze Zeit später bereits Windows Phone 8. Windows Phone ist ein Neuanfang und versucht, an die Erfolge von Apple und Google anzuknüpfen. Genau wie Google kooperiert Microsoft dabei mit anderen Herstellern, allen voran Nokia. Microsoft möchte in Zukunft sein neues Betriebssystem Windows 8 wie auch die XBox Live und Windows Phone eng miteinander verzahnen, um dem Nutzer ein möglichst fließendes Erlebnis zu bieten, wie Apple das bereits geschafft hat.

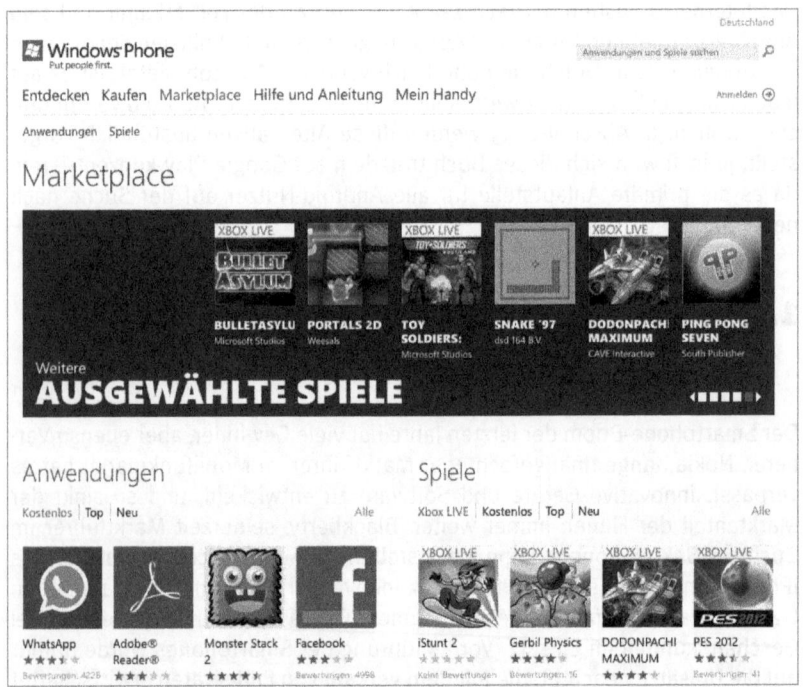

Abbildung 1.7: Windows Phone Marketplace

Zurzeit sind die Verkaufszahlen als eher moderat zu bezeichnen und auf den ersten Blick für einen Entwickler keine Alternative zu Apple oder Google. Die Anzahl verfügbarer Apps für Windows Phone 7 und 8 zusammen liegt zurzeit bei etwa 300.000 (Stand Ende 2012) und damit weiter unter den Zahlen des App Stores und Google Play. Nichtsdestotrotz verfügt Microsoft über ein ausreichend großes Marketingbudget und wird nichts unversucht lassen, um den beiden großen Kontrahenten Marktanteile abzuknüpfen. Sie sollten daher Windows Phone 8 mit einem Auge weiter beobachten und evtl. später einsteigen.

1.5 Kein Ende des Booms in Sicht

Wie Sie sehen, hat sich in den letzten Jahren im mobilen Markt sehr viel getan. Es werden regelmäßig Rekordumsätze vermeldet und die Nachfrage nach Apps ist so groß wie nie. Zugegeben, die Goldgräberstimmung ist ein wenig abgeebbt und Sie finden heute ein kompetitiveres Umfeld mit wesentlich anspruchsvolleren Kunden vor, als dies noch vor vier Jahren der Fall war. Seien Sie sich dessen bewusst, wenn Sie sich für einen Eintritt in den mobilen Markt entscheiden. Die gute Nachricht: Mit den richtigen Mitteln haben Sie durchaus gute Möglichkeiten, erfolgreich im mobilen Markt bestehen zu können. Mit diesem Buch möchte ich Ihnen diese an die Hand geben, um aus Ihrer Idee eine erfolgreiche App zu machen.

1.4 Kein Ende des Booms in Sicht

Kapitel 2

iOS und Android im Vergleich

2.1 iOS

Der App Store

Apple verfügt über ein sehr gut funktionierendes System, von dem Sie als Entwickler profitieren können. Dazu gehört natürlich im Kern der App Store. Der App Store ist die einzige Möglichkeit für iPhone-Besitzer, sich neue Apps herunterzuladen. Ein Großteil der Nutzer hat hier ebenfalls seine Zahlungsdaten hinterlegt und es genügt das Eingeben des Passworts, um eine App zu kaufen. Für Inhalte zu zahlen, ist dabei für Apple-Nutzer nichts Außergewöhnliches, wie bereits in Kapitel 1 erläutert. Als Entwickler zahlen Sie als Gegenleistung für das Bereitstellen dieses Systems an Apple einen Abschlag von 30% auf den Endkundenpreis. Dieser Abschlag sollte in Ihre Kalkulationen mit einfließen, denn er ist nicht unerheblich. Eine Zielgruppe, die oft vergessen wird, sind die iPod-Touch-User. Diese können ebenfalls Apps aus dem App Store herunterladen und diese nutzen, da das iPhone und das iPod Touch technisch miteinander verwandt sind. Dieser Umstand vergrößert natürlich die Zielgruppe und ist für Entwickler ein weiteres gutes Argument, um für iOS-Geräte Apps zu programmieren.

Auflösungen

Bei der Entwicklung für iOS-Geräte müssen Sie Ihre Apps auf nur wenige Auflösungen hin optimieren. Das iPhone 3GS hat eine Auflösung von 320x480. Ältere Geräte wie das iPhone 3G sowie das iPhone 2G können Sie als App-Publisher vernachlässigen, da diese von Updates nicht mehr unterstützt und nur noch von wenigen Anwendern genutzt werden. Generell sind Apple-User sehr bestrebt, immer das neueste Produkt zu besitzen – ein weiterer Vorteil für Sie.

2 iOS und Android im Vergleich

Seitdem Apple mit dem iPhone 4 das so genannte Retina-Display auf den Markt brachte, können Apps auf eine Auflösung von 960x640 hin optimiert werden. Das erste iPad sowie sein Nachfolger verfügten über eine Auflösung von 1024x768 Pixeln. Seit dem Marktstart des iPad 3 ist eine dritte Auflösung hinzugekommen, 2058x1.536. Mit dem iPhone 5 und seiner Auflösung von 1136x640 Bildpunkten hat Apple 2012 nochmals die Palette erweitert, die aber weiterhin als übersichtlich bezeichnet werden darf. Entwickler können dadurch mit nur wenigen Auflösungen einen Großteil der Zielgruppe abdecken.

Updates

Apple veröffentlicht regelmäßig Updates für sein iOS, um neue Funktionen zu implementieren. Dabei liegt es dem Unternehmen sehr am Herzen, dass User sowie Entwickler ihre Systeme auch aktualisieren. Für Sie als Entwickler ist dies zunächst einmal ein Vorteil, da ein Großteil Ihrer Kunden nur eine Version nutzt, nämlich die aktuelle. Nichtsdestotrotz müssen Sie natürlich darauf achten, dass auch ältere Versionen weiterhin unterstützt werden, sollte Ihre App schon länger auf dem Markt sein. Weiterhin hat jedes Update seine Tücken und kann Probleme mit Ihrer App verursachen. Testen Sie diese also nach jedem neuen iOS-Update und stellen Sie sicher, dass die App weiterhin einwandfrei läuft. Neben den zusätzlichen Funktionen gibt es aber noch einen entscheidenden Punkt, den Sie beachten sollten. Apple verknüpft neue Versionen seines iOS-Betriebssystems zum Teil auch mit seinem Mac-Betriebssystem. Das bedeutet, dass Sie als Entwickler gezwungen werden, auch Ihren Entwicklungs-Computer immer aktuell zu halten. So war es beispielsweise nicht möglich, auf Macs mit Mac OS X Snow Leopard für iOS 5 zu entwickeln – ein kostenpflichtiges Update auf OS X Lion war Pflicht.

Regularien

Wie bereits erwähnt legt Apple sehr viel Wert auf Qualität im App Store. Dadurch kann es beim erstmaligen Hochladen Ihrer App zu Verzögerungen kommen, bis diese tatsächlich verfügbar ist. Aus der Erfahrung heraus müssen Sie mit sieben Tagen rechnen, bevor Apple Ihre App freigibt. Sollte Ihre App abgelehnt werden, so verlängert sich dieser Zeitraum dementsprechend. Bei Updates Ihrer App dauert es im Durchschnitt zwischen zwei und sieben Werktagen, bis die neue Version verfügbar ist. Bei der Entwicklung Ihrer App sollten Sie ebenfalls darauf achten, folgende Inhalte zu vermeiden. Diese stellen laut Apple-Regularien einen Grund für ein Ablehnen der App dar:

- Rohe Gewaltdarstellung
- Glücksspiel
- Pornografische Inhalte
- Rassistische Inhalte

2.2 Android

Google Play Store

Android ist für viele Entwickler eine willkommene Alternative zu Apple aufgrund des Open-Source-Gedankens, der hinter dieser Software steht. Nichtsdestotrotz bietet Google Entwicklern mit dem Google Play Store ebenfalls eine ausgereifte Plattform, die der von Apple in vieler Hinsicht gleicht. Auch bei Google erhalten Sie 70% der Bruttoeinnahmen ausgezahlt und können online oder auch mobil Ihre App der Öffentlichkeit präsentieren. Jedoch sollten Sie dabei beachten, dass im Gegensatz zu Apple viele Android-Nutzer keine Zahlungsdaten hinterlegt haben und diesen Weg auch in Zukunft scheuen werden. Der Umsatz im Apple App Store ist um ein Vielfaches höher als der des Play Stores. Großer Vorteil für Sie ist natürlich die Vielzahl an Android-Geräten, die täglich verkauft werden. Dadurch wächst ebenfalls Ihre Zielgruppe und macht Android zu einem ebenbürtigen Konkurrenten für Apple. Zuletzt soll noch erwähnt werden, dass Android-Nutzer die Möglichkeit haben, Ihre App binnen 15 Minuten zurückzugeben, sollte diese nicht den Ansprüchen genügen. Diese Möglichkeit ist sehr nutzerfreundlich und vermeidet Fehlkäufe, die häufig mit einer negativen Bewertung quittiert werden.

Widgets

Einer der größten Unterschiede zwischen Android und iOS besteht in der Möglichkeit, dass Sie auf Googles Betriebssystem so genannte Widgets für Ihre Applikation anbieten können. Widgets sind Teilfunktionen, die aus der eigentlichen App herausgelöst werden und auf dem Hintergrund des Smartphones abgelegt werden können. Widgets sind dabei voll funktionsfähig – die App kann also benutzt werden, ohne erst vom User geöffnet werden zu müssen. Die Möglichkeit, Widgets zu nutzen, gibt Ihnen als App-Publisher natürlich zusätzliche Optionen bei der Gestaltung Ihrer App. In Abbildung 2.1 sehen Sie ein Widget der App »Grocery List«, das direkt auf dem Screen platziert werden kann.

2 iOS und Android im Vergleich

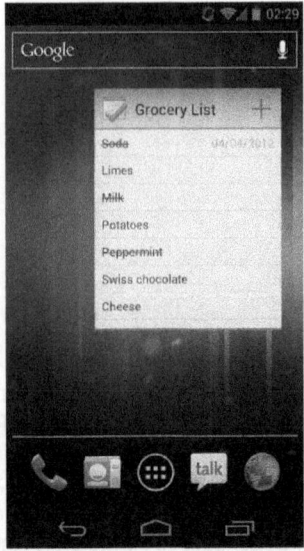

Abbildung 2.1: Widget der App »Grocery List«

Auflösungen

Im Gegensatz zu Apple tummelt sich eine Vielzahl von Geräten mit unterschiedlichen Auflösungen im Markt. Sie als App-Publisher müssen daher ein möglichst breites Spektrum an Auflösungen abdecken, um eine ausreichend große Zielgruppe zu erreichen. Dies kann mitunter sehr mühselig sein und artet oftmals in Fleißarbeit aus, die sehr viel Zeit in Anspruch nimmt. Nichtsdestotrotz gibt es natürlich einige Auflösungen, die häufiger vorkommen, z. B. 320x480 oder 480x800. Viele der neueren Geräte bieten mittlerweile eine Auflösung von 720x1280, was 720p entspricht.

OS-Versionen

Genau wie bei Apple werden auch bei Android regelmäßig neue Versionen bereitgestellt. Im Gegensatz zu Apple-Nutzern können die User ihre Smartphones jedoch nicht einfach aktualisieren, sondern müssen auf spezielle Versionen der Handyhersteller warten. Dies liegt daran, dass z. B. Samsung oder HTC eigene Android-Systeme auf den Geräten installiert haben und neue Android-Versionen von Google zunächst auf ihre Eigengewächse portieren müssen. Oftmals dauert es über ein halbes Jahr, bis eine neue Version verfügbar ist. Es kann auch passieren, dass ein Gerät gar kein Update mehr erhält, weil es bereits zu alt ist. In Tabelle 2.1 sehen Sie eine Übersicht von Android-Geräten mit den verschiedenen Auflösungen und Android-Versionen.

Gerät	Auflösung	Android Version
Samsung Galaxy Mini	320 x 240	2.2
Samsung Galaxy Ace	320 x 480	2.2
HTC Wildfire S	320 x 480	2.3
HTC Explorer	320 x 480	2.3
Sony Ericsson Xperia mini	320 x 480	2.3
HTC Desire Z	480 x 800	2.2
Galaxy S i9000	480 x 800	2.2
HTC Desire HD	480 x 800	2.2
Samsung Galaxy S2	480 x 800	2.3
HTC Desire S	480 x 800	2.3
HTC Sensation XL	480 x 800	2.3
HTC Rhyme	480 x 800	2.3
Motorola Milestone	480 x 854	2.2
Sony Ericsson Xperia ray	480 x 854	2.3
Motorola Defy+	480 x 854	2.3
HTC Sensation	540 x 960	2.3
Motorola RAZR	540 x 960	2.3
Galaxy Nexus	720 x 1280	4.0

Tabelle 2.1: Android-Geräte im Vergleich

Bereitstellung auf alternativen Wegen

Der vielleicht größte Unterschied zwischen Apple und Google besteht darin, dass Sie Ihre App nicht ausschließlich über den Play Store vertreiben müssen. Ihnen ist es selbst überlassen, wie Sie Ihre App »an den Mann bringen«. Theoretisch können Sie auf Ihrer Website einen Downloadlink bereitstellen, über den die App direkt heruntergeladen und auf dem jeweiligen Smartphone installiert werden kann. Wollen Sie Ihre App kostenpflichtig anbieten, müssen

2 iOS und Android im Vergleich

Sie natürlich selbst ein Zahlungssystem implementieren, was sehr aufwendig sein kann. Empfehlenswert sind daher alternative Appstores, deren Zahl stetig steigt und die in ihrer Funktionsvielfalt dem Play Store sehr ähnlich sind. Diese alternativen Appstores sollen im nächsten Abschnitt vorgestellt werden.

2.3 Alternative Appstores

Amazon Android Market

Amazon besticht natürlich durch seine Bekanntheit und große Reichweite. Das Stichwort »Laufkundschaft« ist hier ein wesentlicher Erfolgsfaktor – also User, die nach anderen Produkten suchen und sozusagen »im Vorbeigehen« auf eine App aufmerksam werden. Im Gegensatz zum Play Store muss der User zunächst gar nicht den Wunsch haben, eine App zu kaufen. Durch gute Produktplatzierung wird dieser jedoch auf Apps aufmerksam gemacht, die ihm gefallen könnten. Die User bewegen sich dabei innerhalb des von Amazon gewohnten Look & Feel und die Vorschlagsfunktion greift natürlich auch hier.

Abbildung 2.2: Amazon Appstore for Android mit der »Free App of the day«

2.3 Alternative Appstores

Der Amazon Android Market bietet außerdem die Besonderheit der »Free app of the day«. Täglich wird eine App kostenlos angeboten und sehr prominent beworben, auch wenn diese normalerweise kostenpflichtig ist. Sie als Entwickler erhalten trotzdem Ihren Anteil, können diesen Prozess ähnlich der »Tipps der Redaktion«-Kategorie im App Store jedoch nicht beeinflussen. Der Amazon Appstore for Android ist zurzeit nur in den USA verfügbar und für Apps mit internationalem Publikum sicherlich eine Überlegung wert.

AndroidPIT

AndroidPIT bietet eine eigene App an, über die Nutzer neue Apps installieren können. Bezahlt werden kann via PayPal, Click&Buy oder Gutscheincodes. Außerdem ist es möglich, Apps 24 Stunden lang zu testen und nicht, wie beim Google Play Store, lediglich 15 Minuten. Ein Forum sowie ein Lexikon, das viele Begriffe aus der mobilen Welt erklärt, runden das Angebot von AndroidPit ab. Für Entwickler stellt dieser Store somit eine gelungene Alternative zum Play Store dar.

Abbildung 2.3: AndroidPIT

2 iOS und Android im Vergleich

Open Mobile Store

Vor einiger Zeit hat Opera einen Appstore für Android gestartet. Dieser ist über den Browser aufrufbar und stellt verschiedene kostenlose und kostenpflichtige Apps zur Verfügung. Bezahlt werden kann via Mobile Pay, Beträge werden also via Handyrechnung abgebucht. Dies ist ein großer Vorteil dieses Stores, leider kennen und nutzen ihn einfach zu wenig Leute.

Abbildung 2.4: Opera Appstore

2.3 Alternative Appstores

SlideMe

SlideMe bietet eine Vielzahl von Apps an, die fast jedem Geschmack gerecht werden. Übersichtlichkeit zeichnet den Service ebenso aus wie die zahlreichen Bezahlmöglichkeiten. PayPal, Amazon Payments, ClickandBuy und auch die klassische Überweisung können genutzt werden, um eine App schnell und bequem herunterzuladen.

Abbildung 2.5: SlideMe Appstore

Neben diesen Stores gibt es noch eine Reihe weiterer Plattformen, über die Sie Ihre App vertreiben können. In Tabelle 2.2 sind alle Android Stores dargestellt.

Name Appstore	URL
Amazon	http://amazon.com
AndroidPIT	http://www.androidpit.de
Opera Mobile Store für Android	http://apps.opera.com/de/
SlideMe	http://slideme.org
Handmark	http://store.handmark.com/c/280/android-software
GetJar	http://www.getjar.com
Handango	http://www.handango.com
OnlyAndroid	http://onlyandroid.mobihand.com
Insyde Market	http://www.insydemarket.com/
Appoke	http://appoke.com/
YAAM Market	http://yaam.mobi/

Tabelle 2.2: Alternative Android-Appstores

Kapitel 3

Ideenfindung und -entwicklung

3.1 Arten von Apps

Funktionale Apps

Bei einem Großteil der verfügbaren Apps stehen die verfügbaren Funktionen im Vordergrund. Hierbei handelt es sich oftmals um solche Funktionen, die dem User den Alltag erleichtern sollen. Gute Beispiele hierfür sind To-do-Apps oder Rechner. Aber auch die sehr beliebten Foto-Apps gehören zu dieser Kategorie, bieten sie dem Nutzer doch eine Vielzahl von Möglichkeiten, die eigenen Fotos zu bearbeiten. Aber auch Währungs- und Einheitenrechner dienen vornehmlich dazu, mit den integrierten Funktionen dem User das Leben zu erleichtern. Aus Entwicklersicht sind solche Apps eine große Herausforderung, da alle Funkionen eng miteinander verknüpft und trotzdem übersichtlich für den User sein müssen. Apps, bei denen die Kernfunktionen durchdacht sind und die stabil laufen, sind weiterhin nicht unbedingt auf ein unschlagbar schickes Design angewiesen. Der Pragmatismus hat hierbei eindeutig die Nase vorn.

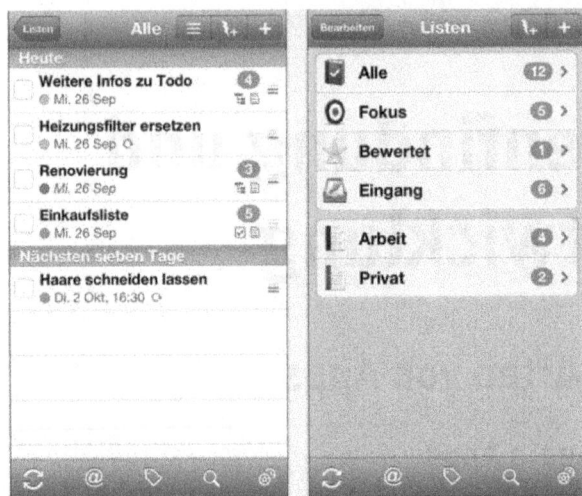

Abbildung 3.1: iPhone-App »Todo« (Quelle: iTunes)

Content-Apps

Content-Apps konzentrieren sich, wie der Name bereits andeutet, auf die Darstellung von Inhalten. Dazu gehören Bilder, Texte oder Videos. Viele Content-Apps sind ebenfalls vertont, können also als multimedial bezeichnet werden. Typische Content-Apps sind Nachschlagewerke, z. B. Wörterbücher. Natürlich verfügen auch Content-Apps über verschiedene Funktionen, z. B. eine Suche. Aber im Gegensatz zu funktionalen Apps sind diese weit weniger komplex und umfangreich gestaltet. Ebenfalls als Content-Apps können Witze- oder Sprüche-Apps bezeichnet werden.

Ein Großteil der Arbeit fällt bei dieser Art von App für die Datenaufbereitung und -pflege an, da Informationen im Mittelpunkt stehen. So müssen Inhalte recherchiert, geschrieben und mit Bildern angereichert werden. Alternativ können Sie diese auch einkaufen bzw. lizenzieren lassen – hierbei spielen die Kosten natürlich eine entscheidende Rolle. Dabei sind Content-Apps und funktionale Apps nicht immer klar voneinander zu trennen. Reiseführer z. B. bieten gleichzeitig sehr viele Informationen zu Point of Interests und umfangreiche Funktionalitäten in Form von Navigation, Favoritenliste etc. Nichtsdestotrotz liegt der Schwerpunkt dieser Apps in den Inhalten, es muss also viel Arbeit vor der eigentlichen Entwicklung in die Grundlagen investiert werden.

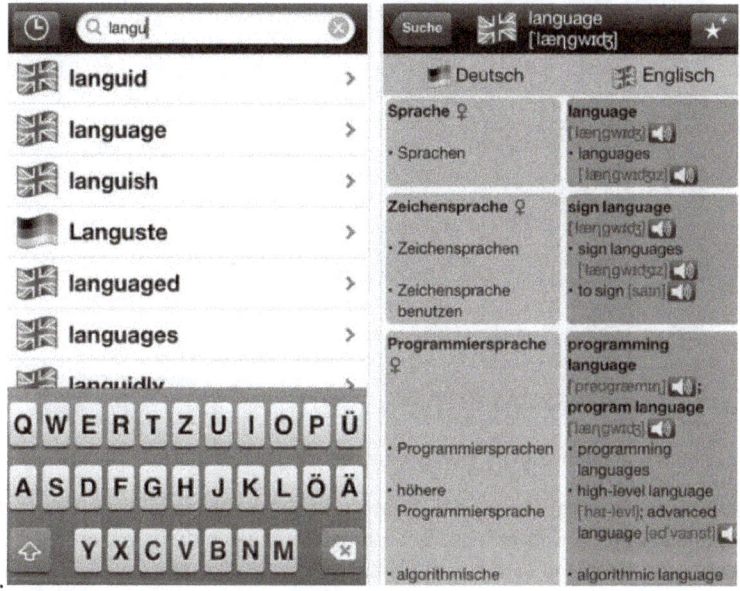

Abbildung 3.2: Content-App »Deutsch-Englisch-Wörterbuch« (Quelle: iTunes)

Location Based Services

Location Based Services gehört zu der Art von Apps, die seit einiger Zeit immer größere Wellen schlagen und langfristig immer wichtiger für Nutzer und Entwickler werden. Dieser Service gehört bei vielen Apps zu den zentralen Funktionen und macht diesen für Nutzer erst wirklich interessant. Die App der Deutschen Post beispielsweise erlaubt es, nach dem nächsten Postcenter zu suchen. Bei der HRS-App sieht man verfügbare Hotels in seiner nächsten Umgebung. Kombiniert wird diese Funktion mit einer Kartenansicht und Wegbeschreibung.

3 Ideenfindung und -entwicklung

Abbildung 3.3: App »Post Mobil« (Quelle: iTunes)

Die größte Herausforderung bei Location Based Services liegt jedoch in der Datenaufbereitung und -pflege. Denn Ihre App muss ein ausreichend großes Angebot an Locations bieten und gleichzeitig noch aktuelle Daten bereitstellen. Unterschätzen Sie nicht den Aufwand, der beispielsweise durch häufig wechselnde Preise entstehen kann. Apps, mit denen Sie nach den günstigsten Benzin-Preisen suchen können, sind hierfür ein gutes Beispiel. Mehrmals täglich können die Tankstellen die Preise verändern und die Nutzer der Apps verlassen sich darauf, dass sie nicht umsonst eine bestimmte Tankstelle anfahren.

Fun Apps

Fun Apps haben eher kurzweiligen Charakter und versuchen in erster Linie, ihre Nutzer zu unterhalten, ohne einen echten Mehrwert zu bieten. Ein gutes Beispiel hierfür ist die App »iBeer«. Mit dieser App kann der Nutzer ein virtuelles Bierglas austrinken, mehr nicht. Nichtsdestotrotz erfreuen sich Fun Apps großer Beliebtheit. Die Kategorie Entertainment, unter der die meisten gelistet sind, gehört neben den Spielen zu der downloadstärksten Kategorie. Die App »AgingBooth« beispielsweise gibt den Usern die Möglichkeit, ihr Aussehen im fortgeschrittenen Alter festzustellen. Sie benötigen hierfür lediglich ein Foto von sich und die App erledigt den Rest. Die Ergebnisse führen zu zahlreichen

Lachern, auch wenn sie natürlich nicht der Realität entsprechen bzw. nur teilweise diesem Anspruch gerecht werden.

Abbildung 3.4: App »AgingBooth« (Quelle: iTunes)

Aus Sicht eines Entwicklers hält sich der Aufwand für solche Apps in Grenzen und macht diese dadurch sehr attraktiv. Allerdings lässt sich der Erfolg von Fun Apps nicht planen. Zum einen natürlich aufgrund der hohen Konkurrenzdichte. Zum anderen können Sie im Vorfeld kaum einschätzen, ob Ihre Idee tatsächlich den Nerv der Leute trifft.

Fun Apps werden aufgrund ihres sehr kurzweiligen Character häufig kostenlos angeboten und dienen App-Publishern als eine Art Sprungbrett, um Aufmerksamkeit für weitere Apps zu generieren.

Bücher & Zeitschriften

Im Internet hat sich das Bezahlen von Content nie durchsetzen können. Von Anfang an waren die Nutzer gewohnt, umsonst Informationen abrufen zu können. Dieser Umstand hat Verlagen lange zu schaffen gemacht. Dank der vorhandenen Appstores entschließen sich immer mehr Verlage, ihre Bücher oder

3 Ideenfindung und -entwicklung

Zeitschriften als App anzubieten und sich so eine wertvolle Einnahmequelle zu erschließen. Das Angebot ist dabei sehr breit gefächert. Viele Bücher werden einfach digitalisiert angeboten, ohne zusätzliche Funktionen zu bieten. Gerade im Bereich Kinderbücher gibt es einen Trend hin zum interaktiven Buch, das gefüllt ist mit Animationen, Sprachausgabe und Musik. Auf Zeitschriftenseiten gibt es sehr gute Ansätze von interaktiven Inhalten, beispielsweise kann zu einem Artikel direkt das passende Video angesehen werden. Dieser Bereich wird in Zukunft eine tragende Rolle im mobilen Markt einnehmen, da immer mehr Verlage den Schritt wagen und bereits bestehende Angebote in digitalisierter und interaktiver Form anbieten werden.

Abbildung 3.5: Der Tagesspiegel als App

Unternehmens-App

Viele Unternehmen nutzen mittlerweile die Möglichkeit, ihren Kunden auch mobil Services anbieten zu können. Dabei steht vor allem die Kundenbindung im Vordergrund, und nicht die Kundenneugewinnung. Dazu gehörten die bereits erwähnte Post-App oder auch die App der Deutschen Bahn, mit der Sie nach Zugverbindungen suchen und sogar mobil Tickets kaufen können.

3.1 Arten von Apps

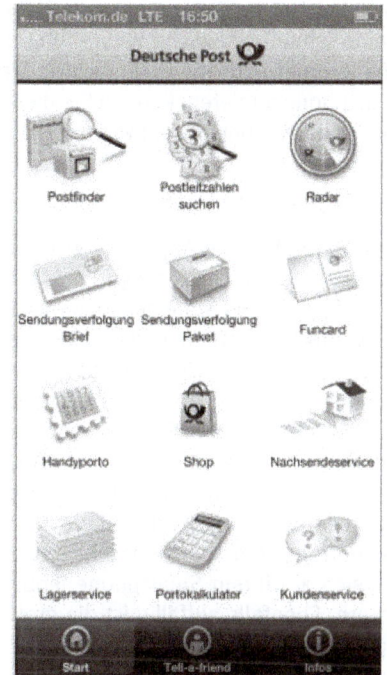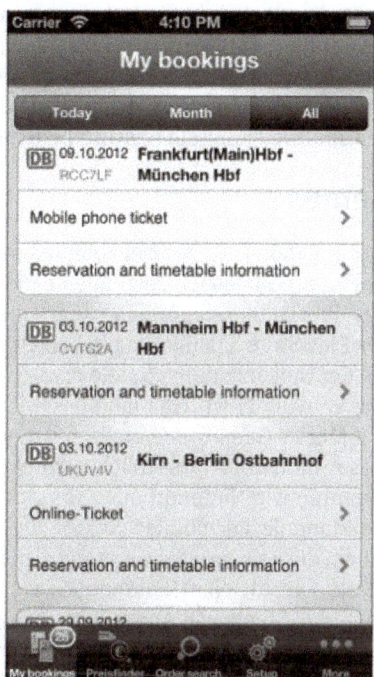

Abbildung 3.6: Deutsche-Post- und Deutsche-Bahn-App (Quelle: iTunes)

Bei Unternehmens-Apps greifen typische Geschäftsmodelle, wie diese in Kapitel 6 erklärt werden, nicht, da die App nicht das Kerngeschäft des Unternehmens darstellt, sondern nur eine weitere Möglichkeit, Produkte zu erwerben oder auf Dienstleistungen zuzugreifen. Die Tickets der Deutschen Bahn lassen sich natürlich auch online oder direkt am Schalter kaufen. Auch die sehr beliebten Apps von Amazon und eBay stellen lediglich eine Art »verlängerten Arm« dar, um auch über Smartphones Umsätze zu generieren.

Aufgrund der unterschiedlichen Zielsetzungen von Unternehmens-App werden diese fast immer kostenlos angeboten, um keine zusätzlichen Barrieren für die Kunden zu schaffen. Allerdings gibt es auch hier Ausnahmen. Die Sparkassen-App kann durch kostenpflichtige Zusatzfunktionen deutlich aufgewertet werden und gehört zu den erfolgreichsten Finanz-Apps überhaupt. Ein weiterer Grund, warum Unternehmen in den mobilen Markt einsteigen, ist natürlich die Möglichkeit, die Nutzung der App zu analysieren und dadurch wertvolle Informationen über ihre Zielgruppe zu sammeln.

3 Ideenfindung und -entwicklung

Trotz dieser Unterschiede kommen auch bei Unternehmens-Apps typische Marketinginstrumente zum Einsatz, um eine schnellstmögliche Verbreitung zu erreichen. Betreiben Sie also bereits eine Internetplattform und möchten Sie Ihre Produkte oder Services auch via Smartphone anbieten, können Sie die in den späteren Kapiteln beschriebenen Maßnahmen ebenfalls anwenden.

Games

Spiele gehören zu der beliebtesten Kategorie im Bereich Apps. Wie groß die Vielfalt an Games ist, zeigt alleine die Tatsache, dass diese Kategorie als einzige über Unterkategorien verfügt – dies gilt für den App Store genauso wie für den Play Store. Ein Blick in die App Charts genügt, um zu sehen, dass ein Großteil der Umsätze durch Spiele erwirtschaftet wird. Dieser Umstand ist keinesfalls verwunderlich. Seit Jahren ist die digitale Spieleindustrie im Aufschwung und Mobile Gaming ist bereits seit dem ersten Gameboy ein fester Bestandteil dieser Industrie. Tatsächlich befürchten klassische Handheld-Konsolen-Produzenten wie Nintendo oder Sony, dass das Smartphone zukünftig wichtige Marktanteile im mobilen Sektor für sich beanspruchen wird. Gerade Menschen, die kein zweites Gerät mit sich herumtragen möchten oder schlichtweg zu alt sind für eine NintendoDS, lassen sich auf ihrem Smartphone jedoch gerne für Spiele wie Angry Birds begeistern. Ebenfalls auffällig ist die große Zahl an älteren Spielen, die für Smartphones neu aufgelegt werden – man denke hierbei z. B. an die Monkey-Island-Reihe von Lucasarts.

Abbildung 3.7: Monkey Island II (iPad-Version) (Quelle: iTunes)

Spiele stellen im Gegensatz zu anderen App-Kategorien eine besondere Herausforderung dar, aus technischer wie auch aus Vermarktungssicht. Der Entwicklungsaufwand ist deutlich höher, es müssen Grafiken, Sounds, Musik, künstliche Intelligenz (KI), Physik, Animationen, High Score und vieles mehr implementiert werden. Darüber hinaus sind mittlerweile alle großen Publisher wie Electronic Arts oder Activision mit ihren Blockbustern wie Fifa oder Modern Warfare im Appstore vertreten. Sich gegen diese Vermarktungsmacht durchzusetzen, ist mit einem enormen Aufwand verbunden.

Sollten Sie sich also dazu entschließen, ein Spiel entwickeln zu wollen, so seien Sie sich der großen Konkurrenz bewusst. Mit den richtigen Mitteln haben Sie aber durchaus auch Chancen, in Ihrem Segment erfolgreich zu werden. Die Marketing-Maßnahmen, die in den folgenden Kapiteln vorgestellt werden, kommen dabei genau so zum Einsatz wie bei allen anderen Arten von Apps. Lassen Sie sich also nicht direkt entmutigen, sondern verfolgen Sie konsequent Ihre Idee und setzen Sie auf die richtige Mischung verschiedenster Marketing-Instrumente.

Promo-Apps

Promo-Apps begleiten zumeist eine Produkteinführung und dienen Unternehmen somit als zusätzliches Marketing-Instrument. Ziel dieser Apps ist es vornehmlich, das Produkt in der Öffentlichkeit bekannt zu machen und Kaufinteresse bei den Endkunden zu wecken. Dies geschieht oft als Spiel, beispielsweise die VW Scirocco Challenge. Dabei handelt es sich um ein klassisches Racing Game, bei dem der User allerdings ausschließlich nur dieses eine Fahrzeug steuern kann.

Abbildung 3.8: iPhone-App »Volkswagen Scirocco R 24H Challenge« (Quelle: iTunes)

3 Ideenfindung und -entwicklung

Promo-Apps stellen häufig eine Mischung aus Unternehmens-App und Spiel dar, jedoch mit einem kurzfristigen Nutzungshorizont. Aufgrund der hohen Kosten, die mit einer Promo-App verbunden sind, kommt diese Art nur für große Unternehmen und Konzerne infrage, die über ein ausreichend großes Marketingbudget verfügen.

3.2 Smartphone vs. Tablet

Eine Großzahl von Apps ist sowohl für das iPad als auch für das iPhone erhältlich. Dieser Schritt ist naheliegend, beruhen beide Gerätearten auf iOS und durch die Portierung auf iPads erschließen Sie sich eine neue bzw. größere Zielgruppe. Ein Blick in den App Store zeigt außerdem, dass iPad-Apps zum Teil hochpreisiger angeboten werden als iPhone-Apps. Auf den ersten Blick also ein äußerst lukrativer Schritt, der darüber hinaus nicht einmal großen Aufwand bedeutet. So weit die Theorie. Natürlich können Sie sich das Leben einfach machen und das iPhone-Interface eins zu eins auf das iPad übertragen. In diesem Fall wird die App nur in »groß« dargestellt. Alles, was Sie hierfür brauchen, sind angepasste Grafiken. Allerdings weisen beide Geräte fundamentale Unterschiede in ihrer Nutzung auf, die eine einfache Portierung in manchen Bereichen nicht sinnvoll machen. Zum einen werden Tablets zumeist zu Hause eingesetzt, eignen sich hervorragend zum so genannten »Couch-Surfen«. Daher werden Tablet-Apps auch länger genutzt als vergleichbare iPhone-Apps. Später werden Sie Nutzungsszenarien erstellen, die zeigen, wie Ihre App genutzt wird. Wenn Sie diese getrennt für iPhone und iPad erstellen, werden Sie feststellen, dass sich für Ihre App fundamentale Unterschiede ergeben können, abhängig davon, ob diese auf dem Smartphone oder einem Tablet genutzt wird.

Durch den größeren Bildschirm kann und sollte sich die Benutzeroberfläche also deutlich vom mobilen Pendant unterscheiden. So können mehrere Funktionen auf einen Blick abgebildet und die Usability für die User weiter verbessert werden. Die Lufthansa-App ist ein sehr gutes Beispiel für unterschiedliche Benutzeroberflächen, die auf unterschiedliche Nutzungsszenarien nahezu perfekt zugeschnitten sind. Die mobile App stellt diejenigen Funktionen in den Vordergrund, die für den bereits gebuchten Flug wichtig sind. Dazu gehören Abflugzeiten, Flugnummer, aber auch die mobile Board-Karte, mit der Sie bequem einchecken können. Die iPad-App hingegen legt den Fokus mehr auf die Flugsuche und Buchung. Mit Hilfe einer umfangreichen Suchfunktion und einer schicken Karte können Sie nach geeigneten Flügen suchen und diese buchen. Natürlich verfügt die mobile App ebenfalls über die Suchfunktion. Allerdings sind die Möglichkeiten hierbei im Vergleich zur iPad-App stark eingeschränkt, da ganz einfach das primäre Nutzungsszenario bei der mobilen Version ein anderes ist.

Abbildung 3.9: Suchfunktion in der iPhone- und iPad-Version der Lufthansa-App (Quelle: iTunes)

Ähnlich sieht es bei der App von ImmobilienScout24 aus. Die iPhone-Version bemüht sich darum, die Informationen auf mehrere Screens zu verteilen und für den User sinnvoll miteinander zu verknüpfen. So wird bei einer Suche zunächst nur eine Ergebnisliste in tabellarischer Form angezeigt. Anschließend kann in eine andere Ansicht gewechselt werden, um die Ergebnisse auf einer Karte dargestellt zu bekommen. In der iPad-App hingegen werden beide Funktionen auf nur einem Screen dargestellt. So wird die Benutzerführung noch einfacher und User erfahren einen echten Mehrwert durch die Nutzung der iPad-Version.

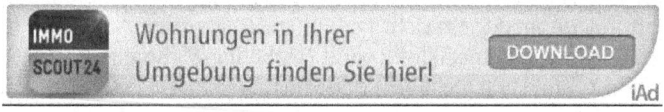

Abbildung 3.10: iPhone-Version ImmobilienScout24-App

3 Ideenfindung und -entwicklung

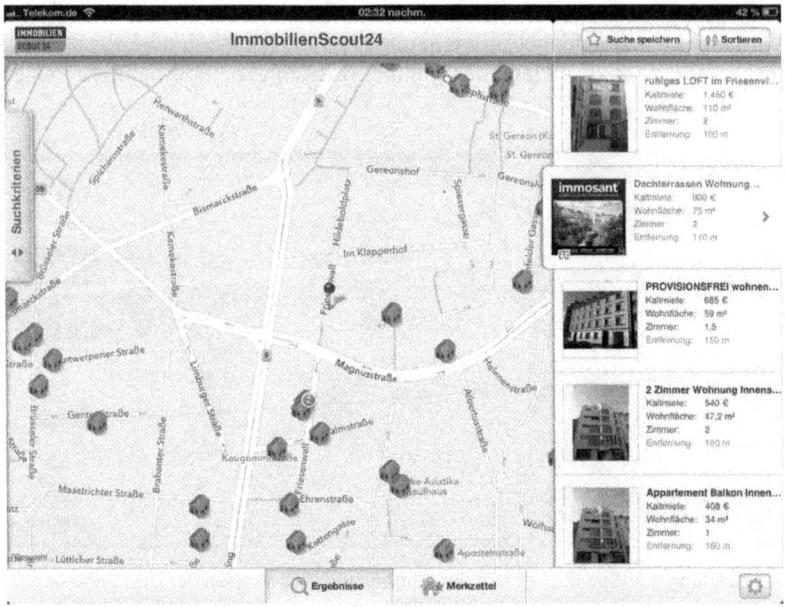

Abbildung 3.11: iPad-Version ImmobilienScout24-App

Höhere Preise lassen sich bei iPad-Apps auch nur dann durchsetzen, wenn Sie inhaltliche Gründe dafür vorlegen können. Dazu müssen ausreichend viele Unterschiede zur iPhone-Version vorhanden sein – in diesem Fall sind Besitzer von Tablets durchaus gewollt, mehr für Ihre App zu bezahlen.

In den meisten Fällen sollte daher davon abgesehen werden, iPhone- und iPad-Version gleichzeitig entwickeln zu wollen. Der Aufwand wird deutlich höher, bevor Sie Ihre Idee in der Praxis testen konnten. Es spricht nichts dagegen, eine optimierte Version für Tablets zu einem späteren Zeitpunkt zu veröffentlichen und von den Erfahrungen der mobilen App zu profitieren. Ein weiterer Grund aus Vermarktungssicht besteht natürlich darin, dass Sie für eine iPad-App noch einmal speziell PR- und Marketing-Maßnahmen zum Launch durchführen können und nicht eine der beiden Versionen untergeht. Natürlich können Sie sich auch dazu entschließen, Ihre App nur für Tablets umzusetzen. Um mit einer exklusiven Tablet-App erfolgreich zu sein, müssen Sie dieselben Schritte durchlaufen wie bei der Entwicklung für mobile Apps. Die Geschäftsmodelle sowie Marketingmaßnahmen sind ebenfalls die gleichen, so dass die folgenden Kapitel auch in diesem Fall Anwendung finden.

3.3 Alltagsprobleme lösen

Oftmals erlebt man Situationen im Alltag und denkt sich: »Schade, dass es dafür noch keine App gibt!« Diese Geistesblitze sind natürlich ein guter Weg, um eine erste, grobe Richtung einzuschlagen, lösen sie doch ein konkretes Problem. Wie Sie später feststellen werden, sind gerade bei der Vermarktung Mehrwerte ein sehr gutes Verkaufsargument und helfen Ihnen enorm bei der Entwicklung eines Vermarktungskonzepts. Sollten Sie also in solch eine Situation kommen, schreiben Sie Ihre Idee direkt auf. Denken Sie am nächsten Tag immer noch, dass es eine gute Idee ist, lohnt es, sich tiefgehender mit dieser auseinanderzusetzen.

Beispiel 1

Sie sind oft in Ihrer Heimatstadt mit den öffentlichen Verkehrsmitteln unterwegs, U-Bahn wie Bus. Leider gibt es noch keine App, die Sie bequem die Route planen lässt bzw. Ihnen im ersten Schritt einfach nur Fahrpläne der einzelnen Linien anbietet. Sie würden dadurch ein Problem, das Sie regelmäßig und viele andere Menschen wahrscheinlich auch haben, lösen, und nicht nur sich, sondern auch vielen anderen das Leben im öffentlichen Verkehr deutlich einfacher machen.

Eine andere Möglichkeit, im Alltag auf App-Ideen zu stoßen, liegt ebenfalls darin, wenn Sie bereits bestimmte Apps nutzen. Als User wünschen Sie sich die ein oder andere Verbesserung oder Erweiterung, die aber leider ausbleibt. Sie können nun diese Idee aus Ihrem »App-Alltag« selbst umsetzen.

Beispiel 2

Seit iOS 5 ist es für iPhone-Besitzer möglich, anderen iPhone-Besitzern iMessages zu schreiben, die im Gegensatz zur klassischen SMS aber nicht über das Mobilfunknetz, sondern via Datenverbindung übersendet werden. Dadurch können Sie evtl. anfallende Gebühren für SMS umgehen und trotzdem auf die gleichen Funktionen zugreifen. Jedoch kann es durchaus sein, dass viele Ihrer Bekannten kein iPhone, sondern ein Android-Smartphone ihr Eigen nennen. In diesem Fall können Sie von der Message-Funktion keinen Gebrauch machen. Die Entwickler von WhatsApp haben genau dieses Problem erkannt und mit ihrer App gelöst.

3 Ideenfindung und -entwicklung

> • • •
> Mit WhatsApp ist es möglich, auch an Besitzer von Android-Geräten Nachrichten über das Datennetz zu verschicken. Die App gehört zu den populärsten Apps überhaupt und basiert auf einem Problem, mit dem Menschen tagtäglich konfrontiert werden.

Sie werden eine Menge Ideen wieder verwerfen, sobald ein wenig Zeit vergangen ist. Oftmals werden Sie sogar feststellen, dass es bereits eine oder mehrere Apps gibt, die genau Ihrer Idee entsprechen. Dies ist völlig normal und Sie sollten niemals damit aufhören, stets Augen und Ohren offen zu halten für neue Ideen, an die bisher vielleicht noch niemand gedacht hat. Natürlich ist die Idee nur der allererste Schritt. Bis Sie messbare Ergebnisse erzielen, liegen noch viele Aufgaben vor Ihnen und genau hier trennt sich die Spreu vom Weizen. Denn nur wenn Sie von Ihrer Idee wirklich überzeugt sind und daran glauben, werden Sie in der Lage sein, diese Euphorie auch auf andere Menschen zu übertragen. Wenn Sie Journalisten davon überzeugen wollen, über Ihre App zu berichten, ist Ihre eigene Überzeugung einer der Schlüssel zum Erfolg. Journalisten merken sehr schnell, ob Entwickler für eine Idee brennen oder lediglich versuchen, das schnelle Geld zu machen.

3.4 Brainstorming und Mindmapping

Das Brainstorming ist eine sehr geläufige Methode zur Ideenfindung, die in den unterschiedlichsten Gebieten zum Einsatz kommt. Es teilt sich dabei auf in zwei Phasen, die Ideenfindung und das Sortieren bzw. Bewerten von Ideen.

Während der Ideenfindung sollen Ideen frei von Restriktionen niedergeschrieben werden. Es spielt dabei also zunächst keine Rolle, über wie viel Geld Sie verfügen, ob Ihre Zielgruppe ausreichend groß ist oder es bereits zu viele Wettbewerber gibt. Sie können alles aufschreiben, was Ihnen an Ideen in den Sinn kommt. Oftmals hindern uns mögliche Restriktionen daran, wirklich kreativ zu sein. Das führt zu einem »Das macht eh keinen Sinn«-Denken, das wiederum dazu führt, dass es gute Ideen gar nicht erst in die Bewertungsphase schaffen. Dabei wissen Sie zu solch einem frühen Zeitpunkt noch gar nicht, ob eine Idee wirklich gut oder schlecht ist. Oftmals stellt sich nämlich bei der Bewertung heraus, dass eine womöglich absurde Idee doch Hand und Fuß haben kann. Noch effektiver ist Brainstorming in der Gruppe, da hier Input aus völlig unterschiedlichen Betrachtungswinkeln zusammengetragen werden kann, der einer einzelnen Person verwehrt bleibt.

3.4 Brainstorming und Mindmapping

Nicht selten führt dies zu einem wahren »Ideenrausch«, in dem sich die Teilnehmer gegenseitig immer mehr anheizen. Natürlich schwingt hierbei die Gefahr mit, dass Sie sich im Eifer des Gefechts immer weiter von der eigentlichen Zielsetzung entfernen. In solchen Momenten ist es sinnvoll, jemanden dabeizuhaben, der eine Art Moderator-Funktion einnehmen kann und sich nicht direkt an der Diskussion beteiligt. Nichtsdestotrotz werden Sie in einer Gruppe fast immer bessere Ideen entwickeln, als Sie es alleine in der Lage wären zu tun. Wenn Sie also die Möglichkeit haben, in einem Team zu arbeiten, nutzen Sie diese Möglichkeit.

In der Bewertungsphase werden nun alle Vorschläge sortiert und bewertet. Alle thematisch zusammenhängenden Punkte werden zusammengelegt. Das Sortieren kann anhand eines Kriterienkatalogs erfolgen. So können Sie z. B. festlegen, dass nur Ideen relevant sind, mit denen Sie selbst Erfahrung haben. Oder dass Inhalte, die Sie vor rechtliche Hürden stellen wie z. B. problematische Inhalte, aussortiert werden. Der Kriterienkatalog spiegelt sozusagen die Restriktionen wider, innerhalb derer Sie sich bewegen.

Das so genannte Mindmapping wird ebenfalls verwendet, um Ideenentwicklung zu unterstützen, geht jedoch nach bestimmten Regeln vor. Es werden Baumdiagramme erzeugt, um zusammenhängende Punkte von Beginn an zu clustern. Im Gegensatz zum Brainstorming, wo Ideen unsortiert niedergeschrieben und anschließend erst sortiert werden, wird bei einer Mindmap von Beginn an eine vernetzte Struktur erzeugt. So können Sie z. B. einen Baum anlegen für App-Ideen aus dem Bereich Sport und einen für den Bereich Unterhaltung. Orientieren Sie sich ruhig an den Kategorien, die bereits im App Store oder im Play Store verfügbar sind. Dadurch können Sie später schneller feststellen, wie groß die Konkurrenz in den jeweiligen Bereichen ist.

Ebenfalls möglich ist eine Unterteilung in z. B. B2B- und B2C-Ideen. Oftmals werden Ideen aus der Brainstorming-Phase mit einer Mindmap strukturiert und so beide Methoden miteinander verknüpft. Das Mindmapping kann natürlich auch in späteren Phasen zum Einsatz kommen, z. B. bei der Konzeption Ihrer App.

Selbstverständlich müssen Sie dabei nicht ausschließlich auf Stift und Papier zurückgreifen. Es existiert eine Vielzahl an Mindmapping-Software, die Sie verwenden können. Davon können viele auch online genutzt werden. Mindmeister z. B. können Sie online und darüber hinaus kostenfrei nutzen. Mindmeister ist ebenfalls für das iPhone und das iPad verfügbar, Sie können Ihren Gedanken also auch unterwegs freien Lauf lassen.

3 Ideenfindung und -entwicklung

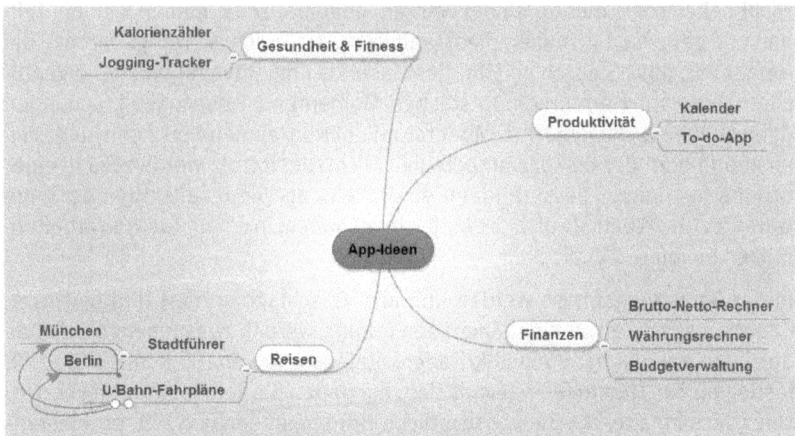

Abbildung 3.12: Mindmap mit Mindmeister

> **Hinweis**
>
> Unter http://en.wikipedia.org/wiki/List_of_concept-_and_mind
> -mapping_software finden Sie eine gute Übersicht der wichtigsten
> Mindmapping-Tools, sowohl für den Offline- als auch den Online-Gebrauch.

3.5 Market-based vs. Resource-based View

Der Market-based View ist ein betriebswirtschaftlicher Begriff und bezeichnet einen sehr analytischen Ansatz, den vorhandenen Markt zu untersuchen und auf den Ergebnissen aufbauend das passende Produkt zu konzipieren. Dabei spielt es keine Rolle, ob Sie inhaltliche Grundkenntnisse mitbringen, um solch ein Produkt zu entwickeln. Ebenfalls nebensächlich ist die Frage, ob Sie über die nötigen Mittel verfügen, um ein qualitativ hochwertiges Produkt in dem entsprechenden Segment zu entwickeln und erfolgreich zu vermarkten. Im Falle der Apps bedeutet dies, dass Sie sich sehr ausführlich mit den Charts der verschiedenen Appstores auseinandersetzen und versuchen, herauszufinden, welche Art von Apps besonders oft in den Charts auftauchen bzw. welche sich über einen längeren Zeitraum in den Top Ten behaupten können. Sie leiten so die Idee mit dem größten Potenzial ab und verfolgen diese Idee weiter.

3.5 Market-based vs. Resource-based View

Dieses Vorgehen hat den Vorteil, dass Sie auf Märkte mit hoher Nachfrage stoßen werden und sich keine Sorgen darüber machen müssen, ob es genügend Leute gibt, die Ihre App interessant finden werden. Die Zielgruppe ist in diesem Fall gegeben, Sie müssen das vorhandene Potenzial lediglich abschöpfen. Doch genau hier liegt die Problematik und zugleich der größte Nachteil dieses Vorgehens. Denn die Apps, die Ihnen Aufschluss über attraktive Märkte geben, stellen zugleich auch Ihre Konkurrenz dar. Diese sind bereits erfolgreich und haben einen Vorsprung Ihnen gegenüber. Sie müssen nun ein Produkt entwickeln, das sich von dieser Konkurrenz abhebt, und darüber hinaus aufwendig vermarkten, damit User überhaupt wissen, dass es eine neue, bessere Alternative gibt. Besonders schwierig wird es, wenn Sie sich gegen große Verlage oder Entwicklerstudios durchsetzen müssen. Trotz dieser Nachteile ist der Market-based View ein wichtiges Instrument, um über aktuelle Trends im App-Markt auf dem Laufenden zu bleiben.

Der Resource-based View ist das genaue Gegenteil vom Market-based View. Hierbei schauen Sie ausschließlich auf Ihre eigenen Stärken und welche Qualifikationen Sie mitbringen. Denn selten macht es Sinn, sich Märkte auszusuchen, für die Sie wenig Hintergrundwissen mitbringen. Bei der Entwicklung der App werden Sie ansonsten häufig Stolpersteine vorfinden, die einem »Insider« keine Kopfschmerzen bereiten würden. Achten Sie bei der Ausarbeitung Ihrer Ideen auf Ihre eigenen Interessen, Hobbys oder berufliches Know-how. Dies hilft Ihnen nicht nur bei der Entwicklung der App, sondern auch später bei der Vermarktung. Journalisten sowie User stellen sehr schnell fest, ob der Entwickler jemand »vom Fach« ist. Ich selbst wäre niemals auf die Idee gekommen, ein »Bayerisches Wörterbuch« zu entwickeln, weil ich ganz einfach nicht die notwendigen Sprachkenntnisse habe.

Aufgrund meiner rheinländischen Wurzeln war es viel einfacher, Kölsch als Sprache zu wählen, umzusetzen und auch in den lokalen Medien zu positionieren. Oder Sie kennen sich zwar mit mobilen Endgeräten aus, haben aber keinerlei Erfahrung mit Tablets wie dem iPad. Es ist kaum möglich, ohne genügend Erfahrung mit diesem Gerät eine qualitativ hochwertige App zu konzipieren und umzusetzen. Sie werden kaum wissen, worauf es bei der Nutzung von iPad-Apps ankommt und wie sich diese von iPhone-Apps unterscheiden.

Beim Resource-based View orientieren Sie sich also an Ihren eigenen Möglichkeiten und nicht daran, was im Markt gerade »in« ist. Natürlich hat auch diese Methode ihre Nachteile – sie blendet schließlich das Marktumfeld komplett aus. Im schlimmsten Fall entwickeln Sie somit eine Idee, die entweder keinerlei Nachfrage produziert oder durch eine zu große Anzahl an Konkurrenten

3 Ideenfindung und -entwicklung

praktisch keine Erfolgschancen hat. In der Realität sollten Sie also auf eine Kombination beider Methoden setzen.

> **Beispiel**
>
> Sie sind sportlich sehr aktiv und gehen mehrere Male in der Woche joggen. Um Ihren Leistungsfortschritt zu dokumentieren, wollen Sie nun eine eigene App entwickeln. Da Sie selbst ein iPhone besitzen, wissen Sie bereits, dass es mehrere Apps zu diesem Thema gibt, die jedoch nicht Ihre Bedürfnisse vollständig abdecken. Sie haben also inhaltliche Vorstellungen und vor allem das Wissen, wie eine App aussehen und funktionieren muss. Die Positionierungen der vorhandenen Apps in den Charts und die Anzahl der Bewertungen deuten darauf hin, dass eine hohe Nachfrage nach solchen Apps besteht. Da Sie außerdem oftmals in der Gruppe joggen, haben Sie Zugang zur Zielgruppe und können sich dort Input holen sowie diese als Multiplikatoren nutzen. Auf Grundlage dieser Voraussetzungen entwickeln Sie nun eine App, die sowohl eine große Zielgruppe anspricht, wo die Konkurrenz nicht perfekt ist und Sie darüber hinaus noch Ihr Insider-Wissen ausspielen können.

Wie in Abbildung 3.13 zu sehen, stellen Sie Marktgegebenheiten und eigene Kompetenzen gegenüber und leiten daraus Ihr App-Konzept ab.

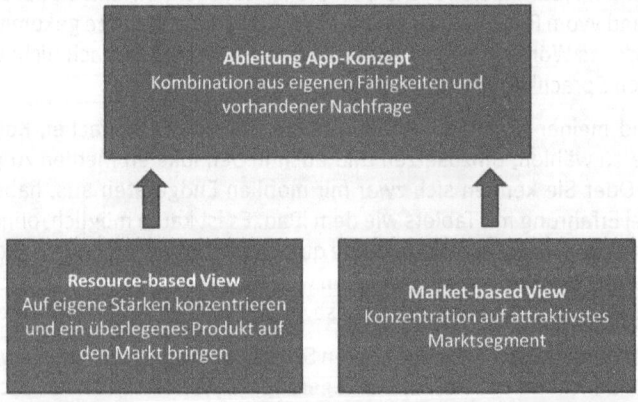

Abbildung 3.13: Rescource-based vs. Market-based View

3.6 Massenmarkt vs. Nische

Eine wichtige Frage, die Sie beantworten müssen, ist die, ob Ihre App für die breite Masse ausgerichtet sein soll oder nur einen kleinen Kreis an Nutzern anspricht. Beide Optionen haben ihre Vor- und Nachteile, die Sie im Vorfeld sorgfältig abwägen sollten. Produkte, die für den Massenmarkt konzipiert und umgesetzt werden, haben natürlich den Vorteil, dass Sie eine enorm große Zielgruppe ansprechen, die in die Millionen geht. Viele Apps aus den Bereichen Unterhaltung, Lifestyle und natürlich auch Spiele gehören zu dieser Art von massenmarkttauglichen Produkten. Es handelt sich dabei oftmals um Apps, die keinen echten Mehrwert besitzen und daher auch vom Umfang her recht begrenzt sind. Dadurch ergibt sich natürlich auch ein geringerer Entwicklungsaufwand – ein weiterer Vorteil.

Für Sie als Publisher bedeutet das auf den ersten Blick, dass Sie mit überschaubarem Aufwand sehr viel Geld verdienen können. Denn nur ein kleines Stück vom Kuchen würde Ihnen schließlich reichen, um solide Einnahmen zu generieren. Genau hier liegt allerdings auch die Krux am Einstieg in den Massenmarkt. Die extrem hohe Anzahl an Konkurrenzprodukten und Entwicklern wird es Ihnen sehr schwer machen, dieses kleine Stück tatsächlich zu erreichen. Sie fügen sich ein in ein Meer von Tausenden von Apps, die allesamt um die Gunst der User buhlen. Viele Apps, die sich in Massenmärkten durchsetzen, bleiben häufig Phänomene und ihr Erfolg ist kaum zu erklären – geschweige denn zu kopieren. Eine Klingelton-App kann durchgehend in Charts eine Top-Platzierung belegen, während gleichwertige Produkte in der Versenkung verschwinden.

Im Gegensatz hierzu stehen Nischen-Apps, die sich an eine ganz spezielle Zielgruppe richten. Nische muss dabei keineswegs bedeuten, dass sich lediglich eine Handvoll User für Ihre App interessiert. Ganz im Gegenteil können auch spezielle Zielgruppen sehr groß sein – beispielsweise Fußball-Fans. Gleichzeitig wird aber auch hier noch eine große Zahl von Wettbewerbern im Markt tätig sein. Generell lässt sich sagen, dass je kleiner die Nische ist, die Sie bearbeiten möchten, umso besser können Sie die App auf die Bedürfnisse der Zielgruppe ausrichten und desto weniger Konkurrenz werden Sie vorfinden. Erfahrungsgemäß können bei Nischen-Apps auch höhere Preise verlangt werden, da die Zielgruppe nur wenige bis gar keine Alternativen vorfindet.

Natürlich bedeutet dies, dass Sie mehr Arbeit in die Konzeption der App stecken müssen und die Zahl der potenziellen Käufer im Gegensatz zum Massenmarkt deutlich dezimiert wird. Es ist natürlich an dieser Stelle unmöglich, eine der beiden Varianten eindeutig zu favorisieren. Für Sie ist es allerdings wichtig, die Unterschiede zu kennen und Ihre eigene Idee einordnen zu können. Dadurch können Sie sich besser auf die kommenden Herausforderungen vorbereiten und beugen bösen Überraschungen zu einem späteren Zeitpunkt vor.

	Massenmarkt	Nische
Zielgruppengröße	↑	↓
Anzahl Wettbewerber	↑	↓
Preissensibilität	↑	↓

Abbildung 3.14: Massenmarkt vs. Nische

Abbildung 3.14 zeigt noch einmal die Vor- und Nachteile beider Möglichkeiten.

3.7 Synergien nutzen

Natürlich stellt die Ideenfindungsphase einen sehr freien und kreativen Teil Ihrer Arbeit dar, in dem Sie zunächst frei von jeglichen Restriktionen Ideen erarbeiten können. Allerdings sollten Sie nach Möglichkeit darauf achten, dass sich für mögliche zukünftige Projekte Synergien ergeben, die Sie leicht ausnutzen können. So ist es z. B. von Vorteil, wenn Sie mehrere Apps aus dem gleichen Themengebiet entwickeln und mit der ersten den Zugang zur Zielgruppe schaffen.

> **Beispiel 1**
>
> Sie entwickeln eine Push-up-App. Diese enthält neben Übungen und verschiedenen Trainingsplänen die Möglichkeit, Fortschritte festzuhalten und zu dokumentieren. Sie können davon ausgehen, dass ein Großteil der Leute, die Ihre App herunterladen, ebenfalls Interesse an anderen Sport-Apps hat. Dazu gehört beispielsweise eine App für die Bauchmuskulatur. Die Kernfunktionen dieser App überschneiden sich stark mit Ihrer schon vorhandenen App – Sie müssen diese lediglich inhaltlich an die neue Muskelgruppe anpassen. Gleichzeitig können Sie bereits auf bestehende Nutzer zugreifen und diese zusätzlich von Ihrer neuen App überzeugen, hierzu mehr in Kapitel 10, *Cross-Promotion*.

3.7 Synergien nutzen

Beispiel 2

Sie entwickeln einen Stadtführer für Berlin. Die Kernfunktionen bestehen dabei in der Suche nach Sehenswürdigkeiten, dem Speichern von Favoriten und der Nutzung der Karten- sowie Navigationsfunktion. Natürlich lässt sich dieses Prinzip auf beliebig viele Orte erweitern. Sie müssen auch hier wiederum nur die Inhalte anpassen – nicht die Funktionen. Gerade die deutsche Bevölkerung ist bekannt für ihre Reise-Leidenschaft und so macht es durchaus Sinn, weitere Apps mit anderen Städten zu veröffentlichen. Natürlich darf der Aufwand für die inhaltliche Anpassung nicht unterschätzt werden, allerdings ist dieser in den meisten Fällen immer noch geringer als die Entwicklung einer ganz neuen Idee.

Sie sehen, viel wichtiger als die Entwicklung einer einzelnen App-Idee ist die Entwicklung eines App-Prinzips, das sich auf mehrere Apps übertragen lässt. Dies spart Ihnen zum einen Zeit bei der Programmierung, da Sie große Teile des Sourcecodes wiederverwenden können. Zum anderen müssen Sie nur einmal ein Design festlegen, das Sie auf andere Apps derselben Art anwenden können. Natürlich werden immer wieder Anpassungen nötig sein, aber der Aufwand ist um ein Vielfaches geringer als bei der ersten App bzw. bei der Entwicklung einer ganz neuen Idee.

Neben diesen Vorteilen haben Sie nach dem Veröffentlichen der ersten App ein viel besseres Bild von der Preissensibilität Ihrer Zielgruppe. Ihre Planung kann also für zukünftige Apps wesentlich genauer erfolgen, als dies noch bei der ersten App der Fall war. In den späteren Kapiteln wird näher darauf eingegangen, dass es völlig normal ist, verschiedene Pricings zu testen und dann bei dem Preis zu bleiben, der am besten funktioniert. Bei zukünftigen Apps brauchen Sie diese Test Phasen nicht mehr, da Sie Ihren Preis bereits gefunden haben. Ein weiterer wichtiger Grund liegt in der so genannten Cross-Promotion, auf die in Kapitel 10 näher eingegangen wird. Ohne vorab zu viele Details zu verraten, soll an dieser Stelle schon einmal festgehalten werden, dass Sie Ihre Apps viel besser untereinander bewerben können, wenn diese aus dem gleichen Themengebiet stammen.

Abbildung 3.15 zeigt noch einmal grafisch, wie sich die Aufwände bei der Entwicklung von Apps verringern, wenn Sie ein Prinzip mehrfach anwenden können. Sie werden relativ schnell von den Synergien profitieren und die Aufwände sinken überdurchschnittlich stark. Nichtsdestotrotz werden Sie natürlich immer einen Restaufwand haben, da angepasste Inhalte integriert werden müssen. Allerdings sinken die Aufwände trotzdem enorm. Im Gegensatz hierzu werden Sie zwar auch dann sinkende Aufwände haben, wenn Sie ganz unterschiedliche Apps entwickeln. Dies liegt daran, dass Sie mit jeder App an Erfahrung gewinnen und sich dies positiv auf das nächste Projekt auswirkt. Allerdings werden Sie niemals die gleichen Effekte erzielen, wie das bei Apps aus dem gleichen Bereich möglich ist.

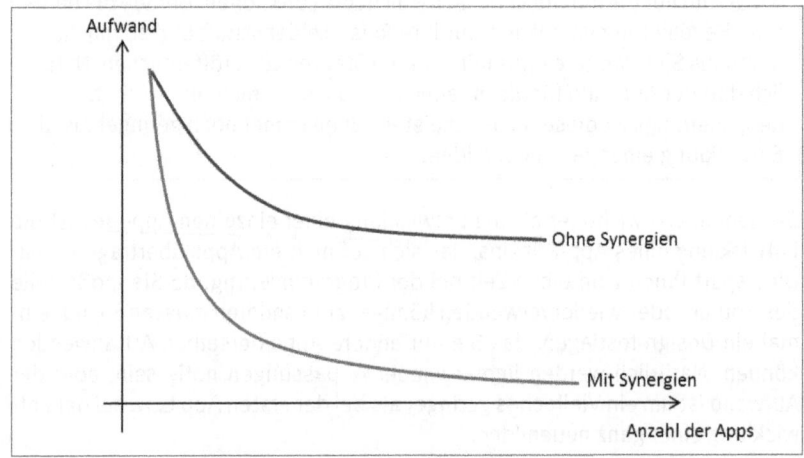

Abbildung 3.15: Aufwände mit und ohne Synergien

Es ist extrem wichtig, dass Sie sich als App-Publisher diesen Umstand zu Herzen nehmen bei der Planung Ihrer App. Wenn Sie also die Wahl zwischen mehreren guten Ideen haben, untersuchen Sie vor allem diejenigen, bei denen sich in der Zukunft Synergien ergeben können.

3.8 Große Ideen, kleiner Anfang

Häufig kommt es vor, dass Leute eine gute Idee für eine App haben und diese im Kopf ganz schnell zu einer eierlegenden Wollmilchsau weiterentwickeln. Das passiert vor allem dann, wenn sie sich mit Freunden oder Bekannten über ihre Idee austauschen und diese ebenfalls von ihrer Idee begeistert sind und sie mit eigenem Input anreichern. Es ist natürlich richtig, von seiner Idee begeistert zu sein und andere damit überzeugen zu können. Allerdings sollten Sie nie Ihre ursprüngliche Idee aus den Augen verlieren – ansonsten sehen Sie sehr schnell den Wald vor lauter Bäumen nicht mehr, noch bevor eine Zeile

3.8 Große Ideen, kleiner Anfang

Code geschrieben wurde. Viele Features sind häufig Nice-to-Haves und entscheiden nicht darüber, ob User eine App herunterladen oder nicht. Behalten Sie daher die Kernidee Ihrer App immer im Vordergrund und überlegen Sie, auf welche Art und Weise Sie diese Kernfunktion am besten umsetzen können. Denn mit jeder zusätzlichen Funktion steigt natürlich auch der Aufwand, den Sie betreiben müssen, um die App fertigzustellen. Außerdem dürfen Sie das gesamte Feuerwerk an möglichen Features nicht direkt abfackeln, Sie brauchen schließlich noch genügend Spielraum für Updates, die Ihre User bei Laune halten. Es ist daher später bei der Konzeption Ihrer App sehr wichtig, Ihre Ideen für Inhalte und Funktionen sorgfältig zu prüfen und zu priorisieren.

Ein weiterer wichtiger Punkt, den Sie sich klarmachen müssen, ist, dass Sie sehr viel Zeit und Arbeit in Ihre App stecken müssen, bevor Sie Erfolge feiern und die Früchte Ihrer Arbeit ernten können. Die Phase der Ideenfindung und -entwicklung gehört zu den Phasen, die am meisten Spaß machen, da zu diesem Zeitpunkt einfach sehr wenig schiefgehen kann und Sie relativ frei in Ihrer Arbeit sind. Haben Sie sich einmal für eine Idee entschieden, müssen Sie auch daran festhalten und den Weg bis zum Ende gehen. Viele Menschen haben nicht nur eine Idee für eine App, sondern gleich mehrere, die ihrer Meinung nach auch gleichwertig sind. Es kann nun passieren, dass sie in späteren Phasen ihres Projekts schwierige Hürden zu meistern haben. So können sie auf technische Schwierigkeiten stoßen, weil bestimmte Funktionen nicht wie geplant umgesetzt werden können und Alternativen gefunden werden müssen. Oder Sie stellen während der Vermarktung fest, dass Ihre App eben nicht einschlägt wie eine Bombe und Sie sich jeden User hart verdienen müssen.

In solchen Momenten erinnern sich App-Publisher gerne an die Alternativen, gegen die sie sich entschieden haben. Sie überlegen, ob es nicht besser gewesen wäre, eine andere Idee weiterzuverfolgen, die eventuell mehr Potenzial gehabt hätte. Das geht möglicherweise so weit, dass Sie kurze Zeit nach der Fertigstellung der aktuellen App schon das nächste Projekt angehen möchten, ohne das bestehende Produkt konsequent zu begleiten und die möglicherweise schläfrige Anfangsphase zu überstehen. An dieser Stelle sei gesagt: App-Business ist und bleibt ein hartes Geschäft, in dem sich Erfolg nie von alleine und sofort einstellen wird. Sie werden bei jeder App mit Schwierigkeiten zu kämpfen haben. Die Vorstellung, mit einer anderen Idee besser zu fahren, ist nichts weiter als ein Moment der Schwäche. In diesen Zeiten, und es wird sie geben, kann es sehr wertvoll sein, im Team zusammenzuarbeiten und sich gegenseitig zu unterstützen. Geben Sie also Ihrer Idee die Zeit, die sie verdient. In diesem Buch werden Sie die nötigen Instrumente finden, um krasse Fehlentscheidungen zu vermeiden und Ihr Projekt auf eine solide Basis zu stellen.

Kapitel 4

Das Marktumfeld

4.1 Marktpotenzial & Zielgruppenanalyse

Für Ihre weitere Planung müssen Sie natürlich erst einmal herausfinden, wie viele Leute als Kunden für Sie infrage kommen. Sie wollen ein Gespür für die Marktgröße und das Marktpotenzial bekommen, um so später feststellen zu können, ob ein Eintritt in den jeweiligen Markt für Sie Sinn macht. Wie lässt sich das Marktpotenzial nun am einfachsten ermitteln? Angenommen, Sie wollen eine iPhone-App für Jogger entwickeln. Hierbei gilt es nun als Erstes herauszufinden, wie viele Jogger es in Deutschland gibt. Es gibt sehr viele Anlaufstellen, wie Sie solche Marktinformationen recherchieren können. In vielen Fällen helfen Ihnen Branchenverbände weiter, auf den jeweiligen Websites sind oftmals Marktzahlen veröffentlicht. Ebenfalls hilfreich sind zentrale Anlaufstellen wie die Website des Statistischen Bundesamtes (destatis.de). Eine weitere gute Adresse für Statistiken und Marktzahlen jeder Art stellt das Online-Portal statista.de dar. Es fasst in übersichtlichen Grafiken unzählige Quellen zusammen und überzeugt mit simpler Bedienung und großem Umfang. Um jedoch vollständigen Zugriff auf alle Daten zu erlangen, benötigen Sie einen kostenpflichtigen Account. Sie sollten daher zunächst überprüfen, ob Sie die gesuchten Zahlen nicht auch aus kostenlosen Quellen recherchieren können.

Wenn Sie eine App planen, die sich eher an Unternehmen einer bestimmten Branche richtet, erhalten Sie auch Informationen über die IHK. Eine recht einfache Möglichkeit, wie Sie ebenfalls Marktzahlen bekommen können, ist eine Suche bei Google. Eine Suche nach »Jogger Deutschland« bringt bereits auf der ersten Seite Hinweise zum Marktpotenzial. Die Vorschau der Seite meanshealth.de deutet bereits an, dass in Deutschland 19 Millionen Menschen Jogging betreiben.

4 Das Marktumfeld

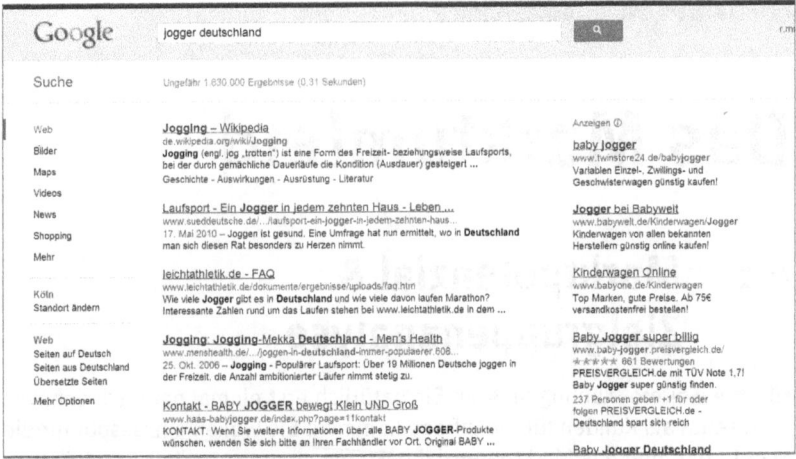

Abbildung 4.1: Google-Suche »jogger deutschland«

Demografische Analyse

Ihre Zielgruppe zu definieren und zu kennen ist ein wesentlicher Faktor beim Planen Ihrer App. Anhand der Zielgruppe

- definieren Sie die Inhalte Ihrer App,
- planen Sie Ihr Umsatzpotenzial und
- können Sie Ihre Marketingaktivitäten gezielter durchführen.

Ihre Zielgruppe ist natürlich abhängig vom Inhalt Ihrer App. Meistens engt dies den Kreis schon ein. Eine Mehrwertsteuer-App richtet sich vor allem an Selbstständige, wohingegen ein Wanderführer eher an Freunde der langen Spaziergänge gerichtet ist. Natürlich kann Ihre App auch eine breite Masse ansprechen, z. B. eine Wetter-App – welcher Mensch interessiert sich nicht für das Wetter. Anschließend wird eine demografische Segmentierung durchgeführt, um Ihre Kunden genauer zu definieren.

Bei demografischen Merkmalen handelt es sich um folgende Merkmale:

- Geschlecht
  Männer und Frauen haben oftmals sehr unterschiedliche Ansprüche an ein Produkt. Während bei einer Frau nicht selten Form und Farbe ein entscheidender Faktor bei der Auswahl des passenden Produkts sind, sind Männer

4.1 Marktpotenzial & Zielgruppenanalyse

eher pragmatisch veranlagt und achten mehr darauf, ob etwas einen bestimmten Nutzen hat. Die Unterschiede zwischen den Geschlechtern spielen natürlich auch eine Rolle bei der Entwicklung Ihrer App. Ebenfalls Auswirkung hat diese Analyse auf Ihre Marketing-Aktivitäten. Sie werden zum einen Ihre Werbematerialien anders formulieren und natürlich auch darauf achten, wo Sie Ihre Zielgruppe erreichen können.

- Alter

  Das Alter Ihrer Zielgruppe hat enorme Auswirkungen auf das Umsatzpotenzial und das Geschäftsmodell Ihrer App. Junge Leute sind zwar sehr Technik-affin und mittlerweile mit immer besseren Smartphones ausgestattet. Allerdings sind diese kaum dazu bereit, für Apps zu bezahlen, bzw. haben einfach keine finanziellen Mittel. Ist Ihre Zielgruppe also sehr jung, müssen Sie auf andere Einnahmequellen ausweichen beispielsweise Werbung. Ist Ihre Zielgruppe hingegen zu alt, kann es natürlich sein, dass diese über gar kein Smartphone verfügt bzw. hier noch keine ausreichend hohe Marktdurchdringung stattgefunden hat.

- Familienstand

  Der Familienstand hat dann Auswirkungen auf Ihre App, wenn Sie beispielsweise eine Dating-App publishen wollen, die sich vorrangig an Singles wendet. Verheiratete fallen damit bei Ihnen durch und zählen nicht zur Zielgruppe.

- Einkommen

  Das Einkommen hat natürlich Auswirkung auf die Zahlungsbereitschaft der Zielgruppe. Gut situierte Personen werden häufiger den »Kaufen«-Button betätigen als Menschen, die weniger Geld im Monat zur Verfügung haben. Ähnlich wie beim Alter wirkt sich das Einkommen auf den möglichen Preis Ihrer App bzw. das Geschäftsmodell im Allgemeinen aus.

- Grundbesitz

  Dieser Punkt spielt zwar selten eine Rolle bei der Konzeption von Apps, bestimmt gibt es jedoch Apps, die einen Unterschied machen, ob Ihre Zielgruppe zur Miete wohnt oder ein Haus ihr eigen nennen kann.

- Wohnort

  Der Wohnort kann dann entscheidend sein, wenn Sie eine App mit lokalem Bezug entwickeln. Oder aber Sie entwickeln einen Location Based Service und müssen entscheiden, welche Orte Sie als Erstes abdecken möchten und welche später hinzugefügt werden können.

4 Das Marktumfeld

- Nationalität

Ihr App kann sich natürlich an Menschen richten, die nicht die deutsche Staatsbürgerschaft haben. Die App »Apps auf Polnisch« richtet sich eindeutig an ein Publikum aus Polen. Natürlich hat die Nationalität Auswirkungen darauf, in welcher Sprache Sie Ihre App veröffentlichen sollten bzw. welche Sprachen Sie zur Auswahl stellen.

Wie Sie sehen, liefert die demografische Analyse sehr viele wertvolle Informationen über Ihre Zielgruppe, die Auswirkung auf das gesamte weitere Vorgehen hat. Nehmen Sie sich also die Zeit, diese Informationen zusammenzutragen, um rechtzeitig Fehlentwicklungen vorzubeugen.

> **Tipp**
>
> Viele Informationen lassen sich online finden. Das Statistische Bundesamt liefert unter www.destatis.de umfangreiche Informationen zur gesamtdeutschen Demografie. Ebenfalls hilfreich sind die Online-Portale der einzelnen Städte. So können Sie z. B. unter http://www.stadt-koeln.de/ umfangreiche Informationen zur Domstadt und ihren Einwohnern erhalten.

Nachdem Sie nun recherchiert haben, wie viele Jogger es in Deutschland gibt und wie sich diese Zielgruppe demografisch aufbaut, müssen Sie diese noch in Relation setzen zu der Anzahl an Smartphone-Besitzern bzw. in Ihrem Fall iPhone-Besitzer. Dadurch erhalten Sie ein gutes Abbild Ihres Marktpotenzials.

Informationen zum Smartphone-Markt erhalten Sie z. B. über Branchenverbände wie den Bundesverband Digitale Wirtschaft (bvdw.de). Natürlich können Sie auch direkt über Google Informationen zu verschiedenen Sachverhalten aufsuchen, da hierbei häufig auf die richtigen Quellen weiterverwiesen wird, die öffentlich einsehbar sind.

Einige Eckdaten, die Ihnen in diesem Zusammenhang weiterhelfen können.

- In Deutschland gibt es rund 110 Millionen Mobilfunkverträge, das entspricht 1,3 Handys pro Einwohner.[1]
- In Deutschland gibt es ca. 20 Millionen Smartphone-Nutzer.[2]

---

1. http://www.bitkom.org/files/documents/BITKOM_Presseinfo_Handy-Minuten_Deutschland_29_05_2011(1).pdf

- Im Vergleich zur Allgemeinheit der mobilen User sind Smartphone-Nutzer in Deutschland jünger (53 Prozent unter 35 Jahre), besitzen einen Handyvertrag (Postpaid) (72 Prozent), haben ein höheres Haushaltseinkommen (32 Prozent über 50.000 Euro) und sind eher männlicher Natur (61 Prozent).[3]
- In Bezug auf Lieblingsmarkengeräte der Smartphone-Nutzer besitzt Apple (24 Prozent) die größte Fangemeinde.[4]
- Android hält mit einem Marktanteil von 30 Prozent die Spitze unter den Smartphone-Betriebssystemen in Deutschland, dicht gefolgt von Symbian mit 29 Prozent und iOS mit 23 Prozent.[5]

Für das Beispiel der Jogger haben Sie nun also herausgefunden, dass 19 Millionen Leute in Deutschland diesen Sport betreiben. Sie wissen weiterhin, dass in Deutschland das iPhone einen großen Anteil am gesamten Handymarkt einnimmt. Sie können nun schlussfolgern, dass aufgrund der hohen demografischen Überschneidung von iPhone-Besitzern und Joggern ebenfalls ca. 10% ein iPhone besitzen. Dies entspricht einem Marktpotenzial von rund 1,9 Millionen potenziellen Kunden. Diese Größe ist natürlich nur ein Richtwert und keinesfalls präzise – es können auch durchaus nur 1,4 Millionen Menschen sein, die Sie maximal erreichen können. Allerdings hilft Ihnen diese Schätzung trotz aller Ungenauigkeit später dabei, Ihre Umsätze zu kalkulieren und festzustellen, ob Ihre finanziellen Erwartungen realistisch sind.

Preissensibilität

Nun legen Sie noch die Preissensibilität Ihrer Kunden fest. Die Preissensibilität ist der Faktor, in welchem Maß die Käufer auf Preisänderungen reagieren. Diese Informationen ergeben sich aus der vorangegangenen demografischen Analyse. Ältere Menschen werden im Durchschnitt ein höheres Einkommen

---

2. http://www.dt-shop.com/fileadmin/projektarbeit/modul/1/files/assets/downloads/page0008.pdf
3. http://nielsen.com/de/de/insights/presseseite/2011/nielsen-praesentiert-erste-ergebnisse-aus-aktuellem-smartphone-i.html
4. http://nielsen.com/de/de/insights/presseseite/2011/nielsen-praesentiert-erste-ergebnisse-aus-aktuellem-smartphone-i.html
5. http://nielsen.com/de/de/insights/presseseite/2011/nielsen-praesentiert-erste-ergebnisse-aus-aktuellem-smartphone-i.html

4 Das Marktumfeld

erwirtschaften als jüngere. Dadurch sind sie auch in der Lage, mehr zu bezahlen, und achten nicht primär auf den Preis. In höheren Preissegmenten werden außerdem Preiserhöhungen weniger stark wahrgenommen. Hierbei spielt das subjektive Empfinden der Menschen eine große Rolle und ist ein wichtiger psychologischer Parameter. Dies bedeutet, dass der Sprung von 1,79 Euro auf 2,69 Euro stärker wahrgenommen wird als der Sprung von 5,99 Euro auf 6,99 Euro. Wenn Sie sich also auf eine Zielgruppe konzentrieren, die per se bereit ist, mehr Geld für eine App auszugeben, haben Sie wesentlich mehr Spielraum, als dies im Niedrigpreis-Segment der Fall ist. Auch aus diesen Gründen sind Nischen-Apps eine erträgliche Alternative zu Massenmarkt-Apps.

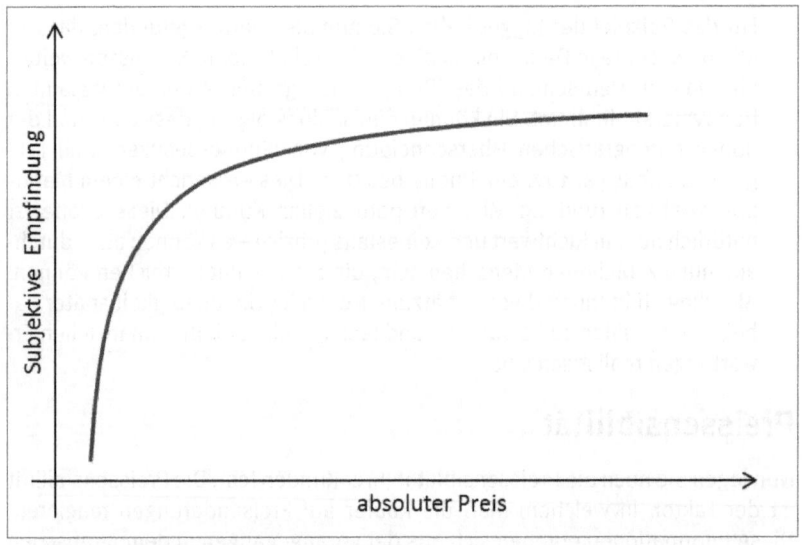

Abbildung 4.2: Subjektive Empfindung von Preiserhöhungen

Die Preissensibilität ist dabei nicht nur ausschlaggebend für den initialen Preis Ihrer Apps. Vielmehr können Sie nachträglich Anpassungen vornehmen, um Ihren Umsatz zu steigern. Zum Beispiel können Sie einfach den Preis erhöhen. Oder aber Sie implementieren kostenpflichtige Inhalte via InApp-Kauf, wodurch der Preis für eine »vollständige« Applikation ebenfalls steigt.

Im App-Business lässt sich ganz klar festhalten, dass Nutzer von iOS-Geräten eine wesentlich höhere Kaufbereitschaft haben als Android-Nutzer. iPhone-Besitzer wurden von Beginn an darauf »geeicht«, ihre Zahlungsdaten bei iTunes zu hinterlegen, eine wichtige Hemmschwelle für den Kauf von Produktion über das Smartphone war dadurch genommen. Googles eigenes Abrechnungssystem »Checkout« erfreut sich da schon weit weniger Beliebtheit. Gerade im Bereich Games gibt es viele Apps, die für das iPhone kostenpflichtig sind, bei denen auf der Android-Version aber Werbebanner integriert wurden. Durch die breite Masse an Android-Geräten auch im Niedrigpreis-Segment verfügen natürlich weit mehr junge Menschen über Android-Smartphones als iPhones. Darüber hinaus besitzen diese in den wenigsten Fällen eine Kreditkarte, über die Abbuchungen vorgenommen werden können.

Bei der Wettbewerbsanalyse haben Sie ebenfalls Informationen über die Preise gesammelt, die der Wettbewerb für seine Produkte verlangt. Um nun mehr darüber zu erfahren, zu welchem Preis die Kunden die App tatsächlich annehmen, lohnt sich der Blick auf zwei weitere Faktoren. Zum einen die Anzahl der Bewertungen sowie die Platzierung der Konkurrenz in den Charts. Wie gut oder schlecht die Bewertungen sind, spielt hierbei keine Rolle. Sie wollen lediglich herausfinden, bei welchem Preis am meisten Apps verkauft wurden. Natürlich bewerten nicht bei jeder App gleich viele User dieselbige. Und natürlich spielen neben dem Preis noch sehr viele andere Faktoren eine wichtige Rolle bei der Kaufentscheidung. Es geht bei dieser Analyse vielmehr darum, festzustellen, ob Apps aus dem gleichen Preissegment insgesamt mehr Bewertungen vorweisen können als andere Apps. Die Ergebnisse sind trotzdem immer mit Vorsicht zu genießen. Ein Trend lässt sich allerdings oftmals erkennen.

Nutzungsszenarien

Als Publisher einer App dürfen Sie nie den Fehler machen, ausschließlich von sich selbst auszugehen. Viele User benutzen Apps auf die unterschiedlichste Art und Weise. Das Stichwort, das oft in diesem Zusammenhang verwendet wird, heißt User Centric Design. Es bedeutet, dass der User und seine Bedürfnisse immer im Vordergrund stehen und niemals nur die eigenen Vorlieben. Um dies zu gewährleisten, empfiehlt sich der Einsatz so genannter Nutzungsszenarien. Hierbei definieren Sie möglichst genau die Nutzung Ihrer App und beantworten die folgenden Fragen:

Wo wird meine App genutzt?

Die meisten Menschen nehmen ihr Smartphone fast überall hin mit. Das bedeutet, dass sie fast jederzeit und überall auf Apps zugreifen können. Als Entwickler sollten Sie nun die Frage stellen, wie Sie diesen Umstand am besten ausnutzen können. Es bieten sich beispielsweise so genannte Location

Based Services an, die dem Nutzer Daten in Abhängigkeit von seinem aktuellen Standort liefern. Die App »Mein Taxi« ist hierfür ein sehr gutes Beispiel. In dieser App können Sie sehen, welche Taxis in Ihrer Umgebung zur Verfügung stehen, und können diese direkt kontaktieren. Diese Location Based Services sind im Grunde genommen so genannten Killer Features, mit denen Smartphones für die Nutzer noch wertvoller im Alltag werden. Denken Sie darüber nach, ob sich Ihre Idee mit solch einem Dienst anreichern und erweitern lässt. Vielleicht stellt er sogar den Kern Ihrer Anwendung dar.

Abbildung 4.3: iPhone-App »myTaxi«

Ein anderes Beispiel sind Einkaufs-Apps. Diese ermöglichen es den Usern, Einkaufslisten auf dem Smartphone anzulegen und diese dann vor Ort im Lebensmittelmarkt »abzuarbeiten«. Auch bei diesen Apps wird also der Umstand genutzt, dass die Nutzer ihre Smartphones ständig bei sich haben und auf ihre Daten zugreifen können.

Oftmals macht es einen enormen Unterschied, wo Ihre App eingesetzt wird. Da die Menschen ihre Smartphones überall dabeihaben, werden Apps in den

4.1 Marktpotenzial & Zielgruppenanalyse

unterschiedlichsten Umgebungen eingesetzt. Ob zu Hause, beim Shopping oder auch in der Bahn – die Nutzung an unterschiedlichen Orten hat Auswirkungen auf Ihre App und die Funktionen, die Sie darin anbieten sollten. Wenn Sie z. B. wissen, dass Ihre App häufig im Ausland eingesetzt wird, müssen Sie davon absehen, Features zu implementieren, die eine ständige Datenverbindung benötigen. Reiseführer z. B. sollten alle Informationen lokal auf den Geräten speichern, da kaum jemand bereit sein wird, horrende Roaming-Gebühren zu tragen.

Abbildung 4.4: iPhone-ShoppingList

Wann wird meine App genutzt?

Viele Menschen schalten ihr Smartphone nur über Nacht aus, einige lassen es gar die ganze Zeit über an. Sie benutzen es morgens, mittags, abends. Einige nutzen es sogar nachts, wenn sie zum Beispiel auf einer Party sind. Das bedeutet für Sie als Entwickler, dass Sie sich keine Sorgen darüber zu machen brauchen, wann die Menschen Ihre App überhaupt nutzen. WhatsApp, der populäre Messenger, kann von iPhone- sowie Android-Nutzern jederzeit genutzt werden. Klassische PC-Messenger-Programme wie z. B. ICQ haben meist das Problem, dass sie am Arbeitsplatz nicht auf dem PC vorhanden sind und auch nicht installiert werden können. Somit ergibt sich eine Nutzungslücke von durchschnittlich acht Stunden pro Tag. Als App-Entwickler brauchen Sie sich darum keine Sorgen zu machen, die Menschen können fast immer auf Ihre App zugreifen. ICQ hat mittlerweile ebenfalls eine mobile App herausgebracht, um unter anderem diese Nutzungslücke zu schließen.

4 Das Marktumfeld

Nutzen Ihre User die App abends nach Feierabend oder morgens? News-Apps z. B. werden häufig morgens und abends genutzt und ersetzen dadurch oft das Lesen der Tageszeitung sowie das Schauen von Nachrichten-Sendungen.

Abbildung 4.5: WhatsApp für Android und iPhone

Wie häufig werden meine Apps im Durchschnitt genutzt?

Nutzen Ihre User die App regelmäßig oder nur ab und zu? Und wenn regelmäßig, wie häufig passiert dies – einmal in der Woche, täglich oder gar mehrmals täglich? Wetter-Apps werden beispielsweise häufig einmal oder zweimal täglich genutzt, um sich über das Wetter des aktuellen sowie des folgenden Tages zu informieren. Diese Information hat Auswirkung auf Ihr Geschäftsmodell – denn wie Sie in Kapitel 6 »Erlösmodelle« noch sehen werden, lassen sich mit Apps mit nur sehr unregelmäßiger Nutzung kaum Umsätze durch Werbung erwirtschaften.

Wie lange wird meine App im Durchschnitt genutzt?

Im Gegensatz zu Computern oder Laptops können die Nutzer sehr schnell auf Ihre Apps zugreifen. Dadurch nutzen die Menschen ihre Smartphones sehr häufig zwischendurch und für kurze Zeit. Innerhalb weniger Sekunden kann man feststellen, ob man eine neue Mail erhalten hat oder wann die Lieblingsserie im TV läuft. Es gibt Studien, die zeigen, dass die Leute mittlerweile zu Hause sogar mehr Zeit mit dem Smartphone als mit dem Laptop verbringen, eine signifikante Entwicklung. Bei der Planung Ihrer App sollten Sie also darauf achten, welche Nutzungsszenarien möglich sind und ob Ihre App diesen auch gerecht wird. Die Benutzeroberfläche sollte sich stark an der tatsächlichen Nutzung orientieren. Funktionen, die nur kurz gebraucht werden, sollten möglichst schnell zu finden und zu nutzen sein. Erweiterte Features wie Einstellungen, die vom Nutzer einer längeren Aufmerksamkeit bedürfen, können »tiefer« in der App verankert sein.

Beispiel

Bei der App »Happy Hour Radar« geht es primär darum, dass die Nutzer feststellen können, wo in ihrer Umgebung gerade günstige Cocktails angeboten werden. Dabei ist zu beachten, dass die User größtenteils unterwegs sind, häufig mit Freunden, und schnell an die Ergebnisse kommen wollen. Die App bietet daher die Funktion »Hier und Jetzt«, die direkt auf dem ersten Screen verfügbar ist. Mit dieser Funktion erhalten die User eine Ergebnisliste mit allen Bars in ihrer näheren Umgebung, die zurzeit Happy Hour haben. Oftmals kennen die User die Bars und müssen nicht einmal mehr die Detailseite aufrufen – die Gesamtnutzungszeit beträgt hierbei knapp eine Minute. Wenn die User doch mehr Informationen über die Bars brauchen oder die Location auf einer Karte sehen wollten, so ist dies ebenfalls möglich, verlangt jedoch etwas mehr Zeit. Beide Szenarien wurden bei der Entwicklung abgedeckt. Ein drittes Szenario ergibt sich, wenn die User in ihrem Wohnzimmer sitzen und eine Recherche durchführen wollten, welche Bars an einem bestimmten Tag oder zu einer bestimmten Uhrzeit Happy Hour anbieten. Dies ist mit der App ebenfalls möglich.

Wie Sie sehen, spielen Nutzungsszenarien eine wichtige Rolle bei der Entwicklung einer App. Sie sollten diese aufschreiben, priorisieren und die Benutzerführung der App danach ausrichten – die User werden es Ihnen danken.

Es macht bei der Konzeption der App durchaus einen Unterschied, wie viel Zeit Ihre Nutzer durchschnittlich mit der App verbringen bzw. verbringen können. Denn je weniger Zeit vorhanden ist, desto wichtiger ist es, die Kernfunktionen in der App leicht verfügbar zu machen. Ihre User sollen schließlich nicht einen Großteil ihrer kostbaren Zeit damit zubringen, erst nach einer bestimmten Funktion zu suchen bzw. durch endlose Menüs zu blättern.

4 Das Marktumfeld

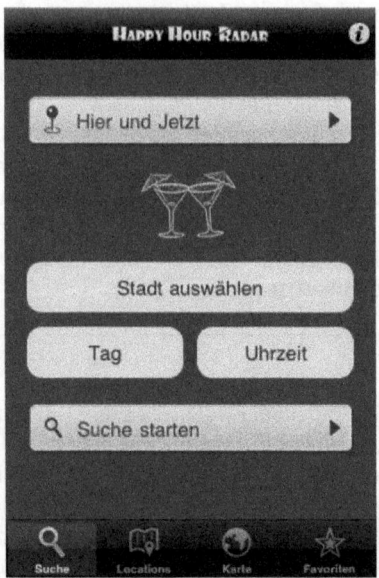

Abbildung 4.6: iPhone-App »Happy Hour Radar« mit »Hier und Jetzt«-Funktion

Wie intensiv wird meine App genutzt?

Diese Frage stellt die Anzahl an Aktionen in den Vordergrund, die Ihre User pro Nutzung durchführen. Dies kann ähnlich gewertet werden wie die Anzahl an Page Impressions, die von einem Webseiten-Besucher verursacht werden. Dieser Wert ist neben der Nutzungshäufigkeit die wichtigste Kennzahl, um feststellen zu können, ob Werbeintegration für Sie als Geschäftsmodell überhaupt infrage kommt. Denn je mehr Klicks Ihre User verursachen, umso mehr Werbebanner können ausgeliefert werden und umso mehr Einnahmen können Sie folglich generieren.

Wie Sie sehen, liefern die Antworten auf diese Fragen wertvolle Informationen darüber, was für Ihre Nutzer wirklich wichtig ist und worauf Sie während der Entwicklung besonders achten müssen. Ebenfalls haben Sie schon einmal einen ersten Eindruck von den Geschäftsmodellen, die für Sie infrage kommen könnten.

Insgesamt lässt sich festhalten, dass Sie durch eine sorgfältige Analyse Ihrer Zielgruppe die Marketingaktivitäten wesentlich gezielter durchführen können, je mehr Sie über sie wissen. Denn im Marketing geht es vor allem darum,

Streuverluste zu minimieren und möglichst nur genau die Leute zu erreichen, die Interesse an Ihrer App haben.

4.2 Der Wettbewerb

Je nachdem, welche Idee Ihrer App zugrunde liegt, gibt es bereits Mitbewerber, gegen die Sie sich mit Ihrer App durchsetzen müssen. Man könnte zunächst meinen, dass bereits vorhandene Konkurrenz schlecht ist. Allerdings können Sie auch sehr oft aus den Fehlern der anderen lernen und Feedback von Usern in Ihr eigenes Konzept mit einbeziehen. Konkurrenz deutet weiterhin darauf hin, dass es Nachfrage für Ihre Idee gibt und somit auch ein gewisses Umsatzpotenzial. Aber zunächst zur Konkurrenz und der Frage, wie Sie diese ausfindig machen können. Hier gibt es mehrere Wege.

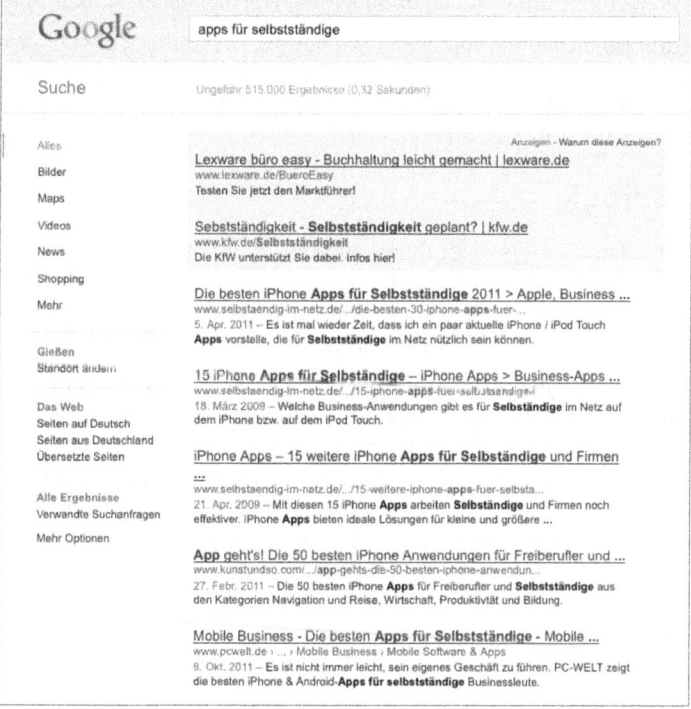

Abbildung 4.7: Suchergebnis »Apps für Selbstständige«

Zum einen können Sie nach bestimmten Keywords suchen und die Treffer in den jeweiligen Appstores untersuchen. Häufig gibt es sehr eindeutige Begriffe, unter denen nach Wettbewerbern gesucht werden kann, z. B. »Rezepte«, »Wetter«, »Reiseführer«. Mit der Suchfunktion werden Sie also alle, oder zumindest die meisten, Ihrer Konkurrenten auf Anhieb finden. Allerdings wissen Sie immer noch nicht, welche dieser Apps auch von den Usern am meisten gekauft bzw. heruntergeladen werden. Hierzu untersuchen Sie am besten die Kategorien, die Sie für Ihre App vorgesehen haben. Die Charts dieser Kategorien vergleichen Sie nun mit der Ergebnisliste. Sollten einige der Konkurrenz-Apps hier auftauchen, sollten Sie sich diese im Detail ansehen.

Eine weitere Möglichkeit, den Wettbewerb zu untersuchen, ist natürlich das Web. Hierbei haben Sie den Vorteil, dass Sie nicht nur nach Keywords suchen müssen, sondern z. B. nach bestimmten Zielgruppen. So könnten Sie beispielsweise eine Suchanfrage für »Apps für Selbstständige« starten und erhalten zumeist Blog-Artikel mit einer Auflistung von möglichen Konkurrenten.

Diese drei Möglichkeiten sollten Ihnen einen guten Überblick über die Wettbewerbssituation verschaffen. In einem nächsten Schritt müssen Sie diese natürlich detaillierter untersuchen. Denn wie bereits erwähnt können Sie sehr viel von der Konkurrenz lernen.

Technologie

Die Technologie-Analyse gibt Ihnen Aufschluss darüber, wie viel Aufwand in die Entwicklung einer Applikation gesteckt wurde. Informieren Sie sich zunächst darüber, ob die App nur für ein Betriebssystem wie iOS verfügbar ist oder auch für weitere wie Google Android.

Weiterhin, ob es eine optimierte Tablet-Version der App gibt oder es sich um eine reine Smartphone-App handelt. Ebenfalls interessant sind die Software-Versionen im Einzelnen, die unterstützt werden. Gerade bei Android gibt es eine Vielzahl aktiver Versionen, die im Umlauf sind. Jedoch auch bei iOS wächst und wächst die Vielfalt und damit auch der Aufwand, die App auf verschiedenen Systemen stabil zum Laufen zu bringen. Je mehr Versionen abgedeckt werden, umso größer ist natürlich die Zielgruppe. Denn vor allem bei Android sind noch viele Smartphones mit älteren Versionen im Einsatz, die sich aber trotzdem großer Beliebtheit erfreuen.

Sollte die Konkurrenz also verschiedene Plattformen anbieten und darüber hinaus noch eine hohe Abdeckung an einzelnen Versionen erreichen, wissen Sie, dass es sich um ein ganzes Team handelt, das alleine für die technische

4.2 Der Wettbewerb

Umsetzung verantwortlich ist. Halten Sie die Ergebnisse in einer Tabelle fest, um später bei der Entwicklung Ihrer eigenen App eine Orientierung zu haben, was alles im Markt angeboten wird. Tabelle 4.1 zeigt beispielhaft solch eine Übersicht für die bereits untersuchten Push-up-Apps.

App	iOS	iPad	Android
PushUps Fitness Workout	ab iOS 4.0	n.a.	n.a.
365days Push-Ups	ab iOS 4.3, optimiert für iPhone 5 5	n.a.	n.a.
hundred pushups	ab iOS 3	ja	ab Android 1.6
Liegestütze 100+	ab 4.3	ja	n.a.
PushUps	ab 4.0	n.a.	n.a.
iPushUps	ab 2.0	n.a.	n.a.
Pushups 0 to 100	ab iOS 5, optimiert für iPhone 5	n.a.	n.a.
Push Ups Pro	ab iOS 3	n.a.	n.a.
runtastic Push-Up PRO	n.a.	n.a.	ab Android 2.1
PushUp Recorder	n.a.	n.a.	ab Android 1.6
Pushup Counter	n.a.	n.a.	ab Android 2.1
Push Up – workout routine	n.a.	n.a.	ab Android 1.6

Tabelle 4.1: Technologievergleich Push-up-Apps
(n.a. = »not available«, also nicht verfügbar)

Dieser Vergleich zeigt sehr gut die Vielfalt an unterschiedlichen iOS-Versionen, die unterstützt werden. Nur zwei Apps sind bereits optimiert für das iPhone 5. iPushUps ist noch für 2.0 erhältlich. Dies ist in diesem Zusammenhang jedoch eher von Vorteil für Sie. Denn bei Apps mit einer Unterstützung dieser sehr alten Version deutet alles auf eine Karteileiche hin. Und in der Tat, das letzte Update wurde im Jahr 2009 veröffentlicht. Die App wird somit aktiv nicht mehr weiterbetrieben und existiert zwar weiterhin im App Store, wird aber nicht mehr auf neue Marktteilnehmer reagieren. iPad-Versionen sind

4 Das Marktumfeld

ebenfalls sehr selten, lediglich zwei Apps wurden für das Tablet von Apple veröffentlicht. Und gar nur eine, hundred pushups, existiert auch für Android-Geräte. Hier wird allerdings eine sehr alte Android-Version unterstützt, was für eine breite Abdeckung an Geräten spricht. Bei den Android-Apps lässt sich beobachten, dass diese entweder die Version 1.6 oder 2.1 benötigen – ein Trend, der sich über alle Apps hinweg durchsetzt. Da hundred pushups ebenfalls über eine iPad-Version verfügt, liegt die Annahme nahe, dass dies Ihr Hauptkonkurrent in diesem Feld sein könnte.

Inhalte & Funktionen

Sie werden nicht darum herumkommen, die Apps der Konkurrenz herunterzuladen und selbst auszuprobieren. Nehmen Sie sich ruhig Zeit und testen Sie hinsichtlich folgender Punkte:

- Wie gut sind die bereitgestellten Inhalte?

  Hiebei steht die Qualität der angebotenen Inhalte im Vordergrund. Werden z. B. Bilder, Fotos oder Videos verwendet, können Sie sehr schnell erkennen, ob diese von einem Profi erstellt wurden oder lediglich Amateur-Aufnahmen verwendet wurden. Bei Fitness-Apps lassen sich häufig hohe Schwankungen in der Qualität der angebotenen Inhalte feststellen. Einige Apps beschränken sich auf ein Bild mit erklärendem Text. Andere hingegen liefern die passenden Videos mit, damit der User einen besseren Eindruck von der Durchführung bekommt. Die höchste Qualitäts-Stufe wird jedoch dann erreicht, wenn zusätzlich noch Animationen angeboten werden, die Bewegungsabläufe deutlich illustrieren sowie den Effekt auf einzelne Muskelgruppen.

- Wurde ein ansprechendes Design verwendet?

  Mit eines der größten Mankos vieler Apps ist das unausgereifte Design. Oftmals werden Standard-Elemente verwendet, die sich kaum von anderen Apps unterschieden. Halten Sie daher Ausschau nach Apps, die offensichtlich Wert auf ein sauberes Design gelegt haben. Wie wichtig ein gutes App-Design ist, hängt natürlich von der App selbst und Ihrer Zielgruppe ab. Allerdings werden die Kunden bei gleichen Preisen eher zur »schickeren« App tendieren – Sie sollten sich daher vornehmlich an Apps orientieren, die offenkundig Arbeit in das Design gesteckt haben.

- Wie gut ist die Usability?

  Usability wird zwar oftmals mit Design in einem Atemzug genannt, im Kern bedeutet es jedoch etwas ganz anderes. Eine hohe Usability führt den User auf dem schnellstmöglichen Wege ans Ziel. Dies ist vor allem in der Konzeption Ihrer App wichtig, wollen Sie doch, dass der User sich schnell in der App zurechtfindet und nie den Überblick verliert. Natürlich gehen das Design und die Usability Hand in Hand. Ein sauberes Design macht es natürlich dem User leichter, Funktionen zu finden. Stellen Sie sich daher bestimmte Aufgaben, die Sie mit der Konkurrenz-App lösen wollen z. B. »Finde das günstigste Hotel in meiner Umgebung« und prüfen Sie, welche Stolpersteine sich bei der Nutzung herausstellen.

- Wie groß ist der Funktionsumfang?

  Es wurde ja bereits darauf hingewiesen, dass Sie sich zunächst auf die wichtigsten Funktionen konzentrieren sollen, um nicht unnötig viel Zeit in die Entwicklung der App zu stecken. Allerdings kann es natürlich passieren, dass die Konkurrenz mit großem Funktionsumfang die User bereits »verwöhnt« hat – Sie also unter Zugzwang stehen. Natürlich müssen Sie darauf achten, ob die ein oder andere Funktion der Wettbewerber offensichtlich keinen Mehrwert bietet und bei der Analyse durchfällt. Erstellen Sie daher eine Übersicht aller Funktionen, die die Konkurrenz anbietet, und entscheiden Sie später, wie viele dieser Funktionen Sie abdecken wollen bzw. können.

  Natürlich ist auch das andere Extrem denkbar, nämlich dass die Wettbewerber allesamt sehr funktionsarm sind und Sie eher den Eindruck bekommen, sie wollten möglichst schnell auf den Markt ohne Rücksicht auf wichtige Funktionen, die eigentlich mit vorhanden sein sollten.

- Ist die App auch in deutscher Sprache verfügbar? Und wenn ja, wie gut ist die Übersetzung?

  Nicht selten werden Apps aus anderen Sprachen, meist dem Englischen, nachträglich ins Deutsche übersetzt. Wenn im Appstore als Sprache Deutsch angezeigt wird, heißt das jedoch noch lange nicht, dass ein Deutscher die Inhalte auch verstehen wird. In vielen Apps haben Sie das Gefühl, dass lediglich Google Translate eingesetzt wurde, um grob einen deutschen Eindruck zu vermitteln, ohne dass die Übersetzungen überprüft worden wären. Analysieren Sie daher sorgfältig, ob Konkurrenten aus dem Ausland sich durch eine unzureichende Übersetzung ihrer Apps nicht selbst ins Bein geschossen haben.

All diese Fragen sollten Sie beantworten und in einer Tabelle festhalten. Dadurch wissen Sie später bei der Umsetzung Ihrer App genau, welche Features bereits angeboten werden und mit welchen Sie sich von der Konkurrenz abheben können. Der Detailgrad kann dabei variieren, Sie müssen nicht alles bis ins letzte Detail ausarbeiten. Es ist jedoch wichtig, dass Sie bei allen Konkurrenten die gleichen Begriffe verwenden, um die Inhalte später filtern zu können. So sollte eine »Kartenansicht« nicht plötzlich »Google Maps« heißen oder eine »Navigation« an anderer Stelle als »Routenplaner« deklariert werden.

Tabelle 4.2 zeigt ein einfaches Beispiel für eine Analyse verschiedener Apps zur Berechnung der Mehrwertsteuer.

Konkurrent 1	Konkurrent 2	Konkurrent 3	Konkurrent 4
Brutto-Netto	Brutto-Netto	Brutto-Netto	Brutto-Netto
–	–	Internationale Steuersätze	Internationale Steuersätze
Netto-Brutto	Netto-Brutto	Netto-Brutto	Netto-Brutto
–	Rabatte	Rabatte	Rabatte
–	–	–	Skonto

Tabelle 4.2: Funktionen von Mehrwertsteuer-Apps

Daraus lässt sich relativ leicht ableiten, dass alle Konkurrenten über einen Brutto-Netto- und einen Netto-Brutto-Rechner verfügen. Diese Funktionen stellen sozusagen den kleinsten gemeinsamen Nenner dar und gelten dadurch auch für Sie als Mindestanforderung. Darüber hinaus verfügen die Apps über zusätzliche Funktionen wie Rabattrechner oder die Auswahl verschiedener internationaler Steuersätze. Eine App verfügt gar über alle Funktionen und kann somit als führend betrachtet werden, was die Anzahl an Funktionalitäten betrifft. Natürlich können Sie noch Beschreibungen und Screenshots erstellen, wenn bestimmte Funktionen Ihnen besonders ins Auge gefallen sind. Diese helfen Ihnen später beim Beschreiben Ihrer eigenen Funktionalitäten.

Pricing

Durch eine Analyse der Konkurrenz-Preise können Sie feststellen, in welchen preislichen Regionen Sie Ihre eigene App anbieten können. Für Entwickler, die ihre erste App publishen, ist es oft sehr schwer, einen Preis festzulegen. Dieser muss auf der einen Seite für Kunden attraktiv sein, auf der anderen Seite aber natürlich auch einen gewissen Umsatz garantieren. Konkurrenzpreise dienen daher als erste Orientierung, um ein Gefühl für den Markt zu bekommen. Sie werden feststellen, dass die Konkurrenzprodukte sehr ähnlich bepreist sind, da die Anbieter natürlich auch untereinander darauf achten, zu welchen Preisen die Apps der anderen angeboten werden. Beziehen Sie bei dieser Analyse nicht nur den Kaufpreis der App ein, sondern auch alle InApp-Käufe, die innerhalb der Apps möglich sind. Es ist sehr interessant, zu sehen, wie die Konkurrenz die Kosten für die User aufteilt und welche Features bzw. Inhalte zusätzlich erworben werden müssen. Sie müssen also unterscheiden zwischen dem initialen Preis, den ein Kunde zahlen muss, um die App herunterladen zu können, und dem maximalen Preis, der nötig ist, um die App vollständig und ohne Beschränkungen nutzen zu können. Ersteres gibt Ihnen Aufschluss darüber, mit welchem Angebot Sie Kunden anlocken können. Zweiterer klärt Sie darüber auf, wie viel Geld Sie im Optimalfall mit ein und demselben User verdienen können.

Natürlich kann die Analyse auch ein ganz anderes Ergebnis zutage fördern. Stellen Sie sich vor, Sie möchten monatlich einen bestimmten Betrag durch Käufe Ihrer App erwirtschaften, und stellen bei der Wettbewerbsanalyse fest, dass Ihre größten Konkurrenten ihre Apps kostenfrei anbieten. Solche ein Ergebnis führt im ersten Moment verständlicherweise zu großer Frustration und bringt Ihre bisherige Planung ordentlich durcheinander. In solchen Fällen haben Sie nun entweder die Möglichkeit, User davon zu überzeugen, dass Ihre App ihr Geld wert ist, oder Sie müssen sich nach alternativen Einnahmemöglichkeiten, z. B. durch Werbung, umsehen. Smartphone-Nutzer sind extrem preissensitiv und tendieren grundsätzlich zur kostengünstigeren Variante. Seien Sie deshalb davor gewarnt, stur auf Ihren Preisvorstellungen zu beharren und die Fakten zu ignorieren. Und wie Sie in Kapitel 6 sehen werden, gibt es eine Vielzahl weiterer Möglichkeiten, um mit Ihrer App Geld zu verdienen. In Tabelle 4.3 sehen Sie ein recht einfaches Beispiel für eine Pricing-Analyse.

Im Falle der Mehrwertsteuer-Apps lässt sich relativ leicht feststellen, dass es nur zwei Varianten gibt. Entweder werden Apps kostenlos angeboten oder zu einem Preis von 0,89 Euro. InApp-Käufe sind bei keinem der Wettbewerber integriert, dadurch stellen 89 Cent gleichzeitig auch den maximalen Preis dar. Sie sollten unbedingt darauf achten, ob kostenpflichtige Apps über Lite-Versionen verfügen. Diese gehören zwar nicht in die Berechnung. Allerdings bedeutet dies, dass kostenpflichtige Konkurrenten ebenfalls Jagd auf User machen, die zunächst kein Geld für eine App zahlen wollen. Wenn also ein Großteil Ihrer kostenpflichtigen Konkurrenz auf dieses Mittel zurückgreift, stehen Sie unter

4 Das Marktumfeld

Zugzwang, ebenfalls eine kostenlose Variante auf den Markt zu werfen. Im unteren Teil der Tabelle finden Sie neben dem durchschnittlichen Preis den so genannten Median. Dieser Wert ist die Zahl, die an der mittleren Position steht, wenn alle Werte nach Größe sortiert werden. Warum dieser so wichtig ist? Wie Sie bereits wissen, können Sie im Appstore den Preis nicht frei bestimmen, sondern gehen nach Tiers vor. Ein durchschnittlicher Preis von 0,64 Euro hilft Ihnen also kaum weiter. Der Median hingegen zeigt Ihnen genau den Preis an, der im Appstore als eigentlicher Mittelwert betrachtet werden kann. Bei diesem Beispiel haben Sie also die Möglichkeit, die App kostenlos anzubieten und auf alternative Einnahmequellen auszuweichen oder aber wie der Großteil der Konkurrenten zu einem Preis von 0,89 Euro anzubieten. Aufgrund der großen Auswahl an Apps fällt ein höherer Preis komplett raus.

App	Preis in Euro	IAP	Lite-Version
Mobiler MwSt-Rechner	0	nein	nein
Mehrwertsteuer/Umsatzsteuer	0,89	nein	nein
MwSt. + Rabatt Rechner	0,89	nein	nein
Mehrwertsteuer-Rechner	0,89	nein	nein
Mehrwertsteuer Pro	0,89	nein	nein
Mehrwertsteuer Plus	0,89	nein	ja
MwSTRechner	0	nein	nein
Minimalpreis	kostenlos		
Maximalpreis	0,89		
Durchschn. Preis	0,64		
Median	0,89		

Tabelle 4.3: Pricing Mehrwertsteuer-Rechner
(IAP = »InApp-Purchase«, die offizielle Abkürzung für InApp-Käufe)

Im zweiten Beispiel ist die Sache etwas komplizierter. Bei den Push-up-Apps gibt es, wie in Tabelle 4.4 abgebildet, ein breites Spektrum an möglichen Preisen. Neben dem klassischen 0,89-Euro-Preis gibt es einen Vertreter, der für 1,79 Euro anbietet. Zwei Apps bieten InApp-Purchase an, eine kostenlose und eine kostenpflichtige App. Wobei hierbei darauf hingewiesen werden muss, dass die kostenpflichtige App »Push Ups Pro« ebenfalls als Lite-Version existiert.

App	Preis in Euro	IAP	max. Preis IAP in Euro	Lite-Version
PushUps Fitness Workout	0,89	nein	–	nein
365days Push-Ups	0	ja	5,35	nein
hundred pushups	1,79	nein	–	nein
Liegestütze 100+	0,89	nein	–	ja
PushUps	0	nein	–	nein
iPushUps	0,89	nein	–	nein
Pushups 0 to 100	0,89	nein	–	ja
Push Ups Pro	0,89	ja	4,75	ja
Minimalpreis	0			
Maximalpreis	1,79			
Durschn. Preis	0,78			
Median	0,89			

Tabelle 4.4: Pricing Push-up-Apps

Lite-Versionen werden darüber hinaus von zwei anderen Konkurrenzprodukten angeboten. Im Gegensatz zum vorangegangenen Beispiel lässt sich der Sachverhalt also nicht mit einem Satz lösen. Bei einer ruhigen Betrachtung lässt sich allerdings Folgendes schlussfolgern:

4 Das Marktumfeld

- Die meisten Apps werden kostenpflichtig angeboten, jedoch sollte ein Preis von 89 Cent nicht überschritten werden.
- Wollen Sie die App kostenpflichtig anbieten, sollten Sie eine Lite-Version als Alternative für unentschlossene User veröffentlichen.
- InApp-Käufe werden zwar von einigen Apps angeboten, sind aber eher die Ausnahme und fallen zwischen den »günstigeren« Lösungen eher negativ auf.

So lassen sich auch auf den ersten Blick komplexe Pricings der Konkurrenz relativ leicht entschlüsseln und ein gutes Gefühl dafür entwickeln, welche Preise für Ihre App infrage kommen.

Marketing

In diesem Buch geht es vor allem darum, wie Sie erfolgreich Marketing für Ihre App betreiben können. Es spricht also nichts dagegen, sich die Maßnahmen Ihrer Wettbewerber anzusehen und sich das ein oder andere abzugucken.

Sehen Sie sich die Website der Apps an und beantworten Sie die folgenden Fragen.

- Welche Funktionen werden auf der Website besonders angepriesen und wie werden die Vorteile der App kommuniziert?

   In den späteren Kapiteln wird sich sehr viel darum drehen, wie Sie Ihre App präsentieren. Ein Blick auf die Website der Konkurrenz-App kann dabei sehr aufschlussreich sein. Achten Sie dabei genau darauf, welche Funktionen besonders hervorgehoben wurden und mit welchen Argumenten die Entwickler Besucher von ihrer App überzeugen wollen.

- Verfügt die App über eine eigene Facebook-Seite und wenn ja, wie viele Fans hat die jeweilige Facebook-Page?

   Gerade bei B2C-Apps existieren oftmals Facebook-Seiten, die Sie sich ansehen und dabei schon einmal erste Ideen für Ihre eigene Seite entwickeln können. Vor allem steht dabei allerdings die Frage im Vordergrund, wie viele Fans die App bereits aufweisen kann. Dies kann ein Hinweis darauf sein, wie erfolgreich Social-Media-Aktivitäten für diese Art von Apps sein können.

Als weiteres wichtiges Instrument dient die Websuche. Wenn Sie den Namen der Konkurrenz-App in die Google-Suche eintippen, werden Sie schnell feststellen, auf welchen Internetseiten bereits darüber berichtet wurde.

Sie können sich ebenfalls so genannte Google Alerts einstellen. Hierbei haben Sie die Möglichkeit, sich über News zu bestimmten Keywords informieren zu lassen. So bleiben Sie immer auf dem Laufenden, was die Online-Aktivitäten Ihrer Wettbewerber angeht.

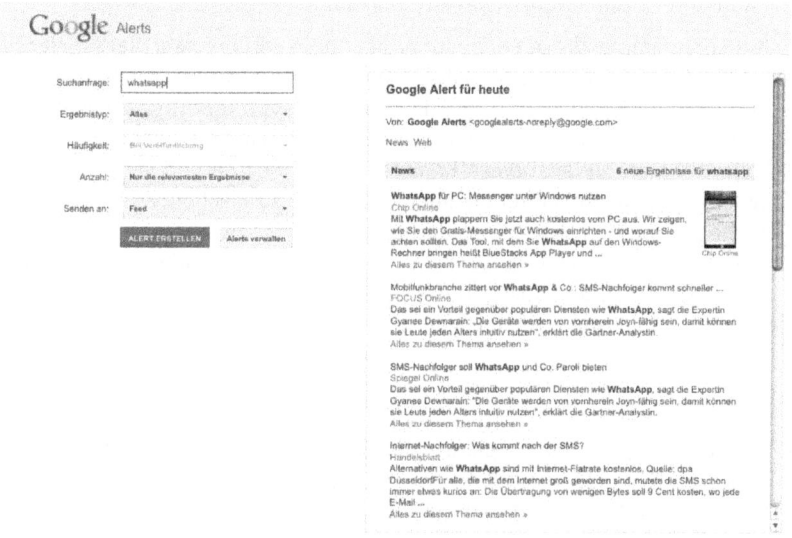

Abbildung 4.8: Google Alerts

Bewertungen

Bewertungen geben wertvolle Auskunft darüber, wie die App bei den Kunden ankommt. Eine hohe Durchschnittsbewertung deutet darauf hin, dass sich die App großer Beliebtheit erfreut. Allerdings gibt es hierbei zwei wichtige Dinge zu beachten. Achten Sie zum einen darauf, wie viele Bewertungen bereits abgegeben wurden. Es macht durchaus einen Unterschied, ob die Durchschnittsbewertung auf zehn oder mehreren Hundert Bewertungen beruht. Weiterhin sind mittlerweile viele Fake-Bewertungen im Umlauf, die die Analyse erschweren und den eigentlichen Sinn dieser Funktion verwässern. Hierbei »erkaufen« sich Entwickler positive Bewertungen oder bewerten ihre Apps direkt selbst. Apple geht nun verstärkt gegen Fake-Kommentare vor, ganz verhindern wird man diese aber natürlich nicht können. Allerdings kann man sie mit ein wenig Übung identifizieren. Werden Sie also hellhörig, wenn ein oder mehrere dieser Punkte auf einen Kommentar zutreffen:

4 Das Marktumfeld

- Der Text ist sehr ausführlich.
- Der Text ist grammatikalisch überkorrekt.
- Bestimmte Funktion werden lang und ausführlich erklärt.
- Konkurrenz-Apps werden negativ angesprochen.

Echte Kommentare klingen eher so: »Tolle App, spart mir sehr viel Arbeit :-)« Negative Kommentare sind für Sie neben dem eigenen Testen der Konkurrenz-Apps eine gute Anlaufstelle, um Schwächen der Wettbewerber aufzudecken. Häufig klagen die User über Abstürze nach Updates oder fehlende Funktionalitäten. Nehmen Sie sich diese Kommentare zu Herzen und versuchen Sie, möglichst viel davon in Ihrer eigenen App besser zu machen. Zuletzt gibt der Play Store außerdem Aufschluss darüber, wie oft die App bereits heruntergeladen wurde, wenn auch nur grob. Es werden Aussagen wie »1.000–5.000« oder »500.000–1.000.000« getroffen, die immerhin einen ersten Eindruck davon vermitteln, wie erfolgreich das Konkurrenzprodukt ist.

> **Tipp**
>
> Das Portal appannie.com bietet Ihnen die Möglichkeit, Wettbewerber zu beobachten und so nicht alle Analysen manuell durchführen zu müssen. Darüber hinaus bietet der Service Appstore-Statistiken und -Analytics an.

Die Entwickler

Neben den App selbst sollten Sie sich weiterhin über die jeweiligen Entwickler informieren und folgende Fragen beantworten:

- Wie viele Apps haben diese bereits veröffentlicht?

  Die Anzahl der Apps gibt eine Menge Aufschluss darüber, wie viel Erfahrung bereits sowohl auf Programmierebene als auch auf Vermarktungsebene gesammelt wurde. Mit jeder App werden neue Hürden gemeistert, die beim nächsten Mal umgangen werden können. Mehrjährige Programmiererfahrung ist definitiv ein kritischer Erfolgsfaktor, können doch neue Apps schneller entwickelt bzw. bestehende App zügiger erweitert werden.

- Sind die Entwickler auf eine bestimmte Branche spezialisiert oder bieten die Apps einen breiten Querschnitt durch den Appstore an?

  Viele Entwicklerteams haben ein sehr breites Portfolio an Apps, das sich durch die verschiedensten Kategorien zieht. Dies zeigt, dass andere Entwickler auf der Suche nach dem richtigen Weg sind und eben nicht Wissen in bestimmten Branchen mitbringen. Dies ist von großem Vorteil für Sie, falls Sie sich auf einem bestimmten Gebiet besonders gut auskennen – Sie können hierbei davon ausgehen, dass Sie der Konkurrenz Ihr Wissen voraushaben. Solle sich im Gegensatz hierzu zeigen, dass sich ein Entwicklerteam auf eine besondere Art von Apps spezialisiert hat, wird es für Sie schwerer, in diesen Markt einzutreten. Denn gegen Spezialisten ist es immer aufwendiger, auf nur einem Gebiet zu bestehen, als gegen Generalisten.

- Haben die Entwickler bereits für andere Systeme entwickelt?

Manche Teams können kein großes App-Portfolio vorweisen, manchmal gar nur zwei oder drei Apps. Das bedeutet allerdings nicht, dass sie wenig Erfahrung in der Branche haben. Viele mobile Entwickler haben bereits langjährige Erfahrung auf anderen Plattformen gesammelt, viele davon sogar auf mobilen Systemen wie z. B. Symbian. Daher lohnt sich öfter ein genauer Blick auf die Firmenwebsite, seit wann das Unternehmen besteht und ob es sich ausschließlich um App-Entwickler handelt.

- Handelt es sich um deutsche Entwickler oder haben diese die App lediglich auf Deutsch veröffentlicht?

Dass eine App in deutscher Sprache veröffentlicht wurde, bedeutet natürlich noch lange nicht, dass sich auch ein deutsches Entwicklerteam dahinter verbirgt. Nun stellt sich die Frage, warum es überhaupt einen Unterschied macht, ob die Entwickler aus Deutschland kommen oder nicht. Zum einen haben ausländische Entwickler immer höhere Hürden bei der Vermarktung. Pressetexte müssen auf Deutsch verfasst werden und die Website sollte ebenfalls in deutscher Sprache vorliegen. Zum anderen können Support-Anfragen von deutschen Usern nur unzureichend bearbeitet werden bzw. es muss jemand vorhanden sein, der auch der deutschen Sprache mächtig ist. Zuletzt kann natürlich die App selbst unzureichend übersetzt sein, wenn keine professionelle Übersetzung eingesetzt wurde. Viele Entwickler oder Entwicklerteams haben bereits Erfahrung auf anderen Plattformen gesammelt. Wenn hinter der Entwicklung gar ein größeres Unternehmen stehen sollte, wissen Sie, dass Sie die Konkurrenz nicht unterschätzen dürfen.

Chartpositionen

Sie wollen natürlich wissen, wie oft die Apps der Konkurrenten bereits heruntergeladen wurden bzw. welcher Konkurrent Marktführer ist. Dabei helfen Ihnen zunächst einmal die Charts bzw. die Chartpositionen der Wettbewerber.

4 Das Marktumfeld

Beim Market-Based View haben Sie vielleicht bereits einen Blick in die Charts von Play Store und App Store geworfen, um herauszufinden, welche Apps gerade besonders beliebt sind. Es ist kein Geheimnis, dass eine höhere Chartposition auch mehr Downloads bedeutet. Der Verlauf ist jedoch keinesfalls linear. Das bedeutet, dass Sie bei 10 Downloads am Tag auf Rang 50 landen, mit 20 auf Platz 40 und 30 Downloads ausreichen, um Platz 20 zu erreichen. In den Top 25 und besonders in den Top 10 steigen die Downloadzahlen exponentiell. Das heißt, dass Sie unter Umständen für eine Platzierung auf 10 schon 300 oder 400 Downloads benötigen können. Abbildung 4.9 spiegelt diesen Sachverhalt noch einmal grafisch wider.

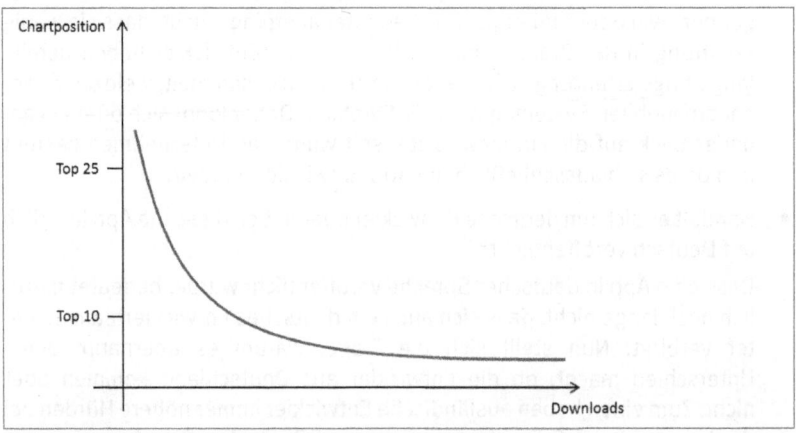

Abbildung 4.9: Chartposition in Abhängigkeit von der Anzahl der Downloads

Natürlich sind die Zahlen von Kategorie zu Kategorie unterschiedlich. So werden Apps aus dem Bereich Unterhaltung wesentlich öfter heruntergeladen als Apps aus der Kategorie Finanzen. Ebenfalls unterscheiden müssen Sie, ob es sich um kostenlose oder kostenpflichtige Apps handelt. Kostenlose Apps werden um ein Vielfaches öfter heruntergeladen als kostenpflichtige.

Die einfachste Möglichkeit, um den Marktführer zu ermitteln, besteht natürlich darin, die Chartpositionen der Konkurrenten täglich in einer Tabelle festzuhalten. Hieraus lässt sich relativ schnell, z. B. nach einer Woche, ein Trend erkennen, ob einer der Konkurrenten besonders stark in den Charts vertreten ist. Je länger Sie diese Tabelle pflegen, desto klarer wird das Bild. Natürlich können sich auch Wettbewerber immer wieder gegenseitig überholen. Allerdings ist es trotzdem oftmals möglich, den Marktführer oder auch zwei gleich starke Konkurrenten auszumachen. Nun wollen Sie natürlich noch erfahren,

4.2 Der Wettbewerb

wie viele User die Konkurrenz tatsächlich heruntergeladen bzw. gekauft haben. An diese Zahl kommen Sie leider nicht ohne Weiteres. Denn der App Store bietet keinerlei Indikator für die Anzahl der Downloads und Sie als Entwickler werden im Dunkeln gelassen. Das Abschätzen von Downloads ist extrem schwierig aufgrund der vielen neuen Apps, die täglich veröffentlicht werden, und aufgrund der ungleichen Verteilung zwischen den Kategorien und innerhalb der Top 25.

Der Google Play Store hingegen bietet zwar eine Grafik an, die Download-Trends wiedergibt sowie eine Spanne der gesamten Downloads. Allerdings sind diese nur sehr vage und nicht mehr als ein Hinweis, ob es sich um eine Nischen-App oder um ein Massen-Produkt handelt. In Abbildung 4.10 sehen Sie den Chart für die App »SwiftKey 3«. Diese zeigt, dass es den letzten 30 Tagen einen Einbruch bei den Downloads gab und dass die App insgesamt bereits zwischen einer und fünf Millionen Mal heruntergeladen wurde. Es handelt sich also wirklich nur um grobe Richtwerte.

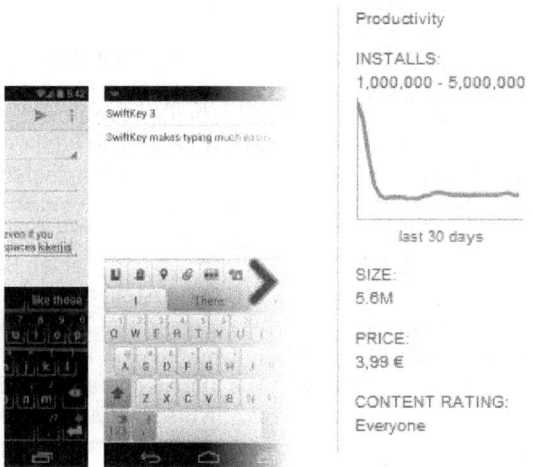

Abbildung 4.10: Download-Statistik im Play Store für SwiftKey 3

Das Online-Portal Distimo.com, auf das in Kapitel 13 ausführlich eingegangen wird, bietet ein Tool namens Distimo AppIQ an, mit dem Sie Downloads und sogar Umsätze der Konkurrenz analysieren können. Allerdings ist dieses Tool in der günstigsten Version mit 1.199 Euro pro Monat recht teuer und nur für App-Publisher zu empfehlen, die solch ein Budget für die Wettbewerbsbeobachtung auch zur Verfügung haben.

4.3 Content- und Datenlieferanten

Im Internet gilt schon lange: Content is King. Dies gilt oftmals auch für Apps, z. B. aus der Kategorie Referenz. Sollten Sie eine App entwickeln, bei der Inhalte und nicht Funktionen im Vordergrund stehen, achten Sie auf eine ausreichend hohe Qualität. App-Nutzer merken sehr schnell, ob eine App sinnvollen Content bietet oder nur oberflächliches Wissen.

> **Beispiel**
>
> Sie entwickeln eine App, mit derer Hilfe Sie Baumarten nachschlagen und sich über diese informieren können. Natürlich brauchen Sie für solch eine App Fotos von den entsprechenden Bäumen. Diese müssen von angemessener Qualität sein, damit Ihre Nutzer die Bäume auch tatsächlich wiedererkennen können. Weiterhin wollen Sie natürlich eine Beschreibung der Baumart anbieten sowie eine Übersicht der wichtigsten Eigenschaften.

In den meisten Fällen werden Sie sich nicht persönlich um die Generierung des gesamten Contents kümmern können. Sie müssen sich also nach den jeweils passenden Quellen umsehen. Die Preise für Inhalte sind natürlich stark abhängig von Umfang und Qualität. Für den Bereich Fotos und Bilder gehören Portale wie Fotolia oder Gettyimages zu den wichtigsten Anlaufstellen. Diese Anbieter verfügen über ein sehr breites Angebot zu fast jedem Themengebiet. Neben kostenpflichtigen Bildern können Sie ebenfalls auf so genannte lizenzfreie Materialien zugreifen. Hierfür sollten Sie unbedingt einen Blick auf Gettyimages werfen. Wollen Sie Texte für Ihre App erstellen lassen, können Sie dies schon für kleines Geld auslagern. Das Online-Portal Textbroker.de z. B. bietet umfangreiche Services schon ab 1,5 Cent pro Wort an. Je professioneller die Texte sein sollen, desto teurer wird die Erstellung natürlich. Ebenfalls im Angebot haben diese Portale auch Videos, die Sie ebenfalls in Ihre Applikationen implementieren können. Das Angebot an Videos kann jedoch im Vergleich zu Bildern als gering bezeichnet werden.

Bei Audioaufnahmen, z. B. für die korrekte Aussprache von Wörtern in einem Wörterbuch oder vorgelesene Texte, können Sie leider nicht ohne Weiteres auf bestehende Portale zurückgreifen. Hier werden Sie kaum darum herumkommen, diese selbst produzieren zu lassen. Wollen Sie hingegen Sounds oder Musik implementieren, haben Sie wiederum eine breite Palette an Auswahlmöglichkeiten. Bei der Nutzung von Sounds bzw. Musik sollten Sie darauf achten, dass diese GEMA-frei genutzt werden können. Ansonsten vervielfachen sich Ihre Kosten sehr schnell. Portale wie z. B. Soundtaxi bieten umfangreiche

4.3 Content- und Datenlieferanten

Sound-Bibliotheken in verschiedenster Qualität an, bei denen Sie sicherlich etwas Passendes finden werden.

Tabelle 4.5 liefert Ihnen eine Übersicht der bekanntesten Anbieter für Inhalte, die bereits seit Jahren auch im Online- bzw. Printbereich genutzt werden.

Name	Produkte	Website
Fotolia	Fotos Illustrationen Videos	fotolia.de
GettyImages	Fotos Illustrationen Videos	gettyimages.com
iStockPhoto	Fotos Illustrationen Videos	istockphoto.com
Content.de	Texte	content.de
Pagecontent.de	Texte	Pagecontent.de
Textbroker	Texte	textbroker.de
Sound Effects Library	Sounds Musik	sound-effects-library.com
Soundsnap	Sounds Musik	soundsnap.com
Soundtaxi	Sounds Musik	Soundtaxi.net

Tabelle 4.5: Content-Lieferanten im Überblick

Alternativ zu den vorgestellten Quellen können Sie natürlich selbst Auftragsarbeiten durchführen lassen, z. B. einen Fotografen beauftragen oder eine Video-Produktionsfirma. Allerdings ist diese Variante weitaus kostenspieliger als der Zugriff auf Content-Portale. Jedoch kann es vor allem im Bereich Video passieren, dass Sie keine guten Inhalte finden werden. Sie müssen sich in solch einem Fall die Frage stellen, ob Sie die Kosten für eine Produktion zahlen oder ob Sie von Ihrem ursprünglichen Plan abweichen und es evtl. bei Bildern belassen wollen. Diese Entscheidung ist abhängig von vielen Faktoren, dazu gehören z. B. die Konkurrenzsituation und die Beschaffenheit Ihrer Zielgruppe.

4 Das Marktumfeld

> **Beispiel**
>
> Sie entwickeln eine App, die verschiedene Trainings-Übungen zeigt. Bei der Wettbewerbsanalyse stellen Sie fest, dass die Konkurrenz-Apps Videos enthält, die die Übungen zeigen. Sie können allerdings keine geeigneten Inhalte auf Fotolia etc. finden. Daher müssen Sie die Videos kostenaufwendig produzieren lassen. Gleichzeitig wissen Sie aber, dass eine sehr hohe Nachfrage nach solchen Apps besteht und die Apps höherpreisig angeboten werden können. Auf der einen Seite stehen Sie natürlich unter Zugzwang, was bedeutet, dass Sie eigentlich keine andere Wahl haben, als Videos zu integrieren. Auf der anderen Seite stehen die Chancen sehr gut, dass bei einer guten Vermarktung Ihrer App die Kosten relativ schnell durch Einnahmen wieder ausgeglichen werden können.

Wie Sie sehen, kann der Content eine entscheidende Rolle bei der Planung und Umsetzung Ihrer App-Idee spielen und muss bei der Marktanalyse mit einbezogen werden. Sie wollen schließlich vermeiden, dass Sie später bei der Umsetzung Ihrer App feststellen, dass der benötigte Content mit enormen Kosten verbunden ist, die Sie gar nicht tragen können.

Ebenfalls wichtig in diesem Zusammenhang sind die Datenqualität und -quantität Ihrer App. Im Gegensatz zum klassischen Content handelt es sich hierbei um Daten, die ständige Anpassungen benötigen bzw. täglichen Schwankungen unterliegen.

> **Beispiel**
>
> Sie wollen einen Strandführer entwickeln. Zum einen müssen ausreichend viele Strände vorhanden sein, um den Usern einen guten Überblick über das Angebot an Stränden zu verschaffen. Zum anderen müssen die dazugehörigen Daten wie z. B. Öffnungszeiten und Preise aktuell sein – dies kann sich unter Umständen als große Herausforderung entpuppen, sollten sich Daten laufend ändern. Sie müssen also genügend Zeit einplanen, um diese Informationen zu recherchieren, zusammenzutragen und aufzubereiten – oftmals eine sehr mühsame und eintönige Arbeit.

Sie müssen nun entscheiden, welche Menge an Daten Sie tatsächlich benötigen. Bei Location Based Services bietet es sich an, zunächst mit ein oder zwei großen Städten bzw. Ballungsräumen zu starten, um den Aufwand zur Datengenerierung im Rahmen zu halten. Bei ausreichendem Erfolg können Sie

4.3 Content- und Datenlieferanten

anschließend weitere Städte in Ihr Portfolio aufnehmen, um noch mehr Leute anzusprechen.

Es gibt auch Beispiele, wo Sie gar nicht selbst tätig werden können und in jedem Fall eine externe Daten-Quelle benötigen. Dazu gehören z. B. Wetter- oder Verkehrsdaten. Auch in Finanzbereich sind oftmals Realtime-Daten ein wichtiges Thema.

> **Beispiel**
>
> Sie wollen einen Währungsrechner entwickeln, mit dem Ihre User verschiedene Währungen berechnen können. Wie Sie sicherlich wissen, kommt es bei Währungen zu täglichen Schwankungen, die mal stärker und mal schwächer ausfallen können. Sie haben nun mehrere Möglichkeiten, um Devisen umzurechnen. Zum einen können Sie auf ältere Daten zurückgreifen, z. B. die vom Vortag. Es gibt Anbieter, bei denen Sie solche Daten kostenlos erhalten und in Ihre App integrieren können. Auf der anderen Seite können Sie ebenfalls Realtime-Daten bzw. Daten vom aktuellen Tag verwenden. Diese sind jedoch mit Kosten verbunden, so dass Sie nun entscheiden müssen, welche Variante in Ihrem Fall am meisten Sinn macht. In diesem Beispiel ist die Entscheidung abhängig von der Zielgruppe und der Nutzung. Menschen, die in den Urlaub fahren und nur eine grobe Orientierung benötigen, werden kaum den Unterschied zwischen Realtime-Daten und Daten vom Vortag unterscheiden können. Nutzer aus der Finanzbranche hingehen sind oftmals auf genaue Informationen angewiesen und werden mit veralteten Daten kaum etwas anfangen können.

Generell lässt sich sagen, dass sich eine App mit kleinem Datenstamm und schlechter Qualität im Appstore mittelfristig nicht durchsetzen wird. Sie müssen daher einen guten Mittelweg finden zwischen Quantität und Qualität. In einigen Kategorien versuchen sich Apps gegenseitig mit immer mehr Inhalten zu überbieten, zumeist auf Kosten der Qualität. Witze-Apps beispielsweise bieten dem User mehrere Tausend Witze an. Wie viele davon jemanden tatsächlich zum Lachen bringen, ist jedoch fraglich. Vorsicht also vor einer »Mehr ist besser«-Mentalität. Diese wird sich auf lange Sicht gesehen nicht durchsetzen.

Die letzten drei Abschnitte haben Ihnen einen Eindruck davon vermittelt, wie Sie Ihr Marktumfeld analysieren und anschließend die richtigen Schlüsse daraus ziehen können. Sowohl der Wettbewerb, die Zielgruppe als auch Content-Lieferanten wirken sich entscheidend auf die Konzeption und Entwicklung Ihrer App und die Vermarktungsmöglichkeiten aus. Ohne eine Analyse dieser drei Punkte

4 Das Marktumfeld

werden Sie immer Gefahr laufen, zu einem späteren Zeitpunkt Anpassungen vornehmen zu müssen, die sehr zeit- und kostenintensiv sein können. Im schlimmsten Fall haben Sie sehr viel Geld und Zeit in eine App investiert, die entweder niemand braucht oder die in der Masse der Konkurrenzprodukte untergeht. Nehmen Sie sich also die Zeit, das Marktumfeld zu untersuchen und die entsprechenden Informationen zusammenzutragen. In Abbildung 4.11 sehen Sie noch einmal zusammengefasst die Zusammenhänge. Das nächste Kapitel beschäftigt sich nun mit der Aufgabenstellung, ein überlegenes Produkt zu entwickeln, deckt also den oberen Bereich in der Grafik ab. Die darauf folgenden Kapitel bilden sozusagen den inhaltlichen Schwerpunkt dieses Buches und werden Sie dabei unterstützen, Ihre App erfolgreich zu vermarkten.

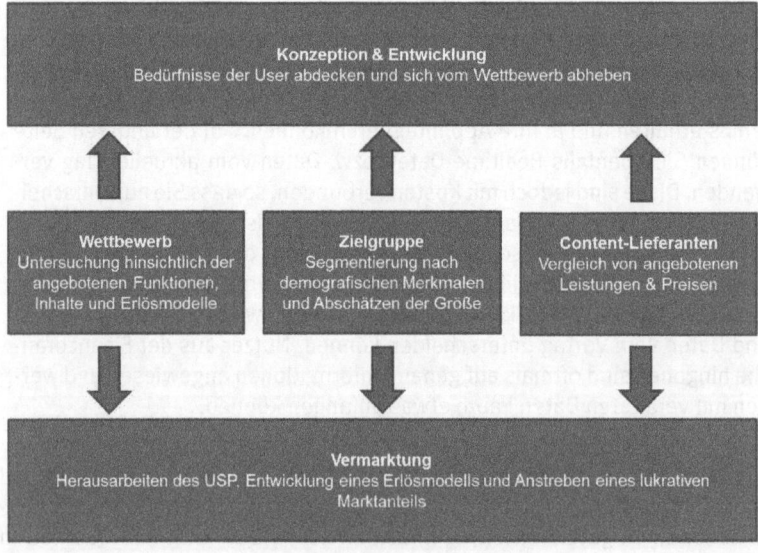

Abbildung 4.11: Marktumfeld

4.4 SWOT-Analyse

Die SWOT-Analyse ist ein klassisches Instrument zur Positionsbestimmung des eigenen Unternehmens bzw. Produkts im Markt. Die Abkürzung steht dabei für Strengths (Stärken), Weaknesses (Schwächen), Opportunities (Chancen) und Threats (Bedrohungen). Es werden zunächst eine Umwelt- und Unternehmensanalyse durchgeführt und anschließend strategische Schritte abgeleitet.

4.4 SWOT-Analyse

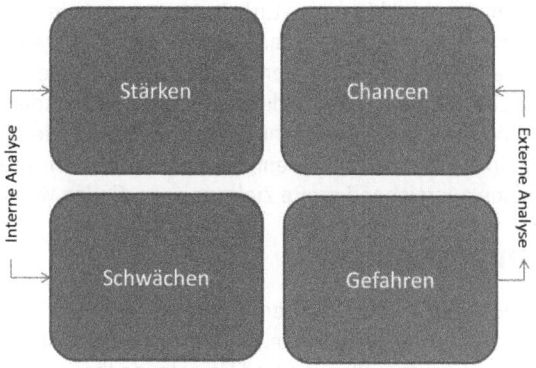

Abbildung 4.12: SWOT-Analyse

Umweltanalyse

Bei der Umweltanalyse, auch externe Analyse genannt, werden die Gefahren und Chancen analysiert, die sich durch Marktveränderungen ergeben und auf die Sie selbst keinen direkten Einfluss haben. Dies können sein

- technologische,
- soziale,
- politische,
- rechtliche oder
- ökologische Veränderungen.

Ein gutes Beispiel für eine technologische Änderung ist die Vergrößerung des Screens auf dem iPhone 5. Entwickler müssen ihre Apps auf die neuen Dimensionen einstellen, um weiterhin konkurrenzfähig zu bleiben. Aktualisieren zu Anfang nur wenige Entwickler die App, wird es mittelfristig für iPhone-5-Besitzer zu einem Entscheidungskriterium beim Kauf von Apps werden. Sie selbst haben keinen Einfluss auf die Geräte, die von Apple entwickelt und verkauft werden, müssen sich also an die neuen Gegebenheiten anpassen.

Oder die Implementierung von so genannten NFC-Chips in die Smartphones, mit denen sich ganz neuartige Funktionen umsetzen lassen. Mit der Einführung von InApp-Käufen hat sich in der Vergangenheit ebenfalls eine neue Chance ergeben, neue Einnahmequellen zu generieren. Ein Beispiel für eine Bedrohung im rechtlichen Raum wäre, dass der Datenschutz verschärft wird und Sie mit Ihrer App nicht mehr auf das Adressbuch des Nutzers zugreifen dürfen.

Es ergeben sich darüber hinaus natürlich Änderungen in Ihrem Zielmarkt selbst, z. B. schwappt ein Fitness-Trend aus Amerika nach Deutschland herüber und Sie selbst betreiben diesen Sport. Dann entsteht eine Chance dadurch, dass Sie noch vor allen anderen diesen Trend entdecken und eine App hierzu veröffentlichen. Die Gefahr besteht auf der anderen Seite darin, dass sich auch in Zukunft nur sehr wenige Menschen dafür interessieren werden und Sie keine ausreichend große Zielgruppe vorfinden werden.

Unternehmensanalyse

Die Unternehmensanalyse, auch interne Analyse genannt, bezieht sich auf Ihre eigenen Stärken und Schwächen. Eine gesunde Selbsteinschätzung ist unabdingbar für die weitere Planung und Umsetzung Ihrer App-Idee.

Eine Stärke könnte z. B. darin bestehen, dass Sie über sehr großes Fachwissen verfügen und Ihr Wissen in die App mit einfließen lassen können. Eine Schwäche besteht zumeist in fehlenden finanziellen Mitteln, um mit großen Publishern konkurrieren zu können. Fehlende Erfahrung in der App-Programmierung ist ebenfalls eine typische Schwäche von Entwicklern, die zwar Applikationen für andere Plattformen entwickelt haben, bisher jedoch wenig oder gar keine Berührungspunkte mit iOS oder Android hatten.

Kombinationen

In nächsten Schritt wird nun versucht, den Nutzen aus Stärken und Chancen zu maximieren und die Verluste aus Schwächen und Gefahren zu minimieren. Um dieses Ziel zu erreichen, sollten Sie gezielt nach folgenden Kombinationen suchen:

- **SO – Stärke-Chancen-Kombination:** Welche Stärken passen zu welchen Chancen? Wie können Stärken genutzt werden, so dass sich die Chancenrealisierung erhöht?
- **ST – Stärke-Gefahren-Kombination:** Welchen Gefahren können wir mit welchen Stärken begegnen? Wie können vorhandene Stärken eingesetzt werden, um den Eintritt bestimmter Gefahren abzuwenden?
- **WO – Schwäche-Chancen-Kombination:** Wo können aus Schwächen Chancen entstehen? Wie können Schwächen zu Stärken entwickelt werden?
- **WT – Schwäche-Gefahren-Kombination:** Wo befinden sich unsere Schwächen und wie können wir uns vor Schaden schützen?

4.4 SWOT-Analyse

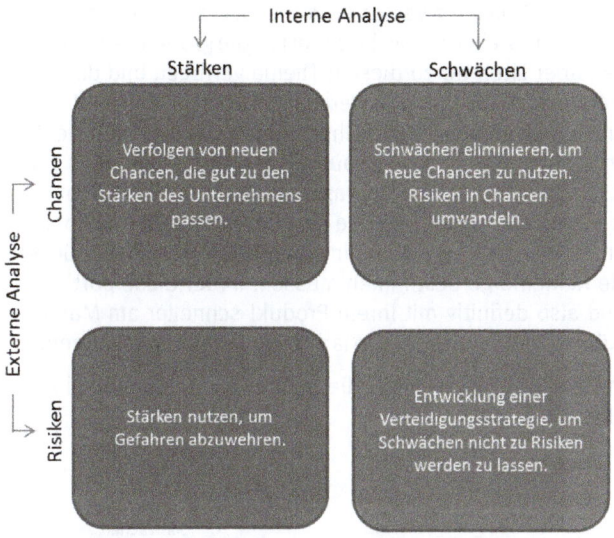

Abbildung 4.13: Kombinationen in der SWOT-Analyse

Dabei kann es durchaus sein, dass Sie z. B. mehrere Stärken zur Realisierung einer Chance einsetzen müssen oder benötigen, um einer Gefahr zu begegnen. In die SWOT-Analyse fließen natürlich alle Informationen mit ein, die Sie nun über das Marktumfeld gesammelt haben.

Die SWOT-Analyse lässt sich am besten anhand eines Beispiels erklären. Sie wollen also eine App entwickeln, in der Sie verschiedene Übungen für die Rückenmuskulatur implementieren. Da Sie selbst seit längerer Zeit mit Rückenproblemen zu kämpfen haben, die durch Ihren Bürojob und das ständige Sitzen verursacht werden, wissen Sie, wie wichtig es ist, auch im Alltag auf eine korrekte Körperhaltung zu achten und gezielt Training für den Rückenbereich durchzuführen. Sie selbst sind seit mehreren Jahren Programmierer und haben sich bereits in iOS eingearbeitet, können also relativ schnell mit der Umsetzung beginnen. Weiterhin haben Sie einem bekannten Physiotherapeuten von Ihrer Idee erzählt, der dies ebenfalls für eine gute Idee hält und Sie unterstützen möchte. Zum einen möchte er sich finanziell beteiligen und Ihnen ebenfalls Zugang zur Zielgruppe verschaffen. Rückenbeschwerden gehören mittlerweile zu den Volkskrankheiten in Deutschland und es werden von Jahr zu Jahr mehr Patienten. Aufgrund der vorhandenen Konkurrenzsituation mit einer Reihe von guten Apps werden Sie es im Appstore nicht einfach haben, sich schnell gegen diese durchsetzen zu können. Durch die Praxis des Bekannten als Multiplikator verschaffen Sie sich allerdings einen Vorteil. Eine große Bedrohung stellen für Sie in jedem Fall die großen Verlage dar, die bereits seit Jahren über Literatur zu diesem Thema verfügen und diese jederzeit auf mobile Geräte portieren können. Verlage haben auch hinsichtlich der Ressourcen einen entscheidenden Vorteil Ihnen gegenüber, können sie doch auf genügend finanzielle Mittel und Ressourcen zugreifen. Allerdings sind Verlage in ihren Entscheidungsprozessen etwas träge, so dass es mitunter Monate, wenn nicht gar Jahre dauern kann, bis sie ein bestimmtes Thema konkret angehen. Weiterhin verfügen Verlage über ein so breites Portfolio an Büchern, dass sie zuerst die Reihenfolge bestimmen müssen, in der diese portiert werden. Sie selbst sind also definitiv mit Ihrem Produkt schneller am Markt und können auch zukünftig viel schneller auf Marktgegebenheiten reagieren.

Abbildung 4.14 zeigt noch einmal die verschiedenen Kombinationsmöglichkeiten für dieses Beispiel.

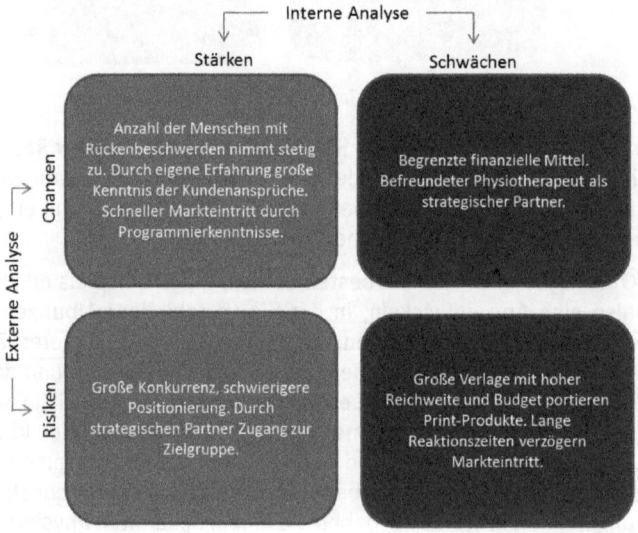

Abbildung 4.14: SWOT-Analyse Rücken-App

Die SWOT-Analyse trägt also entscheidend dazu bei, dass Sie sich Ihrer eigenen Stärken und Schwächen bewusst werden und diese in Beziehung setzen zu den Chancen und Risiken, die im Markt existieren. Wenn Sie dies konsequent durchführen, haben Sie ein sehr gutes Bild davon, wo Sie sich im Markt positionieren können und wie Sie auf Veränderungen am besten reagieren.

Kapitel 5

Die perfekte App

5.1 Besonderheiten von Smartphones

Obwohl Smartphones oft mit Computern verglichen werden und diesen tatsächlich in vielen Belangen gleichen, so weisen sie doch entscheidende Eigenheiten auf, die Sie als Entwickler beachten sollten. Viele erfolgreiche Apps machen genau von diesen Besonderheiten Gebrauch und heben sich dadurch deutlich von Software ab, die es in der gleichen Form auch für PC oder Mac gibt.

Touchscreen

Seit dem iPhone sind ebenfalls berührungsempfindliche Bildschirme zu einem Must-Have-Feature von Smartphones geworden. Die fehlende Haptik, einer der größten Kritikpunkte, wurde von der breiten Masse bereitwillig hingenommen, weil die neue Technologie eine Faszination ausübte, wie man sie selten vorher gesehen hatte. Selbst Hybridmodelle wie das Motorola Milestone sind nicht mehr als ein Nischenprodukt. Heute verfügen alle modernen Geräte über Multitouch, das heißt, es kann mehr als eine Berührung gleichzeitig eingesetzt werden.

Ein beliebtes Einsatzszenario hierfür ist das Vergrößern und Verkleinern von Bildern. Diese Technologie erlaubt eine neuartige Benutzung von Apps und hebt diese von anderen Plattformen wie z. B. einem Laptop deutlich ab. Denn Multitouch bedeutet, direkt mit der Applikation zu interagieren, wohingegen auf klassischen PC-Systemen der Umweg über die Maus oder Tastatur gegangen werden muss.

Mobiles Datennetz

Die meisten Leute surfen heutzutage daheim mit ihrem Laptop mit einer hohen Geschwindigkeit, 32 Mbit sind hier keine Seltenheit. Bei der Entwicklung von Websites stellt das benötigte Datenvolumen also keine Hürde mehr dar. Bei der Nutzung von Smartphones hingegen ist dies leider noch nicht der Fall. Denn obwohl die User oftmals auch mit dem Smartphone im WLAN unterwegs sind, so müssen Sie darauf vorbereitet sein, dass Ihre App auch

5 Die perfekte App

unterwegs genutzt wird. Da in Deutschland WLAN-Hot-Spots doch eher eine Randerscheinung darstellen, sind die Nutzer auf das mobile Datennetz angewiesen, oftmals mit UMTS-Geschwindigkeit, in manchen Regionen bereits mit LTE,. Außerhalb von Ballungszentren kann sogar nur mittels EDGE-Netz gesurft werden, was die Surfgeschwindigkeit stark ausbremst. Sollten Sie also Webservices in Ihre App integrieren und diese häufig unterwegs genutzt werden, dann gestalten Sie sie so schlank wie möglich. Cachen Sie Daten lokal, um sie für User auch offline verfügbar zu machen. Denn oftmals haben diese innerhalb von Gebäuden gar keinen Empfang. Bei der bereits erwähnten App »Happy Hour Radar« wird die gesamte Datenbank lokal auf dem Gerät gespiegelt. Eine Internetverbindung ist nur dann nötig, wenn sich Daten verändert haben, z. B. Öffnungszeiten oder neue Datensätze hinzugekommen sind. Somit ist es den Usern möglich, auch in Clubs und Bars auf die Daten zuzugreifen – die Kernfunktionalität der App ist somit unabhängig vom Datennetz und in diesem Fall ein erfolgskritischer Faktor. Abbildung 5.1 zeigt beispielhaft die Funkabdeckung der Telekom, einem der Anbieter mit der höchsten Abdeckung überhaupt. Je dunkler die Regionen gefärbt sind, umso besser ist dort auch die mobile Netzabdeckung.

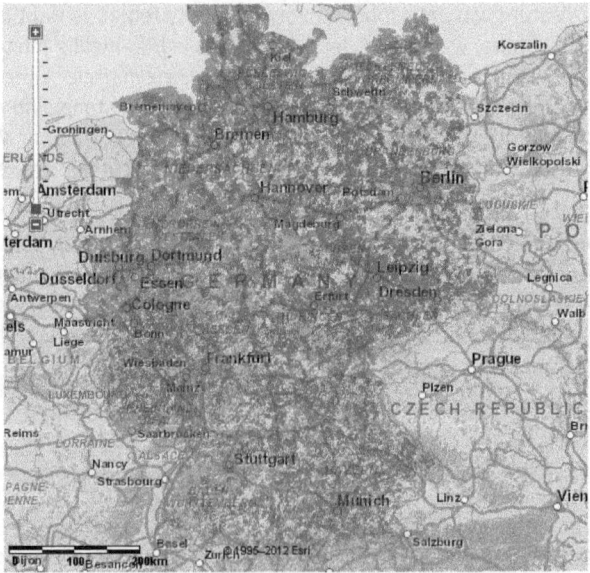

Abbildung 5.1: Funkversorgung T-Mobile in Deutschland (Quelle: www.t-mobile.de)

5.1 Besonderheiten von Smartphones

Tipp

Auf http://www.t-mobile.de/funkversorgung/inland können Sie die interaktive Karte abrufen und sich ein Bild von der aktuellen Netzabdeckung machen.

GPS

Das Global Positioning System ist bereits seit einigen Jahren bekannt, hauptsächlich durch den Einsatz in Auto-Navigationssystemen. Moderne Smartphones verfügen ebenfalls über einen GPS-Empfänger und können so den User noch genauer orten. Das gibt Ihnen als Entwickler die Möglichkeit, Apps zu entwickeln, die genau diese Daten nutzen und verwerten.

Die App »Runtastic« beispielsweise hilft Joggern dabei, ihre Laufwege festzuhalten und mit zusätzlichen Informationen zu versehen, beispielsweise der aktuellen Geschwindigkeit und der zurückgelegten Strecke. Andere Apps hingegen liefern Daten in Abhängigkeit vom aktuellen Standort, beispielsweise bei der Suche nach dem nächsten Geldautomaten. Beim Einsatz von GPS-Funktionen ist jedoch zu beachten, dass der Smartphone-Akku sehr darunter leidet und eine langfristige Nutzung kaum möglich ist.

Abbildung 5.2: Geldautomaten-App

Kamera

Einer der größten Kritikpunkte des ersten iPhones war die leistungsschwache Kamera. Lediglich Fotos mit gerade mal zwei Megapixeln waren möglich, wo andere Handys schon längst die Fünf-Megapixel-Hürde genommen hatten. Mit jedem Modell wurde die Kamera jedoch weiter verbessert und heute kann sie eine Digital-Kamera durchaus ersetzen. Alle Smartphones verfügen über integrierte Kameras, viele davon mit guten bis sehr guten technischen Werten. Dies ermöglicht eine Vielzahl verschiedener Funktionalitäten, die in Apps zum Einsatz kommen können. Das offensichtlichste Szenario ist natürlich das Aufnehmen und Bearbeiten von Fotos. Foto-Apps sind extrem populär und werden es immer sein. Sie können jedoch noch viel mehr mit der Kamera anfangen. Zum Beispiel lassen sich Barcode-Scanner integrieren, mit denen User die EAN-Codes auf Produkt-Packungen scannen können. Die App »barcoo« verwendet solch einen Scanner und zeigt dem User anschließend direkt an, wie teuer das Produkt online in verschiedenen Shops angeboten wird.

Abbildung 5.3: App »barcoo« mit EAN-Scanner

QR-Codes lassen sich ebenfalls mit Smartphone-Kameras und den jeweiligen Apps nutzen und sind mittlerweile auch in Deutschland immer häufiger in Broschüren, auf Plakaten oder gar Autos zu sehen.

NFC

Die Abkürzung NFC[1] steht für Near Field Communication. Damit wird eine recht neue Technologie beschrieben, die es Geräten erlaubt, auf sehr kurzer Distanz (bis zu 10 cm) miteinander zu kommunizieren und Daten auszutauschen. Immer mehr Geräte werden mit NFC-Chips ausgeliefert und sind bereit für neuartige App-Entwicklungen. Ein sehr oft beschriebenes Einsatzszenario ist das Bezahlen am Point-of-Sale mit dem NFC-Chip. Sie legen das Smartphone auf den Tresen und das Kassensystem kommuniziert automatisch mit der dazugehörigen App. In den USA sorgen immer mehr Start-ups für Aufsehen, die auf NFC setzen. In Deutschland ist der Markt wie häufig bei technischen Innovationen noch ein wenig zurückhaltend. Auch Apple hat sich dem Boom noch nicht gebeugt und im neuen iPhone 5 keinen NCF-Chip verbaut, obwohl viele dies erwartet hatten. In der Branche ist man sich jedoch trotzdem einig, dass NFC früher oder später auch hierzulande den Durchbruch schaffen wird.

5.2 Das Trichter-Modell

Der Kern einer jeden App stellt natürlich ihre Funktionen dar. Sicherlich haben Sie sich schon viele Gedanken darüber gemacht, welche Funktionen Ihre App enthalten soll und wie Sie diese am besten umsetzen. Diese Vorstellungen sind umso konkreter, je mehr eigene Anknüpfungspunkte Sie selbst mit dem Thema der App haben. Sind Sie zum Beispiel selbst sportlich aktiv und zählen Liegestütze zu Ihrer morgendlichen Routine, wissen Sie natürlich sehr gut, welche Funktionen Sie selbst in einer App gerne sehen würden.

Zu Ihren eigenen Vorstellungen müssen Sie nun die Ergebnisse des letzten Kapitels integrieren, um ein rundes App-Konzept auf die Beine zu stellen. Sie haben zunächst untersucht, welche Features die Konkurrenz-Apps haben. Dabei haben Sie darauf geachtet, welche Funktionen im Vordergrund stehen und welche eher als Add-on bezeichnet werden können. Weiterhin haben Sie Ihre Zielgruppe analysiert, um festzustellen, wer Ihre App eigentlich nutzen wird und welche Ansprüche sich in den jeweiligen Nutzungsszenarien einstellen.

Mit Hilfe dieser Informationen können nun Sie festlegen, welche Funktionen in Ihrer App am wichtigsten sind und welche beim Start eventuell noch verzichtbar sind. Denken Sie ebenfalls darüber nach, welche Funktionen sich nur mit einem Smartphone umsetzen lassen und damit die App auf diesem Gerät zu

---

1. http://de.wikipedia.org/wiki/Near_Field_Communication

5 Die perfekte App

etwas Besonderem machen. So lassen sich bereits erwähnte Location Based Services integrieren, die Ihrem User Inhalte in Abhängigkeit von seinem aktuellen Standort liefern. Ebenfalls möglich ist die Integration eines Barcode-Scanners, mit dem Leute Informationen zu Produkten abrufen können, wenn sie einkaufen. Im vorigen Abschnitt wurde bereits auf die Besonderheiten von Smartphones eingegangen – diese sollten Sie bei Auswahl der Funktionen auf jeden Fall beachten.

Diese Gesamtheit an Einflussfaktoren können Sie sich als eine Art Trichtersystem vorstellen. In diesen werfen Sie oben Ihre eigenen Vorstellungen, die Wünsche der User und die Funktionen der Konkurrenz-Apps rein. Anschließend wird überprüft, wie die Umsetzung auf einem Smartphone erfolgen könnte. Und unten kommen dann genau die Funkionen raus, die für Ihre App wichtig sind.

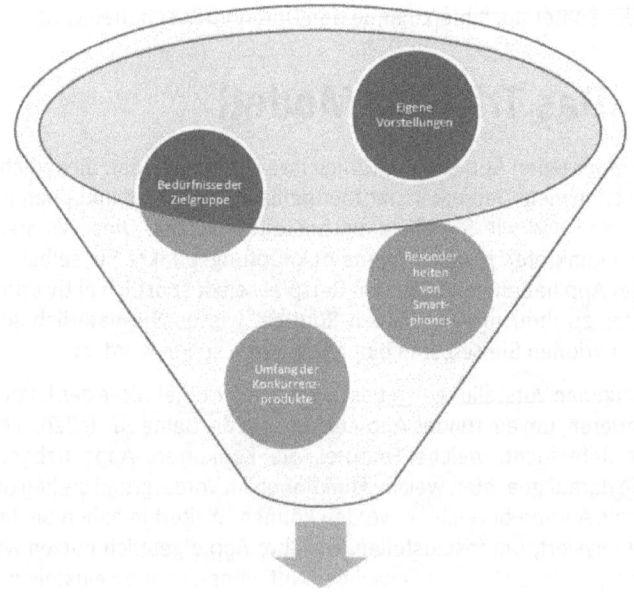

Abbildung 5.4: Trichter-Modell

Das Ergebnis halten Sie zunächst grob in einer Mindmap fest, um einen ersten Überblick über Ihre App zu erhalten. In Abbildung 5.5 sehen Sie die Funktio-

5.2 Das Trichter-Modell

nen für eine Push-up-App, die Sie entwickeln möchten. Hierbei haben Sie eine ganze Reihe von Funktionen festgelegt, die für Ihre Nutzer notwendig sind, um effektives Training durchführen zu können. Zum einen benötigen Sie natürlich eine Liste von verschiedenen Übungen. Denn auch bei Liegestützen können unterschiedliche Muskelpartien angesprochen werden, je nach Position und Bewegungsablauf. Damit Ihre User auch verstehen, wie diese Übungen korrekt ausgeführt werden, beschreiben Sie diese mit Text. Darüber hinaus liefern Sie noch Videos, da diese Bewegungsabläufe am besten transportieren. Illustrationen sorgen darüber hinaus dafür, dass die beanspruchten Muskelgruppen besser hervorgehoben werden können. Als zusätzliche Funktion integrieren Sie einen so genannten Timer. Diese zeigt an, wie viel Zeit sich der Trainierende bei der Bewegung nach unten und wie viel beim Push selbst lassen soll. Da nicht alle Menschen permanent auf das Smartphone starren wollen, kann dies auch akustisch erfolgen.

Um den Usern den Einstieg zu erleichtern, stellen Sie verschiedene Trainingspläne zur Verfügung, sowohl für Anfänger als auch Fortgeschrittene. Manche sind sehr dankbar für solche Vorlagen, da sie selbst nicht viel Zeit haben, eigene Pläne zu erstellen. Diese Pläne beinhalten verschiedene Übungen sowie die Frequenz und Intensität, mit der diese durchgeführt werden sollen. Sie integrieren eine Alarmfunktion in die App, damit auch niemand seine planmäßigen Trainingseinheiten vergessen kann. Nachdem ein User eine Übung abgeschlossen hat, soll er sie natürlich als abgeschlossen markieren können. Dadurch können über einen längeren Zeitraum hinweg Statistiken erhoben werden, die für den ein oder anderen von Interesse sind. Es ist unglaublich motivierend, Leistungsfortschritte in einer Grafik präsentiert zu bekommen, die nach oben zeigt. Als weitere Motivationshilfe können User so genannte Erfolge auf ihre Facebook-Wand posten. Diese Erfolge können darin bestehen, dass z. B. ein Trainingsplan abgeschlossen wurde oder über einen bestimmten Zeitraum hinweg trainiert wurde. User sollen ihre Ergebnisse mit Stolz durch diese Social-Media-Integration präsentieren können.

Da Sie selbst eine Facebook-Page anlegen wollen, können die User aus der App heraus Ihre Seite liken. Das Impressum und Copyright gehören zu den Standardelementen einer App, die in Abschnitt 5.5 näher erläutert werden.

Wie Sie in Abbildung 5.5 sehen, lassen sich die Funktionen einer App mit einer Mindmap relativ effektiv auflisten. Dadurch haben Sie alles auf einen Blick und können Beziehungen der einzelnen Funktionen untereinander besser darstellen.

5 Die perfekte App

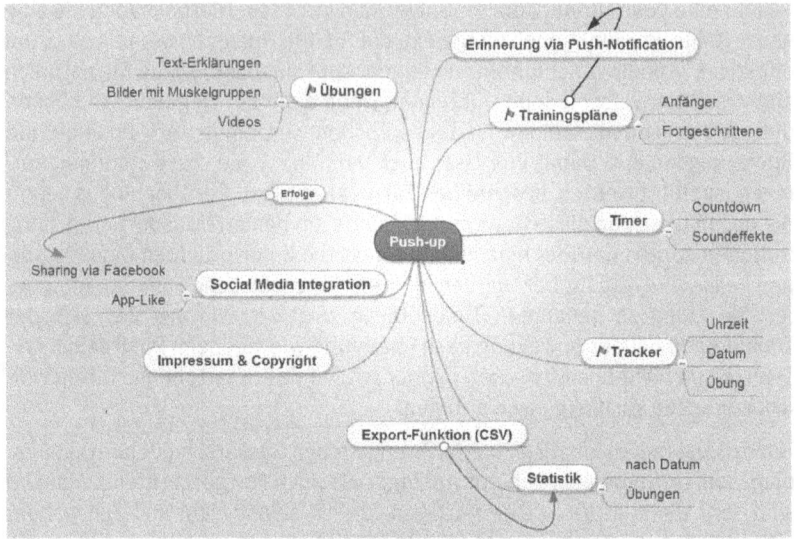

Abbildung 5.5: Mindmap mit Funktionsübersicht

In einem nächsten Schritt erstellen Sie ein erstes Grobkonzept. Dieses beschreibt alle gewünschten Funktionen und dient später als Grundlage für die Programmierung und die Designer – in etwa so, wie das gerade an dem Beispiel vorgemacht wurde, allerdings mit einem höheren Detailgrad. Bei der Formulierung der Funktionen werden Sie bereits auf erste logische Hürden treffen, an die Sie bis zu diesem Zeitpunkt noch nicht gedacht haben. Funktionen für Ihre Apps auszuwählen, ist das eine, diese korrekt zu beschreiben und mit anderen Inhalten zu verknüpfen, stellt eine ganz andere Herausforderung dar. Nichtsdestotrotz sollten Sie sich in jedem Fall die Mühe machen, das Grobkonzept zu erstellen. Es wird Ihnen bei den nächsten Aufgaben eine große Unterstützung sein.

5.3 Der USP

Neben den Eigenschaften, die Ihre App mit den Wettbewerbern gemein hat, muss sich Ihre App natürlich auch von der Konkurrenz absetzen können. Dieses Alleinstellungsmerkmal wird allgemein als Unique Selling Proposition bezeichnet, kurz USP. Der USP stellt die Grundlage Ihrer Marketingaktivitäten dar und hebt einen besonderen Vorteil für den Kunden heraus, den nur Ihre

App bietet. Von entscheidender Wichtigkeit ist es hierbei, diesen auch langfristig halten zu können. Denn die Konkurrenz wird Ihren Markteintritt sicherlich bemerken und darüber nachdenken, wie sie am besten reagieren soll. Ein guter USP erschwert eine angemessene Reaktion extrem. Im Optimalfall ist es sogar unmöglich, diesen zu kopieren. Durch einen ausgereiften USP können Sie sich auch mittel- bis langfristig erfolgreich im App-Business behaupten und Ihre App zum Erfolg führen.

Im klassischen Marketing sind folgende USP möglich:

- Technische Eigenschaften
- Formgebung
- Service

Auf das App-Business bezogen können diese Punkte ein wenig abgeändert bzw. erweitert werden in

- Qualität & Quantität Content/Daten
- Funktionen/Technik
- Design/Usability

Content

Die Rolle und Wichtigkeit des Contents bzw. der verwendeten Daten wurde bereits im vorangegangenen Kapitel thematisiert. Wenn Ihre App sich in diesem Punkt von der Konkurrenz abhebt, müssen Sie diesen Sachverhalt für sich nutzen. Dies gilt vor allem dann, wenn Sie Content kostenpflichtig erstellen lassen bzw. Daten von externen Quellen einkaufen. Ihre Investition soll sich schließlich auszahlen und die User sollen wissen, dass für Sie dieser Punkt sehr wichtig ist. Es wurde ebenfalls darauf hingewiesen, dass Qualität vor Quantität gelten sollte. Leider lässt sich Quantität oftmals leichter nach außen kommunizieren, je nachdem in welchem Markt Sie unterwegs sind. So werden Sie mit einer Aussage wie z. B. 5.000 Witze aus 12 Kategorien mehr Aufmerksamkeit erreichen, als mit dem Satz »1.000 Witze, die aber wirklich gut sind«. Wenn es um den persönlichen Geschmack der Leute geht, werden Sie selten mit qualitativen Aussagen punkten können.

Bei Sport-Apps findet sich eine Mischung aus beidem. Natürlich können Sie nur die Übungen in Ihre App integrieren, die in Fachzeitschriften als »besonders effektiv« bezeichnet werden und es auch wirklich sein können. Eine App, die mit »den effektivsten Übungen für Bauchmuskeln« aufwartet, wird sicher-

5 Die perfekte App

lich im Markt hervorstechen. Gerade beim Sport wollen Menschen sehr schnell Erfolge feiern, und wenn Sie mit Ihrer App diese Ansprüche erreichen, haben Sie auf jeden Fall die Nase vorn gegenüber der Konkurrenz. Aber auch »Über 100 verschiedene Übungen für alle Bereiche der Bauchmuskulatur« wird sicherlich viele User einen tieferen Blick auf Ihre App werfen lassen, wenn die Konkurrenz mit weniger Übungen aufwarten kann. Zahlen lassen sich einfach besser vergleichen als qualitative Aussagen.

In anderen Bereichen ist es jedoch trotzdem möglich, sogar nötig, mit Qualität zu punkten. Realtime-Daten im Finanzbereich sind teuer, jedoch von der passenden Zielgruppe auch dementsprechend gewürdigt. Ebenso ein möglichst schneller Ticker bei Sport-Ergebnissen, der nicht erst nach zehn Minuten ein Tor anzeigt.

Ob Ihr USP von Dauer sein wird, ist abhängig von mehreren Faktoren. Denn natürlich schläft die Konkurrenz nicht und wird sicherlich aufhorchen, wenn ein neuer Konkurrent mit mehr Inhalten aufwartet. Entscheidend ist der Aufwand, den ein Wettbewerber betreiben muss, um Sie einzuholen. Sollte sich Content also zu einem relativ niedrigen Preis einkaufen lassen, haben Sie sehr schnell Ihren USP verloren und reihen sich ein in die lange Liste von Apps mit gleichem Inhalt. Wenn Daten hingegen mühselig recherchiert werden müssen, können Sie die Nase vorne behalten. Denn während die Konkurrenz damit beschäftigt ist, Ihren aktuellen Status quo zu erreichen, können Sie die Inhalte weiter ausbauen bzw. optimieren mit Hilfe des bis dato gewonnenen Kundenfeedbacks.

Im besten Fall sichern Sie sich exklusive Lizenzen. Damit schaffen Sie eine Hürde, die von der Konkurrenz gar nicht zu nehmen ist. Natürlich sind exklusive Verträge auch mit den höchstmöglichen Kosten verbunden. Hierbei spielt die finanzielle Planung also eine umso wichtigere Rolle.

Funktionen

Bei den Funktionen muss unterschieden werden, ob Sie sich mit der Anzahl vom Wettbewerb abheben wollen oder Funktionen integriert haben, die so noch in keiner App vorhanden sind. Im Gegensatz zum Content können Sie selten quantitative Aussagen treffen wie »20 verschiedene Funktionen« – darauf wird kein User reagieren. Die Anzahl der Funktionen wird in den Beschreibungen der Apps im Appstore deutlich, wenn diese z. B. noch einmal zusammengefasst als Liste dargestellt werden. Natürlich können Sie sich hierbei einen Wettbewerbsvorteil verschaffen. Nach der Veröffentlichung Ihrer App wird sich

5.3 Der USP

mittelfristig herumsprechen, dass Ihre App am meisten Funktionalitäten zu bieten hat und Sie sich dadurch einen Wettbewerbsvorteil erarbeiten.

Leider sind mit dieser Variante aber auch einige wichtige Nachteile verbunden. Zum einen können Sie eine Liste von Funktionen nicht in einem Satz formulieren – die Kommunikation nach außen leidet bzw. wird deutlich erschwert. Zum anderen müssen sich die User erst einmal die Mühe machen, die verfügbaren Apps zu vergleichen. Sie müssen also schon auf Ihrer Homepage bzw. im Appstore auf Ihrer Beschreibungsseite sein, bevor Sie Ihren USP überhaupt kommunizieren können – eine zusätzliche Hürde. Weiterhin bedeuten mehr Funktionen auch einen deutlich höheren Aufwand. Sie müssen mehr Zeit in die Entwicklung stecken und die Erstellung eines benutzerfreundlichen User Interfaces wird dadurch auch nicht einfacher. Der Tenor lautet daher weiterhin, sich auf Kernfunktionalitäten zu konzentrieren, die für die User am wichtigsten sind. Daher sollte davon abgesehen werden, die reine Masse an Funktionen als USP anzustreben.

Neue Funktionen hingegen sind mit eine der wichtigsten Grundlagen für einen USP überhaupt. Neu muss hierbei nicht gleichbedeutend sein mit »gibt es noch überhaupt nicht«, sondern vielmehr »gibt es bei der Konkurrenz nicht«.

Beispiel

Sie stellen bei Ihrer Analyse der Konkurrenz-Apps fest, dass zwar eine Suchfunktion vorhanden ist, aber keine Möglichkeit für die User besteht, eine Favoritenliste anzulegen. Aus Ihrer Zielgruppenanalyse wiederum wissen Sie, dass die User die App häufig nutzen, dabei auch gleichzeitig oftmals die gleichen Daten abrufen. Oder aber Suchergebnisse von Restaurants werden von allen auf einer Karte dargestellt, keiner bietet allerdings eine Routenfunktion an, die den User auf kürzestem Wege von A nach B bringt.

Beides, Favoriten-Liste sowie Routenfunktion, erfinden nun wirklich nicht das Rad neu. Wenn die Konkurrenz es aber einfach verpasst hat, wichtige Funktionen zu integrieren, können Sie genau diese Lücke ausnutzen.

Daneben haben Sie die Möglichkeit, ganz neue Funktionen zu entwickeln, die bisher in noch keiner App zu sehen waren und dem User einen deutlichen Mehrwert vermitteln. Solche Funktionen sind sehr speziell auf die Anforderungen Ihrer Zielgruppe zugeschnitten.

Als Shazam veröffentlicht wurde, war dies die erste App, die innerhalb weniger Sekunden ein Lied erkennen und zusätzliche Informationen liefern konnte.

5 Die perfekte App

Diese zu diesem Zeitpunkt revolutionäre Funktion machte die App zu etwas Einmaligem und nicht umsonst gehört die App zu den erfolgreichsten Apps überhaupt. Das Beispiel Shazam zeigt aber auch gleichzeitig, dass neue Funktionen meist einhergehen mit einem enormen Entwicklungsaufwand und dadurch auch einem erhöhten Risiko. Sie können Ihre Zielgruppe noch so gut einschätzen, sich noch so viel positives Feedback aus Ihrem Bekanntenkreis holen – ein Rest Unsicherheit wird immer bestehen bleiben. Allerdings gehören neue Funktionen zu den stärksten USP überhaupt. Denn bei einer langfristigen Betrachtung können Konkurrenten Ihren Vorsprung nicht so ohne Weiteres einholen, ohne teure Ressourcen zu investieren. Wenn Sie Ihre Technologie kontinuierlich verbessern, bestehen folglich gute Chancen, dass Sie immer die Nase vorn haben werden. Wenn Sie also gute Ideen haben, scheuen Sie sich nicht davor, das Risiko einzugehen, um mittel- bis langfristig Ihren Erfolg zu sichern. Funktionen lassen sich dann auch wieder hervorragend vermarkten und sehr prägnant mit ihren jeweiligen Vorteilen kommunizieren.

Design & Usability

Design und Usability sind weitere Bausteine, mit denen Sie sich von der Konkurrenz abheben können. Viele Apps nutzen Standard-Elemente, da diese von Apple bzw. Google geliefert werden und dadurch die Aufwände niedrig halten. Das bedeutet aber auch gleichzeitig, dass sich eine gewisse Eintönigkeit einstellt und User dankbar sind für erfrischende Ideen, die den Spaß während der Nutzung Ihrer App erhöhen. Der Großteil der Wetter-Apps beispielsweise bietet die gleichen Inhalte und Funktionen an. Allerdings sind der Kreativität kaum Grenzen gesetzt, wie Sie diese Daten darstellen können. So können Sie natürlich Bilder verwenden oder aber hübsche Animationen. Diese bieten zwar keinen echten Mehrwert, Spaß ist allerdings ein wichtiger Faktor bei der Nutzung vieler Apps, den Sie nicht vergessen dürfen.

Ein schickes Layout alleine reicht meist jedoch nicht aus, um einen echten USP zu generieren. Vielmehr kommt es auf das Zusammenspiel zwischen Farben, Formen und Bedienung an. Denken Sie daran, Touchscreens lassen Ihnen jede Menge Möglichkeiten, neue Bedienelemente zu entwickeln. Ein neuartiges User Interface mag zwar auf den ersten Blick für viele User gewöhnungsbedürftig sein. Wenn es aber intelligent gestaltet und bisherigen Apps überlegen ist, wird sich dies im Markt herumsprechen und Ihre App wird relativ schnell als überlegenes Produkt wahrgenommen. In Abschnitt 5.5 wird noch einmal gezielt auf das Thema Design & Usability eingegangen, da es sich hierbei um ein äußerst erfolgskritisches Element bei der App-Vermarktung handelt.

Ein typischer USP wurde bisher noch nicht behandelt: der Preis. Wie Sie wissen, spielt der Preis immer eine wichtige Rolle, egal in welchem Markt Sie sich bewegen. Preisführerschaft ist eine sehr mächtige Strategie, die nicht nur im Elektronik-Bereich funktioniert. Geiz ist geil, gilt auch im App-Business. Kapitel 7 wird sich daher ausführlich mit dem Thema Preisgestaltung auseinandersetzen. Und wie Sie dort sehen werden, ist eine Preisführerschaft um jeden Preis im App-Business kaum möglich bzw. macht keinen wirtschaftlichen Sinn. Denn zum einen bewegt sich ein Großteil der Apps bereits am unteren Limit der Preisskala – Sie werden also niemals der Einzige sein. Zum anderen wollen Sie ja gerade durch die Besetzung von Nischen Käufer ansprechen, die bereit sind, mehr auszugeben als die üblichen 89 Cent, um überhaupt ein erträgliches App-Geschäft auf die Beine stellen zu können.

Wie Sie sehen, haben Sie zahlreiche Optionen, um Ihre App zu etwas Besonderem zu machen und sich erfolgreich in Ihrem Segment zu positionieren. Während Sie Ihren USP entwickeln, müssen Sie also alle Informationen, alle Marktgegebenheiten mit einbeziehen. Der USP stellt die Grundlage für alle Marketingaktivitäten dar, ist somit von entscheidender Bedeutung für Ihren Erfolg. Sie müssen daher in der Lage sein, ihn kurz und prägnant zu formulieren – selbst wenn Sie jemand um drei Uhr nachts anruft und Sie fragt, müssen Sie ihn rückwärts aufsagen können.

Genau so wichtig wie Entwicklung des USP ist das Aufrechterhalten Ihres Wettbewerbsvorteils. Sie müssen ständig darauf achten, wie die Konkurrenz reagiert und ob sie nicht versucht, aufzuholen. Machen Sie also in keinem Fall den Fehler, sich auf Ihren Lorbeeren auszuruhen, sondern machen Sie es sich zur Aufgabe, der Konkurrenz immer einen Schritt voraus zu sein.

5.4 Gelungenes Interface-Design

Das Interface einer App bildet die Gesamtheit aus Formen, Farben und Schriftbildern. Es ist dafür verantwortlich, dass alle Funktionen Ihrer App zusammenlaufen und sinnvoll miteinander verknüpft werden. Es ist ganz wichtig, im Hinterkopf zu behalten, dass Funktionen und Inhalte nicht nur danach beurteilt werden, ob sie einwandfrei funktionieren, sondern auch, wie sie präsentiert werden. Häufig kann das Design ausschlaggebend dafür sein, ob ein User Ihre App herunterlädt oder nicht. Das gilt vor allem dann, wenn Sie mehrere Wettbewerber haben, die sich in den angebotenen Inhalten für den User auf den ersten Blick kaum voneinander unterscheiden. Menschen reagieren sehr stark

5 Die perfekte App

auf visuelle Mittel. Beim Durchstöbern des Appstores werden diese also sehr stark von den Screenshots beeinflusst.

Ein gutes Design dient also im ersten Schritt der Kundenneugewinnung. Und natürlich wird das Design Ihrer App auf allen Ebenen in die Welt hinausgetragen und den potenziellen Usern präsentiert – im Appstore, auf Ihrer Website oder in den Presse-Mitteilungen. Es stellt also einen zentralen Punkt während der App-Vermarktung dar.

Viele Designer aus dem Web-Bereich haben zunächst Schwierigkeiten, sich auf App-Designs einzustellen. Beide Plattformen haben doch recht große Eigenarten, an die sich jeder erst einmal gewöhnen muss. Als Erstes zu nennen ist sicherlich die Größe des Screens. Während Laptops selten weniger als 13 Zoll Bildschirmgröße haben und Monitore kaum unter 19 Zoll bei Full-HD-Auflösungen und noch weit darüber hinaus genutzt werden, sind Sie bei Smartphones auf wenige Zoll beschränkt. Ältere Android-Geräte verfügen darüber hinaus über Auflösungen, die auf Computern bereits in den frühen Neunzigern gang und gäbe waren.

Das Erstellen von App-Designs wird natürlich einfacher, wenn der Verantwortliche selbst Smartphone-Besitzer ist und durch die Nutzung verschiedener Apps mit den Eigenheiten vertraut ist. Bei der Entwicklung des Interface haben Sie grundsätzlich zwei unterschiedliche Möglichkeiten.

Standards einsetzen

Wenn Sie selbst Smartphone-Nutzer sind, wissen Sie natürlich, dass sich im App-Business ebenfalls bereits Standards durchgesetzt haben. Viele Apps verfügen über den gleichen Aufbau und dieselben Steuerungselemente. Beim Aufbau lassen sich grob drei Bereiche definieren:

- Header
- Content
- Menü

Das Menü am unteren Bildschirmrand teilt Ihre App in unabhängige Bereiche auf. Bei der Amazon-App sind dies beispielsweise Suche, Homepage, Warenkorb und Wunschzettel. Welche Bereiche Sie in Ihrer App hinterlegen, ist natürlich abhängig von den Nutzungsszenarien – zu diesem Zeitpunkt wissen Sie bereits, welche Funktionen in Ihrer App im Vordergrund stehen werden. Diese sollten dann auch Einzug in die Menüleiste finden.

5.4 Gelungenes Interface-Design

Der Header umfasst die Überschrift des aktuellen Bildschirms sowie weitere Steuerungselemente, um innerhalb des aktuellen Menüpunkts zu navigieren. Dabei bewegen Sie sich von links nach rechts.

Beispiel

Sie nutzen die Suchfunktion in der HRS-App und erhalten zunächst eine Liste mit Ergebnissen. Bei Klick auf eines der Hotels kommen Sie in die Detailansicht. Von hier aus haben Sie die Möglichkeit, wieder einen Schritt zurückzugehen zur Liste oder noch einen Schritt weiterzugehen z. B. zur Kartenansicht. Um wieder zur Suche zu gelangen, können Sie nun alle Schritte einzeln zurückgehen oder Sie tippen einfach auf den aktuell aktivierten Menüpunkt.

Abbildung 5.6: HRS-App-Navigation

Der Content-Bereich in der Mitte ist sozusagen Ihre Spielwiese, auf der Sie sich austoben können. Aber auch hier gibt es viele Dinge, die oftmals in vielen Apps gleich aussehen – dazu gehören vor allem Listenansichten.

Neben der Aufteilung, die viele Apps gemein haben, tauchen auch viele Bedienelemente immer und immer wieder auf, z. B. der Zurück-Button in der Headerleiste auf dem iPhone oder aber das Icon für Suche in der Menüleiste.

Diese Gemeinsamkeiten unter den Apps sind natürlich kein Zufall. Apple hat von Beginn an großen Wert auf Standards gelegt und diese auch anhand seiner Human Interface Guidelines[2] umfangreich dokumentiert. Darin finden sich umfangreiche Anleitungen, wie Sie Ihre App gestalten können. Es ist umstritten, inwiefern ein Design, das sich sehr nah an die Vorgaben hält, Vorteile bei der Prüfung der Apps erarbeiten kann – einen Nachteil werden Sie aber gegenüber Apple auf jeden Fall nicht zu erwarten haben.

Bei Google hat diese Standardisierung ein wenig länger gedauert. Es gibt natürlich Unterschiede zwischen iOS- und Android-Geräten. Diese sind dem Umstand geschuldet, dass Android-Geräte über zusätzliche physische Tasten verfügen, z. B. einen Zurück-Button. Außerdem verfügen Android-Smartphones über eine Menü-Taste, über die sich abhängig vom jeweiligen Bildschirm weitere Menüpunkte aufrufen lassen. Der Pageflow kann also von dem eines iOS-Gerätes abweichen. Nachdem Entwickler nun einige Zeit von Google alleine gelassen wurden bzgl. Design-Standards, so ist mittlerweile auch hier ausreichend Dokumentation[3] vorhanden.

Diese gehört zur Pflichtlektüre eines jeden App-Publishers und sollte regelmäßig auf Updates überprüft werden.

Der Einsatz von Standards hat natürlich seine Vorteile. Ihr Aufwand ist überschaubar, wenn Sie Standard-Symbole und Buttons einsetzen. User finden sich sehr schnell zurecht und können so die gewünschten Funktionen ohne Probleme finden und nutzen. Während der Testphase werden Sie dadurch weniger negatives Feedback bzgl. der Steuerung erhalten, wodurch sich die Anpassungen wiederum dezimieren. Diese Punkte sind unumstößlich, gelten aber leider genau so für alle anderen Entwickler und somit auch für Ihre Konkurrenz. Gehen Sie also strikt nach Standards vor, reihen Sie sich ein in die Liste gleich aussehender Apps oder fallen gar negativ auf, wenn die Konkurrenz durch schickes Design und originelle Bedienung punktet. Daher gibt es natürlich noch einen zweiten Weg, den Sie einschlagen können.

---

2. http://developer.apple.com/library/ios/#DOCUMENTATION/UserExperience/Conceptual/MobileHIG/Introduction/Introduction.html
3. http://developer.android.com/design/index.html

Innovationen entwickeln

Innovation ist wichtig, auch bei der Erstellung von App-Designs. Vor allem in hart umkämpften Märkten mit Apps, die inhaltlich relativ gleich sind, gehört das App-Design zum wichtigsten Hebel, um aus der Masse herauszustechen. Dies gilt nicht nur für das Aussehen Ihrer App, sondern auch für die Bedienelemente, die zum Einsatz kommen. Der Touchscreen bietet unzählige Möglichkeiten, ein und dieselbe Funktion auf verschiedene Arten zu aktivieren. So können Sie z. B. Items zu verschiedenen Listen hinzufügen, indem Sie zunächst auf das Item und dann auf die entsprechende Liste klicken – das gleiche Ergebnis lässt sich aber auch via Drag&Drop erreichen. Das ist natürlich nur ein einfaches Beispiel, um Ihre Fantasie anzuregen.

Abbildung 5.7: iPad-App »paper by fiftythree«

Neue Wege zu beschreiten, ist natürlich auch immer verbunden mit einem gewissen Risiko. Es ist schwer, im Vorfeld abzuschätzen, wie Ihre Zielgruppe auf das neue Design bzw. Interface reagieren wird. Hier werden Tests mit der Zielgruppe also noch wichtiger und erzwingen beinahe eine umfangreiche Test-Phase. Dass sich innovative Interfaces lohnen, zeigen ebenfalls die Apple Design Awards[4], die jedes Jahr vergeben werden. Diese zeichnen Entwickler aus, die mit ihren Apps neue Wege beschritten haben und mit innovativen Elementen aus der Masse der Apps herausstechen. Dazu gehört z. B. die iPad-App »paper by fiftythree«, mit der sich kinderleicht wunderschöne Skizzen anfertigen lassen.

---

4. https://developer.apple.com/wwdc/awards/

In der Realität ist natürlich fast immer eine gesunde Mischung aus beiden Vorgehensweisen ein guter Weg. So können Sie natürlich Elemente aus den Guidelines übernehmen und mit Ihren eigenen kreativen Ideen kombinieren. Aber ganz egal, ob Sie stärker auf Standards oder innovative Elemente setzen, Ihre Zielgruppe muss zu jedem Zeitpunkt im Mittelpunkt stehen.

> **Tipp**
>
> Die RWTH-Aachen bietet eine sehr gute Vorlesung zum Thema Interface Design an mit dem Titel »Designing Interactive Systems«. Die gesamte Veranstaltung kann bei der iTunes University kostenlos heruntergeladen werden und bietet wertvolle Einblicke in die Welt der Konzeption von Benutzer-Oberflächen.

Pageflows

Bei Pageflows handelt es sich um eine Übersicht aller in der App verfügbaren Screens und deren Verknüpfung untereinander. Ein Pageflow fasst Ihre App in einer Art Baumdiagramm zusammen. Das ermöglicht es Ihnen, den gesamten Umfang Ihrer App und die Abhängigkeiten der Screens besser zu erfassen. Jeder User hat bei der Nutzung Ihrer App ein Ziel. Aus dem Pageflow lässt sich dabei relativ leicht ablesen, wie viele Schritte ein User braucht, um ein bestimmtes Ziel zu erreichen und ob dabei unnötige Sprünge innerhalb verschiedener Menüpunkte auftreten, die sich evtl. vermeiden lassen und so dem User weiter zugutekommen. Pageflows können verglichen werden mit so genannten UML-Diagrammen. Die Abkürzung steht dabei für Unified Modeling Language[5] und kommt in der Software-Entwicklung bei komplexeren Projekten zum Einsatz, um alle Abhängigkeiten untereinander grafisch darzustellen. Dadurch können alle Funktionen logisch nachvollzogen und bei der Programmierung darauf Bezug genommen werden.

Pageflows müssen nicht so ausführlich gestaltet sein wie UML-Diagramme. Sie sollten allerdings auch keine wichtigen Informationen aussparen, die zu einem späteren Zeitpunkt wichtig werden könnten.

In Abbildung 5.8 sehen Sie beispielhaft einen Pageflow für einen simplen Location Based Service, mit dem der User nach Geldautomaten in seiner Umgebung suchen kann. Beim Starten der App wird ein Splash-Screen geladen. Dieser ent-

---

5. http://de.wikipedia.org/wiki/Unified_Modeling_Language

5.4 Gelungenes Interface-Design

hält neben dem Namen der App auch ein passendes Logo. Anschließend gelangt der User zur Suchfunktion, weil dies die meistgenutzte Funktion Ihrer App ist. In der Suche wird der Ort des Users bestimmt. Außerdem kann dieser eine bestimmte Bankengruppe auswählen, um unnötige Kosten zu vermeiden. Anschließend gelangt er in eine Liste, die alle Ergebnisse übersichtlich darstellt, sortiert nach Distanz zum aktuellen Aufenthaltsort. Bei Bedarf kann der User einen Schritt weitergehen und sich den Geldautomaten in einer Kartenansicht anzeigen lassen. In der zweiten Kartenansicht werden ihm alle Geldautomaten im Umkreis von fünf Kilometern angezeigt. Auch hier wird wieder der Standort ermittelt. Dies entspricht im Grunde einer Suche ohne Bankauswahl. Bei Klick auf ein Icon wird die dazugehörige Adresse eingeblendet. In beiden Kartenansichten wird ebenfalls der Aufenthaltsort des Users eingeblendet, damit sich dieser ein besseres Bild von der Distanz zu den einzelnen Automaten machen kann. Zuletzt verfügt die App über ein Impressum, in dem Kontaktdaten sowie Informationen zum Copyright festgehalten werden. Die drei Punkte Suche, Kartenansicht sowie Impressum können über Menüpunkte direkt und von überall aus der App heraus vom User angesteuert werden.

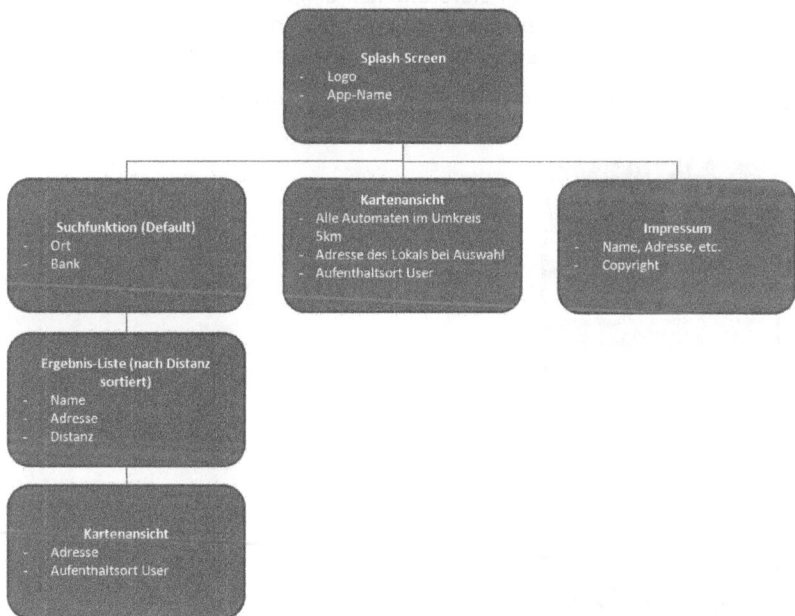

Abbildung 5.8: Pageflow Geldautomaten-App

Mockups & Wireframing

Mockups und Wireframes sind neben der Beschreibung der Funktionen ein weiterer wichtiger Schritt, um sich im Detail mit der eigenen App zu beschäftigen und evtl. Denkfehler und logische Lücken aufzudecken. Sie dienen weiterhin als zusätzliche Unterstützung für die Programmierer und Designer, um sich ein besseres Bild von Ihren Anforderungen zu machen und zumindest eine grobe Richtung für Ihr Projekt bzgl. des Interface auszumachen. Mockups sind in der Regel grobe Interface-Skizzen, bei denen es in erster Linie um die Anordnung verschiedener Inhalte wie Button, Text etc. geht. Es geht hierbei auf keinen Fall darum, grafisch korrekt zu arbeiten. Vielmehr sollen Sie einen ersten Eindruck davon bekommen, wo welche Inhalte dargestellt und wie die einzelnen Funktionen erreicht und ausgelöst werden können. Gerade in Bezug auf die Displaygröße werden Sie häufig feststellen, dass Ihre eigene Vorstellung vom Interface nicht mit den realen Begebenheiten einhergeht und Sie an der ein oder anderen Stelle umdenken müssen. Wireframes sind grundsätzlich das Gleiche wie Mockups. Ursprünglich waren sie noch etwas gröber konzipiert als Mockups, wo schon erste Grafiken eingebaut wurden, wohingegen bei Wireframes Platzhalter eingesetzt werden. Grundsätzlich stehen beide Begriffe für das Gleiche – eine grobe Skizze des späteren Interface.

In Abbildung 5.9 sehen Sie ein Mockup für einen Suchscreen.

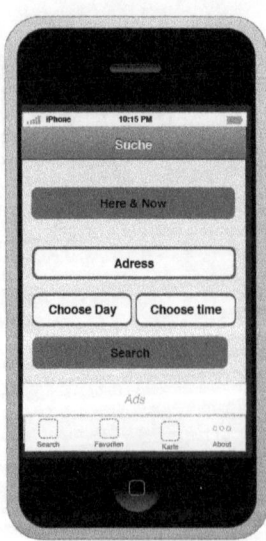

Abbildung 5.9:
Mockup Search-Screen Happy Hour Radar

5.4 Gelungenes Interface-Design

Dieses Mockup enthält alle wichtigen Elemente, die in der späteren App auch vorhanden sein sollen. Hierzu gehören zunächst die beiden beschriebenen Standard-Elemente wie Headerleiste und Menüleiste. In der Menüleiste sind die späteren Menüpunkte bereits enthalten, um jederzeit die gesamte App vor Augen zu haben. Im Content-Bereich der App befinden sich mehrere Funktionen. Zum einen können die User mit dem »Here & Now«-Button direkt nach passenden Orten in ihrer Umgebung suchen, die zurzeit eine Happy Hour anbieten. Mit den anderen Feldern lässt sich eine individuelle Suche durchführen. Zwischen Content und Menüleiste befindet sich eine Werbebanner-Integration wieder. In den meisten Fällen muss entschieden werden zwischen einer Position am unteren Rand, so wie hier, oder einer Position weiter oben unterhalb des Headers.

Dieses Beispiel zeigt, dass Sie schon zu diesem Zeitpunkt festlegen, wie die App später in etwa aussehen soll – wenn auch nur auf einem rudimentären Level. Sie geben vor, welche Funktionen am wichtigsten sind und wie groß sie im Verhältnis zu anderen Funktionen dargestellt werden sollen. Nehmen Sie sich also die Zeit, verschiedene Layouts auszuprobieren, bevor ein Designer Ihrer App den Feinschliff gibt. Natürlich werden später immer wieder Anpassungen notwendig sein, die in dieser Phase nicht abzusehen sind. Mockups dienen daher als erste Arbeitsgrundlage und sind keinesfalls als finales Dokument zu betrachten.

Es gibt natürlich auch hier zahlreiche Tools, mit denen sich sowohl für iOS-Geräte als auch für Android relativ einfach Mockups erstellen lassen. Der wohl bekannteste Vertreter auf dem Mac ist Omnigraffle. Dabei handelt es sich um ein professionelles Tool zur Erstellung von Mockups und Prototypen. So können die von Ihnen erstellten Buttons z. B. mit anderen Screens verlinkt werden, wodurch Sie ein gutes Gefühl für den Flow Ihrer App erhalten. Allerdings hat der Funktionsumfang auch seinen Preis. 149,99 Euro müssen Sie für die aktuelle Version der Software ausgeben, eine iPad-Version gibt es schon für 39,99 Euro. Diese kann aber natürlich nicht mit der Mac-Software mithalten. Neben Omnigraffle als kommerzielle Variante bieten sich Open-Source-Tools an, mit denen Sie ebenfalls hervorragende Ergebnisse erzielen können. Dazu zählt das Tool Prototyper, das neben einer kostenpflichtigen auch eine Basisversion bereithält, die für die meisten Belange sicherlich ausreichen sollte. Es bietet Vorlagen für alle iOS-Geräte sowie für die meistgenutzten Android-Auflösungen.

5 Die perfekte App

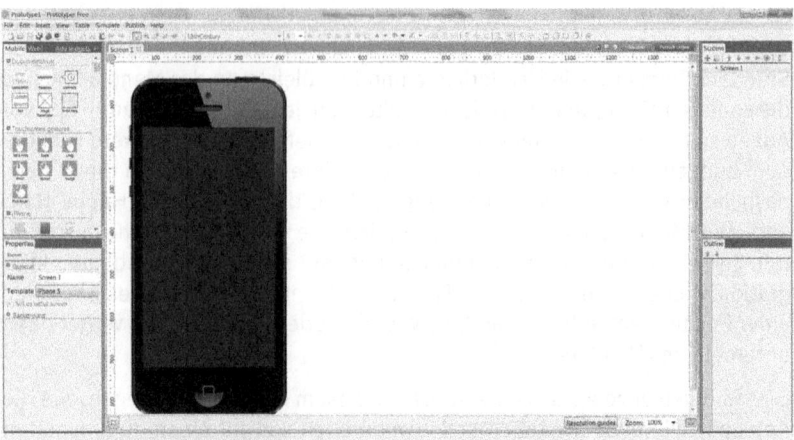

Abbildung 5.10: Mockup-Tool Prototyper

> **Tipp**
>
> Unter http://www.justinmind.com/prototyper/thanksfree?file=
> http://d2ld3he4yll0xl.cloudfront.net/Prototyper_Free_
> Windows.exe finden Sie eine Auswahl kostenloser Mockup-Tools.

Es lohnt sich, verschiedene Systeme auszuprobieren und am Ende dasjenige auszuwählen, das in Sachen Umfang und Usability die eigenen Ansprüche am besten erfüllt.

Die größten Designfallen

Es gibt natürlich jede Menge typischer Fehler, die immer wieder in Apps beobachtet werden und dazu führen, dass sich diese durch besonders schlechte Usability oder unübersichtliche Interfaces hervortun. Damit Sie diesen Stolpersteinen rechtzeitig aus dem Weg gehen können, werden die häufigsten Fehler näher erläutert.

Informationsflut

Ein klassischer Fehler, der gerade beim Umstieg vom PC-Screen auf Smartphone-Displays gemacht wird, ist die Darstellung von viel zu vielen Informationen auf kleinstem Raum. Sie müssen darauf achten, nur die Informationen auf

5.4 Gelungenes Interface-Design

einem Bildschirm zu präsentieren, die auch wirklich gleichzeitig nötig sind. Oftmals lassen sich Informationsfluten relativ simpel entzerren und auf mehrere Screens verteilen. Die App »Quick GPA« macht genau diesen Fehler. Obwohl sie auf den ersten Blick relativ aufgeräumt wirkt, wird spätestens bei der Nutzung klar, dass viel zu viele Elemente auf einmal dargestellt werden. Der User verliert sehr schnell den Überblick darüber, in welcher Zeile er sich bewegt, weil auch einfach alles gleich aussieht. Die Buttons sind darüber hinaus sehr eng beieinander und auch nicht ausreichend groß, Vertipper sind durch diese Positionierung garantiert. In diesem Fall wäre weniger mehr gewesen.

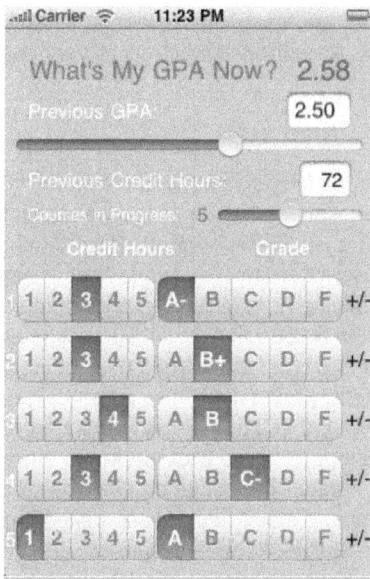

Abbildung 5.11: iPhone-App »Quick GPA«

Hilfe, Anleitungen & FAQ

Bei Games ist es gang und gäbe, dass beim ersten Start der App ein Tutorial geöffnet wird, das den User mit den wichtigsten Funktionen und der Steuerung des Spiels vertraut macht. Auch Ladescreens werden häufig dazu genutzt, Tipps und Tricks an die Spieler zu kommunizieren. Und im Games-Bereich ist das auch absolut korrekt und wird von dem User auch erwartet. Keiner will mit einer intuitiven Steuerung alleine gelassen werden. Leider setzt sich auf Entwicklerseite auch für Apps aus den anderen Kategorien mehr und

5 Die perfekte App

mehr die Meinung durch, dass neuartige Bedienelemente, die bei den Usern zu Verwirrung führen können, mit einer Hilfe oder FAQ aufgefangen werden können. Hier sei ganz klar gesagt: User lesen keine Anleitung! Jeder, der sich eine App runterlädt, will diese schnell und ohne viele Umwege nutzen können. Kaum jemand wird bereit sein, sich minutenlang mit Ihrem Interface auseinanderzusetzen, wenn die nächste App nur zwei Klicks entfernt ist. Wenn Sie daher in den Testphasen feststellen, dass Ihre Apps von den meisten Usern nicht verstanden wird, so handelt es sich hierbei um ein ernsthaftes Usability-Problem. Sie sollten sich in solchen Momenten mit Ihrem Interface auseinandersetzen und darüber nachdenken, wie Sie es tatsächlich intuitiv gestalten können. In keinem Fall sollten Sie über den Umstand hinwegsehen, dass gewöhnliche User Ihre App offensichtlich nicht verstehen, und einfach eine Hilfe-Sektion hinzufügen.

Registrierung

Bei vielen Apps müssen sich User zuerst anmelden, wenn sie die App das erste Mal starten und nutzen wollen. Dies kann geschehen, indem ein Formular wie aus dem Web bekannt ausgefüllt wird. Hierbei werden klassische Informationen wie E-Mail-Adresse, Username und Passwort angegeben und anschließend startet die eigentliche App. Mittlerweile ebenfalls Standard ist das Einloggen über den eigenen Facebook-Account via Facebook-Connect. Sie stellen sich vielleicht die Frage, warum ein Login bzw. eine Registrierung eine Interface-Designfalle darstellt, wird er doch in so vielen bekannten Apps eingesetzt wie Facebook, Xing etc. Und genau hier liegt der Kern des Problems. User, die bereits den Webservice nutzen und dort ein Konto hinterlegt haben, werden natürlich kein Problem damit haben, sich nach Download der App einzuloggen. Auch App-Start-ups, die sehr viel Presse bekommen und bei denen die User wissen, was sie erwartet, können diesen Schritt gehen.

Sie sollten immer bedenken, dass eine Registrierung eine zusätzliche Hürde für den User darstellt, um Ihre App zu nutzen. Viele lassen sich dadurch abschrecken, dass sie Daten wie eine E-Mail-Adresse angeben müssen, bevor sie überhaupt einen Blick auf die App werfen können. Sie müssen daher sehr vorsichtig abwägen, ob eine Registrierung bei Ihrer App direkt zu Beginn nicht eher kontraproduktiv ist.

Mental Models

Mental Models stellen Erklärungen für Gedanken eines Menschen dar, wie etwas funktioniert. Dabei wissen die Menschen häufig nicht, warum etwas passiert. Sie wissen nur, was sie tun müssen, um eine bestimmte Reaktion

5.4 Gelungenes Interface-Design

auszulösen. Ein gutes Beispiel hierfür sind Preisscanner. Sie kennen sicherlich Preisscanner, die es in vielen Supermärkten gibt. Sie scannen den Barcode des jeweiligen Produkts und zeigen Ihnen auf einem Display den Preis an. Kaum jemand wird wissen, wie genau diese Technologie funktioniert. Jeder weiß allerdings, was er zu tun hat, um den Preis zu erfahren. Nämlich den Barcode unter den Scanner zu halten. Wenn Sie nun mit Ihrer App mit solchen Konventionen brechen, kann dies durchaus zu Problemen in der Nutzung der App führen. Die App »Red Laser« hat genau mit diesem beschriebenen Mental Model gebrochen. Mit der App ist es möglich, Preise zu verschiedenen Produkten abzurufen, sobald der Barcode erkannt wurde. Leider war es in früheren Versionen der App notwendig, ein Bild vom Barcode zu schießen, bevor dieser mit der Datenbank abgeglichen wurde. Viele User sind davon ausgegangen, dass es völlig ausreichend sein würde, die Kamera einfach nur über den Code zu halten. Mittlerweile hat Red Laser das Problem erkannt. In der aktuellen Version muss kein Foto mehr gemacht werden, die Software erkennt den Barcode völlig automatisch. Das manuelle Fokussieren ist nur noch bei älteren Geräten wie dem iPhone 3G nötig, aktuelle Geräte haben keinerlei Probleme.

Abbildung 5.12: Barcode-Scanner der Red-Laser-App

5 Die perfekte App

Beim Erstellen Ihres Interface-Designs müssen Sie also darauf achten, ob bestimmte Verhaltensweisen in Ihrer Zielgruppe nicht derart fest verankert sind, dass diese mit einer anderen Art der Steuerung einfach nicht klarkommen werden.

Zu viel des Guten

Ein weiterer Klassiker unter den Designfehlern geschieht dann, wenn einfach zu viele verschiedene Farben und Formen eingesetzt werden und dadurch ein sauberes, einheitliches Bild der App völlig unmöglich gemacht wird. Die App »Password Engine« demonstriert recht ansehnlich, wie Sie es nicht machen sollte. Es herrscht einfach keine klare Linie im Design. Neben dem völlig unterschiedlichen Look der Labels werden zahlreiche Fonts und Schriftgrößen miteinander kombiniert. Kein Mensch wird dieses Interface als gelungen bezeichnen und es gehört nicht umsonst zu einem der meistgenannten Beispiele, wenn es um misslungenes App-Design geht.

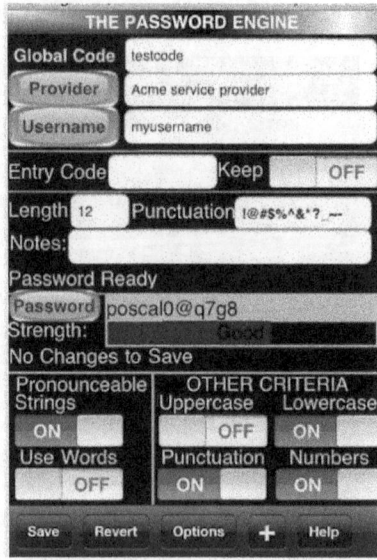

Abbildung 5.13: iPhone-App »The Password Engine«

Sie müssen also dafür Sorge tragen, dass sich das Look & Feel Ihrer App nicht verändert und gleiche Funktionen auch gleich aussehen. Konsistenz ist ein ganz wesentlicher Faktor für eine hohe Usability. Wenn Sie es nicht schaffen,

5.4 Gelungenes Interface-Design

den User auf jedem Screen mit einheitlichen und sauber sortierten Elementen abzuholen, werden Sie unter Umständen sehr viele User vergraulen.

Vernachlässigen von Design-Grundlagen

Manche Regeln in Bezug auf das Design gelten immer. Völlig unabhängig davon, ob Sie ein Interface für eine Website, eine PC-Software oder eine mobile App entwickeln. Dabei handelt es sich um die einfachsten Dinge wie z. B. die Auswahl von komplementären Farben. Eine gelbe Schrift gehört einfach nicht auf einen hellblauen Hintergrund, Sie erhalten dadurch keinen Kontrast und der User wird kaum etwas lesen können. Schriftgrößen sollten nicht sprunghaft geändert werden. Falls eine Beschriftung zu lang für ein Label ist, muss die Größe für alle Labels angepasst werden. Bei der Ausrichtung sollten Sie eher auf linksbündig setzen als auf zentrierte Darstellung, da dies weit professioneller wirkt. Alle Zeilen sollten untereinander an der gleichen Stelle beginnen und nicht versetzt. Zusammenhängende Informationen sollten als Gruppe erkennbar sein und sich nicht mit anderen vermischen. Weiterhin sollten runde Elemente nicht beliebig mit eckigen kombiniert werden. Die App »Bowl Sheet« macht in dieser Hinsicht so ziemlich alles falsch, was falsch gemacht werden kann. Sie sollten sie immer als negatives Beispiel im Hinterkopf behalten, wenn es um die Einhaltung von Design-Standards geht.

Abbildung 5.14: iPhone-App »Bowl Sheet«

5 Die perfekte App

Best Practices

Nachdem nun einige weniger ruhmreiche Beispiele beschrieben wurden, sollen natürlich die positiven Vertreter nicht zu kurz kommen. Es gibt eine ganze Reihe von Apps, die sich diesen Grundsatz »User comes first« zu Herzen genommen haben und mit wirklichen durchdachten und trotzdem ansehnlichen Designs punkten können.

Die Jamie-Oliver-App stellt dem User eine Vielzahl von Rezepten zur Verfügung, die dieser am heimischen Herd ausprobieren und nachkochen kann. Ein Holzlook dominiert die gesamte App, wobei alle Elemente harmonisch zueinanderpassen. Die Rezepte enthalten qualitativ hochwertige Bilder und die Schrift passt ebenfalls zum Gesamtbild. Die Einkaufsliste ist schlicht, aber funktional einwandfrei und fällt ebenfalls positiv durch das Design auf, das sich an einem realen Einkaufszettel orientiert.

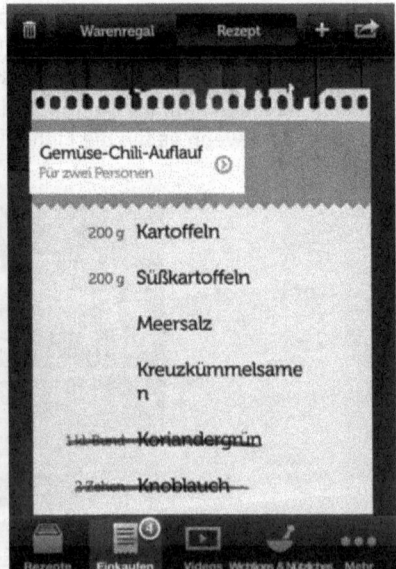

Abbildung 5.15: Jamie-Oliver-App

Bei der App »Wohin« dreht sich hingegen alles darum, passende Orte in seiner Umgebung zu finden. Dazu gehören Restaurants genauso wie Flughäfen oder Theater. Es handelt sich hierbei also um einen klassischen Location Based Ser-

5.4 Gelungenes Interface-Design

vice. Das Besondere an dieser App ist, dass sie sowohl neuartige Bedienelemente mit klassischen geschickt kombiniert und einen sehr hohen Usability-Faktor hat. Wie in Abbildung 5.16 zu sehen, kommt in der Kategorie-Ansicht ein Drehrad zum Einsatz. Aktive Elemente werden mit einem blauen Schimmer hervorgehoben. Das Ganze ist eingebettet in einen Leder-Look, die Farbkombinationen sind stimmig und nur die wichtigsten Punkte sind auf dem Display dargestellt. In der Liste für eine bestimmte Kategorie hingegen dominieren Standard-Elemente. Die Suchleiste ist ebenso wie die Liste als auch die Buchstabenleiste fast exakt den Apple Human Interface Guidelines entnommen, gliedert sich jedoch ohne unnötigen Schnörkel in das positive Gesamtbild der App ein.

Abbildung 5.16: App »Wohin«

Zuletzt noch ein Beispiel aus einem ganz anderen Bereich. Die App »Convert Bot« hilft Ihnen dabei, verschiedene Einheiten umzurechnen, bspw. von Meilen in Kilometer. Das Interface mag auf den ersten Blick aufgrund seines Grau-

5 Die perfekte App

tons etwas langweilig wirken, ist aber durchweg funktional einwandfrei gestaltet. Bei dieser App geht es schließlich nicht darum, minutenlang auf den Bildschirm zu starren. Der User möchte schnellstmöglich die benötigte Umrechnung durchführen. Und hierfür ist diese App hervorragend geeignet. Auch hier kommt ein Drehrad zum Einsatz, das den User bequem zwischen verschiedenen Kategorien auswählen lässt. Die Tastatur ist ausreichend groß gestaltet, so dass Vertipper kaum passieren können. In den oberen beiden Leisten werden alle Informationen angezeigt, die den User interessieren. Es gibt keine Elemente, die unnötig ablenken.

Abbildung 5.17: App »Convert Bot«

Dies ist natürlich nur eine kleine Auswahl vieler guter Apps, die bereits im App Store und Google Play Store vorhanden sind. Durch die große Anzahl an Apps haben Sie sehr viele Möglichkeiten, Ideen bei anderen abzugucken. Das gilt nicht nur für Ihre direkten Mitbewerber – Sie sollten grundsätzlich bei der Nutzung von Apps, egal aus welcher Kategorie, darauf achten, was diese evtl. anders machen, und immer die Augen offen halten nach Elementen, die Sie bisher noch nicht kannten. Wenn Sie auf etwas Neues stoßen, sollten Sie kurz überlegen, ob Sie die Idee in Ihrer eigenen App verwenden können. Abbildung

5.18 stellt noch einmal dar, dass ein cleveres sowie schickes Design Ihnen sowohl dabei hilft, neue Kunden zu gewinnen als auch langfristig zu binden.

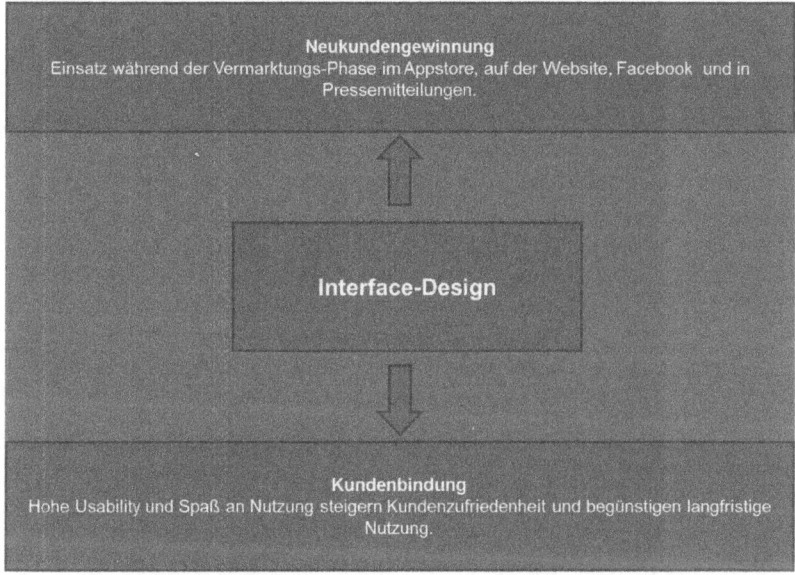

Abbildung 5.18: Gewünschte Effekte eines guten Interface-Designs

5.5 Nomen est omen

Der richtige Name Ihrer App ist ein kritischer Faktor, der über Erfolg oder Misserfolg entscheiden kann. Unterschätzen Sie auf keinen Fall die Wichtigkeit eines guten und vor allem passenden Namens. Dabei sollte dieser zunächst einmal kurz und prägnant sein. Kurz deswegen, damit sich die Leute den Namen ganz einfach besser merken können. Prägnant, weil er die Kernbotschaft vermitteln soll und Leuten, die auf Ihre App stoßen, direkt zeigen soll, worum es sich bei der App handelt. Bei der Auswahl des passenden Namens haben Sie zwei Möglichkeiten. Zum einen können Sie keywordorientierte Namen auswählen oder einen Fantasienamen entwickeln.

Keyword-Namen

Weiterhin sollten Sie bei der Wahl des Namens darauf achten, dass dieser nach Möglichkeit das Keyword beinhaltet, nach dem User primär suchen werden. Die Vorgehensweise ist hier also eine ähnliche wie bei der Auswahl der passenden Domain für eine Website.

Kurz sollte der Name auch deswegen sein, weil zu lange Namen im App Store mit »...« abgeschnitten werden. Dadurch machen Sie sich natürlich den wichtigen ersten Eindruck kaputt und werden vom User im schlimmsten Fall übersehen oder ignoriert. Sehr beliebt sind in diesem Zusammenhang Abkürzungen. Bei einem Mehrwertsteuerrechner können Sie diesen z. B. »Mehrwertsteuer-Rechner« oder »MwSt-Rechner« nennen. Ein Blick in den App Store zeigt, dass beide Versionen gefunden werden können – welche ist nun also die richtige? Bei Abkürzungen müssen Sie sicher sein, dass sie von Ihrer Zielgruppe auch verstanden werden. Denn nur, wenn die Bedeutung klar ist, können Sie Ihre App dementsprechend benennen.

Oftmals werden Sie in die Situation kommen, dass Ihr Wunschname bereits belegt ist. In der App-Welt wurde es daher zum Usus, bereits vergebene Namen einfach mit Sonderzeichen anzureichern wie z. B. »+« oder mit zusätzlichen Anhängseln wie »XL« oder »:-)«. Weiterhin wird jede nur erdenkliche Schreibweise genutzt. In der unteren Tabelle finden Sie eine Liste der verfügbaren Mehrwertsteuer-Rechner.

- Mehrwertsteuer-Rechner
- Mehrwertsteuer Rechner in Echtzeit
- Mehrwertsteuer/Umsatzsteuer MwSt/UmSt Rechner
- MwSt Rechner 2012
- Mehrwertsteuer Pro
- MwStRechner
- MwSt Plus
- MwSt. Rechner Mehrwertsteuer Berechnung

Wie Sie sehen, ist die Auswahl sehr groß und die Entwickler sind sehr kreativ in der Kombination der wichtigsten Keywords. Sie sollen natürlich vermeiden, einfach nur Wörter aneinanderzureihen, und nach einem Namen suchen, den Sie auch einfach kommunizieren können.

5.5 Nomen est omen

Ein weiterer Punkt sind natürlich Markennamen bzw. geschützte Namen. Ein Wort wie z. B. »UEFA« dürfen Sie nicht einfach in Ihren App-Namen einbauen oder in der App verwenden, weil Sie dafür über eine sehr kostspielige Lizenz verfügen müssen. Apple überprüft solche Copyright-Verletzungen und wird Ihre App ablehnen. Ersparen Sie sich jedoch die zusätzliche Arbeit und recherchieren Sie im Voraus, ob Sie einen Namen verwenden dürfen oder nicht.

Je kürzer und prägnanter der Name, umso höher sind auch Ihre Chancen, bei einer Suche gefunden zu werden. Es werden schon während der Eingabe Suchvorschläge unterbreitet und ein Name, der nahe am gesuchten Wort ist, wird mit höherer Wahrscheinlichkeit angezeigt als ein Wort ohne Bezug. Der App-Name ist in etwa vergleichbar mit einer guten Domain im Web. Oftmals werden die Namen von Websites dadurch bestimmt, welche Keywords die User am häufigsten verwenden. Die URL ist eines der wichtigsten Instrumente für eine gute Platzierung in den Suchergebnissen. Das Gleiche gilt für den Namen Ihrer App. Entscheiden Sie sich also dazu, einen keywordorientierten Namen zu wählen, tun Sie dies sorgfältig und recherchieren Sie im Vorfeld gewissenhaft, welche Suchbegriffe in Ihrem Fall am wichtigsten sind.

Fantasienamen

Eine zweite Möglichkeit der Namensgebung besteht darin, Fantasienamen zu verwenden, anstatt auf Keywords zu setzen. Hierbei können Sie kreativ werden und einen eigenen Namen entwickeln, der Ihre App repräsentieren soll. Natürlich sollte dieser in grobem Zusammenhang mit dem Inhalt der App stehen – Sie haben aber natürlich deutlich mehr Freiheiten als bei Keyword-Namen. Fantasienamen haben ihre Vorteile. Zum einen werden Sie sich aus der Masse an gleichnamigen Apps herausheben. Für die Vermarktung bedeutet das, dass der Name, der auf längere Sicht als Marke wahrgenommen wird, besser ist als eine lose Aneinanderreihung von Suchbegriffen. Der Vorteil wird besonders bei einer Suche deutlich. Wer in einer Zeitschrift von einer Mehrwertsteuer-App liest, wird sicherlich bei der Suche nicht darauf achten, ob noch ein »XXL« oder ein »Pro« hinten angehängt wurde. Er wird also zur Ergebnisliste geführt, wo viele gleichnamige Apps um die Aufmerksamkeit buhlen. Wenn Ihre App jetzt nicht wirklich unter den ersten Suchergebnissen erscheint, kann es sogar passieren, dass der User durch die anderen Apps abgelenkt wird und ein Konkurrenzprodukt kauft. In diesem Fall hätten die Wettbewerber von Ihren PR-Maßnahmen profitiert. Dies kann Ihnen bei einem Fantasienamen nicht passieren. Allerdings müssen Sie natürlich darauf achten, dass Ihr Name einprägsam ist. Die Menschen müssen sich diesen nach nur einem Mal Lesen oder Hören merken und vor allem auch richtig schreiben können.

5 Die perfekte App

Bevor Sie sich also definitiv für einen Fantasienamen entscheiden, sollten Sie ihn an so vielen Leuten wie möglich in Ihrem Umfeld testen. Und erst, wenn fast jeder in der Lage ist, den Namen der App ohne Fehler wiederzugeben, sollten Sie ihn in die engere Auswahl nehmen. Dies klingt leichter, als es in der Realität ist. Sie werden überrascht sein, wie viel Hürden auftauchen bei der Kommunikation nur eines einzigen Wortes. Selbst wenn Sie Ihre Freunde darauf vorbereiten, dass Sie ihnen einen Namen vorschlagen, werden sie oft genug nicht in der Lage sein, dieses eine Wort zu wiederholen.

Abbildung 5.19: Suche im App Store nach TV-Programmen

Bei einer Suche nach den Keywords »TV Programm« lässt sich sehr schön sehen, wie breit die Palette an Namen im App Store sein kann. Erwartungsgemäß taucht das Keyword »TV« in fast allen Namen auf. Dies ist allein dadurch gegeben, dass viele TV-Zeitungen ihrer App den gleichen Namen gegeben haben wie dem Print-Produkt. Das Wort »Programm« ist nicht ganz so prominent, aber auch vertreten in Kombination mit TV. Und tatsächlich finden sich sogar auch Vertreter, deren Name weder »TV« noch »Programm« beinhalten. Die App »Zapitano« geht also den Weg des Fantasienamens. Dieser hat natürlich trotzdem Bezug zum TV. So wurde das englische Wort »Zapping« kombiniert mit dem Wort »Kapitano«. Sie als User haben also die Kontrolle darüber, was Sie sehen wollen. Der Name ist gut gewählt, da er relativ einfach ausgesprochen werden kann und auch keine doppelten Konsonanten oder Umlaute enthält. Einziger Stolperstein könnte das »Z« sein, mit dem der Name beginnt. Wenn Sie jemanden von der App erzählen und den Buchstaben aussprechen wie im Englischen, wird der ein oder andere sicherlich »Sapitano« in das Suchfeld eingeben.

Beide Möglichkeiten haben somit ihre Vor- und Nachteile. Sie selbst müssen entscheiden, auf welche Variante Sie sich einlassen wollen, und sich dann mit den jeweiligen Eigenarten auseinandersetzen.

5.6 Impressumspflicht & Datenschutz

Als das Internet immer mehr zum Massenmedium wurde, wuchs auch die Zahl der Websites sprunghaft an. Dieser digitale Raum wurde lange Zeit als rechtsfrei gesehen. Jedoch wurde auf Grundlage des Teledienstgesetzes, heute Telemediengesetz (TMG) eine so genannte Impressumspflicht eingeführt. Diese gilt für beinahe alle Websites »für geschäftsmäßige, in der Regel gegen Entgelt angebotene Telemedien«. Das bedeutet, dass beinahe alle Websites dieser Pflicht unterliegen. Ausnahmen gibt es nur bei Angeboten, die ausschließlich privaten oder familiären Zwecken dienen und die keine Auswirkung auf den Markt haben, wobei dies tatsächlich für die allerwenigsten Websites zutreffen dürfte. Wo im Internet also mittlerweile Klarheit darüber herrscht, welche Informationen vorhanden sein müssen, ist dies für mobile Apps noch nicht der Fall.

Die Geschichte scheint sich sogar zu wiederholen. Denn eine Vielzahl von Apps, auch aus Deutschland, verzichtet vollständig auf ein Impressum oder sonstige Informationen. Das liegt vor allem daran, dass bis zum aktuellen Zeitpunkt keine rechtlichen Rahmen speziell für mobile Applikation geschaffen bzw. kommuniziert wurden. Allerdings wird es auch hier früher oder später die ersten Fälle geben, die für Aufsehen sorgen werden, und anschließend wird dieses Thema aufgegriffen. So lange fahren alle nach dem Motto »Wo kein Kläger, da kein Richter.«

Da Sie mit Ihrer App ein wirtschaftliches Ziel verfolgen, sollten Sie sich jedoch klar darüber sein, dass auch mobile Apps unter das Telemediengesetz fallen und keinesfalls ohne Impressum auskommen. Nun herrscht zusätzlich Unklarheit darüber, wo das Impressum in einer App implementiert werden soll und wie dieses benannt werden muss. Laut Gesetz muss das Impressum an gut wahrnehmbarer Stelle stehen und ohne langes Suchen auffindbar sein.

5 Die perfekte App

Bei der Benennung nutzen viele Apps Bezeichnungen wie z. B. »Über uns« oder »Kontakt«. Sehr beliebt ist auch der Einsatz des so genannten »Info«-Buttons, der häufig oben rechts gefunden werden kann. Bei der HRS-App kann der User über genau solch einen Button zum Impressum gelangen.

Abbildung 5.20: Impressum HRS-App

Bei der App der Deutschen Post findet sich das Impressum unter dem Menüpunkt »Infos«. Bei diesen zwei Beispielen ist das Impressum für den durchschnittlichen User ohne große Umwege auffindbar. Allerdings steht die Frage im Raum, ob der Begriff »Info« den Ansprüchen des TMG tatsächlich genügt (siehe Abbildung 5.21).

In der App »Stau Mobil« hingegen wurde die korrekte Bezeichnung verwendet. Allerdings muss in dieser App erst der Menüpunkt MEHR aufgerufen werden, bevor das Impressum im Auswahlmenü erscheint (siehe Abbildung 5.22).

5.6 Impressumspflicht & Datenschutz

Abbildung 5.21: Impressum Deutsche-Post-App

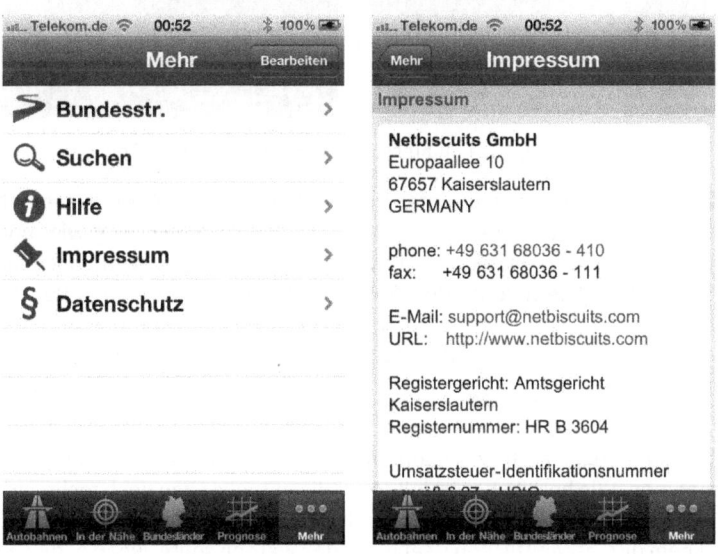

Abbildung 5.22: Impressum Stau-Mobil-App

5 Die perfekte App

Eine andere Variante findet sich in der App des Deutschen Bundestages. Hier können Sie über einen Button, der oben rechts platziert ist, ein zusätzliches Menü aufklappen, in dem unter anderem das Impressum ausgewählt werden kann.

Abbildung 5.23: Impressum Deutscher-Bundestag-App

Beide Platzierungen können unter Umständen als problematisch bezeichnet werden, da sich ein Impressum nicht unter einer Bezeichnung wie »Mehr« oder einem relativen unbekannten Symbol vermuten lässt. Vorbildlich hingegen ist die Platzierung in der App »Unterhaltsrechner« des Deutschen Anwaltsvereins (DAV). Hier ist das Impressum ein fester Bestandteil des Menüs und kann jederzeit aufgerufen werden (siehe Abbildung 5.24).

Sie sehen, die Lage ist äußerst unklar. Aufgrund des sehr knappen Platzangebots auf Smartphone-Displays möchte man ungern ein langes Wort wie »Impressum« platzieren und dadurch anderen Funktionen den nötigen Platz wegnehmen. Wie bereits beschrieben, ist die aktuelle Lage noch recht undeutlich. Klar ist jedoch, dass Ihre App ein Impressum benötigt, das relativ zügig von einem durchschnittlichen User gefunden werden sollte, wenn er diese Aufgabe bekäme.

5.6 Impressumspflicht & Datenschutz

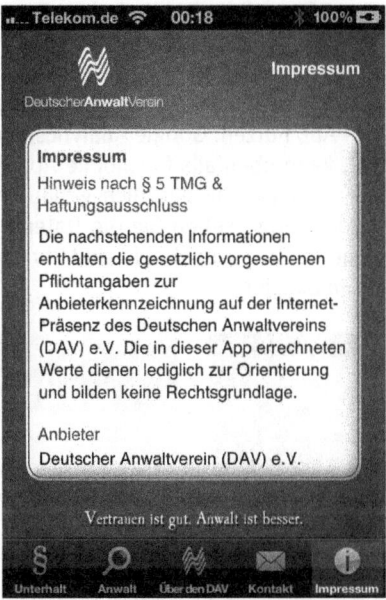

Abbildung 5.24: Impressum in der iPhone-App des DAV

Ebenfalls ein wichtiger und bisher kaum wahrgenommener Aspekt sind die so genannten Datenschutzbestimmungen. Es gilt der Grundsatz, dass die Verarbeitung personenbezogener Daten von EU-Bürgern grundsätzlich verboten ist, es sei denn, die konkrete Datenverarbeitung ist durch Gesetz erlaubt oder aber es liegt eine Einwilligung vor. Ein gutes Beispiel hierfür ist die Ortung des Users auf dem iPhone. Sobald eine App Ihren Standort lokalisieren will, erscheint eine kleine Box auf dem Display, durch die Sie entweder zustimmen oder die Ortung ablehnen können. Ein Ablehnen ist meistens mit der Konsequenz verbunden, dass die App nicht weiter genutzt werden kann. Relativ neu ist die Frage, ob die jeweilige App auf das Adressbuch des Users zugreifen kann. Apple sorgt in beiden Fällen also selbst dafür, dass Datenschutzbestimmungen eingehalten werden, indem die User um Erlaubnis gefragt werden. Bei Google ist der Sachverhalt ein wenig trickreicher gestaltet. Hier findet die Zustimmung schon vor dem Download der App statt. Da einer ganzen Reihe von Bestimmungen zugestimmt werden muss, machen sich die meisten User nicht die Mühe, darauf zu achten, welche persönlichen Daten von der App verarbeitet werden. Allerdings liegt trotzdem eine Einverständniserklärung des Nutzers vor.

5 Die perfekte App

Apple und Google tragen also selbst dazu bei, dass Datenschutzbestimmungen eingehalten werden. Dies trifft allerdings nur teilweise zu. Denn es gibt unzählige Beispiele, die hierdurch nicht abgedeckt werden. Ein gutes Beispiel hierfür ist der Einsatz von Tracking-Systemen, die Ihnen Aufschluss darüber geben, wie die User Ihre App nutzen. Google Analytics, das häufig auf Websites zum Einsatz kommt, kann ebenfalls für mobile Applikationen eingesetzt werden. In solch einem Fall müssen Sie natürlich, genau wie auf Websites, darauf hinweisen. In Abbildung 5.25 sehen Sie die Datenschutzbestimmungen der App Stau Mobil sowie der HRS-App. Beide sind übrigens in direkter Nachbarschaft zum Impressum platziert.

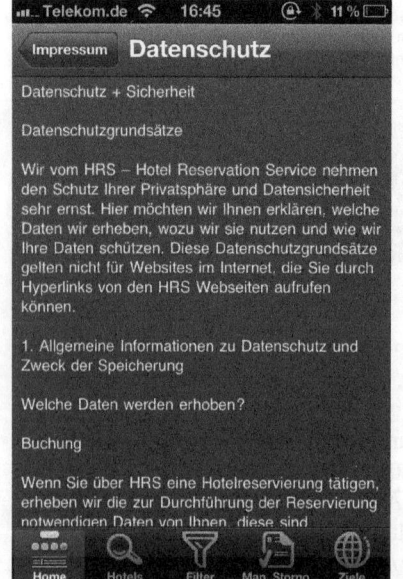

Abbildung 5.25: Datenschutzerklärung in der HRS-App und der App »Stau Mobil«

5.7 Lokalisierung

Sie werden früher oder später an einen Punkt kommen, wo Sie über eine Lokalisierung Ihrer App nachdenken werden. Unter Lokalisierung wird das Bereitstellen der App in verschiedenen Sprachen bezeichnet. Damit gemeint ist nicht etwa nur eine Übersetzung ins Englische oder in eine andere Sprache. Sie können ganze Inhalte Ihrer App anders gestalten, je nachdem aus welchem Land diese heruntergeladen wurde. Ein klassisches Beispiel hierfür sind Währungen, die je nach Zielland wechseln. Oder aber die Datumsanzeige, die sich verändert. Sie können Ihrer App auch einen ganz anderen Look geben für verschiedene Zielländer.

Es wird oft gesagt, dass eine App in jedem Fall auch ins Englische übersetzt werden sollte, um die Zielgruppe zu vergrößern und damit die Erfolgswahrscheinlichkeiten zu erhöhen. Unsere Erfahrungen haben gezeigt, dass dies nur sehr selten der Fall ist und Sie sich am Anfang auf nur ein Land konzentrieren sollten. Dies hat mehrere Gründe.

Übersetzungsaufwand und -kosten

Der Übersetzungsaufwand ist natürlich stark abhängig von Ihrer App selbst. Funktionale Apps wie z. B. Mehrwertsteuerrechner haben weniger Wörter als Nachschlagewerke. Wenn Sie also planen, Ihre App übersetzen zu lassen, dann sammeln Sie alle Wörter bzw. Texte in einer Excel-Tabelle und lassen sich anschließend einen Kostenvoranschlag erstellen in einer der vielen Übersetzungsbörsen. Hier können Sie beispielsweise auf `clickworker.com` oder `https://www.textbroker.com/` zugreifen. Sie werden sehen, dass gute Übersetzungen ihren Preis haben und diese Kosten in Ihre Gesamtkalkulation mit einfließen müssen. Ich rate sehr davon ab, selbst die Übersetzung in die Hand zu nehmen, womöglich noch mit Hilfe von Google Translate. User bemerken schnell, ob es sich um eine englische App handelt oder um eine deutsche App, die von einem Amateur ins Englische übersetzt wurde. Englisch ist natürlich die erste Sprache, in die Sie Ihre App übersetzen lassen sollten. Dadurch können Sie Ihre App weltweit anbieten und die Zahl potenzieller Käufer natürlich vervielfachen. Außer Sie haben Zugang zu einem anderen Land, wenn Sie z. B. Kontakte in Frankreich haben.

Inhaltliche Anpassungen

Neben den reinen sprachlichen Änderungen müssen Sie natürlich beachten, dass Sie Ihre App auch inhaltlich anpassen müssen. Bei unserem Mehrwertsteuerrechner haben wir z. B. die Währungen und die Steuersätze anpassen müssen. Weiterhin wollten wir in der Version für die USA nicht die EU-Steuersätze ausweisen, sondern die Sales Taxes der einzelnen Staaten. Denken Sie also darüber nach, was eine Lokalisierung inhaltlich für Ihre App bedeutet und welche Anpassungen Sie durchführen müssen. Eventuell werden Sie feststellen, dass der Aufwand dadurch enorm steigt.

Layout-Anpassungen

Oftmals wird vergessen, dass der Einsatz anderer Sprachen bzw. inhaltliche Änderungen sich auf das Design der App auswirken können. So kann es z. B. passieren, dass Überschriften oder Beschriftungen bestimmter Funktionen durch die neue Sprache länger werden als in der ursprünglichen Version. Durch einen Zeilenumbruch rutscht der Text anschließend in den Content. Nun müssen Sie entweder die Font-Größe anpassen oder das grafische Layout. Weiterhin Probleme bereiten können spracheigene Umlaute bzw. Sonderzeichen. Ein Font, der deutsche Umlaute darstellen kann, muss nicht zwangsläufig auch türkische oder polnische Buchstaben korrekt darstellen. In diesem Fall sind Sie sogar gezwungen, auf einen anderen Font auszuweichen. Je nach App verändert sich durch die Verwendung anderer Schriften das Gesamtbild. Das Schriftbild gehört schließlich mit zum Design, und wenn Sie an dieser wichtigen Stellschraube drehen, werden Sie unter Umständen feststellen, dass das Layout vom ursprünglichen Look & Feel stark abweicht und weitere Anpassungen notwendig werden.

Vermarktung

Jedes Land, jede Kultur und jede Sprache hat natürlich ihre Eigenheiten, auf die Sie bei der Vermarktung Ihrer App achten müssen. Marketingtexte dürfen also nicht einfach nur übersetzt werden, sondern müssen die Zielgruppe im Ausland auch tatsächlich inhaltlich erreichen. Im Gegensatz zu den App-Inhalten reicht es also nicht, Ihre Presse-Mitteilung z. B. ins Englische übersetzen zu lassen. Sie benötigen jemanden, der im Umgang mit der englischen Sprache geschult ist und weiß, wie marketinglastige Texte formuliert werden müssen. Zusätzlich müssen Sie natürlich in jedem Land nach Zeitschriften, Blogs etc. recherchieren, wollen Sie Ihre App dort platzieren. Der Kontakt mit den Journalisten und Redaktionen muss ebenfalls aufs Neue hergestellt werden, Ihre Arbeit bzgl. der App-PR und des App-Marketings steigt also nahezu linear mit jedem zusätzlichen Land, in dem Sie Ihre App veröffentlichen wollen.

Namensfindung

Der Name ist ein erfolgskritischer Faktor im App-Business. Sie haben sehr viel Zeit in die Suche nach dem passenden Namen investiert. Expandieren Sie nun in andere Länder, beginnt die Suche von Neuem. Bei keywordoptimierten Namen durchlaufen Sie den gesamten Prozess erneut – jedoch mit der zusätzlichen Hürde, dass Sie die Sprache evtl. nicht selbst sprechen. Fantasienamen können unter Umständen weiter genutzt werden. Aber auch nur dann, wenn der Name auch in anderen Sprachen verstanden und wiedergegeben werden kann.

Support

Natürlich werden Sie User-Mails aus dem Ausland erhalten, die Sie auch zeitnah beantworten müssen. Der Aufwand für den User-Support wächst selbstverständlich ebenfalls, wenn Sie Ihre App international anbieten.

Wie Sie sehen, ist eine Internationalisierung Ihrer App nicht mal eben so durchgeführt, es müssen eine Menge Faktoren mit einbezogen werden. Überlegen Sie daher gut, ob Sie nicht erst zu einem späteren Zeitpunkt expandieren sollten, wenn Sie Ihre Position in Ihrem Zielmarkt bereits gefestigt haben und die Ressourcen zur Verfügung haben, um eine Lokalisierung in anderen Sprachen voranzutreiben.

5.8 Testing und Debugging

Die Beta-Phase wird von vielen Entwicklern unterschätzt, stellt sie in vielen Augen lediglich die Phase dar, wo ungewollte Programmierfehler gefunden und behoben werden können bzw. müssen. Die Beta-Phase ist aber weit mehr. In ihr haben Sie Gelegenheit zu überprüfen, ob Ihr Produkt zunächst Ihren eigenen Ansprüchen gerecht wird und natürlich, noch viel wichtiger, denen der Zielgruppe. Es reicht also nicht aus, wenn Sie selbst einen Blick auf die App werfen, alle Funktionen testen und Fehler beheben lassen. Es wurde bereits viel über Usability geschrieben und Sie haben während der Konzeption all Ihr Wissen aus der Wettbewerbsanalyse und Zielgruppenanalyse mit einfließen lassen. Und doch passiert es immer wieder, dass in der Theorie manche Dinge nicht bedacht oder ganz einfach übersehen werden.

Sie sollten also Feedback von so vielen Stellen wie möglich erhalten, bevor Sie die App veröffentlichen und erst nach den ersten negativen Bewertungen feststellen, dass es Verbesserungsbedarf gibt. Dabei muss unterschieden werden zwischen technischen und logischen Fehlern. Technische Fehler sind typischerweise Abstürze jeglicher Art – diese gilt es, so gut es geht, auf möglichst vielen Systemen zu vermeiden. Das Schlimmste, was Ihnen passieren kann, sind Abstürze direkt nach dem Start der App. Die User haben keinerlei Möglichkeit, die App zu nutzen, und werden dies früher oder später mit einer negativen Bewertung quittieren. Gerade bei Android kann dies aufgrund der vielen unterschiedlichen Geräte und Android-Versionen durchaus passieren. Oder Sie implementieren Facebook-Sharing in Ihre App, es erscheint allerdings nichts auf der Pinnwand des Users nach Absenden der Daten.

5 Die perfekte App

Logische Fehler können beispielsweise mathematische Formeln sein, die falsch implementiert wurden. Wobei dies noch ein wirklich kleiner Fehler ist. Schlimmer sind Fehler in der Bedienungslogik – wenn Sie z.B feststellen, dass das Interface nicht annähernd so intuitiv ist, wie von Ihnen angenommen. Gerade wenn Sie ein neuartiges Bedienungskonzept als USP Ihrer App definiert haben, müssen Sie umso mehr Wert auf eine umfangreiche Test-Phase legen.

Zwei Möglichkeiten bestehen dabei. Sie können die App von Freunden, Verwandten und Bekannten testen lassen. Dadurch erhöhen Sie die Zahl der Tester. Ein wichtiger Vorteil hierbei ist, dass die Menschen bisher nichts mit Ihrer App zu tun hatten oder nur sehr wenig und daher unvoreingenommen sind. Sie kennen die App eben nicht in- und auswendig und werden Ihnen wertvolles Feedback geben, das Sie noch vor Veröffentlichung der App prüfen und gegebenenfalls umsetzen können. Außerdem wird so die Anzahl der Testgeräte erhöht, um die Stabilität und Performance der App zu testen. Denn kaum ein Entwicklerteam verfügt über alle Geräte, die auf dem Markt erhältlich sind. Ebenfalls von Vorteil ist die unkomplizierte Abwicklung, solche Testphasen können relativ schnell und mit überschaubarem Aufwand durchgeführt werden. Diese Art des Beta-Testings stellt sozusagen das Must-Have dar. Leider ist sie auch verbunden mit dem ein oder anderen Nachteil. Verwandten oder Freunden fällt es oftmals schwer, die Wahrheit zu sagen und wirklich offen zu Ihnen zu sein. Dadurch kann es passieren, dass Ihnen wertvolles Feedback verloren geht – denn Test-Phasen sind nicht dazu da, sich gegenseitig auf die Schulter zu klopfen. Es sollen mit aller Macht Fehler lokalisiert und entschärft werden. Weiterhin wird es natürlich oftmals so sein, dass Ihre Verwandtschaft nicht deckungsgleich ist mit der Kernzielgruppe. Wenn Sie der Einzige sind, der täglich Liegestütze durchführt, werden Sie kaum inhaltlich wertvolles Feedback bekommen. Sie müssen daher darauf achten, Personen aus der Zielgruppe mit einzubeziehen. Auch wenn es nur eine Handvoll Personen ist, so können diese den Unterschied machen und Ihnen wertvolles Feedback aus erster Hand liefern.

Je größer der Kreis der Tester wird, umso umfangreicher stellt sich natürlich die Dokumentation der Bugs dar. Sie wollen natürlich vermeiden, dass Sie viel Zeit mit der Auswahl von Testern verbringen, das Feedback aber anschließend nicht strukturiert abgearbeitet werden kann. Es gibt eine ganze Reihe von Tools, die sich hervorragend für das so genannte Bug-Tracking eignen. Darunter sind auch viele Open-Source-Lösungen, die kostenfrei genutzt werden können. Einer der bekanntesten Vertreter ist Mantis, das auf PHP und MySQL basiert. Zugegeben, die Benutzeroberfläche wird sicherlich niemals einen Design-Award gewinnen. Allerdings erfüllt das Tool voll und ganz seinen eigentlichen Zweck, nämlich Bugs zu dokumentieren und deren Behebung zu kontrollieren.

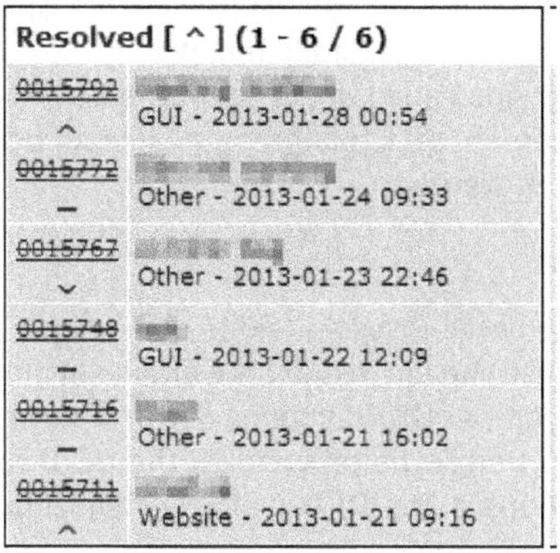

5.8 Testing und Debugging

Resolved [^] (1 - 6 / 6)	
0015792	GUI - 2013-01-28 00:54
0015772	Other - 2013-01-24 09:33
0015767	Other - 2013-01-23 22:46
0015748	GUI - 2013-01-22 12:09
0015716	Other - 2013-01-21 16:02
0015711	Website - 2013-01-21 09:16

Abbildung 5.26: Mantis Bug-Tracker

Tipp

Auf http://www.thegeekstuff.com/2010/08/bug-tracking-system/ finden Sie eine gute Übersicht verschiedener Bug-Tracking-Tools.

Es gibt noch einen weiteren wichtigen Punkt, den Sie für die Test-Phase beachten sollten. Das Verteilen der Test-Version an die Tester kann gerade bei iOS zu Problemen führen, daher soll im Folgenden die Vorgehensweise auf beiden Plattformen erläutert werden.

Android

Für Android-Geräte erstellen Sie üblicherweise eine APK-Datei, die Sie dann problemlos an die Tester verschicken können. Allerdings wissen viele Leute nicht, wie Apps außerhalb des Play Stores installiert werden können – Sie müssen hier also in den meisten Fällen die passende Anleitung mitliefern. Wenn jemand den Prozess allerdings einmal kennt, ist es relativ einfach. Im Folgenden müssen folgende Schritte beachtet werden.

Nach dem Anschluss des Geräts an einen PC wird der USB-Anschluss aktiviert und das Gerät als externer Speicher erkannt. Die APK-Datei kann nun problemlos hierhin kopiert werden, wie man es üblicherweise mit einem USB-Stick tun würde. Nachdem der USB-Speicher wieder deaktiviert wurde, benötigen die Tester eine Explorer-App, die auf die Dateiverzeichnisse des Android-Geräts zugreifen kann. Die App »AppInstaller« ist kostenlos im Play Store verfügbar und lässt sich hierfür hervorragend nutzen. Ein Klick auf die APK-Datei reicht aus, um diese auf dem Gerät zu installieren. Wenige Sekunden später kann die App wie alle anderen Apps auch in der App-Liste des Android-Phones gefunden und gestartet werden. So kann Ihre App also auf beliebig vielen Geräten installiert und getestet werden.

iOS

Bei iOS-Geräten ist dieser Prozess leider um einiges komplizierter. Jedes Gerät, auf dem die Test-Version installiert werden soll, muss im so genannten Provisioning Center mit der UDID angemeldet und anschließend im Development Profile der App freigeschaltet werden. Die UDID des iPhones kann mit Hilfe verschiedener Apps, z. B. UDID+ relativ schnell gefunden und an die Entwickler weiter verschickt werden.

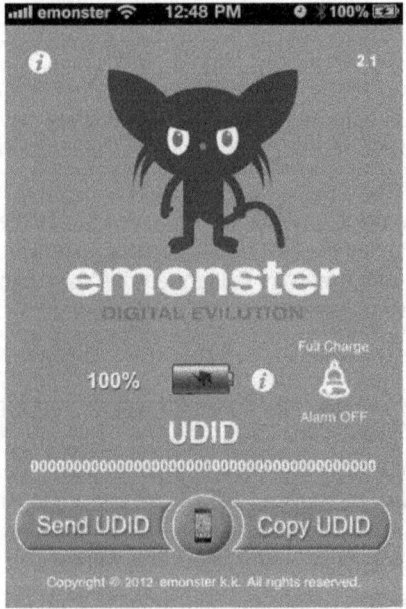

Abbildung 5.27: UDID+

Anschließend erhalten die User zwei Dateien, die Sie in iTunes kopieren müssen. Zum einen die App selbst als IPA-Datei sowie das dazugehörige Provisioning Profile. Beim nächsten Synchronisieren wird die App auf dem iPhone installiert und kann nun getestet werden.

Tipp

Unter http://developer.apple.com/library/ios/#documentation/
Xcode/Conceptual/ios_development_workflow/35-Distributing_
Applications/distributing_applications.html finden Sie weitere
Informationen zum Thema Testing auf iOS-Geräten.

Diese Vorgehensweise erweist sich in der Realität als äußerst mühsam. Oftmals funktionieren die Apps nicht wegen Problemen mit den Provisioning Profiles. Die Gründe hierfür sind recht mannigfaltig und werden in diversen Foren eifrig diskutiert. Es kann Sie also unter Umständen sehr viel Zeit und Geduld kosten, bis die App auf allen Geräten wirklich getestet werden kann.

Genau hier setzt Testflight[6] an. Es handelt sich dabei um einen Service, der diesen Prozess der Installation für Tester vereinfacht. Diese können Ihre App mit Hilfe von Testflight »Over the Air« installieren – das Kopieren in iTunes und Synchronisieren entfällt dadurch völlig. Sie schicken Ihren Testern einen Link via Mail, der auf den Geräten geöffnet werden muss, und anschließend wird die App direkt auf dem iPhone installiert.

Leider entfällt die Arbeit auf Seiten der Entwickler auch mit Testflight nicht. Sie müssen immer noch die UDID manuell im Provisioning Center hinzufügen – allerdings haben die Tester weit weniger Arbeit mit der Installation Ihrer App. Das ist aber nicht alles. Testflight liefert Ihnen, sofern Sie das angebotene SDK in Ihre App implementieren, zahlreiche zusätzliche Funktionen. So werden Ihnen Crash-Reports geliefert, Sie können Logs einsehen und einzelne Sessions auswerten. Zusätzlich können Fragebögen implementiert werden, um Feedback der Tester zu kanalisieren. Alles in allem handelt es sich bei Testflight um ein hervorragendes Tool, um die Test-Phase bestmöglich zu nutzen und so viele Informationen wie möglich von Ihren Testern zu erhalten.

Der App-Upload

Sie haben nun Ihre Applikation ausführlich getestet und sind bereit für den nächsten wichtigen Schritt – den Upload Ihrer App in den App Store bzw. in den Play Store. Dieser Prozess sieht auf beiden Plattformen sehr ähnlich aus, hat allerdings auch einige Unterschiede aufzuweisen, auf die in diesem Abschnitt eingegangen werden soll.

---

6. testflight.com

5 Die perfekte App

Bei Apple stellt iTunes Connect[7] die zentrale Anlaufstelle für alle App-Publisher dar. Unter dem Menüpunkt MANAGE YOUR APPLICATIONS können Sie durch Klick auf ADD NEW APP eine neue App anlegen. Auf dem nun folgenden Screen treffen Sie die ersten wichtigen Entscheidungen. Zum einen stellen Sie die Standard-Sprache Ihrer App ein und geben den Namen der App an, so wie dieser im App Store erscheinen soll. In diesem Kapitel wurde bereits darauf hingewiesen, dass die Auswahl eines guten App-Namens erfolgskritisch ist. Nun geben Sie eine so genannte SKU-Nummer an sowie die BundleID. Die SKU-Nummer ist eine Art ID für Ihre App und kann neben Ziffern ebenfalls Buchstaben enthalten. Die BundleID haben Sie bereits während der Entwicklungsphase im so genannten Provisioning Center angelegt – Ihre App wird dadurch im Grunde mit dieser ID bei Apple angemeldet, so dass spätere Updates immer wieder Ihrer App zugeordnet werden können.

> **Tipp**
>
> Weitere Informationen zur Erstellung von App-IDs erhalten Sie unter
> http://developer.apple.com/library/ios/#documentation/
> ToolsLanguages/Conceptual/DevPortalGuide/
> CreatingandConfiguringAppIDs/CreatingandConfiguringAppIDs.html.

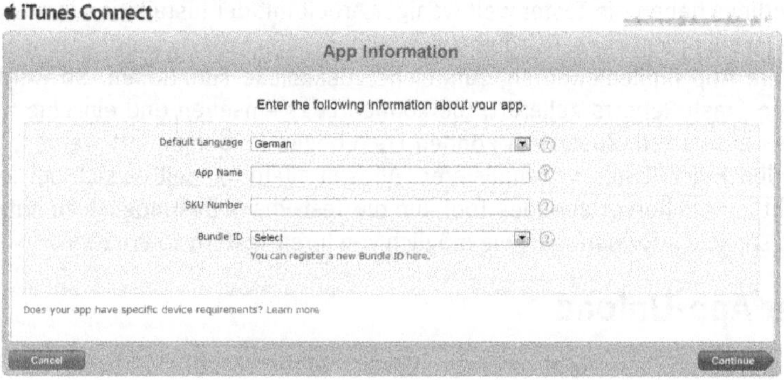

Abbildung 5.28: Allgemeine App-Informationen in iTunes Connect

Auf dem nächsten Bildschirm geben Sie an, ab wann Ihre App verfügbar sein soll und welches Preisniveau sie haben soll. Weiterhin können Sie einen

---

7. https://itunesconnect.apple.com

5.8 Testing und Debugging

Rabatt für Lehranstalten anbieten. Der Punkt »Custom B2B App« bezieht sich auf Apps, die gezielt für ein bestimmtes Unternehmen entwickelt wurden und von diesem in hoher Stückzahl bezogen werden.

> **Tipp**
>
> Mehr Informationen zum »App Store Volume Purchase Program for Business« finden Sie unter http://vpp.itunes.apple.com/faq.

Zuletzt können Sie noch einstellen, in welchen Ländern Ihre App verfügbar sein soll.

Abbildung 5.29: Erweiterte App-Einstellungen in iTunes Connect

Auf der letzten Seite werden nun alle weiteren Einstellungen getroffen und Inhalte bereitgestellt, die für den Upload in den App Store nötig sind. Dazu gehören

- Versionsinformationen und Auswahl der Kategorie
- Informationen zur Alterseinstufung
- Kontaktdaten für das Review-Team
- Metadaten und
- Bildmaterialien wie Icons und Screenshots

Besonders die Metadaten, das Bildmaterial sowie die Angaben zur Kategorie sind von entscheidender Bedeutung für den Erfolg Ihrer App. Kapitel 7 widmet

5 Die perfekte App

sich daher ausschließlich diesem Thema und beschreibt ausführlich, worauf Sie hierbei achten müssen.

Nun haben Sie es fast geschafft. Alles, was Sie jetzt noch tun müssen, ist, Ihre App über die Entwicklungsumgebung X-Code hochzuladen. Dabei werden die Daten, die Sie bei iTunes Connect angegeben haben, abgeglichen mit den Informationen in X-Code. Achten Sie also stets darauf, dass Sie an beiden Stellen z. B. die gleiche BundleID und Versionsnummer einsetzen.

> **Tipp**
>
> Ausführliche Informationen zur Distribution Ihrer App finden Sie unter http://developer.apple.com/library/ios/#documentation/ToolsLanguages/Conceptual/Xcode4UserGuide/090-Distribute_Your_App/distribute_app.html.

Bei Google ist der Prozess sehr ähnlich aufgebaut. Sobald Sie in der Google Developer Console[8] eine neue App hinzufügen, müssen Sie zunächst die Sprache auswählen sowie den Namen der App eintragen. Im nächsten Schritt empfiehlt es sich, die Angaben zur App zu vervollständigen, bevor Sie die App selbst hochladen.

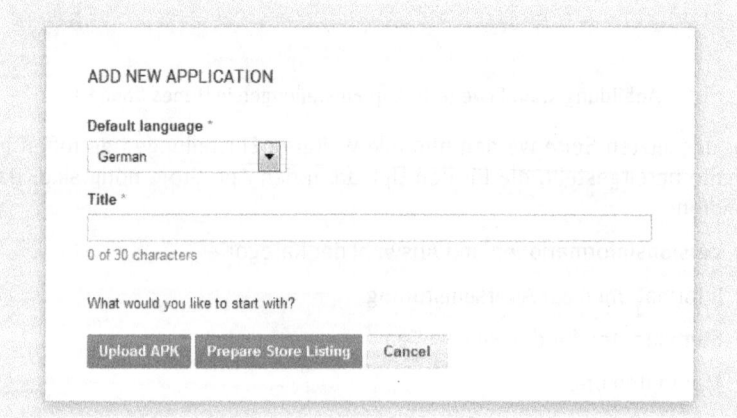

Abbildung 5.30: Anlegen einer neuen App in der Google Developer Console

---

8. https://play.google.com/apps/publish

5.8 Testing und Debugging

Nun haben Sie mehrere Menüpunkte zur Auswahl, darunter »Store Listing« und »Pricing and Distribution«. Ersterer dient dazu, genau wie in iTunes Connect eine Beschreibung hinzuzufügen, die Kategorien auszuwählen und Kontaktdaten anzugeben. Im Gegensatz zu Apple haben Sie weiterhin die Möglichkeit, einen Vorschautext für Ihre App einzutragen, der in den verschiedenen Listen des Play Store erscheint. Sie können diese Angaben für alle Sprachen machen, in denen Ihre App erscheint.

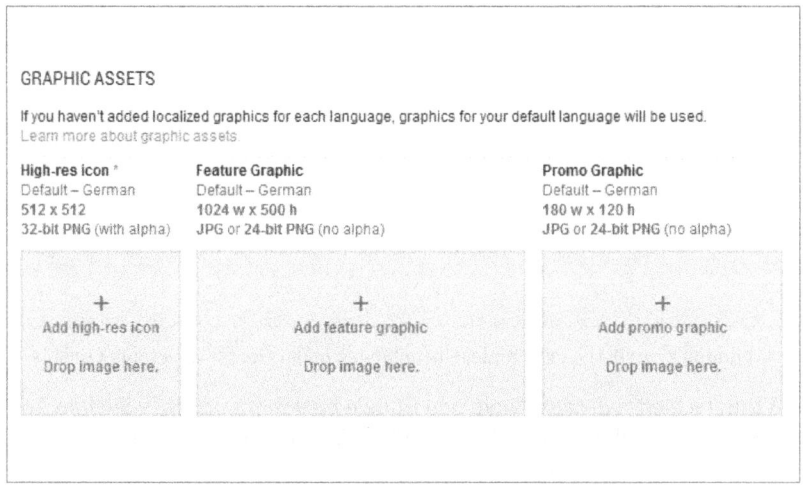

Abbildung 5.31: Angaben zur App in der Developer Console

Auf der nächsten Seite können Sie Angaben zum Preis machen sowie die Länder auswählen, in denen Ihre App verfügbar sein soll.

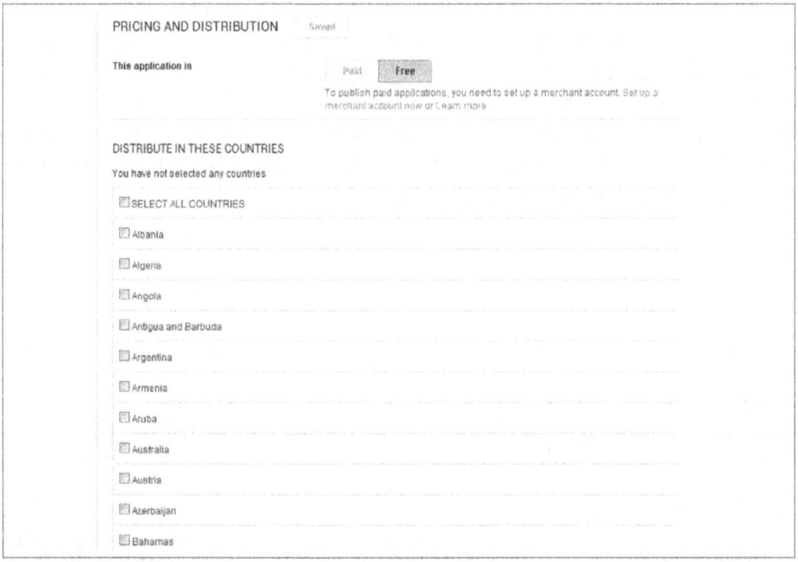

5 Die perfekte App

Abbildung 5.32: Preis- und Landeseinstellungen in der Google Developer Console

Ein Unterschied zwischen Apple und Google besteht darin, dass Sie Ihre App direkt in der Developer Console hochladen können. Hierzu wählen Sie einfach die entsprechende APK-Datei aus.

> **Wichtig**
>
> Bitte achten Sie auch hier darauf, dass Sie den entsprechenden Lizenzschlüssel in Ihre App integrieren. Dieser kann unter dem Menüpunkt SERVICES & APIS eingesehen werden.

Der zweite, noch viel prägnantere Unterschied besteht darin, dass eine Android-Applikation zumeist innerhalb von wenigen Stunden im Google Play Store verfügbar ist und Sie nicht, wie bei Apple üblich, mehrere Tage oder Wochen warten müssen – ein Vorteil gerade bei akuten Updates zur Fehlerbehebung.

Kapitel 6

Geschäftsmodelle & Preisgestaltung

Es gibt eine Vielzahl von Möglichkeiten, wie Sie mit Ihrer App Geld verdienen können. Sie stehen als App-Publisher dabei vor der Qual der Wahl. Im Folgenden möchte ich Ihnen daher die verschiedenen Erlösmodelle im Detail vorstellen und dabei neben den meist bekannten auch einige neue Möglichkeiten vorstellen, die Sie vielleicht noch nicht kennen.

6.1 Zielsetzung

Viele Menschen haben eine Idee für eine App und begehen anschließend den Fehler, sich keine konkreten Ziele zu setzen, bevor es an die Umsetzung geht. Natürlich kann es vorkommen, dass manche nur aus purer Freude Apps entwickeln und keine Erwartungen bzgl. des Erfolgs haben. In den meisten Fällen jedoch möchten Sie für Ihre Mühen belohnt werden. Daher ist es ein wichtiger Schritt, darüber nachzudenken, was für Sie persönlich Erfolg oder Misserfolg bedeutet. Sie definieren also Ihre Erwartungen und können so später einschätzen, ob sich die Arbeit gelohnt hat. Ob diese Erwartungen realistisch sind oder nicht, überprüfen wir zu einem anderen Zeitpunkt. Jedoch ist es wichtig für Sie, einen Maßstab an Ihre eigene Arbeit anzusetzen. Denn all Ihr späteres Handeln wird dadurch beeinflusst, welche Ziele Sie erreichen wollen. Ihr Pricing, die Arbeit, die Sie in die App stecken werden, und vor allem Ihre Marketingbemühungen werden Sie immer im Verhältnis zu Ihren Zielen betrachten. Denn Sie möchten nicht später in die Situation kommen und sagen: »Irgendwie habe ich mir mehr erhofft«, ohne vorher einmal darüber nachgedacht zu haben, was dieses »mehr« eigentlich konkret bedeutet.

Sie sollten sich also zunächst folgende Frage stellen: Wie viel will ich mit meiner App verdienen? Die Antwort hierauf sollte dabei nicht lauten »So viel wie möglich« oder »Genug«. Überlegen Sie sich, was Sie konkret in einem bestimmten Zeitraum einnehmen wollen. Eine mögliche Antwort wäre, »Ich möchte neben meinem Haupt-Einkommen monatlich zusätzliche 500 Euro über App-Verkäufe einnehmen.« Oder Sie sagen: »Ich will mit meiner App meinen Lebensunterhalt bestreiten und muss mindestens 2.000 Euro monatlich einnehmen.« Bei Apps, die Sie für spezielle Ereignisse wie Weihnachten entwickeln, könnte die Antwort wiederum lauten: »Ich möchte im Dezember 4.000 Euro mit meiner App verdienen.«

6.2 Kostenpflichtige Apps

Kurz, nachdem es für Entwickler möglich war, selbst Apps im App Store zu veröffentlichen und dabei von Apples Abrechnungssystem Gebrauch zu machen, begann eine Art Goldgräberstimmung in der Entwicklerszene. Die Möglichkeit, seine eigene App kostenpflichtig anzubieten und durch den Verkauf direkt Einnahmen zu generieren, klang verlockend. Und dies zu Recht, führt man sich den Umstand vor Augen, dass viele iTunes-Nutzer ihre Zahlungsdaten bereits hinterlegt hatten, um beispielsweise Musik herunterzuladen. Im Gegensatz zum Internet, wo sich bezahlter Content bis heute nicht durchsetzen konnte, wurde sehr schnell klar, dass kostenpflichtige Apps auf iOS-Geräten einen sehr großen Markt schaffen würden.

Das Erlösmodell der kostenpflichtigen Apps hat eine ganze Reihe von Vorteilen. Zum einen müssen Sie sich als Entwickler keine Sorgen um die Abwicklung und Abrechnung machen – all dies wird von Apple bereitgestellt. Abrechnungssysteme stellen häufig eine große Hürde dar, um Produkte kostenpflichtig im Internet anzubieten. Im App-Business hingegen muss sich der Entwickler keine Gedanken über Widerrufsrecht oder Retouren machen, da Apples System genau hierfür Sorge trägt. Natürlich hat all dies seinen Preis. Apple behält 30% Ihrer Brutto-Einnahmen ein, Sie selbst erhalten also nur 70% vom Endkundenpreis. Dies ist insofern wichtig, als dass Sie bei all Ihren Berechnungen immer mit Netto-Preisen rechnen müssen, um am Ende auf dem Papier nicht mehr Einnahmen zu generieren als in der Realität. Gleiches gilt auch für den Play Store. Hier wird ebenfalls der gesamte Transaktionsprozess von Google bereitgestellt und App-Publisher können sich wie bei Apple voll und ganz auf ihre Applikation konzentrieren.

Neben den organisatorischen und rechtlichen Vorteilen lassen sich Einnahmen bei kostenpflichtigen Apps relativ leicht kalkulieren. Sie wissen als App-Publisher genau, wie viele Einnahmen Sie pro User erwirtschaften können. Da jeder Kunde Ihre App nur genau einmal kaufen kann, entspricht der maximale

Wert eines Kunden immer auch dem Preis Ihrer App. Ihr Umsatz errechnet sich also aus Preis multipliziert mit der Absatzmenge:

Umsatz = Preis x Absatzmenge

Die Absatzmenge Ihrer App wird von einer Vielzahl von Faktoren beeinflusst, die in diesem Buch thematisiert werden. Neben einer guten App und den richtigen PR- und Marketingmaßnahmen gehört natürlich auch der Preis dazu. Der Zusammenhang zwischen Preis und Nachfrage wird in einer so genannten Nachfragekurve dargestellt, einem Modell aus der Betriebswirtschafts- bzw. Volkswirtschaftslehre. Wie in Abbildung 6.1 zu sehen, sinkt mit steigenden Preisen auch die Nachfrage und somit die Absatzmenge. Die beiden Nullpunkte werden durch den Prohibitivpreis und die Sättigungsmenge dargestellt.

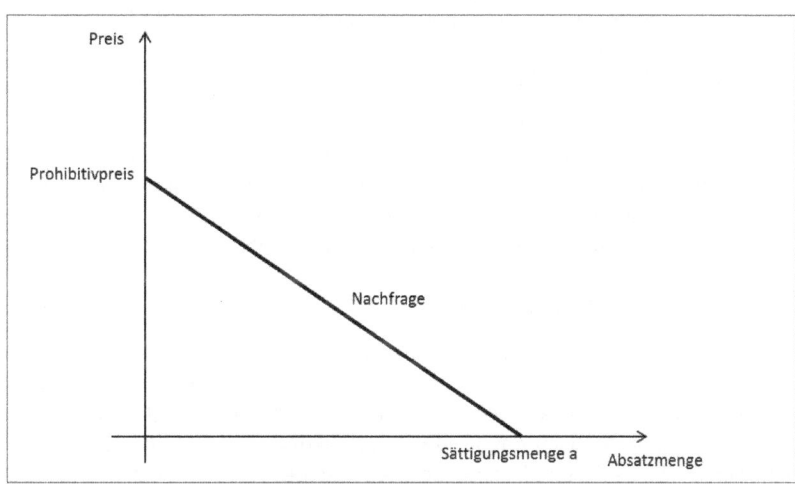

Abbildung 6.1: Nachfragekurve

Die Sättigungsmenge stellt die maximale Absatzmenge dar, wenn Sie Ihre App umsonst anbieten würden. Während der Zielgruppen-Analyse haben Sie sich bereits ein Bild über die Größe Ihrer Zielgruppe und Ihres Absatzpotenzials machen können. Da jede Person Ihre App nur maximal einmal kaufen kann, entspricht in diesem Fall die Sättigungsmenge auch Ihrem Absatzpotenzial. Der Prohibitivpreis hingegen ist der Preis, bei dem niemand mehr bereit ist, Ihr Produkt zu kaufen. Den Prohibitivpreis können Sie im Grunde nur durch eigene Marktforschung ermitteln, indem Sie genügend Leute befragen und daraus den Preis ermitteln, bei dem niemand mehr Ihre App kaufen würde. Dabei ist

6 Geschäftsmodelle & Preisgestaltung

es ganz wichtig, sich innerhalb einer Zielgruppe zu bewegen, die grundsätzlich bereit ist, Geld für eine App zu zahlen. Wenn Sie während der Zielgruppen-Analyse feststellen, dass niemand oder kaum jemand aus Ihrer Zielgruppe bereit ist, auch nur 89 Cent für Ihre App auszugeben, fällt das Geschäftsmodell der kostenpflichtigen Apps grundsätzlich durch und Sie müssen sich auf die Suche nach Alternativen machen. Wenn Sie nun also den Preis senken, bewegen Sie sich in Abbildung 6.1 auf der Geraden nach rechts, was einem Anstieg der Nachfrage entspricht. Es ist wichtig zu beachten, dass Sie in diesem einfachen Modell der einzige App-Anbieter in Ihrem Segment sind und keine Konkurrenz haben.

Natürlich entspricht diese einfache Darstellung nicht der Realität. Sie werden es beinahe immer früher oder später mit Konkurrenzprodukten zu tun haben und daher auch vom Pricing der Wettbewerber abhängig sein. Wenn Sie also einen höheren Preis als der Wettbewerb für Ihre App verlangen, wird die Nachfrage ab diesem Punkt deutlich mehr nachlassen als in dem vorgestellten Modell.

Zuletzt handelt es sich selten um eine Gerade. Denn nicht immer hat eine Erhöhung des Preises auch eine Halbierung der Nachfrage zur Folge. Dies liegt zum einen daran, dass die Preissensibilität in höheren Preissegmenten nachlässt und selbst bei einer Preis-Erhöhung um 10% die Nachfrage stabil bleiben kann. In den unteren Regionen hingegen kann es durchaus passieren, dass bei einem Preisnachlass von 1,79 Euro auf 0,89 Euro plötzlich mehr als doppelt so viele Leute Ihre App kaufen werden.

Zuletzt bezieht das Modell der Nachfragekurve in keinster Weise andere Variablen als den Preis ein, z. B. Ausgaben für Werbung. Wenn Sie also Ihren Preis halbieren, kann es durchaus sein, dass die Nachfrage nicht steigt, weil schlicht und einfach kein Mensch davon etwas mitbekommt. Im Gegenzug kann es natürlich auch passieren, dass Sie bei gleichbleibendem Preis mehr Apps verkaufen, weil Sie mehr Werbung machen als vorher.

Sie sehen, obwohl der Preis ein sehr wichtiges Marketinginstrument darstellt, mit dem sich durchaus die Nachfrage beeinflussen lässt, so hat er auch seine Grenzen. Sie sind, obwohl Sie theoretisch den Preis frei bestimmen können, vor allem von den Preisen Ihrer Konkurrenten und von der Zahlungsbereitschaft Ihrer Zielgruppe abhängig.

Preisstufen

Apple und Google unterscheiden sich bei den Preisgestaltungsmöglichkeiten deutlich voneinander. Bei Apple gehen Sie in vorbestimmten Schritten, so genannten Tiers, im Preis nach oben. Diese beginnen bei 0,89 Euro und enden bei 899,99 Euro. Apple behält vom Endkundenpreis 30% ein, Ihre Netto-Einnahmen verkleinern sich also deutlich im Vergleich zum Brutto-Preis, den die Endkunden zahlen. Die Tabelle zeigt die ersten 10 Tiers in US-Dollar und Euro sowie die relative Steigerung zum nächsthöheren Preis.

Tier	US-Dollar		Euro		
	Brutto-Preis	Netto-Preis	Brutto-Preis	Netto-Preis	Steigerung in %
Tier 1	0,99	0,7	0,89	0,54	
Tier 2	1,99	1,4	1,79	1,09	101%
Tier 3	2,99	2,1	2,69	1,64	50%
Tier 4	3,99	2,8	3,59	2,19	33%
Tier 5	4,99	3,5	4,49	2,73	25%
Tier 6	5,99	4,2	5,49	3,34	10%
Tier 7	6,99	4,9	5,99	3,65	9%
Tier 8	7,99	5,6	6,99	4,25	16%
Tier 9	8,99	6,3	7,99	4,86	14%
Tier 10	9,99	7	8,99	5,47	12%

Tabelle 6.1: App Store Tiers (Stand: November 2012)

Wie Sie sehen, bedeutet eine Erhöhung von Tier 1 auf Tier 2 eine Verdoppelung des Preises, von Tier 2 auf Tier 3 immerhin noch eine Erhöhung um 50%. Erst in höheren Preisstufen werden die Unterschiede geringer. Dies bedeutet, dass Sie in unteren Preisregionen bei nur einem Schritt nach oben einen Preis verlangen, der im Verhältnis sehr viel höher ist als der alte. Bei einem Preisanstieg von 1,79 Euro auf 2,69 Euro dürfen Sie also auf keinen Fall mehr als 33% der Downloads verlieren, ansonsten macht die Erhöhung wirtschaftlich keinen Sinn. Da die Preissensibilität im unteren Preissegment sehr hoch ist, könnte sich diese Erhöhung also durchaus als finanzieller Rückschritt für Sie erweisen.

Sie sehen also, im App Store können Preisanpassungen nach oben durchaus problematisch sein. Beim Google Play Store hingegen können Sie den Preis selbst bestimmen. Hier ist ein Mindestpreis von 0,79 Euro vorgeschrieben, darüber hinaus aber haben Sie freie Hand. Für App-Publisher ist das von Vorteil, können Sie doch viel enger an den Preisvorstellungen Ihrer Zielgruppe agieren. Für Kunden hingegen bedeutet dies, dass sie mehr Arbeit in den Produktvergleich stecken müssen, um zu sehen, ob sie für einige Cent mehr nicht doch einen wesentlich größeren Funktionsumfang bekommen. Trotz dieser Preisfreiheit werden Sie im Play Store jedoch häufig ähnliche Preise wie im App Store wiederfinden. Dies ist darin begründet, dass viele Entwickler ihre Apps sowohl für Android als auch für iOS anbieten und eine Gleichbehandlung beider Zielgruppen anstreben.

Trotz der von Apple vorgegebenen Tiers gibt es jedoch einen Fall, in dem ein niedriger Preis gefolgt von einem deutlichen Preissprung Sinn macht – und zwar beim Launch Ihrer App. Es handelt sich dabei um so genannte Eröffnungsangebote, die zeitlich befristet sind und Ihrer App direkt am Anfang zu einem guten Start verhelfen sollen. Dabei müssen Sie ganz klar kommunizieren, welchen Preis Ihre App in Zukunft haben wird und dass es sich um ein zeitlich befristetes Angebot handelt. Je höher der Preissprung, umso größer natürlich auch der Anreiz für User, Ihre App direkt am Anfang zu kaufen. Neben sofortigen Einnahmen wird dadurch im besten Fall ein hoher Einstieg in die Charts geschafft und die Sichtbarkeit Ihrer App dadurch deutlich gesteigert. Es ist jedoch ganz wichtig, dass Sie wirklich nur für eine begrenzte Zeit günstig anbieten, z. B. für eine Woche. Der Effekt lässt ansonsten sehr schnell nach und die Leute werden das Gefühl bekommen, dass es sich nur um einen Marketing-Gag handelt.

Der Preis macht die Musik

Nun müssen Sie zum Start Ihrer App einen Preis festlegen und anschließend die sich daraus ergebenden Umsätze mit Ihren Zielvorstellungen vergleichen. Dabei sollten Sie einige Szenarien durchspielen, um ein Gefühl für die Marktmechanismen zu bekommen.

> **Beispiel**
>
> Sie wissen, dass das Absatzpotenzial bei ca. 1.500.000 Kunden liegt, und wollen zum gleichen Preis anbieten wie die Konkurrenz – dieser liegt aktuell bei 2,69 Euro. Ihre Zielsetzung sieht vor, dass Sie monatlich 2.000 Euro Umsatz generieren wollen nach Abzug der 30% an Apple. Bei einem Endkundenpreis von 2,69 liegt der Nettoumsatz laut Tabelle 6.1 bei 1,64 Euro.

Das bedeutet in diesem Fall, dass Sie 1.220 Downloads im Monat generieren müssen. Auf das Jahr gerechnet bedeutet dies 14.614 Käufe – Sie müssen also lediglich 1% Ihrer Zielgruppe erreichen – ein sehr geringer Wert. Allerdings befinden Sie sich im Massenmarkt und haben es mit mehreren Wettbewerbern zu tun. Da Sie sich preislich nicht von Ihrer Konkurrenz unterscheiden, müssen Sie nun die richtigen Marketinginstrumente einsetzen, um Ihr Ziel zu erreichen.

> **Beispiel**
>
> Ihre App richtet sich an eine Nische von ca. 50.000 Personen, die laut Demografie auch eine hohe Zahlungsbereitschaft haben. Es sind noch keine Wettbewerber im Markt vertreten. Sie entscheiden sich nun, Ihre App für 4,49 Euro brutto anzubieten, also 2,73 Euro netto. Wollen Sie auch hier einen monatlichen Umsatz von 2.000 Euro erzielen, müssen Sie hierfür im Monat ca. 733 Downloads erzielen, was knapp 25 Käufen pro Tag entspricht. 733 Downloads bedeutet ebenfalls, dass Sie bei insgesamt knapp 8.800 Downloads im Jahr 16% Ihrer Zielgruppe erreichen wollen. Dieser Wert ist deutlich ambitionierter als im ersten Fall. Wenn Sie allerdings eine Nische bearbeiten, haben Sie natürlich die Möglichkeit, deren Bedürfnisse exakt zu befriedigen. Außerdem sind Sie der einzige Anbieter in Ihrem Segment, ein weiterer großer Vorteil. Sollte also innerhalb Ihrer Zielgruppe ein Bedarf für Ihre App bestehen, sind 16% nicht unmöglich.

Es ist also wichtig, dass Sie Ihre Umsatzerwartungen immer ins Verhältnis setzen zu der Zielgruppe, die Sie bearbeiten, und dem Wettbewerb, dem Sie sich aussetzen. So erhalten Sie einen Eindruck davon, ob Ihre Erwartungen überhöht sind oder Sie sie nicht sogar noch übertreffen können.

Trend zur Billig-App

Ein kurzer Blick in den App Store oder Google Play Store verrät: Der Trend geht hin zur Billig-App. Ein Großteil aller kostenpflichtigen Apps wird mittlerweile zu einem Preis von gerade einmal 89 Cent angeboten – dies entspricht auch gleichzeitig dem Mindestpreis, den Sie für eine App verlangen können. Diese Entwicklung ist vor allem auf die stark ansteigende Zahl von Apps zurückzuführen. Viele App-Publisher wussten sich in der jüngsten Vergangenheit einfach nicht besser zu helfen, als über den Preis künstlich die Nachfrage zu steigern. Warum sich gerade 89 Cent als De-facto-Standard durchgesetzt haben,

6 Geschäftsmodelle & Preisgestaltung

ist relativ leicht zu beantworten. Erst bei diesem Preis kann ein App-Publisher sicher sein, dass die Konkurrenz den eigenen Preis nicht mehr unterbietet. Sehr schnell entstand eine Art Herdeneffekt, dem viele Publisher folgten. Viele User haben sich mittlerweile an diese Dumping-Preise gewöhnt und nun sind App-Publisher mittlerweile in einer Art Teufelskreis gefangen, aus dem es kaum noch einen Ausweg gibt.

Auch wenn die meisten Apps nun für 0,89 Euro angeboten werden, soll an dieser Stelle von diesem Preis für Ihre App abgeraten werden. Denn zum einen haben Sie keine Möglichkeit, durch eine temporäre Preissenkung einen Nachfrageschub zu erzeugen – dazu mehr in Kapitel 8. Zum anderen sind Ihre Netto-Einnahmen so gering, dass Sie sehr viele Downloads erzielen müssen, um solide Einnahmen zu generieren. Auch hierzu zwei Rechenbeispiele:

Beispiel 1

Sie möchten 500 Euro im Monat als Nebeneinnahmen durch Apps generieren und bieten Ihre App für 0,89 Cent an. Das bedeutet, dass Sie bei einem Netto-Preis von 0,54 Euro insgesamt 962 Downloads im Monat erzeugen müssen, also knapp 30 pro Tag. Dieser Wert brachte Ihnen im vorigen Beispiel bei einem soliden Pricing knapp das Doppelte an Einnahmen.

Beispiel 2

Sie beschließen, mit Apps Ihren Lebensunterhalt zu bestreiten, und wollen auch hier 2.000 Euro monatlich einnehmen. Ihre App bieten Sie für 0,89 Euro an. Das bedeutet, dass Sie bei einem Netto-Preis von 0,54 Euro insgesamt 3.700 Downloads im Monat erzeugen müssen, also knapp 124 pro Tag. Damit schaffen Sie es in vielen Kategorien unter die Top 5, ein echter Spitzenwert, der nur durch aufwendiges und teures Marketing erreicht werden kann. Dadurch geht Ihnen eine Menge Geld durch die Finger, das Sie bei einem soliden Preis hätten sparen können.

Vor allem das zweite Beispiel soll zeigen, wie hart das App-Geschäft mit solch einem niedrigen Preis sein kann. Sie sollten diesen Dumping-Preis also möglichst vermeiden und einen höheren Preis für Ihre App ansetzen. Höhere Preise lassen sich aber wiederum nur genau dann einsetzen, wenn Sie mit Ihrer App den Bedarf einer ganz speziellen Zielgruppe decken, also ein echtes Problem lösen oder der einzige Anbieter sind. Apps, die unter die Kategorie Entertain-

6.2 Kostenpflichtige Apps

ment fallen, lassen sich hingegen kaum zu höheren Preisen verkaufen. Auch wenn es einige Apps in diesem Preissegment gibt, die beinahe jeder Smartphone-Besitzer kennt und runtergeladen hat, so sind diese Hypes echte Glückstreffer. In diesem Buch geht es darum, strukturiert den Erfolg Ihrer Idee zu planen und mit den richtigen Mitteln zu erreichen. Um zu belegen, dass es auch im App Store viele gibt, die auch jenseits der 89-Cent-Marke hohe Downloadzahlen erreichen und sich nicht diesem Trend beugen, sollen im Folgenden drei Beispiele vorgestellt werden.

Die App »Pilzführer (Nature-Lexicon)« z. B. ist ein ständiger Top-10-Vertreter in der Kategorie Referenz und dabei mit 6,99 Euro deutlich teurer als viele andere Apps. Aufgrund ihres umfangreichen Contents und der sehr spitzen Zielgruppe schafft sie es dennoch, ausreichend hohe Absatzzahlen zu generieren.

Abbildung 6.2: App »Pilzführer (Nature-Lexicon)«

Je spezifischer die App auf eine bestimmte Zielgruppe ausgerichtet ist, umso höher kann der Preis also sein. Die App »myPANTONE« gehört mit 7,99 Euro ebenfalls zu den hochpreisigen Produkten. Auch diese App spricht einer eher spitze Zielgruppe an, die solch eine App als sehr hilfreich in ihrem Alltag

6 Geschäftsmodelle & Preisgestaltung

betrachtet. Dadurch entsteht gleichzeitig auch eine höhere Zahlungsbereitschaft.

Gleiches gilt für Apps aus dem Bereich Reisen. Die Apps der mTrip-Reihe liegen allesamt bei 4,99 Euro, sind also ebenfalls weit davon entfernt, Inhalte zu Dumping-Preisen anzubieten. Trotzdem finden sich viele Städte wie Berlin, Paris oder Wien in den oberen Chartpositionen wieder. Auch hier hat sich also die Qualität durchgesetzt trotz höherer Preise.

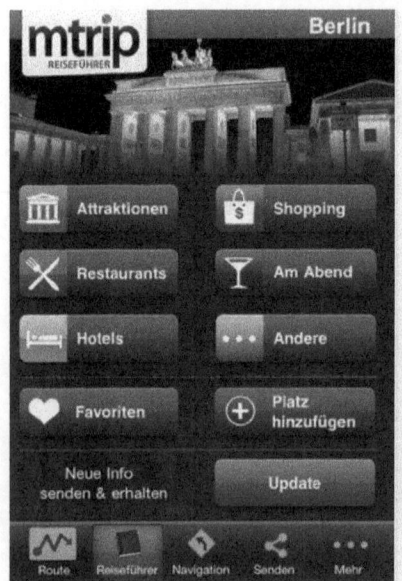

Abbildung 6.3: mTrip-Berlin-Reiseführer

Wie Sie sehen, ist es durchaus möglich, eine App mit einem höheren Preis erfolgreich zu machen. Sie brauchen allerdings auch gute Gründe, um diesen zu verlangen. Hier schließt sich sozusagen wieder der Kreis zu den vorangegangenen Kapiteln. Denn Apps mit qualitativ hochwertigem Content, der richtigen Zusammenstellung von Funktionen und einem intuitiven und ansprechenden Interface bieten genau diese Argumente, um sich nicht auf einen Preiskampf am unteren Ende der Skala einlassen zu müssen. Die Zeit, Arbeit und eventuell finanziellen Mittel, die Sie in die Entwicklung gesteckt haben, sollen sich ja auch in den Umsätzen widerspiegeln. Wenn Sie trotzdem der Meinung sind, dass Sie Ihre App zu keinem anderen Preis als 0,89 Cent anbieten können, sollten Sie einen Blick auf die kommenden Geschäftsmodelle werfen. Diese können, richtig angewandt, wesentlich lukrativer ausfallen, als dies mit einem Dumping-Preis jemals möglich wäre.

Zusammenfassend lässt sich sagen, dass Sie Ihre Apps kostenpflichtig anbieten können bzw. sollten, wenn

- die direkte Konkurrenz ihre Apps ebenfalls kostenpflichtig anbietet
- das Preisniveau nicht beim Mindestpreis von 89 Cent liegt
- Ihre Zielgruppe eine höhere Zahlungsbereitschaft aufweist
- die App hochwertigen Content anbietet und
- funktional der Konkurrenz überlegen ist

Die Universal-App

Seit einiger Zeit ist es bei Apple möglich, so genannte Universal-Apps zu entwickeln und zu veröffentlichen. Diese verfügen über ein User Interface, das sowohl für Smartphones als auch für iPad-Bildschirme optimiert wurde. Wenn Sie sich also dazu entschließen, eine zusätzliche iPad-App zu veröffentlichen, kann die Universal-App eine gute Alternative zu zwei einzelnen Applikationen darstellen. In Kapitel 3 wurde bereits darüber diskutiert, welche Vor- und Nachteile eine Tablet-Version mit sich bringt. Nun gilt es, zusätzlich die Entscheidung zu treffen, ob Sie eine gesonderte iPad-App erstellen wollen oder eben beide Versionen in eine Universal-App integrieren. Beim Blick in den App Store lassen sich Universal-Apps sehr leicht am +-Symbol erkennen, das links neben dem Preis angezeigt wird. Und tatsächlich sind bereits viele Apps auch als Universal-App im Markt erhältlich. Abbildung 6.4 zeigt, dass im Bereich Gesundheit und Fitness 16 von 20 Apps als Universal-Apps verfügbar sind, es besteht also ein eindeutiger Trend hin zu dieser Variante.

Es gibt mehrere gute Gründe, warum eine Universal-App gegenüber zwei einzelnen Apps Sinn macht. Zum einen müssen Sie natürlich nur einen Sourcecode pflegen – Sie sparen also Arbeit während der initialen Programmierung und natürlich auch bei jedem Update, das Sie durchführen wollen. Weiterhin erhalten User für den Kaufpreis eine iPhone- sowie eine iPad-Version. Hier trifft also der berühmte Spruch »Zwei zum Preis von einem« genau ins Schwarze. Wer Besitzer beider Geräte ist, wird bei der Suche nach neuen Apps darauf achten, ob es sich bei den verschiedenen Alternativen auch um Universal-Apps handelt. Ein weiterer Vorteil liegt darin, dass sich beide Versionen, iPhone und iPad, die Bewertungen teilen. Sie müssen also nicht mühevoll

6 Geschäftsmodelle & Preisgestaltung

Bewertungen für beide Apps sammeln, sondern beide profitieren von den Bewertungen der anderen. Apple stellt weiterhin häufiger Universal-Apps im App Store vor als solche, die nur für das iPhone oder das iPad umgesetzt wurden.

Abbildung 6.4: Universal-Apps

Natürlich hat eine Universal-App auch Nachteile, die vor allem finanzielle Auswirkungen haben. Denn eine Universal-App hat nur einen Preis. Es besteht keinerlei Möglichkeit, die verschiedenen Geräte-Versionen unterschiedlich zu bepreisen. Dieser Umstand lässt nun mehrere Optionen zu. Erstens können Sie den Preis für die App anheben, z. B. um 20%. Da der User zwei Apps bekommt, spart er noch 30% – auf den ersten Blick immer noch ein attraktives Angebot. Allerdings müssen Sie hierfür gewährleisten, dass ein Großteil der Zielgruppe überhaupt ein iPad besitzt und somit als potenzielle Kunden infrage kommt. Alle anderen User sehen lediglich, dass Ihre App 20% teurer ist als vergleichbare Produkte. Sie werden erkennen, dass es sich um eine Universal-App handelt und sich denken, dass sie eigentlich gar nicht zur Zielgruppe gehören. Sie verlieren bei dieser Vorgehensweise also womöglich diejenigen User, die nur ein Gerät besitzen. Die zweite Option besteht darin, dass Sie den Preis der iPhone-App beibehalten. Das ist vor allem dann von Vorteil, wenn die Konkurrenz keine iPad-Version anbietet bzw. eine zusätzliche iPad-Version zu einem höheren Preis. Sie sammeln dadurch sehr viele Sympathien auf Seiten derjenigen, die beide Geräte haben, vergraulen aber gleichzeitig nicht Besitzer nur eines Geräts. Hier stellt sich aber ganz klar die Frage, ob sich der erhöhte Aufwand für eine iPad-Version auch in einer gesteigerten Nachfrage derartig stark auswirkt, dass der eigentlich zu niedrige Preis wieder aufgefangen werden kann.

6.2 Kostenpflichtige Apps

Klar ist, dass Sie in beiden Fällen die Umsätze von Usern verlieren, die tatsächlich bereit gewesen wäre, beide Apps zu kaufen, und womöglich noch mehr für die iPad- als für die iPhone-Version bezahlt hätten. Sie müssen nun also alle Möglichkeiten gegenüberstellen und entscheiden, welche Variante für Sie am geeignetsten ist.

Angenommen, Sie erwarten 10.000 Downloads in einem Jahr bei einem Preisniveau von 1,79 Euro. Von diesen 10.000 Kunden besitzen 20% ein iPad, also 2.000 Leute.

1. Variante: Sie bieten lediglich eine iPhone-Version zu einem Netto-Preis von 1,09 Euro an. Das bedeutet, dass Sie einen Netto-Umsatz von 1,09 x 10.000 = 10.900 Euro erwirtschaften.

2. Variante: Sie bieten eine Universal-App an, die nun 2,69 Euro brutto, also 1,64 Euro netto kosten soll, um den Mehraufwand abzufangen. Die Besitzer beider Geräte kaufen die App, da sie am meisten Nutzen aus diesem Kauf schlagen können. Allerdings verlieren Sie von den übrigen 8.000 Käufern die Hälfte, da sie mit dem höheren Preis nicht einverstanden sind. Die restlichen 4.000 können Sie weiterhin halten, da sie Ihr gelungenes Interface und die Funktionen schätzen. Ihre Netto-Einnahmen belaufen sich nun auf 5.000 x 1,64 = 8.200 Euro.

Sie verdienen also jetzt schon 2.700 Euro weniger als bei der iPhone-only-Version. Weiterhin müssen Sie natürlich beachten, dass noch Entwicklungskosten für die iPad-Version hinzukommen.

3. Variante: Sie bieten die Universal-App zum Kampfpreis von 1,79 Euro an. Ihre Downloads steigen durch die Preissenkung um 35% auf 12.500, was einen Umsatz von 12.500 x 1,09 = 13.625 Euro bedeutet – also 2.725 Euro Mehreinnahmen gegenüber der iPhone-only-Variante. Natürlich müssen Sie auch hier wieder die Kosten für die neue Version mit einberechnen. Diese dürfen nicht höher sein als die Differenz von 2.725 Euro.

4. Variante: Sie bieten zwei unterschiedliche Versionen an, eine iPhone-Version zum Preis von 1,79 Euro und eine iPad-Version für 2,69 Euro. 10% der 1.000 iPad-Besitzer entscheiden sich, beide Versionen herunterzuladen, also 100 Leute insgesamt. Das ergibt einen Umsatz von 10.000 x 1,09 + 1.00 x 1,64 = 11.064 Euro.

In diesem Fall dürfen die Kosten für eine iPad-Version nicht 164 Euro übersteigen, um auf dem Niveau der iPhone-App-Einnahmen zu bleiben, was kaum möglich ist.

Im Ergebnis lässt sich festhalten, dass die zweite Variante mit Abstand die schlechteste ist, da Sie hier weit unter den Einnahmen der iPhone-only-Version liegen. Da die Entwicklungskosten für eine einzelne iPad-Version höher sein werden als die der Universal-App, fällt die vierte Alternative ebenfalls durch. Nun stellt sich die Frage, ob die Mehreinnahmen von 2.725 Euro die Kosten der iPad-optimierten Version decken. Falls ja, ist die Universal-App auf jeden Fall eine Alternative zur iPhone-only-Version.

Natürlich handelt es sich hierbei um ein sehr einfaches Beispiel. Jedoch lässt sich damit sehr gut die Komplexität widerspiegeln, die mit einer Universal-App bzgl. der Preisgestaltung verbunden ist. Jedoch nur, wenn Sie verschiedene Szenarien durchspielen, werden Sie in der Lage sein, zu beurteilen, welche Variante für Sie am meisten Sinn macht. So würde im obigen Beispiel natürlich mit steigender Zahl der iPad-Besitzer auch die Wahrscheinlichkeit steigen, dass sich eine Universal-App lohnt. In den höherpreisigen Segmenten würden weniger iPhone-Besitzer bei einer Preiserhöhung abspringen und weiterhin mehr auf die Qualität Ihrer App achten als den Preis.

Bei Android-Geräten können Sie ebenfalls eine App für mehrere Auflösungen optimieren und somit auch für Tablet-Besitzer interessanter machen. Allerdings ist die Zahl der Tablet-Besitzer sehr viel niedriger als die Zielgruppe der iPad-Nutzer. Hierbei spielt das Verhältnis von Mehraufwand und zusätzlichen Einnahmen also eine noch viel größere Rolle als bei der Überlegung, ob Sie eine Universal-App für iOS veröffentlichen.

6.3 InApp-Purchases

Sowohl auf Apple-Geräten als auch auf Android-Smartphones können User mittels so genannter InApp-Purchases kostenpflichtige Inhalte bzw. Funktionen innerhalb einer App freischalten. Immer mehr Applikationen machen von dieser Möglichkeit Gebrauch, meist aufgrund des immer weiter steigenden Preisdrucks, der im vorigen Abschnitt beschrieben wurde. Für Sie als App-Publisher bedeutet das eine Reihe weiterer Möglichkeiten bei der Gestaltung und Bepreisung Ihrer Applikation. Im Unterschied zum vorigen Abschnitt erweitern Sie durch kostenpflichtige Erweiterungen Ihren maximalen Umsatz pro Kunde auf Preis der App + Preis IAP = maximaler Umsatz pro Kunde.

Dabei erstellen Sie typischerweise zunächst eine App, die nach dem Kauf ohne die Erweiterung den User zufriedenstellt. Dieser bekommt also genau das, was er für sein Geld erwartet. Zusätzlich kann er nun bei Bedarf weitere Funk-

6.3 InApp-Purchases

tionen freischalten, die am Anfang in seinen Augen vielleicht noch nicht nötig waren, aber bei häufiger Nutzung Ihrer App immer mehr Sinn machen. Also entschließt er sich, mehr Geld auszugeben, um wirklich alle Funktionen in Ihrer App nutzen zu können. Die App miCal ist hierfür ein sehr gutes Beispiel. Sie kann zunächst für 1,79 Euro gekauft werden. Dafür erhält der User eine umfangreiche Kalender-Applikation, die nicht umsonst auf vielen Geräten den klassischen Kalender abgelöst hat. Weiterhin bietet die App nun drei Erweiterungen an, die zu einem Preis von jeweils 89 Cent erworben werden können. Dabei handelt es sich zum einen um ein Aufgaben-Tool, mit dem Sie direkt in miCal Listen anlegen können. Diese Funktion macht deswegen Sinn, weil Aufgaben fast immer auch eine Deadline haben. Die Erweiterung geht mit der Basis-Applikation quasi Hand in Hand. Weiterhin gibt es das so genannte Kommunikations-Paket. Mit diesem können die User Termine per SMS verschicken oder ganze Ansichten direkt aus der Applikation heraus ausdrucken. Als dritte Möglichkeit gibt es noch den Export als CSV-Datei. Jedes der drei Pakete wird zu einem Preis von 89 Cent angeboten, der maximale Netto-Umsatz pro Kunde liegt damit bei 3,02 Euro – ein durchaus akzeptabler Wert.

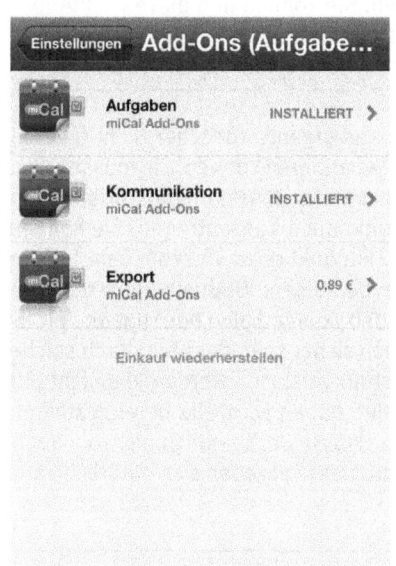

Abbildung 6.5: InApp-Purchase in miCal – der Kalender

6 Geschäftsmodelle & Preisgestaltung

Es ist ganz wichtig zu beachten, dass Ihre App auch ohne den Kauf der zusätzlichen Inhalte den User zufriedenstellt und die Kernfunktionalitäten bietet. Denn Ihr Kunde hat bereits Geld ausgegeben und möchte ungern eine Art Demo-Version vorfinden, die sich kaum nutzen lässt. Sie orientieren sich also auch hier wieder an den Ansprüchen der Zielgruppe. Ein weiterer Faktor bei der Wahl Ihrer kostenpflichtigen Erweiterungen ist natürlich die Konkurrenz.

> **Beispiel**
>
> Sie entwickeln die aus Kapitel 3 bekannte Push-up-App. Ihre Konkurrenz verfügt im Gegensatz zu Ihnen über keine vorgefertigten Trainingspläne. Natürlich lässt sich die App auch ohne sie sehr gut nutzen, User können die einzelnen Übungen immer noch manuell auswählen. Allerdings werden viele Leute die Pläne zu schätzen wissen, um eine Orientierung zu bekommen, welche Übungen am meisten Sinn machen und dadurch natürlich viel Zeit sparen. Weiterhin sind Ihre Pläne wesentlich effizienter als die eigene Auswahl eines durchschnittlichen Users. Es wird also viele User geben, die an dieser Funktion Interesse haben werden. Sie können nun diese via InApp-Purchase verfügbar machen. Dadurch setzen Sie sich inhaltlich immer noch von der Konkurrenz ab, Ihr Mehraufwand wird aber gleichzeitig entschädigt.

Ein großer Vorteil von InApp-Purchases aus organisatorischer Sicht besteht darin, dass Sie sie auch nachträglich implementieren können. Sie müssen also nicht bei der Veröffentlichung Ihrer App bereits Zusatzfunktionen anbieten und können sich zunächst auf die Kernfunktionen konzentrieren. Sie können sich allerdings nicht zu einem späteren Zeitpunkt dazu entschließen, bereits enthaltene Funktionen nachträglich zu bepreisen. Dadurch müssten Ihre Bestandskunden für Funktionen, die sie seit dem initialen Kauf nutzen, plötzlich noch einmal bezahlen. Sie können sich sicher sein, dass Sie durch solche eine Aktion eine riesige Welle der Entrüstung auslösen werden, die nicht nur zahlreiche negative Bewertungen zur Folge haben wird. Die bereitgestellten Inhalte und Funktionen Ihrer App müssen also zur Veröffentlichung wohl überlegt sein. Durch den Einsatz von InApp-Purchases ergeben sich natürlich ganz neue Strategien bezüglich des Pricings.

> **Beispiel**
>
> Mehrere Anbieter bieten ihre Push-up-App zum Preis von 2,69 Euro an. Ihre App verfügt zwar über besagte Trainingspläne, die hohe Preissensibilität

6.3 InApp-Purchases

> **• • •**
>
> der Zielgruppe lässt es aber nicht zu, dass Sie Ihre App für 2,99 Euro anbieten. Um sich dennoch als überlegenes Produkt zu positionieren, implementieren Sie die Pläne, bieten diese aber zu einem Preis von 0,89 Cent als InApp-Purchase an. Dadurch können Sie bei Ihren Marketingaktivitäten die Zusatzfunktion anpreisen und werden darüber hinaus auch noch dafür entlohnt.

Dieses Beispiel ist sozusagen der einfachste Fall, der sich aus der Nutzung von InApp-Purchases ergibt. Sie können nun jede weitere Funktion, die Ihrer Meinung nach auf hohe Nachfrage stoßen wird, ebenfalls als InApp-Purchase anbieten. Sie steigern also sukzessive die maximalen Einnahmen, die Sie mit jedem Kunden erreichen können. Dies ist insofern von entscheidender Bedeutung, als dass es immer leichter ist, Bestandskunden zu erreichen als Neukunden. So werden Bestandskunden automatisch auf die neue Funktion aufmerksam, wenn sie ein Update durchführen. Alternativ können Sie ebenfalls in Ihrer App direkt auf die neue Funktion hinweisen, wenn sie das nächste Mal gestartet wird.

Sie können mit InApp-Purchases auch in einen Preiskampf treten. Ob dieser sinnvoll ist, hängt von den aktuellen Marktpreisen ab und von Ihren Erwartungen. Hierzu ein weiteres Beispiel.

> **Beispiel**
>
> Der Marktpreis Ihrer Push-up-App liegt bei 3,59 Euro. Bei diesem Preis gehen Sie von 10.000 verkauften Einheiten im Jahr aus, was einem Netto-Umsatz von 10.000 x 2,19 = 21.900 Euro entspricht. Sie wollen diesen Preis nun unterbieten und wählen 2,69 Euro aus. Darüber hinaus können Ihre Kunden die Trainingspläne für 0,89 Euro hinzukaufen. Der maximale Umsatz pro Kunde liegt nun also mit 0,54 + 1,64 = 2,18 Euro sogar 1 Cent unter dem ursprünglichen Umsatz pro Kunden. Der Kunde erkennt im ersten Moment allerdings, dass Ihre App 20% weniger kostet als die Konkurrenz. Dadurch wächst Ihr Absatz um 25% auf 12.500 Downloads. Wenn nun keiner Ihrer Kunden die kostenpflichtige Erweiterung kauft, landen Sie bei 20.500 Euro. Um die Lücke von 1.400 Euro zu schließen, müssen mindestens 2.593 Kunden Ihre Erweiterung kaufen – dies entspricht 20%. Dieser Wert ist durchaus ambitioniert. Allerdings können Sie ein weiteres Feature kostenpflichtig anbieten. In diesem Fall gilt dann jeder Einkauf als zusätzlicher Gewinn. Wenn also auch das zweite Feature von 20% der Kunden gekauft wird, dann verdienen Sie noch mal 12.000 x 20% x 0,54 Euro = 1.296 Euro hinzu.

Es ist recht ambitioniert, einen Preiskampf durch kostenpflichtige Inhalte auszugleichen, und muss daher gut kalkuliert sein. Natürlich können Sie diesen Effekt abfedern, indem Sie eine weitere kostenpflichtige Erweiterung anbieten. Dadurch könnten Sie den Anteil z. B. auf beide Erweiterungen aufteilen und nur noch 10% aller Kunden müssten bereit sein, sie zu kaufen. Allerdings erhöhen sich mit jeder Erweiterung natürlich auch hier die Kaufbarrieren, da die User nicht unendlich viel Geld in eine Applikation stecken wollen und irgendwann ihr persönliches Budget für eine App erschöpft ist. Der Anteil der Käufer, der alle Erweiterungen kauft, nimmt also mit jeder zusätzlichen Erweiterung ab. Kaufen die erste Erweiterung 20%, so sind es bei der zweiten nur noch 15% usw. Mehrere Erweiterungen bedeuten allerdings auch mehr Auswahl, so dass der Anteil an Usern, der überhaupt eine Erweiterung kauft, wieder steigen kann. Mit dieser Strategie können Sie nichtsdestotrotz unter dem Marktpreis agieren, eröffnen sich aber durch den Einsatz von InApp-Purchase neue Möglichkeiten, um Ihre Einnahmen trotzdem beizubehalten oder sogar zu erhöhen.

Sie haben bei InApp-Purchase genau die gleichen Preisstaffelungen zur Verfügung, wie das auch beim Bepreisen der App selbst der Fall ist. Bezüglich der Preissensibilität gilt auch hier, dass vor allem niedrige Preise in der Gunst der User ganz weit oben stehen. Es macht also mehr Sinn, zwei Pakete zum Preis von 89 Cent anzubieten als ein Paket für 1,79 Euro, das beide Erweiterungen beinhaltet. Die User werden immer erst den Preis sehen und bewerten. Falls Ihre App über mindestens drei Erweiterungen verfügt, können Sie ebenfalls eine vierte anbieten, die wiederum die drei eigentlichen Erweiterungen zu einem günstigeren Preis anbietet – es handelt sich dann um einen typischen Staffelpreis, bei dem kaufwillige User durch einen Rabatt belohnt werden.

Sie sehen, das InApp-Purchase-Modell ist äußerst komplex, lässt jedoch sehr viel Spielraum in der Ausgestaltung und eröffnet zahlreiche Möglichkeiten, um zusätzliche Einnahmen zu generieren. Wenn sich innerhalb Ihrer App Funktionen oder Inhalte für eine kostenpflichtige Erweiterung anbieten können, sollten Sie in jedem Fall von dieser Option Gebrauch machen.

6.4 Das Freemium-Modell

Freemium als Geschäftsmodell kommt ursprünglich aus der Gaming-Szene und gehört gerade im Online-Bereich zu den am meistes eingesetzten Erlös-

6.4 Das Freemium-Modell

modellen überhaupt. Sie kennen dieses Modell sicherlich von Facebook-Games wie z.B Farmville, die genau nach diesem Prinzip funktionieren. Der Spieler kann zwar kostenlos spielen, kommt aber relativ schnell in die Versuchung, virtuelle Güter wie Schaufeln mit echtem Geld zu bezahlen. Auch Apps können von diesem Modell profitieren. Es bedeutet im Kern, dass User Ihre App umsonst herunterladen und nutzen können, jedoch die Funktionalitäten stark eingeschränkt sind. Durch kostenpflichtige Zusatzinhalte wird die App also erst richtig nutzbar. Es kommen auch hier kostenpflichtige Erweiterungen zum Einsatz, die durch InApp-Purchases realisiert werden. Die Frage liegt nahe, wie sich das Freemium-Modell vom im vorigen Abschnitt beschriebenen Modell unterscheidet. Es gibt einen, sogar einen sehr großen Unterschied. Bei den kostenpflichtigen Apps, die mittels Erweiterungen neue Umsatzmöglichkeiten erschließen, erhalten die Kunden eine vollständige App, die sich auch ohne InApp-Purchase ohne Probleme nutzen lässt. Dies muss auch so sein, schließlich hat der User bereits einen bestimmten Betrag bezahlt. Bei Freemium-Produkten hingegen handelt es sich bei der kostenlosen App eher um eine Demo-Version, die Lust auf die Voll-Version machen soll. Die User rechnen bei Freemium-Apps zum großen Teil auch damit, dass Sie keine vollständige Version bekommen. Die Kernfunktionen werden in der kostenlosen Version also im Gegensatz zur kostenpflichtigen App mit InApp-Purchases nicht abgebildet.

Die App »Personal Trainer« von Men's Health gilt als eine der beliebtesten App, um das eigene Work-out zu strukturieren und Fortschritte zu dokumentieren. Die App kann kostenlos heruntergeladen werden, damit sich der User ein Bild vom Interface und Umfang machen kann. Allerdings verfügt diese Version über sehr wenige Übungen. In der Praxis ist sie in dieser Form nicht nutzbar. Es können nun mehrere Erweiterungen gekauft werden. Darunter befindet sich das Pro-Paket, das alle Übungen freischaltet. Dieses ist mit 4,49 Euro auch nicht besonders günstig – allerdings ist die Anzahl der Übungen in der Tat sehr umfangreich und durch die Freemium-Version haben die User einen sehr guten Eindruck davon, was sie für ihr Geld bekommen. Das Risiko eines Fehlkaufs ist dadurch extrem gemindert.

Die Men's-Health-App ist ein gutes Beispiel, wie Inhalte in einem Freemium-Modell beschnitten werden und erst durch kostenpflichtige Erweiterungen freigeschaltet werden müssen.

6 Geschäftsmodelle & Preisgestaltung

Abbildung 6.6: Men's Health Personal Trainer InApp-Purchase

Die App »Haushaltsbuch MoneyControl« geht einen etwas anderen Weg. Die Kernfunktion dieser App besteht darin, dass User ihre monatlichen Ausgaben und Einnahmen festhalten können. Über verschiedene Ansichten kann festgestellt werden, wofür sie am meisten Geld im Monat ausgeben bzw. ob sie sogar über ihre Verhältnisse leben. Auch diese App kann kostenlos heruntergeladen werden. Jedoch können in der Freemium-Version lediglich 20 Buchungen pro Monat eingetragen werden. Natürlich fallen im Monat weit mehr Buchungen an, so dass die App in der kostenlosen Version nicht viel mehr als eine Demo darstellt, anhand der sich der User ein gutes Bild von der Funktionsweise machen kann. Die Vollversion kann anschließend für 1,79 Euro freigeschaltet werden. In diesem Segment ist dies auch der Durchschnittspreis.

Es werden hier also keine Inhalte freigeschaltet, sondern der Nutzungsumfang wird stark eingeschränkt, ebenfalls eine sehr clevere Art, Kunden für das eigene Produkt zu gewinnen.

Beide Apps sind in der kostenlosen Version nicht mehr als eine Demo und ohne die kostenpflichtigen Erweiterungen praktisch nicht nutzbar. Dabei zeigen die Beispiele sehr gut, wie viele Möglichkeiten Sie als App-Publisher haben, das Freemium-Modell für sich zu nutzen. Wie genau Sie die kostenpflichtigen Erweiterungen anlegen, hängt natürlich stark von Ihrer Idee ab. Es gibt aber für fast jede Idee auch ein entsprechendes Freemium-Modell. Ein weiterer wichtiger Unterschied zwischen kostenpflichtigen Apps und Freemium liegt weiterhin darin, dass die Umsätze durch die Erweiterungen Ihre einzige Einnahmequelle darstellen. Sie müssen daher schon während der Konzeption Ihrer App darüber nachdenken, welche Funktionen in die Freemium-Version gehören und welche von Anfang an Bestandteil von kostenpflichtigen Erweiterungen sein sollen.

Abbildung 6.7: InApp-Purchase bei MoneyControl

Auf Grundlage dieser Entscheidung müssen Sie dann die notwendigen Berechnungen durchführen, um festzustellen, ob Ihre Einnahmen hoch genug sind und Ihre Zielsetzung auch wirklich realistisch ist.

> **Beispiel**
>
> Sie entwickeln eine App, die nur 7 Tage lang genutzt werden kann. Anschließend muss der User für 1,79 Euro die Voll-Version freischalten. Sie gehen

6 Geschäftsmodelle & Preisgestaltung

> • • •
> nun davon aus, dass Sie im Jahr 50.000 Downloads erreichen, da Ihre App eine ausreichend große Zielgruppe aufweist. Von diesen 50.000 Usern können Sie 20% davon überzeugen, die kostenpflichtige Erweiterung tatsächlich zu kaufen, also 10.000 User. Das entspricht einem jährlichen Netto-Umsatz von 10.000 x 1,09 Euro = 10.900 Euro. Die Conversion Rate ist mit 20% natürlich recht hoch angesetzt. In der Realität werden Sie eher mit Zahlen von maximal 10% rechnen können. Dies würde für obiges Beispiel monatliche Einnahmen in Höhe von 455 Euro bedeuten.

Sie können die geschätzten Einnahmen nun den Einnahmen gegenüberstellen, die Sie mit einer kostenpflichtigen App erwarten würden. Würden Sie Ihre App z. B. für 1,79 Euro anbieten, hieße das, dass Sie mindestens 10.000 Käufe im Jahr bräuchten, um den gleichen Umsatz zu erzielen wie in der Freemium-Version.

Im Gegensatz zur kostenpflichtigen App hat das Freemium-Modell den klaren Vorteil, dass potenzielle Kunden durch eine kostenlose Basisversion angelockt werden können – die Hemmschwelle für einen Download liegt aus finanzieller Sicht also bei null. Die Anzahl an Downloads für kostenlose Apps liegt um ein Vielfaches über dem für kostenpflichtige Apps. Das gilt insbesondere für Android-Nutzer, aber auch im App Store wird die Kluft zwischen kostenlosen und kostenpflichtigen Apps immer größer. Dies liegt zu einem großen Teil auch am immer härter werdenden Preis-Wettbewerb. Wie im vorigen Abschnitt beschrieben, haben sich in vielen Bereichen bereits Minimalpreise von 89 Cent etabliert. Auch durch Nutzung des Freemium-Modells können Sie diesem Problem natürlich aus dem Weg gehen und Ihre App auf den ersten Blick noch günstiger anbieten. Allerdings ist der große Vorteil auch gleichzeitig der größte Nachteil dieses Modells. Denn die wahre Flut von kostenlosen Apps macht es natürlich umso schwieriger für Sie, im App Store oder Play Store gefunden zu werden. Die Anzahl an Downloads, die nötig ist, um in die Charts zu kommen, liegt um ein Vielfaches höher als bei kostenpflichtigen Apps. Auch wenn die meisten kostenlosen Apps in Sachen Qualität nicht an Ihre App heranreichen und somit keine echte Konkurrenz darstellen, so machen Ihnen genau diese das Leben zusätzlich schwer. Indem Sie das Freemium-Modell nutzen, setzen Sie sich also auch gleichzeitig einem neuen Wettbewerb aus. In diesem Fall wird die richtige Vermarktung Ihrer App noch wichtiger und eine zielgruppengerechte Marketingkampagne zu einem noch kritischeren Erfolgsfaktor als bei kostenpflichtigen Apps.

6.5 Virtuelle Güter

Bisher wurden nur Beispiele beschrieben, in denen User kostenpflichtige Erweiterungen nur einmal kaufen mussten bzw. konnten. Bei der Men's-Health-App werden alle Übungen einmalig freigeschaltet und können dann unbegrenzt genutzt werden. Der maximale Umsatz pro User beschränkt sich also immer auf die Anzahl der Erweiterung multipliziert mit dem jeweiligen Preis. Am Anfang dieses Abschnitts wurde bereits auf Facebook-Games hingewiesen, die ihre Einnahmen größtenteils durch virtuelle Güter generieren, z. B. virtuelle Kuchen oder Geschenke.

Nun wollen Sie kein Spiel für das iPhone oder Android entwickeln, sondern eine klassische App. Die Frage ist, wie sich dieses Modell trotzdem auf klassische Apps anwenden lässt. Ein sehr gutes Beispiel hierfür stellen so genannte Dating-Apps wie Lovoo dar. Ähnlich wie bei den bekannten Pendants aus der Online-Welt können diese Apps zunächst kostenlos heruntergeladen und zu einem gewissen Grad auch genutzt werden. Jedoch lassen sich viele Dienste wie beim Freemium-Modell nur nutzen, wenn kostenpflichtige Erweiterungen gekauft werden. Bei Lovoo passiert dies in Form einer virtuellen Währung, den Lovoo-Credits. Diese sind natürlich nach einiger Zeit aufgebraucht und so muss der User immer wieder neue Pakete kaufen, möchte er die App weiterhin sinnvoll nutzen. Dabei stellt Lovoo seine Credit-Pakete in verschiedenen Größen zur Verfügung. So gibt es 100 Credits für 0,89 Euro oder aber auch das große Paket mit 25.000 Credits für 29,99 Euro. Je mehr Credits auf einen Schlag gekauft werden, umso weniger bezahlt der User erwartungsgemäß pro Credit.

Top In-App-Käufe	
1 300 Credits	3,59 €
2 500 Credits	5,49 €
3 LOVOO-VIP	11,99 €
4 100 Credits	0,89 €
5 LOVOO-VIP	24,99 €
6 2500 Credits	14,99 €
7 LOVOO-VIP	5,49 €
8 5000 Credits	29,99 €
9 100 Credits	0,89 €
10 500 Credits	5,49 €

Abbildung 6.8: In-App-Käufe bei Lovoo

6 Geschäftsmodelle & Preisgestaltung

Virtuelle Güter bzw. Währungen stellen für Entwickler so etwas wie den Heiligen Gral der Einnahmenquellen dar. Denn im Gegensatz zu Erweiterungen, die nur einmalig gekauft werden können, handelt es sich bei virtuellen Gütern um Verbrauchsgüter, die User nach einer gewissen Zeit immer und immer wieder nachkaufen werden. Im Gegensatz zu realen Produkten, wo immer auch Produktionskosten anfallen, kosten virtuelle Güter Sie als Entwickler nichts. Es spielt aus Kostensicht also keine Rolle, ob Sie einen virtuellen Kuchen verkaufen oder 10.000. Durch den Einsatz von virtuellen Gütern läuft der mögliche Umsatz pro User in der Theorie gegen unendlich. Natürlich gibt es auch hier Barrieren, z. B. steht jedem Menschen nur ein begrenztes Budget zur Verfügung, das er ausgeben kann. Allerdings erreichen Sie mit viel weniger Aufwand einen deutlich höheren Umsatz als bei den bisher vorgestellten kostenpflichtigen Erweiterungen.

Beispiel

Sie entwickeln ein Quiz, das kostenlos heruntergeladen werden kann und bei dem der User mit dem höchsten High-Score einmal im Monat etwas gewinnen kann, z. B. ein iPad Mini. Dieses kostet Sie in der Anschaffung 277 Euro netto.

Um einen höheren High-Score zu erreichen, können die User Jokerpakete kaufen, mit denen sie beispielsweise Fragen überspringen können. Ein Joker kostet 1,79 Euro. Damit Sie keinen Verlust erleiden, müssen Sie also 277/1,09 Euro = 255 Jokerpakete im Monat verkaufen. Sie gehen nun weiterhin von 10.000 Downloads im Monat aus. Das bedeutet wiederum, dass nur 2,5 % der Kunden ein einziges Paket kaufen müssen, damit Sie Ihre Kosten decken können. Da die meisten User das iPad auch wirklich gewinnen wollen, werden sie wahrscheinlich häufiger eines der Jokerpakete kaufen. Theoretisch könnte auch ein einziger Kunde 255 Jokerpakete kaufen, wobei dies natürlich eher unwahrscheinlich ist – es ist aber theoretisch möglich. Und dies nur durch den Einsatz einer einzigen kostenpflichtigen Erweiterung.

Virtuelle Güter müssen natürlich zu Ihrer Applikation passen. Sie können sie nicht künstlich in Ihre App implementieren, nur weil dieses Geschäftsmodell attraktiv erscheint. Es gibt außerhalb der Gaming-Szene nur wenige Beispiele, in denen sie wirklich sinnvoll eingesetzt werden können und User sie auch als Mehrwert wahrnehmen.

6.6 Abonnements

Klassische Print-Medien wie z. B. Fernsehzeitschriften mit dem aktuellen TV-Programm bieten seit jeher die Möglichkeit, im Abo bezogen werden zu können. Abonnenten kriegen diese Zeitschriften dann nach Hause geliefert und zahlen üblicherweise auch einen niedrigeren Preis als beim Einzelkauf. Sowohl bei Google als auch bei Apple ist es ebenfalls möglich, Abos in die eigene App zu implementieren und die Nutzung der App dadurch zeitlich zu befristen. Dabei ist es nicht überraschend, dass zumeist Apps Gebrauch von dieser Funktion machen, die bereits als Print-Medium existieren. Die Bild-App ist hierfür ein gutes Beispiel. Mit dem Kauf der App für 89 Cent erhalten Sie zunächst das so genannte Bild-Premium-Paket für 30 Tage. Nach Ablauf dieser Periode können Sie das Abo verlängern, indem Sie sich für eins von vier unterschiedlichen Paketen entscheiden. Angefangen bei weiteren 30 Tagen ohne PDF-Inhalte für 89 Cent bis hin zum 1-Jahres-Abo inkl. der Premium-Funktionen für 34,99 Euro.

Abbildung 6.9: Bild-App mit Abo-Optionen

6 Geschäftsmodelle & Preisgestaltung

Abos können also ebenfalls als InApp-Purchases implementiert werden. Dabei muss jedoch unbedingt unterschieden werden zwischen Abos, die sich automatisch verlängern, und Abos, die einfach auslaufen. So muss der User bei der Bild-App jeden Monat ein neues Abo abschließen und diesen Kauf manuell auslösen. Er hat dadurch zwar einen etwas höheren Aufwand, allerdings auch eine bessere Kostenkontrolle. Die iPad-App »Cloud Browse« macht ebenfalls von diesem Modell Gebrauch. Es handelt sich dabei um einen Browser, mit dem Flash-Inhalte dargestellt werden können, was beim vorinstallierten Safari-Browser nicht möglich ist. Die App kann zunächst für 89 Cent erworben werden und anschließend kann zehn Minuten pro Session im Internet gesurft werden. Der User hat nun die Möglichkeit, aus drei verschiedenen Erweiterungen auszuwählen. Dabei kann ausgewählt werden, ob die App 30 Tage lang ohne Beschränkungen genutzt werden kann, 90 Tage oder ein ganzes Jahr. Auch bei dieser App verlängern sich die Abos nicht automatisch und müssen vom User immer manuell gekauft werden.

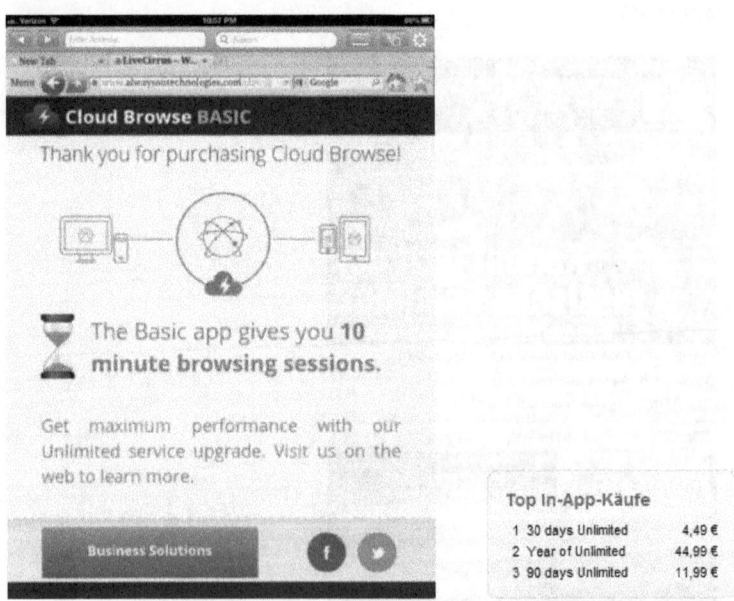

Abbildung 6.10: iPad-App »Clowd Browse« mit Abo-Optionen

Demgegenüber stehen die so genannten Auto-Renewable Subscriptions. Diese werden ebenfalls als Erweiterung via InApp-Purchase vom User erwor-

6.6 Abonnements

ben, verlängern sich aber automatisch, wenn das Abo nicht spätestens 24 Stunden vor Ablauf deaktiviert wird. Die App »Adobe Revel« macht von dieser Option Gebrauch. Zunächst kann die App kostenlos heruntergeladen werden und 30 Tage lang vollständig genutzt werden. Nach Ablauf dieser Periode ist die Nutzung nicht mehr möglich, der User muss aber an dieser Stelle auch nichts bezahlen. Nun können zwei Abos abgeschlossen werden, die sich automatisch verlängern. Zum einen kann für 5,49 Euro ein Monats-Abo oder für 54,55 Euro ein Jahres-Abo abgeschlossen werden. Gegenüber dem monatlichen Abo spart der Kunde im Jahres-Abo 11,33 Euro. Allerdings kann er hierbei das Abo auch erst nach einem Jahr kündigen. Deaktiviert der User bis spätestens 24 Stunden vor Ablauf das Abo nicht, wird es automatisch um ein Jahr verlängert und es werden erneut 54,55 Euro von dessen Konto abgebucht.

Der Vorteil bei sich automatisch verlängernden Abos liegt für Entwickler darin, dass Kunden oftmals einfach vergessen, das Abo zu kündigen und mehr bezahlen, als sie eigentlich wollen. Für Sie als App-Publisher ist das natürlich zunächst von Vorteil. Allerdings hat diese Art der Abos einen sehr faden Beigeschmack. Sie wollen schließlich, dass Ihre Kunden Geld für Ihre App ausgeben, weil sie sie mögen und weiterhin nutzen wollen. Daher sollten Sie Abos nicht automatisch verlängern und dem User dafür mehrere Optionen anbieten.

Im Unterschied zu Freemium-Apps handelt es sich bei Apps mit Abo funktional um vollständige Apps. Die Beschränkung findet lediglich zeitlich statt, nicht inhaltlich. Sie können Ihre App also weiterhin kostenpflichtig anbieten und die Nutzung beispielsweise auf 30 Tage begrenzen. In dieser Zeit stehen dem User alle Funktionen zur Verfügung. Allerdings stellt sich hierbei die Frage, ob die User sich nicht um ihr Geld betrogen fühlen, auch wenn Sie in der App-Beschreibung ausführlich auf die zeitliche Begrenzung hinweisen. Daher sollten Sie darüber nachdenken, ob Sie die App nicht kostenlos für einen Test-Zeitraum anbieten, um eventuell schlechten Bewertungen aus dem Weg zu gehen.

Mit Abos können Sie also ähnlich wie bei virtuellen Gütern den maximalen Umsatz pro User vervielfachen, da er bei Gefallen immer und immer wieder die gleiche Erweiterung kaufen kann – es existiert keine Grenze. Für Ihre Umsatzkalkulation bedeutet das, dass Sie nun nicht nur auf der Suche nach Käufern Ihrer App sind, sondern nach Abonnenten, die sie auch regelmäßig nutzen. Wenn Sie sich also einen treuen Kundenstamm aufgebaut haben, generieren Sie monatlich die gleichen Einnahmen, ohne dass neue Kunden gewonnen werden müssen.

6 Geschäftsmodelle & Preisgestaltung

> **Beispiel**
>
> Sie entwickeln eine App, mit der Sie monatlich 2.000 Euro verdienen wollen. Die User können die App 30 Tage lang kostenlos testen, danach werden monatlich 89 Cent fällig. Für Sie bedeutet dass, dass Sie 2.000 Euro / 0,89 Euro = 2.250 treue Abonnenten brauchen, um Ihr Umsatzziel zu erreichen.

Das Schöne bei diesem Modell ist, dass sich Ihr Kundenstamm durch Marketingmaßnahmen sukzessive vergrößert und Sie irgendwann die Zahl von 2.250 Kunden sogar übertreffen können und dadurch Ihre monatlichen Einnahmen ebenfalls steigern. Abos sind also ein sehr eleganter Weg, sein App-Business aufzubauen. Es muss aber auch zu Ihrer App passen. Ihre User müssen noch viel mehr als bei kostenpflichtigen Apps einen Mehrwert in Ihrer Applikation sehen bzw. die Inhalte müssen laufend aktualisiert werden, so dass ein Abo auch inhaltlich Sinn macht. Darüber hinaus muss Ihre App regelmäßig genutzt werden, damit ein Abo überhaupt für einen User infrage kommt.

6.7 Werbung

Werbung gehört im Online-Geschäft zu einer der ältesten Einnahmeformen überhaupt. Dabei vermarkten Websites ähnlich wie Print-Medien Werbeplätze, die vom Werbetreibenden gebucht werden können. Auch im App-Business zählen Mobile Ads nicht nur wegen des immer stärker werdenden Preiskampfs zu den wichtigsten Geschäftsmodellen. Im Moment funktioniert mobile Werbung noch sehr gut, da sie aufgrund der kleineren Displays sehr aufmerksamkeitsstark ist. Außerdem haben User noch nicht gelernt, sie zu »übersehen«. Bei normalen Webseiten wird Werbung kaum noch wahrgenommen, weil die Menschen über die Jahre hinweg gelernt haben, sie zu ignorieren. Mobile Advertising bietet dabei bzgl. der Ausgestaltungsmöglichkeiten ähnlich viele Optionen, wie es auch im Online-Business der Fall ist.

Vergütungsmodelle

Grundsätzlich kann zwischen zwei Arten von Vergütungsmodellen unterschieden werden. Auf der einen Seite kann die Reichweite vergütet werden, die eine App erreicht. Auf der anderen Seite steht das Performance-Marketing, das nur Klicks auf Werbebanner in Ihrer App vergütet. Im ersten Fall spricht man auch von Kampagnen auf TKP-Basis. TKP steht dabei für Tausendkontaktpreis. Das

6.7 Werbung

bedeutet, dass der Werbetreibende für 1.000 Einblendungen seines Banners einen bestimmten Betrag zahlt, völlig unabhängig davon, ob die User das Banner tatsächlich wahrgenommen, geschweige denn angeklickt haben. Die Preise für diese 1.000 Auslieferungen sind von mehreren Faktoren abhängig. Auf der einen Seite spielt die Art des Werbemittels natürlich eine große Rolle. Je auffälliger es gestaltet ist, umso höher sind die Einnahmen. Weitere Faktoren sind die Gesamtreichweite Ihrer App, Ihre Zielgruppe sowie das Netzwerk, über das Sie Ihre App vermarkten. Es wird relativ schnell klar, dass dieses Vergütungsmodell nur für Sie infrage kommt, wenn Ihre App über ausreichend viele Nutzer verfügt, die Ihre App regelmäßig und intensiv nutzen.

> **Beispiel**
>
> Sie betreiben eine App, die täglich News bereitstellt. 30.000 User nutzen Ihre App täglich und verursachen dabei 3 Seitenaufrufe. Wenn Sie also in jedem Screen Ihrer App einen Platzhalter für ein Banner implementieren, können Sie täglich 30.000 x 3 = 90.000 AdImpressions verkaufen. Ihre Werbekunden zahlen einen durchschnittlichen TKP von einem Euro. Das bedeutet, dass Sie bei Ausbuchung Ihres Werbeinventars täglich bis zu 1 x 90 = 90 Euro pro Tag verdienen können. Das entspricht einem Jahresumsatz von 32.850 Euro bzw. monatlichen 2.737 Euro.

Eine wichtige Kennzahl ist hierbei die so genannte Fill Rate. Diese sagt aus, wie ausgebucht das Werbeinventar Ihrer Website ist, und errechnet sich aus dem Verhältnis von Seitenaufrufen, also PageImpressions, zu ausgelieferten Bannern, den AdImpressions:

AdImpressions/PageImpressions = Fill Rate

Demgegenüber stehen Werbekampagnen, die abhängig von der Performance vergüten, so genannte CPC-Kampagnen. CPC steht hierbei für Cost-per-Click und beschreibt den Preis, den ein Werbetreibender zahlen muss, wenn ein User das Banner in Ihrer App anklickt. Nur, wenn der User das Banner für interessant genug hält, wird auch vergütet, daher der Name Performance-Marketing. Je mehr Klicks auf einem Banner verursacht werden, umso mehr verdienen Sie auch. In diesem Modell spielen andere Kennzahlen eine wichtige Rolle. Ihr Ziel besteht darin, natürlich so viele Klicks wie möglich im Verhältnis zu den AdImpressions zu generieren. Dieses Verhältnis wird allgemein als Click-Through-Rate, kurz CTR, bezeichnet.

Klicks/AdImpressions = CTR

6 Geschäftsmodelle & Preisgestaltung

Wie viel Sie pro Klick ausgezahlt bekommen, hängt wie bei TKP-Kampagnen von vielen Faktoren ab. Jedoch können Sie beim CPC-Modell auch mit deutlich niedrigeren Nutzungsraten stabile Umsätze erzielen.

> **Beispiel**
>
> Sie betreiben eine App, die von 40.000 Usern genutzt wird. Diese nutzen Ihre App aber jeden zweiten Tag und verursachen dabei jeweils 3 AdImpressions. Das bedeutet, dass Sie täglich 20.000 x 0,5 x 3 = 30.000 AdImpressions anbieten können. Ihr Klickpreis liegt bei 10 Cent und Ihre CTR liegt bei 3%. Ihre täglichen Einnahmen betragen nun 30.000 x 2% x 0,1 Euro = 18 Euro. Dies entspricht einem jährlichen Umsatz von 6.570 Euro und monatlichen Einnahmen in Höhe von 548 Euro.

Mit dem CPC-Modell können Sie also durchaus auch mit niedrigeren Nutzungsraten gute Einkünfte erzielen. Diese sind neben der Nutzung natürlich von dem Klickpreis und der Click-Through-Rate abhängig. Je besser die Werbung zu Ihren Usern passt, umso höher stehen die Chancen, dass Sie Ihre Einnahmen ebenfalls erhöhen. Für Sie als Publisher ergibt sich daraus die Schlussfolgerung, dass Sie bei einer hohen Anzahl von regelmäßigen Nutzern Ihre Reichweite nutzen können, ohne darauf zu achten, wie genau die ausgelieferte Werbung die User anspricht. Je niedriger Ihre Nutzerzahl und Nutzungsrate, umso sinnvoller wird das CPC-Modell, wobei hier das Targeting ein wichtiger Erfolgsfaktor ist.

AdNetworks

Die Vermarktung läuft auch im Mobile Market zumeist über AdNetworks, also Unternehmen, die Publisher und Werbetreibende zusammenbringen und dadurch als Mittler von Angebot und Nachfrage agieren. Die zwei bekanntesten AdNetworks sind das von Apple bereitgestellte iAds und AdMob, das im Jahre 2009 von Google für eine Summe von sagenhaften 750 Mio. US-Dollar übernommen wurde. Die Resonanz der Branche auf iAds war beim Start 2010 eher verhalten. Aufgrund des hohen Einstiegspreises von einer Million US-Dollar für eine Kampagne gab es für kleinere Unternehmen keinen Grund bzw. keine Möglichkeit, iAds für sich zu nutzen – die Fill Rate war also auch dementsprechend niedrig und ein Großteil der Werbeinventare blieb schlichtweg ungenutzt. Weiterhin behielt Apple 40% der Werbeeinnahmen selbst ein. Entwickler, die iAds in ihre App integrierten, erhielten somit lediglich 60% der

6.7 Werbung

Erlöse. Mittlerweile hat Apple von diesem Abrechnungs-Modell Abstand genommen und leitet 70% der Erlöse an die Entwickler weiter. Der Mindestkapitaleinsatz für eine mobile Kampagne wurde ebenfalls herabgesetzt auf 500.000 Dollar. Nichtsdestotrotz kann der Start von iAds im Vergleich zu anderen Apple-Produkten als mittelschwere Katastrophe bezeichnet werden. Sie als Entwickler sollten also in jedem Fall einen Blick auf andere AdNetworks werfen.

AdMob, das 2010 einen Marktanteil von 25% in den USA innehatte, gehört zweifelsohne zu den größten AdNetworks überhaupt. Das Netzwerk bietet Ads für verschiedene Plattformen an, darunter Android, iOS, Windows Phone und mobile Webbrowser. Die in mobile Anwendungen integrierbare Werbung kann bei AdMob allerdings lediglich aus grafischen Bannern und aus textbasierten Anzeigen bestehen. Ein Klick auf das Banner öffnet den Webbrowser des Smartphones mit einer Smartphone-optimierten Landingpage des jeweiligen Werbekunden. Um die Werbebanner als Entwickler in seine mobile Apps zu integrieren, müssen Sie lediglich das *Google AdMob Ads SDK* herunterladen, das eine einheitliche API für den Zugriff bietet. Neben Smartphone-optimierten Anzeigen am unteren oder oberen Bildrand kann man auch so genannte Interstitial-Anzeigen einbinden, die den gesamten Bildschirm ausfüllen. Besondere Formate wie Videos oder animierte Banner sind allerdings nicht möglich.

Neben diesen beiden AdNetworks gibt es natürlich noch eine Mange anderer Netzwerke, über die Sie Ihre App vermarkten können. Diese sind unterteilt in so genannte Blind, Premium Blind und Premium Networks. Blind Networks arbeiten zumeist auf CPC-Basis und haben zugleich die größte Anzahl an Publishern, Werbetreibenden und Impressions. Sie können Targeting auf Basis von Channels durchführen, z. B. Sport. Jedoch haben Werbetreibende keine Möglichkeiten, bestimmte Apps gezielt anzusteuern.

Premium Blind Networks arbeiten häufig mit Unternehmen mittlerer Größe zusammen und bieten zusätzlich eine Vermarktung auf TKP-Basis an. Werbetreibende haben die Möglichkeit, neben dem Blind Targeting auch spezifische Apps anzusteuern. Premium Networks arbeiten fast ausschließlich auf TKP-Basis und bieten umfangreiche Targeting-Möglichkeiten. Darüber hinaus unterstützen sie Unternehmen im Sales-Prozess. Sie haben jedoch auch ihren Preis und sind somit nur für Kampagnen mit großem Marketingbudget geeignet. Die folgenden Tabellen sollen Ihnen einen Überblick über die verschiedenen AdNetworks geben.

6 Geschäftsmodelle & Preisgestaltung

Blind Network	Website
Adfonic	http://adfonic.com
iAds	https://developer.apple.com/iad/
AdMob	http://www.admob.com
Admoda	http://www.admoda.com
Airpush	http://www.airpush.com
BuzzCity	http://www.buzzcity.com
InMobi	http://www.inmobi.com
LeadBolt	http://www.leadbolt.com
Madvertise	http://madvertise.com
Mojiva	http://www.mojiva.com
YOC Performance Network	https://www.yoc-performance.com

Tabelle 6.2: Blind AdNetworks

Premium Blind Network	Website
Greystripe	http://www.greystripe.com
Hunt Mobile Ads	http://huntmads.com
Jumptap	http://www.jumptap.com

Tabelle 6.3: Premium Blind Networks

Premium Network	Website
Microsoft Mobile Advertising	http://advertising.microsoft.com/mobile-advertising
Mobile Theory	http://mobiletheory.com
YOC Group	http://group.yoc.com

Tabelle 6.4: Premium Networks

6.7 Werbung

Sie stellen sich jetzt vielleicht die Frage, wie Sie als App-Publisher das für Sie geeignete Netzwerk auswählen sollen. Folgende Fragen sollten Ihnen bei der Entscheidung helfen:

Wie groß ist Ihr Anteil am Umsatz?

Natürlich sollten Sie zunächst einmal prüfen, wie hoch Ihr Anteil an den Einnahmen ist. Die Ausschüttungen können von Netzwerk zu Netzwerk stark schwanken. Leider halten sich viele mit Informationen bzgl. des Anteils bedeckt. Jedoch lässt sich sagen, dass Admoda mit 65 bis 85 Prozent einen der höchsten Anteile anbietet, dicht gefolgt von BuzzCity (65%) und InMobi mit 60 Prozent.

Wie groß ist die geografische Abdeckung?

Für Sie ist natürlich der deutschsprachige Raum von Bedeutung. Es sollten also alle D-A-CH-Staaten abgedeckt werden. Entschließen Sie sich dazu, Ihre App in anderen Ländern und Sprachen anzubieten, gewinnen die jeweiligen Länder natürlich zusätzlich an Bedeutung.

Wie hoch ist die Füllrate?

Fragen Sie bei den jeweiligen Netzwerken nach, wie viele Banner tatsächlich ausgeliefert werden. Denn ein hoher TKP nützt Ihnen nichts, wenn Ihre Platzhalter leer bleiben und keine Banner ausgeliefert werden. Auch beim CPC-Modell wollen Sie so viele AdImpressions wie möglich ausliefern. Daher ist die Füllrate eine der wichtigsten Kennzahlen, wenn es um den Vergleich verschiedener Vermarkter geht.

Über wie viele Werbetreibende verfügt das Netzwerk?

Je mehr Werbetreibende ein Netzwerk nutzen, umso höher ist natürlich die Wahrscheinlichkeit, dass auch viele Kampagnen ausgeliefert werden. Sie sollten also möglichst viel darüber erfahren, wie viele Unternehmen das Netzwerk nutzen, um mobile Kampagnen durchzuführen.

Wer sind die Werbetreibenden?

Abhängig von der Art des Netzwerks ändert sich ebenfalls die Art der werbetreibenden Unternehmen. Konzerne werden eher von Premium Networks profitieren, kleine Unternehmen hingegen eher von Blind Networks. Wenn Sie also ausreichend Reichweite besitzen und Ihre App Bezug zum Thema Finanzen hat, können Sie durchaus eine Vermarktung durch ein Premium Network ins Auge fassen, um zahlungsbereite Unternehmen zu erreichen.

6 Geschäftsmodelle & Preisgestaltung

Welche Publisher nutzen das Netzwerk noch?

Interessant ist es natürlich zu wissen, welche Netzwerke von Ihren Wettbewerbern genutzt werden bzw. ob das Gros der Publisher zu Ihnen passt. Wenn Sie sehen, dass die meisten Publisher aus ganz anderen Bereichen stammen, wird das Netzwerk kaum passende Werbekunden für Sie bereitstellen können.

Können Sie Anzeigen von Wettbewerbern blockieren?

Sie wollen auf jeden Fall vermeiden, dass in Ihrer App plötzlich Werbung von Wettbewerbern auftaucht. Daher sind Netzwerke zu empfehlen, die das Anlegen einer Blacklist ermöglichen. In diese Liste werden alle Werbetreibenden eingetragen, die Sie ausschließen wollen.

Können Sie Werbetreibende ablehnen?

Es kann natürlich Unternehmen geben, deren Werbung Sie in Ihrer App ausschließen wollen, obwohl sie nicht zu Ihren Wettbewerbern gehören. Gerade bei CPC-Kampagnen müssen Sie auf die Performance der Kampagnen achten und Werbetreibende ablehnen, die offensichtlich nicht zu Ihren Nutzern passen.

Welchen Anteil haben die verschiedenen Werbeformen?

Abhängig davon, welche Werbemittel Sie in Ihre App integrieren wollen, spielt natürlich der Anteil dieser Werbemittel eine wichtige Rolle. Angenommen, Sie wollen Interstitials nutzen, diese aber aufgrund fehlender Kunden kaum eine Rolle spielen, sollten Sie auf der Suche nach einem passenderen Vermarkter bleiben.

Welchen Anteil haben die verschiedenen Geschäftsmodelle?

Die beschriebenen Vergütungsmodelle CPC und TKP werden von den Vermarktern auch unterschiedlich stark genutzt. Haben Sie sich für ein Modell entschieden, müssen Sie nach einem Partner suchen, der auch seinen Schwerpunkt auf dieses Modell gelegt hat. Blind Networks nutzen dabei häufig CPC, Premium Networks TKP oder beides in Kombination.

Können Werbetreibende ihre App gezielt aussuchen (Premium Network) oder nicht?

Bei Premium Networks können Werbetreibende zumeist gezielt Apps auswählen, in denen die Werbung ausgeliefert werden soll. Falls Sie eine bestimmte Branche bzw. Zielgruppe abdecken, können Sie für einige Kunden natürlich besonders interessant sein. Wenn Sie z. B. eine App zum Thema Finanzen publishen, sind Banken eine sehr dankbare Zielgruppe.

Zusammenfassend lässt sich sagen, dass es bisher noch keinen klaren Marktführer gibt. AdMob ist vor allen bei kleineren App-Publishern sehr populär, jedoch entstehen immer mehr Netzwerke, die aufgrund ihrer kleineren Reichweite auch bessere Konditionen anbieten. Die Vielzahl von Netzwerken macht es App-Publishern dadurch nicht immer einfach, das richtige auszuwählen. So können Sie eine Menge Zeit und Geld verlieren, wenn Sie zunächst ein Netzwerk testen und nach einigen Monaten feststellen, dass die Fill Rate zu niedrig ist. Es kann also ein ganzes Jahr vergehen, bevor Sie sich selbst ein konkretes Bild darüber machen können, welches Netzwerk am besten zu Ihnen passt. Genau dieses Problem hat AdMob erkannt und bietet die so genannte Ad Mediation an. Dieses Produkt erlaubt das Einbinden und Koordinieren mehrerer Netzwerke in Ihre App. Sie müssen sich also nicht für ein Netzwerk entscheiden, sondern können mehrere gleichzeitig nutzen. Dadurch können sowohl die Fill Rate als auch Ihre Einnahmen optimiert werden.

AdMob prüft sozusagen Ihre Wunschnetzwerke hinsichtlich mehrerer Parameter und wählt anschließend das optimale automatisch für Sie aus. Die Parameter können der CPM oder die Herkunft des Banners sein. Die AdMob-Mediation wird über das AdMob-SDK implementiert und von vielen großen Netzwerken bereits jetzt unterstützt. Sie sollten diese Möglichkeit unbedingt ins Auge fassen, wenn Sie Werbebanner in Ihre App integrieren möchten.

Tipp

Eine Liste aller unterstützten Netzwerke finden Sie unter `https:// developers.google.com/mobile-ads-sdk/ad-network-mediation`.

Werbemittel

Es gibt eine Vielzahl von Werbemitteln, die von den AdNetworks bereitgestellt werden. Darunter befinden sich vor allem Werbemittel, die bereits aus der Online-Branche bekannt sind. Aber auch speziell auf Smartphone ausgerichtete Werbemittel spielen eine immer wichtigere Rolle. Im Folgenden sollen die meistgenutzten Werbemittel kurz vorgestellt werden.

Standard-Banner-Ads

Das meistgenutzte Werbemittel sind die Standard-Banner-Ads. Diese finden sich entweder am unteren oder oberen Rand des Bildschirms wieder. Dabei kann es sich sowohl um reine Text-Ads als auch um Image-Ads handeln. Jeder User, der sich ab und zu kostenlose Apps herunterlädt, hat diese Banner schon

6 Geschäftsmodelle & Preisgestaltung

einmal gesehen. So gut wie alle AdNetworks unterstützen Standard-Banner-Ads und auch von Werbekunden wird vor allem dieses Werbemittel genutzt. Das genaue Format ist abhängig von dem Gerät, aus dem es ausgeliefert wird, und in welchem Format die Applikation genutzt wird. In Abbildung 6.11 sehen Sie die verschiedenen Banner-Formate, die bei AdMob zum Einsatz kommen.

Size	Where it'll appear	Text ads?	Image ads?
320x50	iPhones and most Android phones in Portrait	Yes	Yes
360x50	Android widescreen devices in Portrait	Yes	Yes, with 20px fill on each side
480x32	iPhones in Landscape	Yes	No
533x32, range of sizes from 480x32 to 682x32	Android devices in Landscape	Yes	No
768x90	iPads in Portrait	Yes	Yes
1024x90	iPads in Landscape	Yes	Yes, centered with 150px fill on each side
800x90	Android tablets in Portrait	Yes	Yes, centered with 36px fill on each side
1280x90	Android tablets in Landscape	Yes	Yes, centered with 276px fill on each side
600x90	Kindle Fire in Portrait	Yes	No
1024x50	Kindle Fire in Landscape	Yes	No

Abbildung 6.11: Standard-Banner-Ad-Formate bei AdMob

Es gibt also für fast alle Geräte auch das passende Format. Sie als App-Publisher müssen eigentlich nur noch entscheiden, wo das Banner in der App positioniert werden soll. Für eine Positionierung am oberen Bild spricht, dass sie eher vom User wahrgenommen wird. Klassischerweise richtet sich der Blick eines Users zunächst auf den oberen Teil einer App und geht dann weiter nach unten. In Abbildung 6.12 sehen Sie ein Standard-Banner in der Shazam-App am oberen Bildschirmrand.

Für eine Positionierung am unteren Bildschirmrand hingegen spricht die Nähe zur Menüleiste. User werden natürlich öfter einen Blick darauf werfen, um zwischen verschiedenen Funktionen zu wechseln. Ein Banner an dieser Stelle wird also auch im Blickfeld des Users liegen. Übrigens, beim Versuch, einen Menüpunkt anzuklicken, passiert es nicht selten, dass der User aus Versehen auf das Banner klickt. Ein gern gesehener Effekt gerade bei CPC-Kampagnen aus Publisher-Sicht. Allerdings kann dieser vermeintliche Vorteil auch nach hinten losgehen. Denn User, die aufgrund der Bannerplatzierung Schwierigkeiten bei der Nutzung der App haben, werden diese auch nicht lange nutzen. Abbildung 6.13 zeigt solch eine Integration in der Mehr-Tanken-App.

6.7 Werbung

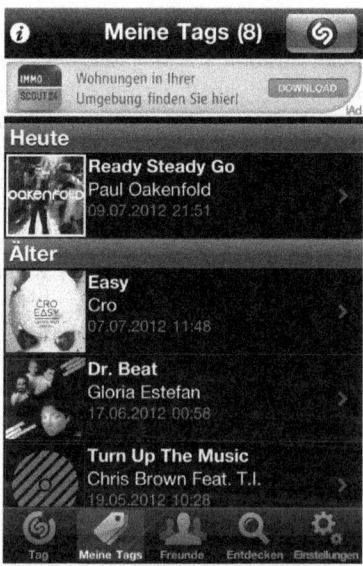

Abbildung 6.12: Standard-Banner-Ad in Shazam

Abbildung 6.13: Standard-Banner-Ad in Mehr-Tanken

Interstitials

Dieses Werbemittel gehört zu den auffälligsten Werbemitteln überhaupt, so dass es von Natur aus nicht übersehen werden kann. Es legt sich nämlich über den eigentlichen Content der App, oft als Full-Screen-Banner. Der User muss ähnlich wie im Online-Business zunächst nach einer Möglichkeit suchen, wie er das Banner deaktivieren kann, warten, bis es von alleine verschwindet, oder bei Interesse natürlich draufklicken. Oftmals werden Interstitials beim Start eingesetzt, bevor der User die eigentliche App nutzen kann. Dabei handelt es sich um eine sehr riskante Vorgehensweise, da vor allem Erstnutzer Ihrer App abgeschreckt werden und die App direkt wieder schließen könnten. Alternativ sollten Sie das Interstitial in der App selbst implementieren. Durch diese hohe Aufmerksamkeit liegen die Preise für Interstitials deutlich über denen der Standard-Banner. Allerdings müssen Sie sehr sparsam mit der Auslieferung umgehen, da die User ansonsten sehr schnell genervt sind. In solchen Fällen wird meistens ein so genannter Frequency Cap eingebaut, der die maximale Auslieferung pro Session begrenzt. Aktuell werden Interstitials häufig in Spielen vorgefunden, aber auch in Apps steigt der Anteil stetig.

Abbildung 6.14: Interstitial Ad

Video-Ads

In den letzten Jahren sind Video-Ads im Internet zu einer festen Größe herangewachsen. Aufgrund der wachsenden Geschwindigkeit, mit der User heutzutage im Internet surfen, können qualitativ hochwertige Video-Ads ausgeliefert werden. Diese werden entweder mit Ton oder lautlos wiedergegeben, sobald die Website vom User aufgerufen wird. Mit Ton hat natürlich den Vorteil, dass der User über ein akustisches Signal auf die Werbung aufmerksam gemacht wird, falls er das Video übersieht. Allerdings kann dies ganz schön nervig für den User sein, wenn dieser erst nach dem Video suchen muss, um es dann doch einfach auf lautlos zu stellen.

Das Mobile Business profitiert ebenfalls von der Entwicklung immer schneller werdender Internetverbindungen. So ist es nicht weiter verwunderlich, dass Video-Ads mittlerweile auch in Apps vermehrt auftauchen und den User mit einem Teaser für ein Produkt oder eine Dienstleistung interessieren sollen. Es gibt dabei zwei Möglichkeiten, wie das Video in Ihre App integriert werden kann. Zum einen kann es ähnlich wie ein Interstitial gestartet werden, sobald ein User eine bestimmte Seite aufruft. Oder aber ein Werbebanner am unteren oder unteren Bildschirmrand führt bei Klick zu einem Full-Screen-Video. Dies ist der deutlich passivere Weg, da erst auf eine Aktion des Users gewartet wird.

Rich Media Ads

Die bisher vorgestellten Werbemittel verlangen wenig Interaktion vom User. Meist genügt ein Klick, um zur Ziel-URL zu gelangen. Werbetreibende setzen daher bei großen Kampagnen oftmals auf so genannte Rich Media Ads. Diese können als Apps innerhalb einer App beschrieben werden. Aufgrund Ihrer Interaktivität wirken sie auf den User wie eine eigenständige Applikation, die eine emotionale Bindung zum beworbenen Produkt aufbauen soll. Vor allem YOC bietet mit seinem YOC AD PLUS Werbetreibenden die Möglichkeit, aufwendige mobile Kampagnen zu generieren und auszuliefern.

> **Tipp**
>
> Auf http://www.youtube.com/watch?v=PPRHi0GS51k finden Sie ein schönes Video, das die Möglichkeiten von YOC AD Plus zeigt.

Neben den vorgestellten Werbemitteln treten mehr und neue Werbeformen auf, die durchaus als Alternative für Sie infrage kommen. Vor allem auf Android-Geräten ergeben sich für App-Publisher laufend neue Optionen, wie zusätzlich Einnahmen durch Ads generiert werden können. Diese zielen aktuell noch hauptsächlich auf englischsprachige Märkte ab, werden mit zunehmender Dauer aber auch in Deutschland immer präsenter.

Push-Ads

Auf Android besteht seit Kurzem die Möglichkeit, so genannte Push Notification Ads, oder kurz Push-Ads, zu implementieren. Die Werbebanner werden dann nicht innerhalb der App, sondern im Notification Center angezeigt. Bei Klick auf die Nachricht werden User nicht wie üblich in Ihre App, sondern zur Ziel-URL des Werbetreibenden geleitet. Dabei handelt es sich vor allem um Weiterleitungen in den Google Play Store, wo die beworbene App anschließend heruntergeladen werden kann.

Push-Ads haben eine sehr hohe Aufmerksamkeit, da kaum ein User Push-Notifications ignoriert. Ein weiterer Vorteil dieser Werbeform besteht darin, dass sie nicht in Ihr App-Design eingreift. Das bedeutet, dass Sie Ihre App weiterhin kostenlos anbieten können, die User während der Nutzung aber nicht durch Werbebanner gestört werden. Die Vermarkter airpush (airpush.com) oder auch LeadBolt (leadbolt.com) bieten diese Art der Werbung an, wobei auf TKP-Basis abgerechnet wird. Nach Angaben von airpush fangen die aktuellen TKP-Preise bei 5 US-Dollar an.

Abbildung 6.15: Push-Ad bei airpush

Diese Form der Werbung greift nicht in Ihr App-Design ein, Sie können Ihre App also weiterhin kostenfrei anbieten. Push-Ads eignen sich für alle Apps, die nur sehr unregelmäßig genutzt werden oder bei Zielgruppen mit hoher Preissensibilität. Ihre App muss lediglich auf dem Gerät des Users installiert sein, damit die Werbebanner ausgeliefert werden können.

AppWalls

Eine weitere Möglichkeit, um Umsätze zu generieren, ist die so genannte App-Wall. Diese wird ebenfalls von Airpush und LeadBold angeboten, bei Airpush trägt sie den Namen SmartWall. Dabei wird ein Insterstitial innerhalb Ihrer App aufgerufen, in dem in Listenform auf andere Apps hingewiesen wird. Bei Klick auf eine der Apps gelangt der User auch hier in den Google Play Store. Durch diese Art der Präsentation soll dem User suggeriert werden, er bekommt App-Empfehlungen, die für ihn interessant sein könnten. Die SmartWall wird somit nicht direkt als Werbung und damit als weniger störend wahrgenommen. Auch hier wird nach dem TKP-Modell abgerechnet, wobei die Preise deutlich höher liegen als z. B. bei Push-Ads. Airpush spricht von mindestens 10 US-Dollar. Dies ist auch nicht weiter verwunderlich, schließlich gehört das Interstitial zu den größtmöglichen Werbeformen, die vom User auf keinen Fall ignoriert werden können. Aufgrund des Abrechnungsmodells sind Sie aber in diesem Fall auf eine häufige Nutzung Ihrer App angewiesen, da sich die SmartWall nur innerhalb der App öffnet.

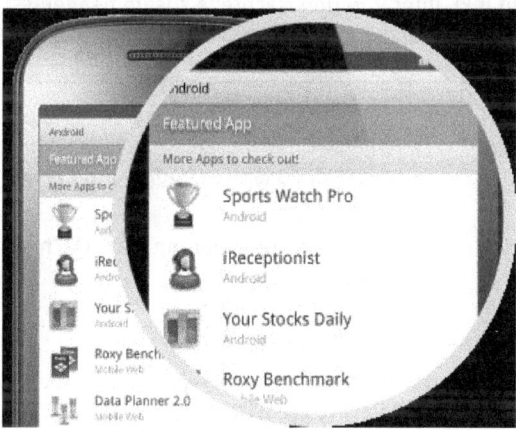

Abbildung 6.16: airpush SmartWall

Die Liste der Werbemittel ist damit noch lange nicht am Ende. Laufend kommen neue hinzu und bieten App-Publishern neue Einnahmemöglichkeiten außerhalb der kostenpflichtigen Applikationen. Sollten Sie Werbung als primäre Einnahmequelle auswählen, stehen viele schwerwiegende Entscheidungen an. Im Folgenden sind noch einmal die wichtigsten Voraussetzungen aufgelistet, die Ihre App erfüllen sollte:

- Eine regelmäßige bzw. häufige Nutzung
- Die Usability und das Design leiden nicht unter der Werbeeinblendung.
- Zielgruppe möchte oder kann kein Geld für Apps ausgeben.

Treffen diese Punkte auf Ihre App zu, steht diesem Geschäftsmodell im Grunde nichts mehr im Wege.

6.8 Die Geschäftsmodelle im Vergleich

Das Kapitel hat gezeigt, wie groß die Auswahl an Einnahmequellen im App-Business sein kann. Oftmals kommen dabei für eine App nicht nur ein Modell, sondern mehrere infrage. Da Sie sich an einem Punkt für eines dieser Modelle entscheiden müssen, um Ihre Marketing-Strategie und -Maßnahmen zu planen, sollen im Folgenden alle vorgestellten Geschäftsmodelle noch einmal in einer Übersicht inkl. ihrer Vor- und Nachteile zusammengefasst werden. Dies kann Ihnen unter Umständen bei der Wahl eine wichtige Hilfe sein.

Geschäftsmodell	Zusammenfassung
Kostenpflichtige Apps	- einfache Kalkulation - Abwicklung wird komplett von Apple/Google übernommen. - Durch Preisreduzierung kann Nachfrage angeregt werden. - 30% Abschlag an App - Trend zur Billig-App - Bei Apple feste Preisstufen - Umsatz pro User auf App-Preis beschränkt

Tabelle 6.5: Geschäftsmodelle im Vergleich

6.8 Die Geschäftsmodelle im Vergleich

Geschäftsmodell	Zusammenfassung
InApp-Purchase	· Sinnvolle Ergänzung zu kostenpflichtigen Apps · Max. Umsatz pro Kunde kann erhöht werden. · Abschöpfen von Bestandskunden · Kann nachträglich implementiert werden · Preiskampf kann ausgeglichen werden. · Konkurrenzpreise können unterboten werden. · Nachfrage schwer abschätzbar · Jede Erweiterung kann nur einmal gekauft werden.
Freemium	· App kann kostenlos angeboten werden. · Einnahmen dank InApp-Purchases · InApp-Purchases müssen im Vorfeld feststehen. · InApp-Purchases einzige Einnahmequelle · Hohe Konkurrenzdichte bei kostenlosen Apps
Virtuelle Güter	· Erweiterungen können beliebig oft gekauft werden. · Passen nur zu sehr wenigen App-Ideen
Abonnements	· Laufende Einnahmen durch treue Kunden · Langfristige Umsätze pro Kunde möglich · Content muss sich laufend ändern und Abo-Preis rechtfertigen · Kommt nur für Funktionen mit großem Mehrwert in Betracht · Automatische Verlängerung kann zu Unmut bei Usern führen.
Werbung	· App wird kostenlos angeboten. · Große Auswahl an Netzwerken und Werbemitteln · Auswahl zwischen verschiedenen Vergütungsmodellen · Hoher Recherche-Aufwand · Laufende Überprüfung der Fill Rate, Klicks etc. nötig · Hohe Konkurrenz bei kostenlosen Apps

Tabelle 6.5: Geschäftsmodelle im Vergleich (Forts.)

6.9 Kostenkalkulation & Break-even-Analyse

Sie haben nun einen guten Einblick darüber erhalten, wie Sie Ihre Umsätze auf Grundlage verschiedener Geschäftsmodelle kalkulieren können. Diese stellen eine wesentliche Kennzahl dar, um die Wirtschaftlichkeit Ihres Vorhabens zu analysieren. Allerdings müssen Sie ebenfalls untersuchen, wie hoch Ihre Einnahmen sein müssen, um tatsächlich einen Gewinn zu erwirtschaften. Dieser Punkt, ab dem Sie schwarze Zahlen schreiben, wird als Break-even-Point bezeichnet. Dieser Punkt stellt somit Ihr Minimalziel dar. Die Berechnung, um die Mindestverkaufmenge herauszufinden, wird analog als Break-even-Analyse bezeichnet.

Sie setzen Ihre Einnahmen dabei ins Verhältnis zu den Kosten, die innerhalb einer Betrachtungsperiode anfallen, klassischerweise ein Jahr. Diese fallen nicht nur während der Entwicklung Ihrer App an, sondern auch nach der Veröffentlichung. Folgende Kostentreiber sollten Sie für Ihre Kalkulation besonders berücksichtigen:

Design

In Kapitel 5 wurde detailliert darauf eingegangen, wie wichtig ein intuitives User Interface und ein gutes App-Design für den Erfolg Ihrer App sind. Sollten Sie nicht selbst das Design erstellen oder keinen Verantwortlichen in Ihrem Team haben, müssen Sie es sich von einem Fachmann erstellen lassen. Die Kosten variieren natürlich nach Aufwand. Je umfangreicher Ihre App ist und je mehr Inhalte grafisch dargestellt werden müssen, umso höher fallen die Kosten hierfür natürlich aus. Ebenfalls kostentreibend wirkt sich die Anzahl an unterstützten Auflösungen aus. Auch wenn Sie ein sehr variables Interface erstellen, muss es trotzdem auf die Vielzahl von Smartphones hin optimiert werden. Der Aufwand steigt schlagartig an, wenn Sie sich dazu entscheiden, ein eigenes Interface für Tablets zu erstellen. Wie bereits angedeutet, sollten Sie gut überlegen, ob Sie eine Tablet-optimierte Version Ihrer App nicht erst nachträglich anbieten, um unnötigen Kosten aus dem Wege zu gehen, noch bevor Sie Ihre Idee unter Marktbedingungen testen konnten. Mit der Zeit können Sie Ihre App auf immer mehr Geräte hin optimieren. Am Anfang sollten Sie sich auf die beliebtesten Geräte bzw. Auflösungen mit der größten Verbreitung konzentrieren.

6.9 Kostenkalkulation & Break-even-Analyse

Nach dem Marktstart werden Sie immer mehr Feedback von Usern bzgl. der Bedienung Ihrer App erhalten. Darauf aufbauend sollten Sie regelmäßige Anpassungen vornehmen, um den Kundenwünschen auch gerecht zu werden.

Programmierung

Die Programmierung bildet das Kernstück der initialen Arbeit. Primärer Kostentreiber ist hier zunächst der Funktionsumfang der App. Es wurde bereits darauf hingewiesen, dass Sie mit den wichtigsten Funktionen starten sollten, um unnötige Kosten zu vermeiden. Neben den inhaltlichen Anforderungen spielen aber natürlich auch die unterstützten Plattformen eine wesentliche Rolle bei der Kostenkalkulation. So verursachen Sie natürlich weniger Kosten, wenn Ihre App zunächst nur für das iPhone angeboten wird und Android zumindest am Anfang außen vor bleibt. Der Aufwand wächst ebenfalls bei einer optimierten Tablet-Version. Besonders das Testing kann sich als äußerst kritischer Faktor erweisen, wenn Sie die Stabilität der App auf möglichst vielen Endgeräten gewährleisten wollen. Auch hier gilt, ähnlich wie beim Design, die Konzentration auf die populärsten Geräte.

Nach der Veröffentlichung Ihrer App fällt zunächst ein großer Teil der weiteren Arbeit auf die Behebung von Bugs ab, die Sie während der Testphase übersehen haben bzw. auf Endgeräten auftauchen, die Sie bei Ihren Tests außen vor gelassen haben. Das Beheben von Fehlern ist ein stetiger Prozess und gehört zum Tagesgeschäft eines App-Publishers.

Weiterhin kümmern Sie sich um die Erweiterungen Ihrer App. Dies können zusätzliche Funktionen oder kostenpflichtige Erweiterungen sein, wie sie in diesem Kapitel beschrieben wurden. Somit müssen Sie immer die Arbeit für zukünftige Updates einplanen, um sich eine gewisse Flexibilität zu bewahren.

iTunes Developer Account bzw. Google Developer Account

Bevor Sie Ihre Apps in den App Store bzw. Play Store hochladen können, benötigen Sie Developer Accounts. Bei Apple liegen die Kosten bei 99 US-Dollar jährlich, bei Google hingegen lediglich bei 25 US-Dollar. Diesen Kosten können Sie leider nicht aus dem Weg gehen, allerdings stellen sie in der Gesamtaufstellung nur einen sehr kleinen Teil dar.

Software-Lizenzen

Während der Konzeption und Entwicklung arbeiten Sie mit einer Vielzahl von Tools. Angefangen beim Brainstorming über die Konzeption und Entwicklung hin zum Beta-Testing werden Sie das ein oder andere Mal kostenpflichtige

Software einsetzen müssen. Natürlich lassen sich auch oftmals Open-Source-Lösungen einsetzen. Aber nicht immer lassen sich Software-Kosten durch z. B. Lizenzen vermeiden. So knüpft Apple häufig eine neue Version seiner Entwicklungssoftware X-Code, die an sich kostenlos ist, an die aktuelle Version des eigenen Betriebssystems. Dadurch sind Sie als Entwickler gezwungen, diese käuflich zu erwerben.

Hardware

Neben der Computerausstattung, die nötig ist, um überhaupt Apps programmieren zu können, sind es vor allem Testgeräte, die eine Kostenfalle darstellen können. Wenn Sie Ihre App auf möglichst vielen Geräten testen wollen, müssen Sie diese auch in Ihrem Budget veranschlagen. Da Smartphones gerne mehrere Hundert Euro kosten, kann es sehr schnell passieren, dass ein Großteil Ihres Budgets für Testgeräte herhalten muss. Um diese Kosten einzudämmen, empfiehlt sich die in Kapitel 5 vorgestellte Vorgehensweise. Laden Sie so viele Bekannte und Freunde mit unterschiedlichen Smartphones zum Beta-Testing ein, um die wichtigsten Endgeräte abzudecken. Langfristig sollten Sie einen eigenen Bestand an Smartphones aufbauen, um bei auftretenden Bugs schnell reagieren zu können. Leider erscheinen jedes Jahr zahlreiche neue Geräte, vor allem für das Android-Betriebssystem. Sie müssen daher jedes Jahr neue Geräte in Ihren eigenen Bestand aufnehmen. Bei echten Top-Sellern haben Sie im Grunde keine andere Wahl, als sich selbst solch ein Gerät zuzulegen. Hardware-Kosten sind somit ein wesentlicher Kostenblock und werden von vielen Publishern oftmals unterschätzt.

Content & Daten

Ebenfalls in Kapitel 5 dargestellt wurden Aufwände für Inhalte wie z. B. Texte, Videos und Bilder. Diese fallen zum größten Teil während der Entwicklung an. Aber natürlich werden Sie Ihre App regelmäßig inhaltlich erweitern und hierdurch neue Kosten verursachen. Auch Recherchearbeiten, die Sie von Dritten durchführen lassen, verursachen Kosten, die Sie einplanen müssen. Bei Datenlieferanten zahlen Sie neben Setup-Gebühren eine Fee, die z. B. monatlich oder jährlich anfällt.

Marketing- und PR-Maßnahmen

Nach der Veröffentlichung Ihrer App werden Sie ebenfalls in Marketingmaßnahmen investieren, die in den folgenden Kapiteln dieses Buches ausführlich thematisiert werden. Natürlich müssen die Kosten für all diese auch im Verhältnis zum Ertrag stehen. Marketing- und PR-Maßnahmen gehören ebenfalls

6.9 Kostenkalkulation & Break-even-Analyse

zu den wichtigsten Kostentreibern im App-Business und müssen ständig auf ihre Wirtschaftlichkeit hin überprüft werden.

Die einzelnen Kostenblöcke müssen Sie nun zusammenlegen und auf Grundlage Ihres Geschäftsmodells eine Break-even-Analyse durchführen.

> **Beispiel**
>
> Angenommen, Sie verursachen innerhalb eines Jahres 1.500 Euro an Kosten für Software-Lizenzen, Datenlieferanten etc. Ihre App bieten Sie für 5,49 Euro an, erhalten also 3,34 Euro nach Abzug. In diesem Fall errechnet sich der Break-even-Punkt aus 1.500 / 3,34 = 449. Sie müssen also mindestens 449 Apps im Jahr verkaufen, um Ihre jährlichen Kosten zu decken. Erst ab diesem Zeitpunkt befinden Sie sich mit Ihrer App in der Gewinnzone.

Etwas komplexer gestaltet sich die Berechnung bei werbefinanzierten Apps.

> **Beispiel**
>
> Sie gehen von einem TKP von 5 Euro aus. Jeder aktive User verursacht im Schnitt 3 Klicks pro Tag, also 1.095 Klicks pro Jahr. Ihre Einnahmen pro User im Jahr liegen demnach bei 1.095/1.000 x 5 = 5,48 Euro. Sie benötigen also 1.500 / 5,48 = 274 aktive User pro Jahr, um Ihre Kosten zu decken.

Diese Zahl müssen Sie nun mit Ihren Absatzerwartungen vergleichen, die Sie im Vorfeld definiert haben, und überprüfen, ob Sie tatsächlich kostendeckend arbeiten können. Der Break-even-Punkt ist also eine wichtige Kennzahl für Sie als App-Publisher, um schon frühzeitig eine Mindestgrenze abzustecken, die Sie mit Ihrer App erreichen müssen.

Kapitel 7

Appstore Optimization

Die Appstore-Optimierung ist ein wichtiger Schritt in Richtung App-Vermarktung. Apple-User haben gar keine andere Möglichkeit, als über den App Store neue Apps zu suchen und herunterzuladen. Und auch der Play Store bleibt, trotz wachsender Konkurrenz von Amazon, die wichtigste Anlaufstelle für User, um neue Apps zu finden. Die Detailseite Ihrer App wird somit zum Dreh- und Angelpunkt Ihrer Produktpräsentation. Egal, auf welchem Weg die User auf Ihrer Detailseite landen, sie stellt die letzte Hürde zum Download und zugleich wichtigste Chance dar, um den Kunden von Ihrem Produkt zu überzeugen.

7.1 Keywords

Die Auswahl der richtigen Keywords ist sowohl für den App Store als auch für den Google Play Store enorm wichtig. Diese entscheiden mit darüber, wo Ihre App in den Suchergebnissen gelistet wird. Sie durchlaufen hierbei den gleichen Prozess, den Sie auch im Online-Bereich finden, wenn Ihre Website möglichst weit oben in den Suchergebnissen auftauchen soll. Allerdings haben die Keywords nicht nur Auswirkungen auf die Suchergebnisse in den einzelnen Appstores. In Kapitel 8 wird Ihre App-Website eines der Kernthemen darstellen. Sie basiert ebenfalls auf den von Ihnen recherchierten Keywords. Grundlage für eine gute Position und somit Erfolg oder Misserfolg Ihrer App sind somit Keywords. Genau wie im Online-Bereich sollten Sie sich auf einige wenige konzentrieren. Ähnlich wie bei Webseiten ist die Auswahl der Keywords abhängig von drei Fragen:

- Welche Inhalte bzw. Themengebiete deckt meine App ab?
- Welche Keywords werden von der Konkurrenz eingesetzt?
- Wonach sucht meine Zielgruppe?

Typischerweise ergeben sich bei der Beantwortung dieser Fragen große Überschneidungen. Ihre App gibt inhaltlich schon einmal den Rahmen vor, in dem

7 Appstore Optimization

Sie sich bewegen. Ein Blick auf Beschreibungstext und Namen der Wettbewerber gibt weitere Aufschlüsse darüber, welche Keywords in Ihrem Segment besondere Relevanz haben. Dabei kann es durchaus sein, dass Sie auf Keywords stoßen, an die Sie bisher noch gar nicht gedacht haben. Sie sollten allerdings vorsichtig sein und nicht blind Keywords von Wettbewerbern übernehmen. Diese können schließlich ebenfalls Fehler machen. Außerdem möchten Sie ja vermeiden, dass sich Ihre App für den User kaum noch von anderen Apps hinsichtlich der Präsentation im Appstore unterscheidet.

Die Suchen der Zielgruppe sind ebenfalls wichtig. Denn Ihnen hilft es nicht, Ihre Konkurrenz zu untersuchen und deren Keywords zu übernehmen, wenn Ihre potenzielle Kundschaft nach ganz anderen Begriffen sucht. Im Gegensatz zu Suchen bei Google, wo oftmals gleich ganze Sätze verwendet werden, werden im Appstore vornehmlich einzelne Stichwörter oder Kombinationen aus zwei oder maximal drei Wörtern genutzt, je nach Themengebiet bzw. Kategorie. Beispielsweise werden User selten nach dem Begriff »Wörterbuch« als einzelnes Wort suchen. Vielmehr werden sie den zunächst allgemeinen Begriff mit einer Zusatzinformation verfeinern. So werden die Suchanfragen in diesem Bereich eher lauten »Wörterbuch deutsch englisch« oder »Englisch Wörterbuch«. Ein anderes Beispiel sind Reiseführer-Apps. Der Begriff »Reiseführer« ist sehr allgemein und nicht zielführend. Es werden sehr viele Ergebnisse geliefert und die meisten davon werden nicht den Erwartungen des Users entsprechen.

Abbildung 7.1: Suchergebnis für Begriff »Reiseführer«

7.1 Keywords

Abbildung 7.2: Suchergebnis für Kombination »Reiseführer Berlin«

Hier wird wieder das Prinzip »vom Allgemeinen zum Speziellen« angewandt. Das bedeutet, dass User über Suchbegriffe wie »Reiseführer Berlin« oder »Reiseführer Mallorca« die gewünschten Apps suchen werden. Für Sie bedeutet das, dass Ihre potenziellen Kunden schon sehr genau wissen, was sie wollen, und mit der Suche ebenfalls ein Kaufinteresse gezeigt haben. Sie müssen die User jetzt noch davon überzeugen, dass Ihre App die richtige ist. Gehen Sie also bei der Wahl Ihrer Keywords Schritt für Schritt vor und entscheiden Sie, welcher allgemeine Begriff das Themengebiet Ihrer App am besten beschreibt und welche zusätzlichen Informationen User in die Suche mit einfügen könnten. Ebenfalls nicht zu vernachlässigen sind in diesem Zusammenhang Abkürzungen. In Kapitel 5 wurde der Einsatz von Abkürzungen im App-Namen bereits thematisiert. Für die App-Beschreibung und die Keywords gilt das Gleiche. Wenn also Abkürzungen eher bekannt sind als die Begriffe selbst, für die sie stehen, sollten Sie diese ebenfalls in Ihre Keyword-Liste mit einfließen lassen. Ein weiterer wichtiger Punkt in Bezug auf Android-Apps ist der Umstand, dass Google Android-Apps nun ebenfalls in der organischen Suche listet. Bei Apple spielt neben den richtigen Keywords außerdem der aktuelle Erfolg Ihrer App eine wichtige Rolle. Apps, die öfter heruntergeladen werden, haben bei gleichen Keywords eine bessere Positionierung als die Konkurrenz. Jedoch ist unklar, wie genau der Algorithmus funktioniert und mit welcher Häufigkeit die Ergebnisse aktualisiert werden. Fakt ist, dass die Auswahl der richtigen Keywords Ihre App in eine sehr gute Ausgangsposition bringen kann.

7 Appstore Optimization

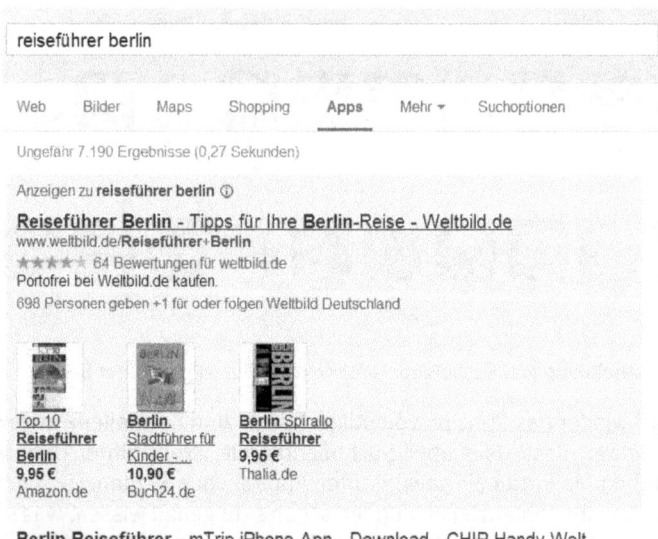

Abbildung 7.3: Android-Apps im Suchergebnis von Google

7.2 Die Beschreibung

Eine gute Beschreibung soll den Nutzer natürlich davon überzeugen, Ihre App herunterzuladen bzw. zu kaufen. Sie stellt sozusagen den Kern der Produktpräsentation im App Store bzw. Google Play Store dar. Sie sollten sich daher die Zeit nehmen, um einen möglichst guten Beschreibungstext zu verfassen und ihn mit allen wichtigen Informationen anzureichern. Dabei ist zu beachten, dass er nicht mehr als 4.000 Zeichen enthalten sollte. Das gilt für den App Store genauso wie für den Play Store.

7.2 Die Beschreibung

Die folgenden Inhalte sollten von Ihrem Beschreibungstext abgedeckt werden:

- Vorschautext
- Beschreibung des Problems im Detail, das durch die App gelöst wird
- Herausstellen des USP
- Beschreibung der einzelnen Features, die in der App vorhanden sind
- Zusammenfassung aller Funktionen
- Weitere Inhalte wie Kontakt, Cross-Promotion etc.

Der Vorschautext

Dem Vorschautext gilt im Appstore besondere Aufmerksamkeit. Denn nur dieser wird direkt angezeigt, wenn Sie Details zu einer App aufrufen wollen. Um den ganzen Beschreibungstext sehen zu können, muss der Nutzer auf MEHR klicken – Er muss also schon durch das Lesen der ersten Zeilen so neugierig gemacht werden, dass er auch wirklich mehr Informationen zu Ihrer App haben möchte.

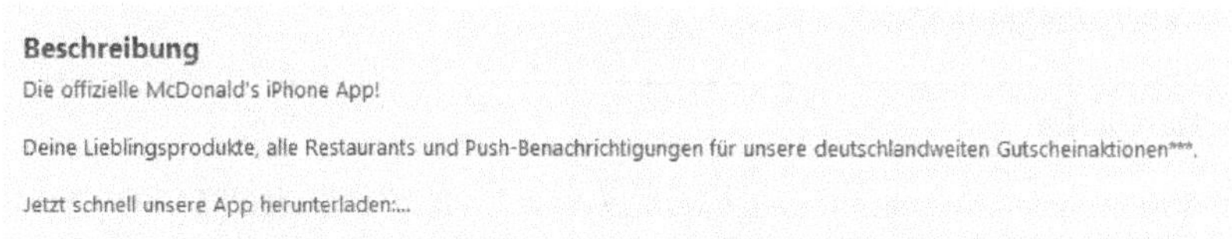

Beschreibung
Die offizielle McDonald's iPhone App!

Deine Lieblingsprodukte, alle Restaurants und Push-Benachrichtigungen für unsere deutschlandweiten Gutscheinaktionen***.

Jetzt schnell unsere App herunterladen:...

Abbildung 7.4: Vorschautext App »McDonald's Deutschland«

Sie müssen also versuchen, die Kernaussage bzw. den Mehrwert Ihrer App auf eine frische und attraktive Art in den Einleitungssatz zu integrieren. Allerdings werden nur die ersten drei Zeilen im Vorschautext angezeigt. Dabei sollte darauf geachtet werden, dass leere Zeilen als volle Zeilen gezählt werden und Zeilenumbrüche automatisch ab 120 Zeichen eingefügt werden.

Hierzu einige Beispiele:

7 Appstore Optimization

> **Beispiel 1:**
>
> WeatherPro-App: *WeatherPro wird von Europas größtem privaten Wetterdienst entwickelt und bietet qualitativ-hochwertige, detaillierte Wettervorhersagen und eine umfangreiche Bandbreite an Wetter-Funktionen, die ständig weiter entwickelt und verbessert werden.*

Der Text beschreibt den Kern, die Wettervorhersage, mit positiven Attributen wie »qualitativ-hochwertig« oder »detailliert«. Darüber gibt er dem User Sicherheit, dass die App ständig verbessert wird.

> **Beispiel 2:**
>
> Stimme Änderung App: *Es kommt die Zeit zu unterhalten !»»» Die Stimme Änderung Anwendung gibt euch eine wirksame Möglichkeit um an die Ehre mit der Freunden oder allein zu unterhalten.*

Ein Beispiel, wie Sie es auf gar keinen Fall machen sollten. Hier wurde der Einleitungssatz miserabel übersetzt und macht dadurch, zumindest auf Deutsch, wirklich gar keinen Sinn.

> **Beispiel 3**
>
> App djay: *Jetzt zu einem unschlagbaren Preis - NUR FÜR BEGRENZTE ZEIT! Hol dir die ultimative Party-App und mixe deine eigene Musik!*

Sollten Sie sich dazu entschließen, Ihre App vorübergehend im Preis zu senken, sollten Sie dies unbedingt im Einleitungssatz erwähnen. Noch besser als »für begrenzte Zeit« wäre eine konkrete Zeitangabe. Dies setzt User noch mehr unter Zugzwang und vergrößert die Verkaufschancen.

> **Beispiel 4**
>
> *ÅöÅöÅö 99.999 Coole Sprüche - die GRÖSSTE Sprüche-App für dein iPhone und iPad! ÅöÅöÅöÅöÅöÅö Poste auf die Facebook-Pinnwand deiner Freunde - Auch E-Cards! ÅöÅöÅöÅö*

Bei diesem Beispiel wurde zusätzlich mit Sonderzeichen gearbeitet, um einen stärkeren visuellen Reiz zu schaffen – eine sehr beliebte Methode im Appstore.

Wie Sie sehen, gibt es eine Vielzahl an Möglichkeiten, den Einleitungssatz zu gestalten. Schauen Sie sich in Ruhe noch mehr Apps an, bevor Sie Ihren eigenen Einleitungstext erstellen. Im Play Store haben sie darüber hinaus die Möglichkeit, speziell einen Vorschautext für Ihre App anzulegen und zu veröffentlichen. Dieser hat eine ähnliche Funktion wie Teaser bei Newsportalen, die neben der Headline erste Einblicke in den Inhalt geben und so das Interesse des Nutzers wecken sollen.

Beschreibung des Problems

Die Beschreibung des Problems sollte kurz und knapp erfolgen, oftmals wird sie auch als Frage formuliert. Ein Beispiel hierfür wäre: »Sie ärgern sich über die ewig steigenden Benzin-Kosten?« Anschließend stellen Sie dar, dass Ihre App genau dieses Problem löst. Auf welche Art und Weise dies geschieht, stellen Sie im weiteren Verlauf des Textes dar, indem Sie die einzelnen Funktionen beschreiben.

Herausstellen des USP

Erwähnen Sie ebenfalls Technologien, die Sie eingesetzt haben. Kombiniert werden diese Aussagen mit Ihrem zuvor erarbeiteten USP, der sehr prominent dargestellt werden sollte. Sie können sehr marketinglastige Aussagen machen wie z. B. »Die App mit dem umfangreichsten Angebot an Stränden« oder »Die App mit den aktuellsten Benzin-Preisen«. Hierbei sollten Sie allerdings darauf achten, den Bogen nicht zu überspannen und dadurch beim Kunden eher Skepsis als Interesse zu wecken. Der USP wird also genutzt, um Kunden direkt von der App zu überzeugen und sich von der Konkurrenz abzuheben.

Achten Sie darauf, dass Ihr Text angenehm zu lesen ist und nicht unnötig lang wird. Sie wollen die Geduld des Lesers nicht unnötig auf die Probe stellen. Anschließend folgt eine Zusammenfassung der zuvor beschriebenen Funktionen in Form einer Aufzählung, um den Kern der Beschreibung noch einmal in komprimierter Form wiederzugeben.

Symbole

Die Beschreibung muss sich nicht auf reinen Text beschränken. Sie können ebenfalls auf so genannte Unicode-Symbole zurückgreifen. Diese können wichtige Inhalte grafisch unterstreichen und so für den Leser besonders leicht auffindbar machen. Die Symbole beinhalten unter anderem das Häkchen- oder Herz-Symbol.

> **Tipp**
>
> Unter http://de.wikipedia.org/wiki/Unicodeblock_Verschiedene_Symbole finden Sie eine ausführliche Liste aller Unicode-Symbole.

Symbole frischen den Text auf und verbessern die Gesamtdarstellung der Beschreibung. Wie viele bzw. welche dieser Symbole Sie einsetzen, hängt ganz davon ab, an wen sich Ihre App richtet. In jedem Fall gilt, den Text nicht mit Symbolen zu überfrachten. Sie sollen bestimmte Inhalte besonders hervorheben – dieser Effekt geht natürlich verloren, wenn Sie es mit dem Einsatz der Symbole übertreiben. Häufig eingesetzt werden Unicode-Symbole bei Aufzählungen.

> **Hinweis**
>
> Gerade in Bezug auf den Play Store sollten Sie darauf achten, dass Sie den Text möglichst Keyword-optimiert aufbereiten, da Sie dort keine Keywords beim Upload angeben können. Natürlich sollte die Lesbarkeit Ihrer Beschreibung aber nicht darunter leiden. Sie sollten jedoch darauf achten, dass Ihre Top-Suchbegriffe im Text auftauchen.

Die richtige Ansprache

Vielleicht haben Sie sich bei der Erstellung Ihres Textes gefragt, wie Sie die User eigentlich ansprechen sollen. Sollen diese geduzt, also eher persönlich angesprochen werden? Oder sollen Sie doch eher die Ansprache mit »Sie« als elegantere und seriöse Lösung einsetzen? Eine dritte Möglichkeit besteht darin, die User persönlich in der Mehrzahl mit »Ihr« anzusprechen und so einen Mittelweg zu gehen. Die Frage der Ansprache lässt sich natürlich nicht ohne Weiteres beantworten und ein Blick in die Appstores zeigt ebenfalls, dass alle Varianten gerne angewandt werden und ihre eigenen Vor- und Nachteile haben. Egal, für welche Variante Sie sich schlussendlich entscheiden, Sie sollten hierbei konsequent bleiben und diese Art der Ansprache immer verwenden, sei es auf der App-Homepage oder der eigenen Facebook-Seite. Die Ansprache ist primär abhängig von Ihrer Zielgruppe. Sprechen Sie ein eher junges Publikum an, spricht natürlich nichts dagegen, das »Du« zu verwenden. Ist Ihre App ausgerichtet auf ältere Personen bzw. bewegen Sie sich thematisch in einem Feld, das durch Seriosität geprägt ist, sollte das »Sie« bevorzugt werden. Sie möchten schließlich ebenfalls als seriöser und kompetenter Entwickler wahrgenommen werden. Falls Sie sich unsicher sein sollten, hilft natürlich auch hier ein Blick auf die Konkurrenz. Stellen Sie fest, dass der überwiegende Teil Ihrer Wettbewerber das »Sie« verwendet, sollten Sie diesen Weg ebenfalls beschreiten.

Neben dem Vorschautext und der inhaltlichen Beschreibung der App gibt es natürlich noch weitere Inhalte, die Sie in der Beschreibung mit einfließen lassen sollen.

InApp-Käufe

In Kapitel 6 wurde das Thema InApp-Käufe bereits mit allen Möglichkeiten beschrieben, die sich daraus für Sie als Entwickler ergeben. Wenn Sie also kostenpflichtige Zusatzinhalte in Ihre App integriert haben, sollten Sie diese im Beschreibungstext erläutern. Machen Sie dem User deutlich, welche Inhalte in der App verfügbar sind und welche noch zusätzlich gekauft werden können. Das gilt vor allem dann, wenn Ihre App selbst auch kostenpflichtig ist. Sie vermeiden so unnötige Verwirrung und Enttäuschungen auf Seiten der Käufer, die vielleicht eine falsche Vorstellung von den Inhalten der App bekommen. Nutzen Sie die Möglichkeit, die Unterschiede klar herauszustellen und den Usern gleichzeitig Lust auf das Zusatzangebot zu machen.

Kontaktmöglichkeit

Kunden die Möglichkeit zu geben, mit Ihnen Kontakt aufzunehmen, ist ein weiterer wichtiger Bestandteil. Dies kann z. B. durch die Angabe einer E-Mail-Adresse realisiert werden. So können Sie einen Satz einfügen wie »Sie haben Kritik, Wünsche oder Fragen zu unserer App. Dann zögern Sie nicht, uns eine E-Mail zu schreiben an feedback@ihreapp.de. Kein Feedback bleibt ungehört!«

Die Angabe einer Kontaktmöglichkeit hat einen entscheidenden Vorteil: Sie können negativen Bewertungen und Kommentaren rechtzeitig entgegenwirken. User, die mit einer App unzufrieden sind bzw. mit Problemen zu kämpfen haben, sind oftmals bereit, Ihnen zuerst eine E-Mail zu schreiben als direkt eine negative Bewertung zu hinterlassen. In vielen Fällen finden User manche Funktionen einfach nicht oder haben Verständnis dafür, dass Software auch »buggy« sein kann. Im Gegenteil, wenn Sie zeitnah antworten, können Sie Ihre User zusätzlich positiv überraschen und erhöhen sogar die Chancen auf eine positive Bewertung. Erst, wenn Sie keine Antwort liefern oder leere Versprechungen machen im Sinne von »wird in der nächsten Version behoben«, besteht weiterhin die Gefahr einer negativen Bewertung.

Sie können so direkt mit Ihren Kunden kommunizieren und wertvolle Informationen über Ihre Zielgruppe sammeln – machen Sie also von dieser Möglichkeit Gebrauch. Geben Sie keine Kontaktmöglichkeit an, ist eine negative

Bewertung der einfachste Weg für Ihre Nutzer, sich Luft zu verschaffen und ihrem Unmut freien Lauf zu lassen. Als Alternative können Sie ein Feedbackformular auf Ihrer Homepage, oder direkt in Ihre App integrieren. Gegenüber der integrierten Lösung hat die Webversion den Nachteil, dass der User den Appstore verlassen muss.

Neben der Kontaktmöglichkeit sollten Sie ebenfalls externe Links in die Beschreibung integrieren. Dazu gehören

- Website
- YouTube-Video oder -Channel
- Facebook-Seite
- Twitter-Channel

Sie sollten hierbei bedenken, dass User innerhalb des Appstores Links nicht direkt anklicken können. Sie sollten also zu lange Links vermeiden. Je länger die angegebene URL, umso mehr Mühe muss der User schließlich in das Abtippen des Links stecken. Weiterhin wissen Sie nicht, welche Besucher Ihrer Website tatsächlich ihren Ursprung im Appstore haben. Für beide Probleme gibt es eine simple Lösung. Links-Kürzungsdienste wie bit.ly stellen Ihnen Links zur Verfügung, die im Kern nichts weiter sind als Weiterleitungen zu Ihrer eigentlichen URL. Jedoch sind diese bit.ly-Links wesentlich kürzer und bieten vor allem umfangreiche Nutzungs-Statistiken.

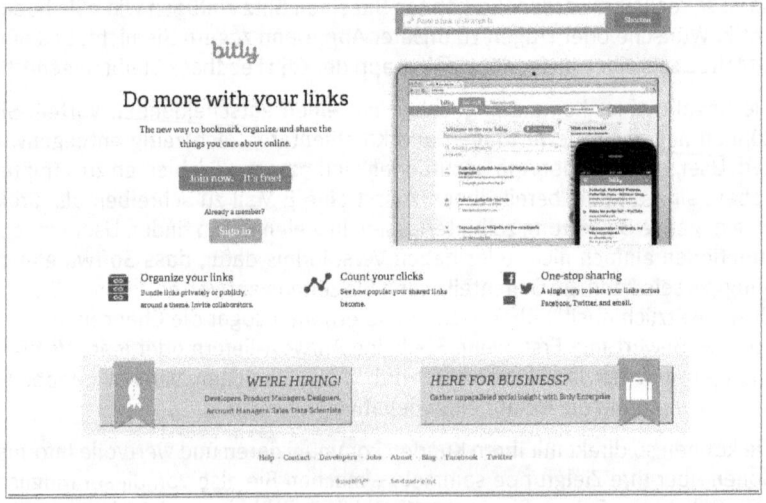

Abbildung 7.5: Linkkürzungsdienst bit.ly

Somit haben Sie immer einen Überblick über alle Besucher, die sich über den Beschreibungstext im Appstore hinaus über Ihre App oder über Sie als Entwickler informiert haben.

Pressestimmen

Sobald in bekannten Medien wie Zeitschriften oder News-Portalen positiv über Ihre App berichtet wird, sollten Sie nicht zögern, diese Pressestimmen in den Beschreibungstext mit aufzunehmen. Dabei zitieren Sie einen möglichst prägnanten Satz aus dem Artikel unter Angabe der jeweiligen Quelle. Sie sollten möglichst Quellen voranstellen, die den Lesern auch bekannt sind. Dazu gehören bekannte Zeitschriften wie z. B. Chip oder Macwelt. Aber natürlich können Sie auch weniger bekannte Quellen nutzen, lediglich Blogs mit sehr kleinem Bekanntheitsgrad werden Ihnen wenig nutzen. Positive Pressestimmen vermitteln dem User ein Gefühl von Sicherheit. Gerade bei höherpreisigen Apps sind User natürlich darum bemüht, Risiken eines potenziellen Fehlkaufs so gut es geht aus dem Weg zu räumen. Journalisten sind Profis und ihr Job besteht darin, Apps objektiv zu bewerten. Dass Ihre App positiv erwähnt wird, ist somit gleichbedeutend mit einer Kauf- bzw. Weiterempfehlung von höchster Stelle, die Ihre Erfolgschancen weiter steigen lässt. Journalistische Testberichte haben einen sehr hohen Stellenwert und sind im App-Business ein unabdingbares Marketing-Instrument.

Cross-Promotion

Sollten Sie bereits mehrere Apps entwickelt haben, können Sie den Beschreibungstext nutzen, um auf diese aufmerksam zu machen. Denn im Gegensatz zur Online-Version des App Stores bzw. Google Play Stores wird in den mobilen Versionen nicht automatisch auf andere Apps des gleichen Entwicklers verwiesen. Die Möglichkeit zur Eigenwerbung sollte daher genutzt werden, um auch den Verkauf Ihrer weiteren Apps anzukurbeln. Da die Aufmerksamkeit des Users bereits auf einer Ihrer Apps ruht, spricht nichts dagegen, diesen auch auf andere Produkte hinzuweisen. Sollten Ihre Apps thematisch miteinander verknüpft sein, steigt die Erfolgswahrscheinlichkeit natürlich. Die Firma passion4profession bietet z. B. Apps im Bereich Fitness an. Und User, die sich über eine App zum Thema Bauchmuskeltraining informieren, können natürlich auch an einer App zum Thema Brustmuskeltraining interessiert sein.

7 Appstore Optimization

Beschreibung

„WeatherPro lässt die Konkurrenz im Regen stehen." - Testsieger bei CHIP.de *****

Die Wetter-App WeatherPro for iPhone bietet volle Retina-Unterstützung und liefert qualitativ hochwertige Wettervorhersagen für weltweit über zwei Millionen Orte - bis zu sieben Tage im Voraus. Völlig egal ob Sie die Wettervorhersage für die Arbeit, den Sport oder die nächste Reise benötigen - WeatherPro ist die einzige Wetter App die Sie jemals brauchen werden.

Funktionen:

SIEBEN-TAGE-VORHERSAGE:
- 3-stündliche Vorhersagewerte
- NEU: dynamische Kurzfrist-Vorhersage für die kommenden 18 Stunden
- Wetterberichte für über zwei Millionen Orte weltweit
- Zusatz-Informationen wie "gefühlte Temperatur", Sonnenscheindauer und UV-Index Angaben zum Zeitpunkt von Sonnenauf- und Untergang
- NEU: weltweite (Un-)Wetterwarnungen in Form einer Vorwarnung - für drei Tage im Voraus
- personalisiertes Wetter (Einheiten für Temperatur, Wind, Luftdruck und Niederschlag sind frei wählbar)
- grafische Darstellungen, die die Entwicklung des Wetters besser veranschaulichen
- jede Menge weiterer umfassender Vorhersage-Funktionen von Europas größtem privaten Wetterdienst

NEU: WETTERKARTEN (Premium):
- atemberaubende, hochauflösende Wetterkarten
- interaktive Wettersymbole und Temperaturangaben

ANIMIERTE SATELLITEN- UND RADARBILDER:
- Radarbilder für die USA und den Großteil Europas
- Satellitenbilder europaweit alle 15 Minuten (sonst alle drei Stunden)

PLUS:
- Teilen Sie Ihr Wetter mit Ihren Freunden - über Facebook und Twitter
- iCloud Synchronisierung der Favoriten mit anderen iOS-Geräten
- einfache Erstellung von beliebig vielen Favoriten
- 800.000 Points of Interest (Sehenswürdigkeiten)
- NEU: Erhalten Sie stets das passende Wetter - egal, wo Sie gerade sind - mit der Favoritenauswahl „Mein Standort"
- interaktive, kartenbasierte Suche
- Karte mit Wassertemperaturen in Europa
- Luftdruck-Karten (Isobarenkarte)
- „Mehr..."-Bereich mit wechselnden Inhalten zum Tagesgeschehen
- rund um die Uhr aktualisierter, geschriebener Wetterbericht mit Übersichtskarten
- Wetternews als tägliche Kolumne unserer Diplom-Meteorologen
- hohe Download-Geschwindigkeit
- verfügbar in 13 Sprachen
- keine Werbung

Optional können Sie per In-App-Kauf den beliebten Premium-Daten-Feed abonnieren und diesen - ohne Mehrkosten - auf bis zu fünf Geräten gleichzeitig nutzen. Ergänzend zu den oben beschriebenen Inhalten bietet die PREMIUM Version die folgenden Funktionen:

- stündliche (anstatt 3-stündliche) Vorhersagewerte
- auf 14 Tage erweiterte Vorhersage
- NEU: Hochauflösende Karten für die ganze Welt, die Sie wahlweise durch verschiedene Karten-Ebenen ergänzen und animiert als Film abspielen können (z.B. Satellitenbilder im Normal- oder Infrarot-Modus, Luftdruck-, Temperatur- und Wolken- und Niederschlagsprognosen, Blitz-Animation sowie der Niederschlagsart-Radar für Europa, das Regen, Schnee, Hagel o.ä. farblich voneinander unterscheidet- und das sogar in einer 2-stündigen Radar-Prognose).
- bis zu 40 (anstatt nur 15) animierte Radar- und Satellitenbilder
- täglicher Strömungsfilm für Europa, der die Windverhältnisse in einer Animation zeigt
- Skiwetter für mehr als 900 Skigebiete in 17 Ländern, inklusive Zusatzinformationen zur Anzahl der Lifte und Pisten, zu den Schneeverhältnissen und Live-Web-Cams!
- Badewetter: dieses fantastische Feature macht Sie fit für den Urlaub mit Karten zum UV-Index und den Wassertemperaturen für die beliebtesten Reiseziele (Nord- und Ostsee, Mittelmeer-Region, Karibik usw.).

Für aktuelle Status-Updates folgen Sie uns bitte bei http://twitter.com/weatherpro oder besuchen Sie weatherpro.de für weitere Informationen.

Abbildung 7.6: Beschreibungstext »WeatherPro«

7.2 Die Beschreibung

Case Study: WeatherPro

Zum Abschluss sollen beispielhaft zwei Beschreibungstexte vorgestellt werden. Der erste kommt von der App »WeatherPro«. Diese App versorgt den User, wie der Name schon sagt, mit umfangreichen Wetterinformationen:

Bereits im Vorschautext werden sehr positive Adjektive wie »größtem«, »qualitativ-hochwertig« oder »umfangreich« genutzt, um eine positive Grundhaltung beim Leser zu erreichen. Anschließend werden zwei Pressestimmen genutzt, um dies zu untermauern. Die Features werden ausführlich in übersichtlicher Form beschrieben und mit passendem Sonnen-Symbol unterstrichen. Neue Funktionen werden zusätzlich herausgehoben. Anschließend wird ausführlich auf die Funktionen eingegangen, die per InApp-Kauf zusätzlich erworben werden können, wobei hier deutlich darauf hingewiesen wird, dass keine Kaufverpflichtung besteht. Zuletzt wird noch auf den eigenen Twitter-Account sowie die eigene Homepage verwiesen, um das Gesamtbild abzurunden.

Case Study: Blitzer.de Pro

Der zweite Beschreibungstext ist der App »Blitzer.de Pro« entnommen. Bei diesem Text wurde ebenfalls sehr viel Wert auf den Einleitungstext mit sehr vielen positiven Ausdrücken wie »ultimativ«, »unerreicht« oder »revolutionär« gelegt. Anschließend werden direkt die Highlights der App aufgezählt, um lesefaule User zu überzeugen. Diese werden ebenfalls mit dem Häkchen-Symbol unterstrichen. Anschließend werden alle Features ausführlich beschrieben und noch einmal eine Übersicht geliefert. Ein Link zur Internetseite sowie E-Mail-Adresse zur Kontaktaufnahme werden dem User ebenfalls geliefert. Am Ende des Textes werden darüber hinaus noch Links zum Support und zur Facebook-Seite angegeben.

Beide Beispiele zeigen, welche Möglichkeiten Sie als Entwickler haben, um einen ansprechenden Beschreibungstext zu gestalten. Nutzen Sie diese Möglichkeit, um bei den Lesern Vertrauen in Ihre App zu wecken und so einen entscheidenden Schritt Richtung Erfolg zu machen.

7 Appstore Optimization

Beschreibung
Blitzer.de PRO ist der ULTIMATIVE Blitzerwarner für Ihr iPhone mit Warnungen vor festen Radarfallen und mobilen Blitzern* - unerreicht in Genauigkeit und Abdeckung. Dank revolutionärer Filtertechnik werden Sie nur gewarnt, wenn der Blitzer tatsächlich auf Ihrer Route liegt. Das bei ähnlichen Produkten oftmals unvermeidliche, nervende Piepkonzert entfällt. So kommen Sie jederzeit entspannt und sicher ans Ziel.

HIGHLIGHTS
[✓] Weltneuheit: Warnungen nur für Blitzer auf Ihrer Route
[✓] Echtzeitmeldungen für mobile Blitzer* (bis zu 2000 pro Tag)
[✓] Optional permanente 3D-Kartenanzeige mit OpenStreetMap-Karten
[✓] Redaktionelle Prüfung der Blitzer-Meldungen
[✓] Läuft gleichzeitig im Hintergrund mit Navigationsapps, z.B. Navigon
[✓] Richtungsbezogene Warnung für alle festen Blitzer in ganz Europa
[✓] Tachoanzeige
[✓] Vieles mehr...

* Abonnement für mobile Blitzer:
In den ersten 14 Tagen nach der Installation können Sie die Warn- und Updatefunktion für mobile Blitzer kostenlos testen. Nach dem Testzeitraum erhalten Sie auch ohne Abonnement unbegrenzt Warnungen vor festen Blitzern in ganz Europa mit regelmäßigen Updates. Mit dem Kauf eines lebenslangen Abos (einmalig 9.99 EUR) können Sie dann auch weiterhin mobile Blitzerdaten in Echtzeit empfangen.

SICHERER UND ENTSPANNTER FAHREN
Mit Blitzer.de PRO reisen Sie sicherer. Verwandeln Sie Ihr iPhone in einen unersetzlichen Wegbegleiter auf allen Fahrten. Durch den Hintergrundmodus können Sie die App sogar während des Betriebs von anderen Navigationsapps laufen und warnen lassen. Die revolutionäre Technik in dieser App warnt Sie zuverlässig vor allen festen Blitzern in Europa. Profitieren Sie als Premium Kunde zudem in Echtzeit von den dynamischen Meldungen der größten Community für mobile Blitzer in Deutschland, Österreich und der Schweiz mit bereits über 3 Millionen Teilnehmern.

REDAKTIONELL GEPRÜFTE INHALTE
Mit Blitzer.de PRO erhalten Sie redaktionell geprüfte mobile Blitzermeldungen[*] in Echtzeit.

FEATURES
- Hintergrundmodus
- Neuartige Technik zur Erkennung von Blitzern auf Ihrer Route
- Mehr als 47.000 feste Blitzer von SCDB.info
- Standorte fester Blitzer vor Ort überprüft
- Automatische Updates alle 5 Minuten (bei Internetverbindung)
- Querformatmodus, drehen Sie einfach Ihr Smartphone um 90°
- Optische und akustische Warnung mit Sprachansage
- Anzeige des Blitzertyps und der erlaubten Höchstgeschwindigkeit
- Entfernungsanzeige zum Blitzer
- Einfache Meldefunktion mit Standortangabe
- Online/Offline Modus

EXKLUSIVER SERVICE
Werden Sie Blitzer.de PRO Nutzer und profitieren Sie von folgenden exklusiven Services:
- Geprüfte Blitzermeldungen, dadurch entspanntes Reisen
- Kostenlose Hotline, Rückrufservice zu den üblichen Bürozeiten

Unter http://www.blitzer.de/ finden Sie alle Blitzerstandorte in einer Übersichtskarte, zahlreiche Bildergalerien und viele weitere Infos. Noch Zweifel? Fragen Sie uns: info@blitzer.de

Systemanforderungen:
- iPhone 3GS, 4, 4S ab iOS 4.3
- Internetzugang für Online-Updates (Flatrate empfohlen)

Wichtig:
Seit iOS4 können Apps auch im Hintergrund laufen. Wenn Sie Blitzer.de PRO im Hintergrund nutzen, führt dies unter Umständen zu deutlich verkürzten Batterielaufzeiten.

Website von Blitzer.de http://www.blitzer.de/
Blitzer.de Support http://portal.blitzer.de/category/software/
Facebook: http://www.facebook.com/www.Blitzer.de

Abbildung 7.7: Beschreibungstext »Blitzer.de Pro«

7.3 Die richtige Kategorie

Die Auswahl der richtigen Kategorie ist ähnlich wichtig wie der Name der App selbst. Der App Store sowie Google Play bieten eine Vielzahl an Kategorien an, in die Sie Ihre App einordnen dürfen. Angefangen von Bildung über Medizin hin zu Wirtschaft haben Sie die Qual der Wahl, sich für die richtige Kategorie zu entscheiden. Natürlich kann es sein, dass Ihre App sich eindeutig in eine dieser Kategorien einfügen lässt. Oftmals haben Entwickler jedoch das Problem, dass sich ihre App inhaltlich in mehreren Kategorien wiederfindet. Apple bietet Entwicklern daher die Möglichkeit an, eine primäre und eine sekundäre Kategorie für ihre App auszuwählen. Allerdings hat die sekundäre Kategorie keine praktische Relevanz. Ihre App wird ausschließlich unter der Primärkategorie geführt und auch gefunden. Tabelle 7.1 gibt Ihnen einen Überblick über alle Kategorien, zwischen denen Sie auswählen können. Beachten Sie, dass die Kategorie Spiele in beiden Fällen noch einmal in mehrere Unterkategorien unterteilt ist. Bei Spielen ist dies aufgrund der großen Anzahl an Genres auch dringend notwendig und hilft Usern dabei, schnell Spiele in der Kategorie zu finden, die sie auch am häufigsten spielen.

Google bietet insgesamt 26 Kategorien an, Apple hingegen nur 23, trotzdem eine sehr hohe Zahl. Dies liegt vor allem daran, dass Googles Betriebssystem Android aufgrund seiner Open-Source-Eigenschaften mehr Möglichkeiten für Entwickler bietet, Apps zu programmieren. Kategorien wie Widgets, Personalisierung und Live-Hintergründe sind für das iPhone schlichtweg nicht möglich. Zum anderen haben beide unterschiedliche Schwerpunkte bei der Kategorisierung gelegt. Kategorien wie Shopping oder Verkehr tauchen im App Store nicht auf. Jedoch findet sich bei einem Großteil der Kategorien eine Überschneidung, die Ihnen als Entwickler sehr entgegenkommt, wollen Sie Ihre App sowohl für iOS als auch für Android veröffentlichen. Nehmen Sie sich also bei der Wahl der richtigen Kategorie die nötige Zeit. Eine spätere Anpassung der Kategorie ist zwar möglich, aber ärgerlich, da Sie sich in einem neuen Wettbewerbsumfeld beweisen müssen.

Welche Kriterien sind nun für die Auswahl der richtigen Kategorie entscheidend?

Inhalt der App

Wie bereits erwähnt ist die richtige Kategorie zunächst einmal abhängig vom Inhalt Ihrer App. Ein Großteil der Kategorien lässt sich ohne große Kopfschmerzen ausschließen. Eine Witze-Sammlung beispielsweise fällt sicherlich nicht unter Medizin oder Foto und Video. Dieses Ausschlussprinzip hilft Ihnen zumindest schon einmal dabei, die Zahl der möglichen Kategorien zu verkleinern.

Kategorie	Erklärung
Bildung	Wenn Ihre App Usern dabei helfen soll, etwas zu lernen
Bücher	Hier finden sich vor allem digitale Versionen von bereits erschienenen Büchern.
Dienstprogramme	Nützliche Tools für den Alltag, z. B. Wecker oder Barcode-Scanner
Finanzen	Alles zum Thema Geld und Sparen
Foto und Video	Für Apps, mit denen User Fotos schießen, bearbeiten und teilen können
Gesundheit und Fitness	Vom Kalorienzähler bis hin zum Fitnesstrainer finden Sie alles zum Thema Fitness in dieser Kategorie.
Kataloge	Möglichkeit für Unternehmen, ihre Produkte zu präsentieren
Lifestyle	Sehr allgemeine Kategorie, in der es um das Lebensgefühl als solches oder Individualisierung geht, also z. B. Hintergrundbilder, Klingeltöne etc.
Medizin	Falls Ihre Zielgruppe hauptsächlich aus dem Bereich Medizin kommt, also Ärzte, Medizin-Studenten etc.
Musik	Falls Ihre App Musik abspielt, Lieder erkennt oder User eigene Musik erstellen lässt
Nachrichten	Apps, die Ihre User zu einem oder mehreren Themen auf dem Laufenden hält
Navigation	Apps, bei denen die Routen- und Kartenfunktion im Vordergrund steht.
Produktivität	Apps, die Usern dabei helfen, ihre Produktivität zu steigern, z. B. über To-do-Listen
Referenz	Für Apps, die als Nachschlagewerke genutzt werden können.

Tabelle 7.1: Kategorien im App Store

7.3 Die richtige Kategorie

Kategorie	Erklärung
Reisen	Apps, die während der Reiseplanung oder einfach während einer Reise genutzt werden
Soziale Netze	Wenn Ihre App darauf abzielt, dass User miteinander kommunizieren oder auf einem bestehenden Social Network beruht
Spiele	Diese Kategorie ist selbsterklärend.
Sport	Alles, was mit dem Thema Sport zu tun hat, vor allem Apps mit Live-Ergebnissen und Tabellen
Unterhaltung	Apps ohne echten Mehrwert, dienen der reinen Belustigung des Users
Wetter	Selbsterklärend
Wirtschaft	Eine eher verwirrende Kategorie. Hier finden sich Visitenkarten-Reader genauso wie Apps zum Anzeigen von Dokumenten.
Zeitungskiosk	Offizielle Kategorie für Verlage, die ihre Zeitungen und Zeitschriften im App Store vertreiben möchten

Tabelle 7.1: Kategorien im App Store (Forts.)

Kategorie	Erklärung
Bücher & Nachschlagewerke	Selbsterklärend
Büro	Apps, die User im Büroalltag unterstützen, vor allem zum Öffnen von Dokumenten wie PDF oder Office
Comics	Selbsterklärend
Effizienz	Vor allem Speach-to-Text, schnelles Tippen und Kalender
Finanzen	Alles zum Thema Geld und Sparen
Fotografie	Für Apps, mit denen User Fotos schießen, bearbeiten und teilen können
Gesundheit & Fitness	Vom Kalorienzähler bis hin zum Fitnesstrainer finden Sie alles zum Thema Fitness in dieser Kategorie.

Tabelle 7.2: Kategorien bei Google Play

Kategorie	Erklärung
Kommunikation	Messenger, Chart oder VPN-Apps gehören in diese Kategorie.
Lernen	Wenn Ihre App Usern dabei helfen soll, etwas zu lernen.
Lifestyle	Sehr allgemeine Kategorie, in der es um das Lebensgefühl als solches oder Individualisierung geht, also z. B. Hintergrundbilder, Klingeltöne etc.
Live-Hintergründe	Hintergrundbilder, die sich dynamisch verändern
Medien & Videos	Video-Player und Apps zum Streamen von Videos finden sich in dieser Kategorie.
Medizin	Falls Ihre Zielgruppe hauptsächlich aus dem Bereich Medizin kommt, also Ärzte, Medizin-Studenten etc.
Musik & Audio	Falls Ihre App Musik abspielt, Lieder erkennt oder User eigene Musik erstellen lässt
Nachrichten & Magazine	Apps, die Ihre User zu einem oder mehreren Themen auf dem Laufenden hält
Personalisierung	Mischung aus Wallpapers, Widgets und so genannten Launcher-Apps
Reisen & Lokales	Apps, die während der Reiseplanung oder einfach während einer Reise genutzt werden
Shopping	Vor allem Einkaufslisten können in dieser Kategorie gefunden werden.
Software & Demos	Eine Kategorie, in die so ziemlich alle Apps fallen können
Soziale Netzwerke	Wenn Ihre App darauf abzielt, dass User miteinander kommunizieren, oder auf einem bestehenden Social Network beruht.
Sport	Alles, was mit dem Thema Sport zu tun hat, vor allem Apps mit Live-Ergebnissen und Tabellen
Tools	Apps zum Datentransfer, Backup oder z. B. Virenschutz
Unterhaltung	Apps ohne echten Mehrwert, dienen der reinen Belustigung des Users

Tabelle 7.2: Kategorien bei Google Play (Forts.)

Kategorie	Erklärung
Verkehr	Staumelder, Bußgeldrechner und Fahrpläne
Wetter	Selbsterklärend
Widgets	OnScreen-Apps, die direkt auf dem Bildschirm genutzt werden können

Tabelle 7.2: Kategorien bei Google Play (Forts.)

Zielgruppe

Sie können die Wahl ebenfalls von Ihrer Zielgruppe abhängig machen. Junge Leute werden sich eher für die Kategorie Entertainment interessieren als ältere User. Vielreisende werden hingegen öfter in der Kategorie Reisen unterwegs sein. Bei der Zielgruppenanalyse haben Sie sehr viel über Ihre Zielgruppe erfahren. Machen Sie sich dieses Wissen nun zunutze und versetzen Sie sich in die Lage der User. Die erarbeiteten Nutzungsszenarien geben ebenfalls weiteren Aufschluss darüber, welche Kategorie für Ihre App die geeignete ist.

Wettbewerb

Wie so oft können Sie sich auch hier bei der Konkurrenz informieren. Sie werden feststellen, dass inhaltlich gleiche Apps in unterschiedlichen Kategorien zu finden sind. Auch, wenn die Konkurrenz-Apps sich auf den ersten Blick in mehreren Kategorien finden, achten Sie darauf, wo der Großteil der Apps vertreten ist. Dies ist ein weiterer Hinweis darauf, wo Ihre App besser »aufgehoben ist«. Allerdings müssen Sie natürlich damit rechnen, dass Ihre Konkurrenten so auch schneller auf Sie aufmerksam werden. Dies werden Sie allerdings mittel- bis langfristig ohnehin nicht vermeiden können, daher sollten Sie auf diesen Umstand weniger Rücksicht nehmen.

Chart-Chancen

Ein Faktor, der bei der Wahl der richtigen Kategorie oft unterschätzt wird, ist die Chance, es in dieser Kategorie auch bis in die Charts zu schaffen. Charts verhelfen Apps zu einem Schneeballeffekt, der einen Erfolg beinahe automatisch vorantreibt. Zu beachten ist, dass die Anzahl verfügbarer Apps nicht gleich verteilt ist. Abbildung 7.8 zeigt, dass die Kategorien Entertainment, Games, Book und Lifestyle zu den Top-Kategorien mit den meisten Apps gehören. Das liegt natürlich daran, dass Apps in diesen Kategorien ein sehr breites Publikum ansprechen.

7 Appstore Optimization

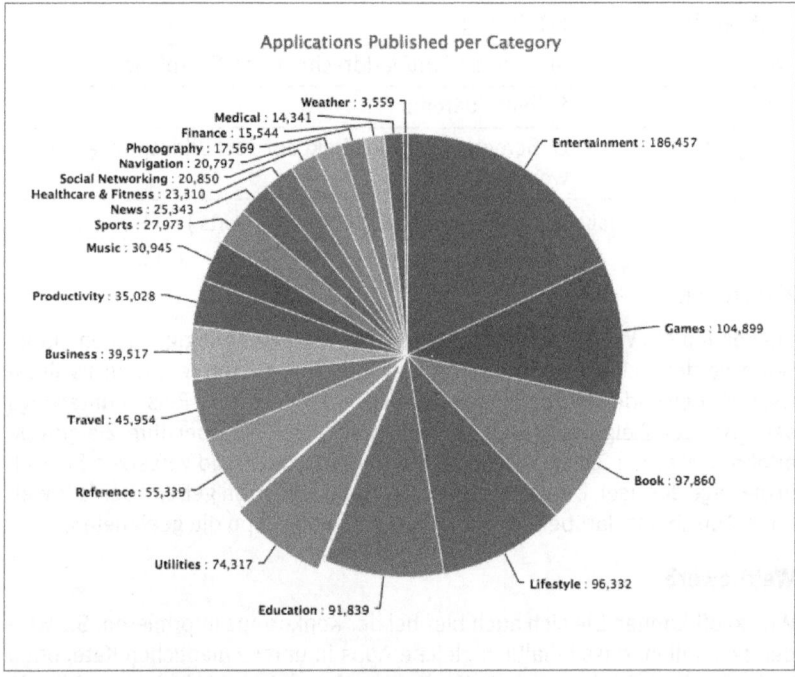

Abbildung 7.8: Anzahl der Apps pro Kategorie (Quelle: uquery.com)

Fast jeder Smartphone-Besitzer hat schon einmal ein Spiel heruntergeladen und ist neuen Spielen gegenüber aufgeschlossen. Auf der anderen Seite gibt es mehrere Kategorien wie z. B. Finanzen oder Medizin, die im Verhältnis gesehen wenige Apps haben. Dies bedeutet natürlich auch, dass Sie weniger Downloads brauchen, um in die Charts zu kommen und somit die Erfolgschancen zu erhöhen. Sicherlich lässt sich sagen, dass eine Top-10-Platzierung im Bereich Unterhaltung einen deutlicheren Schneeballeffekt auslöst als eine derartige Platzierung im Bereich Medizin. Allerdings sind hier die Chancen auch denkbar gering, da Sie sich gegen eine wahre Flut von Konkurrenten durchsetzen müssen. Sie müssen also gut abwägen zwischen Risiko und (realistischen) Chancen.

Nehmen Sie sich bei der Wahl der richtigen Kategorie ruhig etwas Zeit. Denn ein wichtiger Faktor ist es, im Appstore auch von Leuten gefunden zu werden, die nicht unbedingt nach Ihrer App suchen.

7.4 Screenshots

Screenshots unterstützen den Beschreibungstext entscheidend und werten ihn optisch deutlich auf. Es gibt viele User, die sich nur Teile des Beschreibungstextes durchlesen bzw. ihn überfliegen und ihre Aufmerksamkeit den Screenshots schenken. Smartphone-Nutzer setzen bei Apps eine gewisse Ästhetik und Usability voraus, die natürlich durch den Beschreibungstext nicht vermittelt werden kann. Screenshots überzeugen sozusagen auf der emotionalen Ebene. Sie wollen mit ihnen erreichen, dass der Nutzer für sich selbst »Gefällt mir« denkt. Die User achten darauf, welche Farben Sie einsetzen, wie einzelne Funktionen aus der Beschreibung optisch umgesetzt wurden und ob Ihre App in sich übersichtlich und verständlich ist. Im Appstore geht es nun darum, dem User auch zu zeigen, welche Arbeit in das eigene Design der App geflossen ist. Unterschiedliche Zielgruppen haben natürlich unterschiedliche Auffassungen von gutem Design und wollen sich selbst in den Screenshots wiederfinden.

Die Optik wird noch wichtiger, wenn Sie mit anderen Apps konkurrieren, die inhaltlich sehr stark mit Ihrer übereinstimmen. Es liegt daher in Ihrem eigenen Interesse, die richtigen Screenshots für die Präsentation im App Store und im Google Play Store auszuwählen. Wählen Sie am besten Screenshots aus, die die Kernfunktionen Ihrer App, die von den Usern am meisten verwendet wird, zeigt. Zeigen Sie Funktionen, über die Konkurrenz-Apps nicht verfügen. Im App Store werden Screenshots unterhalb der App-Beschreibung angezeigt und dienen der optischen Unterstützung des Textes. Bei Android hingegen werden die Screenshots noch über der eigentlichen Beschreibung angezeigt. Das bedeutet, dass Screenshots für Android-Geräte eine noch wichtigere Bedeutung haben als im App Store. Denn die Screenshots vermitteln einen ersten Eindruck von Ihrer App. Und wie Sie wissen, gibt es keine zweite Chance für einen ersten Eindruck.

Abbildung 7.9 zeigt die Screenshots der App »Baumbestimmung«. Diese App hilft ihren Usern dabei, Baumarten mit Hilfe von Bildern zu identifizieren. Der erste Screenshot zeigt die Kernfunktion der App, das Bestimmen von Bäumen. Hierbei gehen Sie nach Merkmalen vor und kommen durch das Ausschlussprinzip der gesuchten Baumart näher. Der zweite Screenshot zeigt eine weitere wichtige Funktion der App, nämlich dass sie als Nachschlagewerk genutzt werden kann. Die nächsten zwei Screenshots zeigen die Detailansicht der Bäume, um Usern zu verstehen zu geben, dass sie Bäume nicht nur finden, sondern sich auch darüber informieren können. Der letzte Screenshot zeigt

7 Appstore Optimization

eine Funktion, die eher einem Add-on entspricht und keine echte Relevanz für die Kaufentscheidung des Users hat: ein Quiz. Solche zusätzlichen Features, die als nette Gimmicks verstanden werden, können Sie natürlich ebenfalls durch einen Screenshot präsentieren.

Abbildung 7.9: Screenshots App »Baumbestimmung«

Das zweite Beispiel zeigt Screenshots der App »WeatherPro«, einer sehr beliebten Wettervorhersage-App. Hier wird ebenfalls die Kernfunktionalität als Erstes präsentiert – die Wetterdaten für eine bestimmte Stadt für den aktuellen Tag sowie die Ausschau auf den nächsten Tag. Diese Funktion dürfte für den Großteil der Nutzer die Funktion darstellen, die sie am häufigsten nutzen. Bilder zwei und drei zeigen weitere Ansichten, die wir aus der Wettervorhersage im Fernsehen kennen, das Radar und das Satellitenbild. Bild 4 nimmt noch einmal den Inhalt von Bild 1 auf und präsentiert eine Detailansicht nur für den aktuellen Tag. Das letzte Bild zeigt eine Besonderheit, einen Screenshot im Querformat. Viele Apps werden auch im Querformat verwendet. Sie können diese Funktionen ebenfalls mit einem Screenshot untermalen.

Abbildung 7.10: Screenshots App »WeatherPro«

Die beiden gezeigten Beispiele stellen sozusagen die Standard-Variante der Screenshots dar. Es gibt noch einen weiteren Weg, der natürlich aufwendiger in der Erstellung ist, jedoch einen wesentlich größeren Eindruck auf den User hinterlässt. So können Screenshots mit zusätzlichem Text und Grafiken angereichert werden, um gezeigte Funktionen zu erläutern. Auch können mehrere Screens miteinander kombiniert werden. Wenn der User in der App z. B. die Möglichkeit hat, zwischen mehreren Hintergründen zu wechseln, können all diese in einem Bildschirm direkt gegenübergestellt werden. Diese erweiterten Screenshots sind auch für User wertvoll, die den Beschreibungstext ignorieren. Zuletzt können Sie auch komplexere Funktionen übersichtlich darstellen und den Kunden von der Nutzerfreundlichkeit Ihrer App überzeugen.

Abbildung 7.11: Screenshots App »English-Lernen: Babbel.com«

Die App »Englisch Lernen: Babbel.com« macht Gebrauch von diesen erweiterten Screenshots. Zum einen werden die dargestellten Funktionen mit Headlines unterstrichen, die kurz und knapp das Gezeigte erklären. Weiterhin sind auf einem Bild gleich zwei Screenshots abgebildet. Aber nicht nur das. Die Bilder gehen in den nächsten Screenshot über, so dass der Eindruck entsteht, es würde sich um nur einen sehr breiten Screenshot handeln. Zuletzt sei noch auf den letzten Screenshot hingewiesen. Er zeigt nicht Inhalte der App, sondern macht Werbung für andere babbel.com-Apps. Diese Cross-Promotion innerhalb von Screenshots ist natürlich auch eine gute Möglichkeit, auf eigene Apps hinzuweisen.

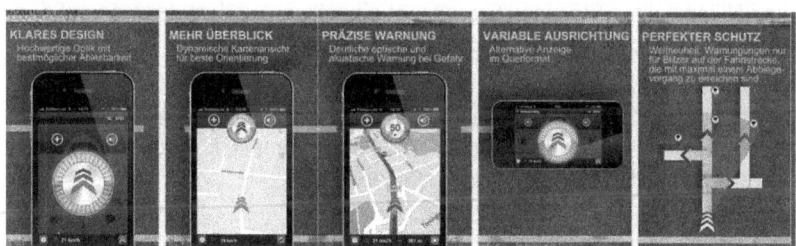

Abbildung 7.12: Screenshots App »Blitzer Pro«

7 Appstore Optimization

Die App »Blitzer Pro« macht ebenfalls Gebrauch von erweiterten Screenshots. Auch hier werden Headlines verwendet, die zusätzlich mit Stichwörtern angereichert wurden. Beide Apps setzen noch ein weiteres visuelles Mittel ein, um den positiven Eindruck der App zu verstärken. Die Screenshots werden im iPhone-Rahmen angezeigt. Da es sich bei dem iPhone um ein sehr edles und hochwertiges Produkt handelt, werden die Screenshots dadurch automatisch aufgewertet. Und das ohne viel Arbeit.

Zuletzt noch ein Beispiel, wo es die Marketingabteilung mit der Screenshot-Erstellung zu gut gemeint hat. Die App »Camera+« setzt auf eine Kombination aus normalen Screenshots und erweiterten. Dies ist im Grunde keine schlechte Idee. Allerdings werden Sie feststellen, dass die gesamte optische Präsentation dadurch unruhig wirkt und der User sich bei jedem Screenshot neu orientieren muss. Und Screenshots sollen schließlich aufklären, nicht verwirren.

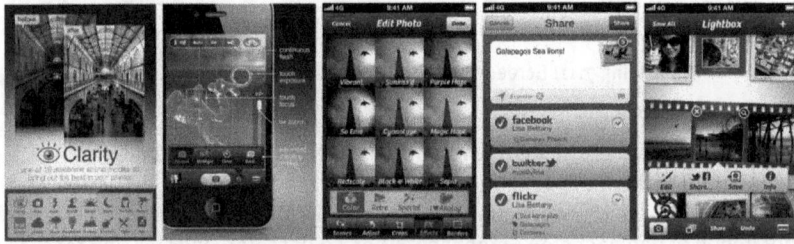

Abbildung 7.13: Screenshots »Camera+«

Als Letztes soll noch darauf hingewiesen werden, dass bei manchen Apps das App-Icon beinahe mehr im Vordergrund steht als die App selbst. Bei den so genannten Schatzi-Apps geht es beispielsweise darum, seinem Liebsten oder seiner Liebsten einen besonderen Platz auf dem Smartphone zu geben. In solchen Fällen sollten Sie einen Screenshot einsetzen, auf dem das Icon auf dem Display des iPhones hervorgehoben dargestellt wird.

Wie Sie sehen, sollten Sie die Screenshots und ihre Wirkung auf gar keinen Fall unterschätzen. Sie können aber natürlich mit einfachen Screenshots starten und nach und nach erweitern, falls Sie zu Beginn einfach nicht die Kapazitäten haben, erweiterte Screenshots zu erstellen.

Abbildung 7.14: Schatzi-Apps mit Icon-Screenshot

7.5 Icons

Das erste visuelle Objekt, mit dem die User konfrontiert werden, sind die App-Icons. Diese werden in allen Listen zusammen mit dem App-Namen angezeigt. Daher sollten Sie darauf achten, dem App-Icon ähnlich viel Aufmerksamkeit zu schenken wie den Screenshots. Besonders in Suchergebnissen ist es wichtig, sich durch das Appstore-Icon von den direkten Konkurrenten positiv in den Augen der User abzuheben. Natürlich sollte dies nicht um jeden Preis geschehen, das Icon sollte zur App passen und ihren eigentlichen Inhalt vermitteln. App-Icon-Design und App-Design stehen damit sehr eng beieinander. Ein weiterer Aspekt ist natürlich, dass die User die App später auf ihrem Screen leicht wiederfinden können. Dies ist nicht direkt verkaufsfördernd, jedoch hilft es Ihnen dabei, den Usern einen positiven Gesamteindruck von der App zu vermitteln.

Nach Möglichkeit sollten im Icon ausdrucksstarke Symbole auftauchen, die thematisch mit der App zusammenhängen. Es gibt eine Vielzahl an Symbolen, die bereits mit bestimmten Themen verknüpft werden. Herzen beispielsweise werden von Usern mit Liebe in Verbindung gebracht, Notenschlüssel mit Musik. Machen Sie von diesen allgemeingültigen Symbolen Gebrauch, damit sich die User etwas unter Ihrem Icon vorstellen können.

iHandywecker Pro   Clever Tanken   ToDo

Abbildung 7.15: App-Icons mit Symbolen

Das Icon der App »iHandywecker Pro« sieht beinahe schon selbst aus wie ein Wecker. Die typischen Inhalte wie Uhrzeit oder Alarmglocke lassen eindeutig darauf schließen, dass es sich um eine Wecker-App handelt. Die App »Clever Tanken« nutzt einen Tankschlauch als Symbol, der jedem geläufig ist. Die sehr beliebte App »ToDo« geht noch einfacher vor und benutzt ein Häkchen als Symbol dafür, dass eine bestimmte Aufgabe erledigt wurde. Dieses Häkchen ist so präsent, dass es auch später auf dem Smartphone selbst einfach gefunden werden kann. Wie Sie sehen, können App-Icons sehr einfach gestrickt sein, wenn Sie sich an bekannte Symbole halten. Natürlich hat dies den Nachteil, dass Sie sich unter Umständen ein und dasselbe Symbol mit Ihren direkten Konkurrenten teilen. In solchen Fällen müssen Sie sich natürlich überlegen, wie Sie sich trotzdem von der Konkurrenz abheben können. Abbildung 7.16 zeigt die verschiedenen Logos der Schatzi-Apps, von denen ein Großteil mit dem Herz-Symbol arbeitet.

Nach Möglichkeit sollte Text in einem App-Icon vermieden werden. Dies hat mehrere Gründe. Zum einen wird der Name der App sowieso unterhalb des Icons angezeigt. Es besteht also keine Notwendigkeit, den Namen noch einmal in das Icon einzubauen. Zum anderen sollten Sie bedenken, dass Sie bei einer Lokalisierung der App in andere Sprachen die Icons für die jeweilige Sprache anpassen müssen. Dies führt zu einem erhöhten Aufwand, der bereits verhindert werden kann, indem auf Text innerhalb der Icons verzichtet wird. Es gibt jedoch eine Ausnahme, bei der Text mehr Sinn machen kann als ein Symbol. Wenn Abkürzungen geläufiger sind als Symbole, sollten diese in das Icon mit eingesetzt werden. Ein Beispiel hierfür wäre die Abkürzung für Mehrwertsteuer, kurz MwSt. Diese Abkürzung ist so bekannt, dass sie ein Symbol durchaus ersetzen kann. Der größere Aufwand durch eine Lokalisierung bleibt jedoch weiterhin bestehen. Hier müssen Sie entscheiden, wie Ihre Planung aussieht und wie viel Arbeit Sie sich später machen wollen.

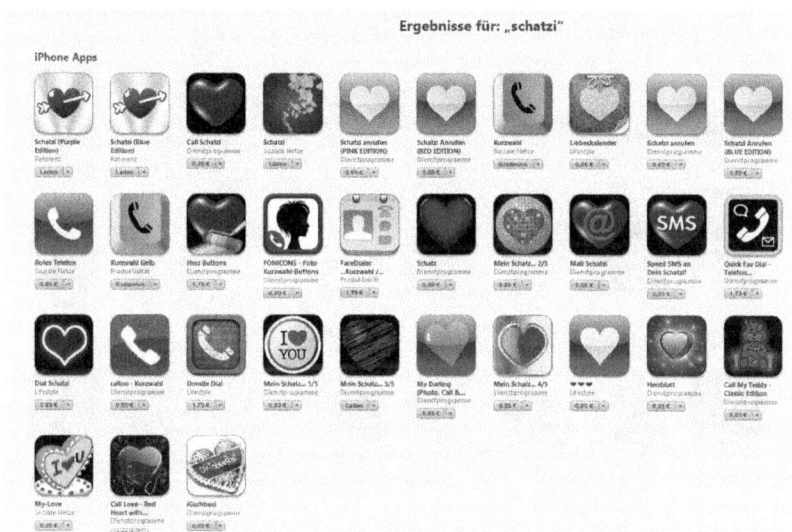

Abbildung 7.16: Schatzi-Apps mit Herz-Symbol

Abbildung 7.17: Icon der App »MwSt+« für Deutschland, UK und die Türkei

Ein wesentlicher Unterschied zwischen Google und Apple hinsichtlich der Apps besteht in der Form. Bei Apple werden alle Icons automatisch abgerundet und so ein einheitliches Bild über alle Apps hinweg geschaffen. Viele Icons verfügen über einen so genannten Bevel-Effekt. Es handelt sich dabei um einen hellen Halbkreis in der oberen Hälfte des Icons. Dieser sollte deaktiviert werden, da das Icon dadurch unnötig blass wirkt und der Bevel-Effekt keinen Mehrwert bietet.

7 Appstore Optimization

Abbildung 7.18: App-Store-Icons mit einheitlichem Look

Bei Google hingegen können Icons unterschiedlichste Formen annehmen, wie Abbildung 7.19 zeigt.

Sowohl bei Google als auch Apple können mehrere Icons genutzt werden, eins für den Store selbst und eins, das letztlich auf dem Display des Smartphones erscheint. Oftmals stimmen diese miteinander überein. Allerdings können weitere visuelle Elemente in das Appstore-Icon eingearbeitet werden, die die Aufmerksamkeit des Users auf sich ziehen und nachher im App-Icon nicht mehr aufzutauchen brauchen. Abbildung 7.20 zeigt einige App-Icons, die mit Überlagerungen arbeiten und dadurch wichtige Zusatzinformationen für den User liefern. Das erste Icon zeigt einen Lautsprecher, was auf Sprachausgabe in der App schließen lässt. Dadurch wird die Multimedialität der App herausgehoben, die User bekommen also nicht nur reinen Text und Bilder zu sehen, sondern die App ist insgesamt auch vertont. Das zweite Icon der App »Runtastic« hat den Zusatz »Pro«. Dieses deutet an, dass mehrere Versionen der App verfügbar sind und diese Pro-Version über exklusive Funktionen verfügt, die in den anderen Versionen nicht verfügbar sind.

7.5 Icons

Abbildung 7.19: App-Icons im Google Play Store

10.000 Fragen zur   Runtastic Pro   Monopoly   Babyphone 3G
Allgemeinbildung

Abbildung 7.20: Erweiterte App-Icons

Das dritte Icon beinhaltet das Logo der Firma Electronic Arts. Bei Spielen werden sehr oft die Logos der Entwickler bzw. Publisher in das Icon integriert, um einen Branding-Effekt zu erzeugen. User können so schnell Apps des gleichen Herausgebers identifizieren. Wenn Sie selbst über eine Bildmarke verfügen und mehrere Apps entwickeln wollen, kann sich das Integrieren des Logos durchaus bezahlt machen. Im letzten Beispiel ist der Zusatz »3G« zu finden. Diese Information ist sehr wertvoll, wird sie im Kontext der App betrachtet. Babyphone-Apps arbeiten häufig nur im WLAN, eine Verbindung via 3G ist also ein Hinweis auf den USP dieser App. Denken Sie darüber nach, ob Sie Ihren USP auch als Überlagerung visualisieren können.

7.6 Bewertungen & Kommentare

Bewertungen sind neben objektiven Presseberichten die erste Anlaufstelle für User, um sich über die Qualität und allgemeine Beliebtheit der App zu erkundigen. Dabei muss unterschieden werden zwischen Bewertungen und Kommentaren. Bewertungen werden nach dem Sternchen-Prinzip durchgeführt. Ein Stern bedeutet, dass der User sehr unzufrieden mit der App war. Dies passiert vor allem dann, wenn Apps direkt nach dem Start abstürzen, der User also gar keine Gelegenheit hatte, sie zu testen. Auch bei irreführenden Beschreibungen vor allem bei kostenpflichtigen Apps werden sehr häufig schlechte Bewertungen vergeben. Fünf Sterne hingegen zeigen eine hohe Zufriedenheit und stellen gleichzeitig eine Kaufempfehlung für andere Nutzer dar. Neben den Bewertungen können User einen Kommentar hinterlassen. Dieser teilt sich auf in eine Überschrift und dem eigentlichen Text. Üblicherweise werden mehr Bewertungen als Kommentare hinterlassen. Nicht jeder möchte sich die Mühe machen, einen Text einzutippen. Dabei lassen sich kaum Aussagen darüber treffen, wie viele User tatsächlich Bewertungen abgeben. Durch den Einsatz des Bewertungs-Reminders jedoch können Sie diese Anzahl steigern. Eine hohe Durchschnittsbewertung ist natürlich kein Garant für zusätzliche Downloads. Allerdings steigert es die Wahrscheinlichkeit sehr, vor allem wenn die Konkurrenz schlechter bewertet wurde als Sie.

Im App Store muss unterschieden werden zwischen der Desktopversion von iTunes und der mobilen Version, die auf dem iPhone installiert ist. In der Desktopversion werden in den Übersichten grundsätzlich keine Bewertungen angezeigt. Erst in der Detailansicht wird der User darüber aufgeklärt, welche Bewertungen die App erhalten hat. Auf dem iPhone hingegen wird die durchschnittliche Bewertung inkl. der Anzahl in allen Listen dargestellt. Die Anzahl bezieht sich dabei allerdings immer nur auf die aktuelle Version. Kommentare werden in der Desktopversion ebenfalls nur für die aktuelle Version angezeigt. Nur auf Wunsch des Users werden alle älteren eingeblendet, auf dem iPhone werden auch ältere Versionen angezeigt. Beide Versionen zeigen jedoch nur die zehn aktuellsten Kommentare absteigend. Außerdem gibt es einen weiteren wichtigen Unterschied: In der Desktopversion können Kommentare von

7.6 Bewertungen & Kommentare

anderen Usern als hilfreich bzw. nicht hilfreich markiert werden. Wird ein Kommentar mit »Nicht hilfreich« bewertet, rutscht dieser weiter nach unten, da er an Relevanz verliert. Dies hat jedoch keinerlei Auswirkungen auf die mobile Version, wo ausschließlich nach Aktualität sortiert wird.

Ebenfalls möglich ist eine Aktualisierung der eigenen Bewertung. Das heißt, wenn ein User eine App aufgrund von Abstürzen mit nur einem Stern bewertet hat, kann er diese Bewertung bei einem Update, das das Problem löst, ändern. Diese aktualisierte Bewertung taucht dann wieder oben in der Liste auf. Bis Bewertungen und Ergebnisse angezeigt werden, kann einige Zeit vergehen. Meistens handelt es sich um einige wenige Stunden. Es kann aber auch passieren, dass die Server-Updates seitens Apple auf sich warten lassen und es doch einen ganzen Tag dauern kann, bis eine Bewertung erscheint.

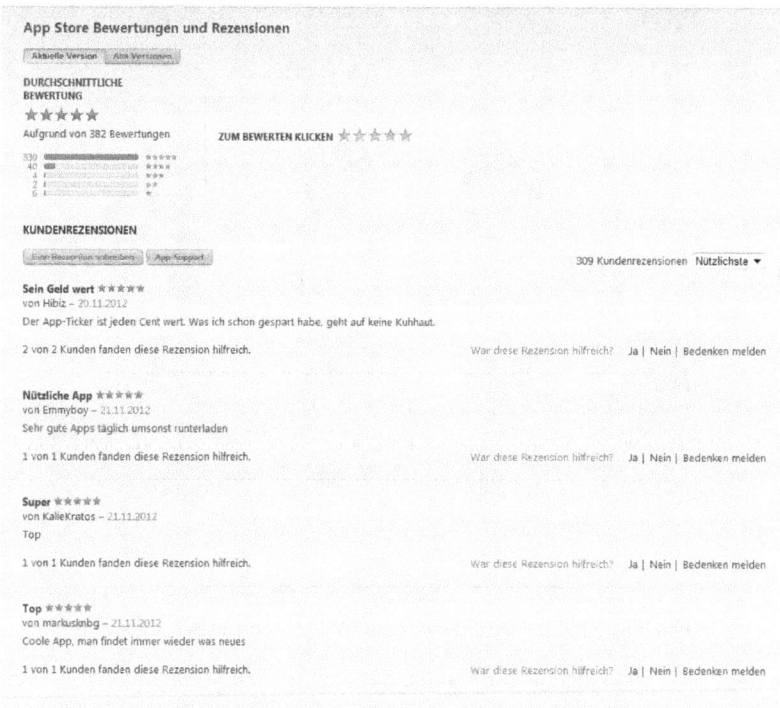

Abbildung 7.21: Bewertungen der App »AppTicker«

Im Gegensatz zum App Store werden bei Google Bewertungen auch online jederzeit angezeigt, was für eine größere Transparenz sorgt. Darüber hinaus

7 Appstore Optimization

können User sehen, mit welchem Gerät die App bewertet wurde und welche Version dabei genutzt wurde. Diese Informationen sind für User sehr hilfreich, da die hohe Anzahl an Geräten und Hardware sehr unterschiedliche Nutzungserlebnisse verursacht. User sind daher immer auf der Suche nach Bewertungen auf vergleichbaren Geräten. Die durchschnittliche Bewertung bezieht sich im Gegensatz zum App Store aber immer auf alle Bewertungen. Bewertungen sind grundsätzlich nach Relevanz sortiert. Denn auch wie im App Store haben Android-Nutzer die Möglichkeit, Kommentare zu bewerten.

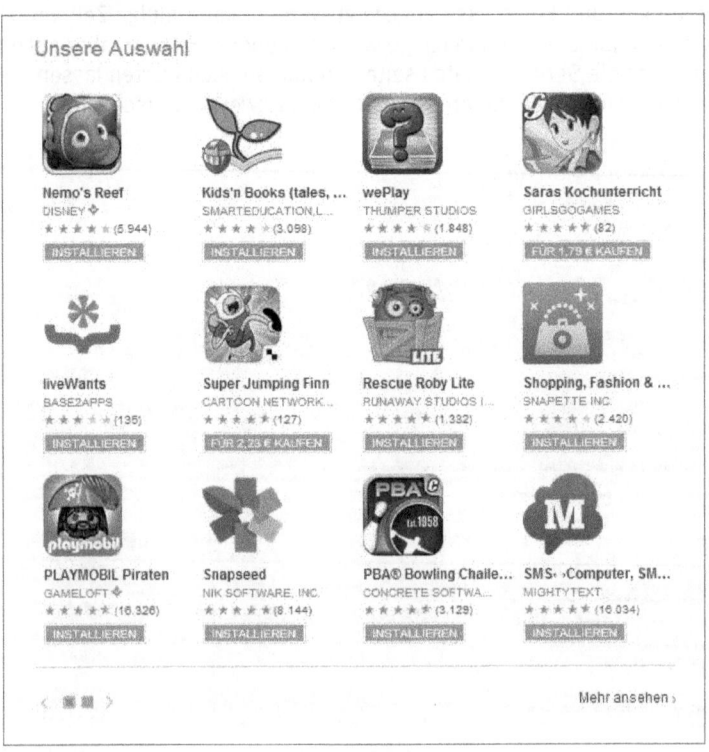

Abbildung 7.22: Bewertungen im Google Play Store in der Übersicht

In der Praxis stellt sich leider heraus, dass Leute eher schlecht bewerten als gut, wenn sie zufrieden sind mit der App. Lassen Sie sich aber nicht entmutigen und nehmen Sie negative Bewertung als Feedback an. Viele User beschreiben konkret ein Problem und Sie können dieses womöglich mit einem Update aus der Welt schaffen. Durch die Kontaktmöglichkeit im Beschreibungstext versuchen Sie darüber hinaus, schlechten Bewertungen entgegen-

7.6 Bewertungen & Kommentare

zuwirken, ganz verhindern lassen sich diese aber natürlich nicht. Dabei spielt es übrigens keine Rolle, ob Ihre App kostenpflichtig ist oder nicht. User werden Ihre App auch dann schlecht bewerten, wenn sie das Gefühl haben, dass Sie einfach nur ihre Zeit gestohlen haben.

Abbildung 7.23: Bewertung im Google Play Store (streamzoo)

Für Sie sollte es primär darum gehen, eine positive durchschnittliche Bilanz aufzuweisen. Von einer positiven Bilanz können Sie bei Bewertungen ab 3,5 Sternen sprechen, das Ziel sollte bei vier Sternen liegen, da erwähnte 1-Sterne-Bewertungen den Durchschnitt sehr schnell nach unten ziehen können. Dies

7 Appstore Optimization

gilt vor allem dann, wenn insgesamt noch nicht allzu viele Bewertungen abgegeben wurden. Alles, was darüber hinaus geht, lässt auf eine Top-App schließen. Sie können natürlich selbst aktiv auf die Bewertungen Einfluss nehmen. Damit meine ich natürlich nicht, eigene Fake-Bewertungen zu schreiben. Stellen Sie eine Liste mit allen Bekannten, Freunden und Verwandten auf, die über ein Smartphone verfügen, und versuchen Sie, diese zu aktivieren. Achten Sie allerdings darauf, dass nicht alle gleichzeitig eine positive Bewertung abgeben, so etwas fällt sehr schnell auf. Gerade bei kostenpflichtigen Apps müssen Sie einigen Ihrer Freunde natürlich einen kleinen Schubser geben, damit sie auch tatsächlich aktiv werden. Hierfür lässt sich auf Apple-Geräten hervorragend die »Verschenken«-Option nutzen. Dabei kaufen Sie sozusagen Ihre eigene App und senden einen Gutschein-Code an Ihren Bekannten. Dieser muss den Code nur noch einlösen und kann anschließend kostenfrei Ihre App herunterladen. Sie bezahlen natürlich nicht den vollen Preis, auch wenn es zunächst so klingt. Apple leitet schließlich 70% der Einnahmen an Sie weiter. Das heißt, dass das Verschenken Ihrer App nur 30% des Preises kostet.

> **Wichtig**
>
> Bitte verschicken Sie keine Promo-Codes an Freunde. Sie erhalten bei jeder neuen App und nach jedem Update 50 neue Codes von Apple, mit denen Ihre App kostenfrei heruntergeladen werden kann. Großer Nachteil hierbei: User, die einen Promo-Code einlösen, können keine Bewertung hinterlassen. Dies ist ein Schutzmechanismus, der von Apple eingesetzt wird, um die Bewertungen im App Store nicht zu verwässern. Diese Promo-Codes eignen sich daher nur, um Journalisten oder Bloggern Zugang zu Ihrer App zu verschaffen.

Android-Nutzer haben diese Möglichkeit leider nicht. Damit Ihre Freunde ebenfalls Ihre ansonsten kostenpflichtige App herunterladen können, müssen Sie auf einen Workaround zurückgreifen. Und zwar können Sie Ihre App kurzfristig umsonst anbieten. Dadurch entstehen keine Kosten und die Leute sind eher motiviert, Ihre App herunterzuladen. Allerdings sollten Sie dieses Zeitfenster möglichst klein halten, um nicht unnötig Einnahmen zu verlieren.

Zuletzt noch zwei Themen, die immer wieder für Aufsehen sorgen, wenn es um das Thema Bewertungen geht. Zum einen gab es einen Trend hin zu so genannten Fake-Bewertungen, also Bewertungen, die nicht von echten Usern kamen und durchweg positiv waren. Es gab sogar Services, die diesen Prozess automatisiert haben. Dadurch verloren die Bewertungen natürlich immer mehr an Glaubwürdigkeit. Mittlerweile geht Apple sehr strikt dagegen vor und

7.6 Bewertungen & Kommentare

kann Entwickler aus seinem Programm ausschließen, wenn sie Fake-Bewertungen genutzt haben. An dieser Stelle sei also ganz deutlich betont, dass das Risiko es nicht wert ist. Lieber ein ordentliches Produkt auf den Markt bringen und ganz natürlich positive Bewertungen einsammeln. Ebenfalls heiß diskutiert werden immer wieder schlechte Bewertungen der Konkurrenz. Es kann passieren, dass sich Wettbewerber dermaßen von Ihnen bedroht fühlen, dass sie eine schlechte Bewertung und einen schlechten Kommentar hinterlassen. Natürlich ist es sehr schwierig zu erkennen, ob ein Kommentar tatsächlich von der Konkurrenz kommt. Bei Kommentaren, wo auf Konkurrenz-Apps hingewiesen wird und dazu noch erklärt wird, was diese besser macht, können Sie stark davon ausgehen, dass es sich um eine Konkurrenz-Bewertung handelt. Entwickler überlegen in solchen Fällen oftmals, ob sie ebenfalls die Apps des Konkurrenten herabwerten sollen. Allerdings ist auch von solchen Reaktionen abzuraten. Konzentrieren Sie sich einfach auf Ihre eigene App, ein gutes Produkt wird früher oder später auch von den Kunden erkannt.

Eine Möglichkeit, um aktiv die Anzahl der Bewertungen für Ihre App zu erhöhen, stellt die so genannte Bewertungserinnerung dar. Die meisten Apps machen mittlerweile Gebrauch von dieser Funktion, da Bewertungen im Appstore eines der wichtigsten Entscheidungskriterien darstellen. Eine Bewertungserinnerung besteht in einem Großteil der Fälle aus einer Überschrift, einem kurzen Text sowie verschiedenen Auswahlmöglichkeiten für den User. Abbildung 7.24 zeigt solch eine Erinnerung in der App »Kölsch Wörterbuch«.

Abbildung 7.24: Bewertungserinnerung in der Kölsch-Wörterbuch-App

Zumeist haben die User drei verschiedene Auswahlmöglichkeiten. Sie können zustimmen und werden anschließend in den Appstore weitergeleitet, wo sie die App bewerten können. Weiterhin können sie die Bewertung verschieben. Als dritte Option kann der User auch einfach eine Bewertung ablehnen. Der Unterschied zwischen Option zwei und drei besteht darin, dass die Nachricht nach einiger Zeit wieder auftaucht. Wann und wo dies geschieht, bleibt dabei Ihnen überlassen. Allerdings sollten Sie einen zeitlichen Abstand von zehn Tagen mindestens einhalten. Ansonsten können sich viele User auch ganz einfach nur genervt fühlen. Die zehn Tage gelten übrigens unabhängig davon, ob der User die App nutzt oder nicht. Zumeist taucht die Nachricht direkt auf, wenn die App geladen wurde und sich der User im Startbildschirm befindet. User wollen ungerne gestört werden, sobald sie die App tatsächlich nutzen.

7.7 Neue Funktionen

Sobald eine neue Version Ihrer App verfügbar ist, muss angegeben werden, welche Änderungen sie enthält. Dazu gehören z. B. neue Funktionen oder die Behebung von Fehlern. Auf den ersten Blick wird nicht ganz ersichtlich, wie Ihnen dieser Abschnitt helfen kann, neue Kunden zu gewinnen, richtet er sich doch klassischerweise an User, die Ihre App bereits installiert haben.

> **Neue Funktionen von Version 2.8.7** Posted 07.12.2012
> 2.8.7:
> - Multimedia teilen in iOS 4.3 repariert (Entschuldigung!)
> - viele Fehler und Programmabstürze behoben
> - in iOS 6 werden Standorte mit der mitgelieferten Map App geteilt
> - Navigation "Alle Medien" repariert
> - viele weitere Optimierungen und Verbesserungen

Abbildung 7.25: Neue Funktionen von WhatsApp

Hier liegt der Teufel im Detail, vor allem in der PC/Mac-Version des App Stores. Die »Neue Funktionen«-Box wird hierbei unmittelbar unter dem Vorschautext angezeigt. Dies bedeutet, dass User die neuen Funktionen noch vor dem eigentlichen Beschreibungstext sehen. Im Play Store ist dieser nicht ganz so prominent platziert, sondern verbirgt sich hinter einem weiteren Reiter, der vom User aufgerufen werden muss. Nichtsdestotrotz können sich User auch hier über Änderungen in Ihrer App informieren. Für Sie als Entwickler bedeutet das, dass Sie Änderungen möglichst genau beschreiben sollten, ähnlich wie im Beschreibungstext selbst. Vor allem ist dies bei der Behebung von Fehlern wichtig. Formulieren Sie, warum es z. B. nicht mehr zu Abstürzen kommt.

Der gesamte Teil hilft Ihnen, auf Kommentare der User zu reagieren und potenziellen Neukunden zu zeigen, dass Sie aktiv an der Verbesserung Ihres Produkts arbeiten. Dadurch werden einige schlechte Bewertungen und Kommentare ihre Bedeutung verlieren und Ihre Erfolgschancen steigen.

7.8 Suchergebnisse

Neben den Charts und den Sonderkategorien gibt es für User natürlich noch eine Möglichkeit, neue Apps zu finden: die Suchfunktion. Diese wird klassischerweise genau dann genutzt, wenn der User eine bestimmte App sucht oder ein Keyword verwendet, um möglichst schnell Ergebnisse zu erhalten. In beiden Fällen sollten Sie natürlich bestrebt sein, in den Suchergebnissen möglichst weit oben aufzutauchen. Leider gibt es keine einfache Antwort auf die Frage, wie Sie im Appstore in den Suchergebnissen weit oben auftauchen. Jedoch lassen sich aus den Erfahrungen der Vergangenheit einige Grundregeln ableiten, die die Erfolgswahrscheinlichkeit deutlich erhöhen.

Zum einen sind natürlich die Keywords von entscheidender Bedeutung, die Sie beim Upload in den Apple App Store festlegen können. Stimmt eines der von Ihnen angegebenen Keywords mit der Suche überein, haben Sie gute Chancen, im Suchergebnis weit oben aufzutauchen. Allerdings kann es natürlich sein, dass andere Apps ebenfalls diese Keywords verwenden. Das gilt ganz besonders dann, wenn Sie sehr unspezifische Keywords verwenden, um eine möglichste breite Masse an Anfragen abgreifen zu wollen. Ein weiterer Faktor ist natürlich der Name Ihrer App. Wenn kein Fantasiename, sondern das gesuchte Keyword in Ihrem App-Namen auftaucht, steigen Ihre Chancen stark an.

Jedoch auch hier kann es natürlich sein, dass die Konkurrenten ebenfalls die gleichen Methoden anwenden, um sich Ihnen gegenüber einen Vorteil in den Suchergebnissen zu verschaffen. In diesem Fall ist es so, dass die erfolgreichste App als Erstes gelistet wird. Mit erfolgreich ist dabei nicht die Gesamtsumme aller bisherigen Downloads gemeint. Das Suchergebnis spiegelt lediglich den aktuellen Status quo wider, wie dies auch bei den Charts der Fall ist. Sollte Ihre App aufgrund einer Preissenkung erhöhte Downloadzahlen vermelden, wird sie erfahrungsgemäß auch in den Suchergebnissen immer weiter nach oben klettern.

7 Appstore Optimization

Abbildung 7.26: Suchergebnis »reiseführer berlin« im Play Store

Im Play Store verhält es sich etwas anders. Hier gibt es keine Möglichkeit, Keywords für eine App zu hinterlegen. Google wertet automatisch alle Ihre Angaben zur App aus und sortiert die Suchergebnisse nach Relevanz. Das bedeutet, dass auch die Anzahl der Bewertungen sowie die durchschnittliche Bewertung mit ins Gewicht fallen. Die Anzeige der Suchergebnisse im App Store variiert zwischen mobiler und der Desktopversion von iTunes. Auf einem iPhone werden alle passenden Suchergebnisse für das gerade verwendete Gerät angezeigt. In der Desktopversion hingegen werden zunächst nur die ersten acht Ergebnisse angezeigt. Der User hat erst anschließend die Möglichkeit, sich alle Suchergebnisse anzeigen zu lassen. Ihr Ziel muss es also sein, unter die ersten acht Suchergebnisse zu kommen, um bei Suchanfragen von den Usern auch wahrgenommen zu werden. Bei Google hingegen werden die ersten 24 Suchergebnisse angezeigt, die für relevant gehalten werden.

Teil II

Marketing und Controlling

8	App-Marketing.	237
9	Social Media	269
10	Mobile Advertising	287
11	Public Relations.	305
12	Kundenbindung.	339
13	Erfolgsmessung.	353

Kapitel 8

App-Marketing

8.1 Timing ist alles

App-Marketing beginnt bereits bei der Wahl des richtigen Veröffentlichungs-Termins für Ihre App. Denn oft kann das richtige Timing ein entscheidender Faktor sein, ob sich Ihre App gut oder schlecht verkauft. So macht es natürlich keinen Sinn, den »Strandführer« mitten im Dezember zu veröffentlichen. Genauso falsch ist es jedoch, bis August damit zu warten. Der Zeitpunkt der Veröffentlichung hat Auswirkungen zum einen auf das Interesse innerhalb Ihrer Zielgruppe und zum anderen auf das Interesse, das Ihrer App von Journalisten entgegengebracht wird. User sind natürlich primär auf der Suche nach Apps, die sie in der aktuellen Situation benötigen und nicht erst in einigen Monaten. Kein User wird also daran Interesse haben, den Strandführer im Dezember herunterzuladen. Vor allem dann, wenn er kostenpflichtig ist. Das bedeutet nicht, dass die User kein Interesse an Ihrer App haben. Allerdings laden sich Leute nur eine begrenzte Zahl an Apps herunter und Sie steigern natürlich Ihre Chancen, wenn Sie Ihre Zielgruppe auch zum richtigen Zeitpunkt erreichen. Auf der Seite der Journalisten sieht es ähnlich aus. Oftmals werden so genannte »Best Of«-Artikel veröffentlicht. In diesen Artikeln werden die besten Apps zu einem bestimmten Thema vorgestellt und bewertet. Die Auswahl der Themengebiete hängt natürlich auch vom aktuellen Zeitpunkt ab. So werden zur Sommerzeit regelmäßig Reiseführer-Apps miteinander verglichen, da in dieser Zeit die meisten Menschen in den Urlaub fahren und folglich auch das meiste Interesse an einem Artikel zu diesem Thema haben. Überlegen Sie sich daher im Vorfeld gut, wann der Launch Ihrer App am meisten Sinn macht – Sie werden später davon profitieren.

Folgende Termine sollten Sie im Hinterkopf behalten und überlegen, ob Ihre App zu einem davon besonders Sinn machen könnte:

- Weihnachten
- Ostern

8 App-Marketing

- Valentinstag
- Ferien
- Silvester
- Karneval
- Wahlen
- Wichtige Sportereignisse wie z. B. Olympia oder Fußball-WM

Neben diesen allgemeinen Daten sollten Sie sich ebenfalls überlegen, welche speziellen Daten für Ihre App wichtig sein könnten, beispielsweise Jahrestage von bestimmten Ereignissen. Weiterhin zu berücksichtigen sind aktuelle Trends und Geschehnisse. Ein Thema, das in den Medien aktuell sehr präsent ist und gut zu Ihrer App passt, kann Grund genug sein, die Entwicklung dementsprechend voranzutreiben und die öffentliche Aufmerksamkeit auszunutzen. Das richtige Timing ist also ein wesentlicher Faktor, um den erfolgreichen Start Ihrer App zu gewährleisten. Bei der Wahl des falschen Termins können alle Marketing- sowie PR-Maßnahmen ins Leere laufen, und dies sollte unter allen Umständen vermieden werden.

Ein anderer Aspekt bei der Wahl des Launch-Termins ist der so genannte First Mover Advantage. Denn wie in allen Industrien gilt auch im App-Business: Wer zuerst kommt, mahlt zuerst. Sollten Sie also eine innovative Idee für eine App haben, die es in dieser Form bisher noch nicht gibt, sollten Sie diese umsetzen, bevor Ihnen jemand anders zuvorkommt. Eine App, die ein neues Segment abdeckt, wird es einfacher haben, sich im Markt zu positionieren und einen Vorsprung gegenüber zukünftigen Wettbewerbern zu sichern. Nachfolger müssen erst einmal unter Beweis stellen, dass ihre App besser ist. Ist zu befürchten, dass bereits andere Entwickler an ein und derselben Idee arbeiten, müssen Sie versuchen, diesen Konkurrenten zuvorzukommen und das mediale Interesse auf sich zu ziehen.

Dies bedeutet natürlich nicht, dass Sie Ihre App unter allen Umständen und evtl. halb fertig veröffentlichen sollten. Dass Sie der erste Teilnehmer in einem Segment sind, heißt natürlich nicht, dass Sie keine schlechte Presse und miserable User-Bewertungen erhalten können. Eine ausreichend hohe Qualität Ihrer App muss zu jedem Zeitpunkt gewährleistet sein. Nur so können Sie den First Mover Advantage zu Ihren Gunsten nutzen und eine Vorreiterrolle einnehmen.

8.2 Die Lite-Version

Besonders zu Beginn der Appstore-Ära war die Lite-Version ein äußerst beliebtes Instrument von Entwicklern, Kunden für ihre ansonsten kostenpflichtigen Apps anzulocken. Lite-Versionen sind dabei Beschränkungen unterworfen, die es in der vollen Version nicht gibt. Trotzdem hat der User die Möglichkeit, die App zu testen und Lust auf alle Features zu bekommen. Die Beschränkungen der Lite-Version können dabei höchst unterschiedlich ausfallen. In den meisten Fällen werden jedoch bestimmte Funktionen inaktiv geschaltet, können also nur in der Vollversion genutzt werden. Die entsprechenden Icons dieser Funktionen sind jedoch weiterhin in der App sichtbar. Allerdings sind diese z. B. ausgegraut, also nicht anklickbar. Oder beim Klick auf das jeweilige Icon erscheint eine Mitteilung, dass dieses Feature nur in der Vollversion genutzt werden kann.

Beispiel 1:

In der App »MwSt+ Lite« kann der User die wichtigste Funktion frei nutzen, den »Netto-Brutto Rechner«. Dadurch erhält er einen guten Eindruck von der Usability und Stabilität der App. Die Funktion »Brutto-Netto« sowie die Möglichkeit, die MwSt-Angaben anderer Länder einzusetzen, sind jedoch nicht in der Lite-Version verfügbar. Es erscheint lediglich ein Hinweis auf die Vollversion und ein Link in den App Store.

Die Lite-Version ist also in sich eine funktionierende App und kann für den ein oder anderen User völlig ausreichend sein. Andere hingegen werden die zusätzlichen Features zu schätzen wissen und die kostenpflichtige Version herunterladen.

Beispiel 2:

Die Lite-Version der App »runtastic« bietet dem User die Kernfunktionalität, nämlich das Aufzeichnen seiner Jogging-Daten, sowie zahlreiche Statistiken und Auswertungen. Jedoch verfügt die App über weit mehr interessante Funktionen. So kann in der so genannten Pro-Version direkt auf die Musikbibliothek zugegriffen oder nach verschiedenen Trainingsplänen trainiert werden. Auf diese Funktionen wird in der Lite-Version hingewiesen, jedoch sind sie nicht verfügbar.

8 App-Marketing

Abbildung 8.1: Lite-Version »MwSt+«

Wichtig ist in jedem Fall, dass die App trotz Beschränkungen nutzbar bleibt. Es hilft Ihnen nichts, wenn die User sich kein Bild von den Kernfunktionalitäten machen können und die wenigen, vorhandenen Features nicht ausreichen, um zu überzeugen. Sie müssen dabei einen gesunden Mittelweg gehen zwischen Funktionen, die der User auch in der Lite-Version sehen muss, und solchen, für die es sich immer noch lohnt, Geld auszugeben.

	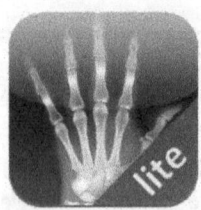	
D1 Butler Lite	Röntgenscanner für Video & Photo Lite	Tipps & Tricks – Geheimnisse für iPhone Lite

Abbildung 8.2: Lite-Icons

Grafisch werden bei App-Icons so genannte Lite-Banderolen verwendet. Diese machen direkt klar, dass es sich bei der betreffenden App um eine Lite-Version handelt, und haben sich in der Vergangenheit bewährt.

Trotz der immer noch großen Beliebtheit von Lite-Versionen gab es in der jüngsten Vergangenheit zunehmend Fälle, wo Lite-Versionen von Apple mit der Begründung abgelehnt wurden, dass der gleiche Effekt auch mit InApp-Käufen erzielt werden kann. Dadurch reicht es aus, nur eine App zu entwickeln und die zunächst fehlenden Features durch InApp-Käufe verfügbar zu machen. Aus technischer Sicht ist dies sicherlich richtig und es macht mehr Sinn als eine Lite/Full-Variante. Der Unterschied besteht darin, dass Sie bei Lite- und Voll-Versionen mit ein und derselben App zweimal im App Store vertreten sein können. Und wenn sie beide miteinander kombinieren und in der Lite-Version InApp-Käufe anbieten und trotzdem noch eine Pro-Version bereitstellen, die von vornherein über alle Features verfügt, jedoch insgesamt günstiger ist, als alle Funktionen einzeln dazukaufen zu müssen, können Sie zwei Erlösmodelle erfolgreich kombinieren. Runtastic geht genau diesen Weg und dies sehr erfolgreich. Apple ist jedoch bestrebt, mehrere Versionen ein und derselben App zu unterbinden, daher ist eine Lite-Version immer mit einem gewissen Risiko verbunden, über das Sie sich bewusst sein sollten.

8.3 Preissenkungen

Preisnachlässe gehören zu einem der wichtigsten Verkaufsförderungsinstrumente im App-Business und können, wenn richtig eingesetzt, Ihre Umsätze durchaus vervielfachen. Bei Preissenkungen gibt es sowohl kurzfristige als auch langfristige Effekte, die Sie als Entwickler in Ihre Umsatzplanung mit einbeziehen sollten. Der kurzfristige Effekt besteht natürlich darin, dass Sie in der Zeit der Preissenkung Ihren Verkauf überdurchschnittlich ankurbeln und dadurch während eines gewissen Zeitraums höhere Einnahmen generieren. Dieser Effekt löst sich natürlich genau in dem Moment auf, wo die Preissenkung endet. Daher spielt der mittel- bis langfristige Effekt einer Preissenkung eine noch größere Rolle, der als Schneeballeffekt bezeichnet wird. Apps, die es einmal in die Top 10 geschafft haben, verkaufen sich aufgrund ihrer offensichtlichen Popularität beinahe von alleine. Dabei macht es auch kaum etwas aus, wenn Ihre App nur durschnittliche Bewertungen vorzuweisen hat. User laden sich Ihre App herunter, weil es anscheinend auch schon genügend andere getan haben.

Der Schneeballeffekt funktioniert also folgendermaßen: Sie setzen den Preis Ihrer App herunter. Der anschließende Schub an Downloads verhilft Ihnen zu einem Sprung in den Charts. Nun ist die Sichtbarkeit Ihrer App ausreichend hoch, dass auch andere User Ihre App herunterladen, selbst wenn die Preissenkung ausläuft und die App wieder zum Normalpreis angeboten wird. Denn Charts, und vor allem die Top 10, sind aktuell noch die beliebteste Anlaufstelle für User, sich über neue Apps zu informieren. Sie wollen meistens nur die besten und populärsten Apps sehen und Charts bieten ihnen genau diese Möglichkeit. Dieser Effekt ist somit deutlich wertvoller als der kurzfristige Umsatzgewinn und gehört im App-Marketing zu den größten Herausforderungen eines Publishers.

Um beide Effekte zu erreichen und so maximalen Erfolg mit einer Preissenkung zu haben, gibt es jedoch eine Menge Faktoren zu beachten. Dabei stehen vier ganz zentrale Fragen im Vordergrund:

- Wie hoch soll der Preisnachlass sein?
- Wann lohnen sich Preissenkungen am meisten?
- Wie lange soll ich die App günstiger anbieten?
- Wie erfahren die User von einer Preissenkung?

Die Höhe der Preissenkung

Die Antwort auf die erste Frage hängt natürlich stark von Ihrem aktuellen Preis ab. Wenn Sie Ihre App für 1,79 Euro anbieten, haben Sie natürlich nur die Möglichkeit, die App entweder für die Hälfte, also 89 Cent, anzubieten oder kostenlos den Usern zur Verfügung zu stellen. Je höher der Preis Ihrer App ist, umso mehr Möglichkeiten haben Sie bei der Preisreduzierung. Tatsächlich lässt sich kaum eine pauschale Aussage darüber treffen, welcher Preisnachlass der richtige ist. Jedoch sollten Sie im Hinterkopf behalten, dass eine größere Preissenkung ebenfalls mit höheren Umsatzeinbußen einhergeht. Wenn Sie sich also dazu entscheiden sollten, den Preis um 50 Prozent zu reduzieren, dann verdienen Sie in dieser Zeit auch nur halb so viel pro Download. Allerdings sollen sich die Downloadzahlen derartig erhöhen, dass Sie diesen Effekt zumindest wieder ausgleichen.

> **Beispiel**
>
> Sie bieten Ihre App normalerweise für 1,79 Euro an und verkaufen 1.000 Apps pro Monat. Dies entspricht einem Netto-Umsatz von 1,09 x 1.000 = 1.090 Euro.

8.3 Preissenkungen

> **• • •**
>
> Wenn Sie nun Ihren Preis auf 89 Cent senken, müssen Sie, um den gleichen Umsatz zu erwirtschaften, 1090/0,54 = 2.019 Einheiten verkaufen, also mehr als verdoppeln. Und dann haben Sie noch keinen Vorteil durch die Preissenkung gehabt, sondern wirklich nur denselben Umsatz. Senken Sie hingegen den Preis von 3,59 Euro auf 2,69 Euro, müssen Sie nur noch knapp 53% mehr Downloads generieren, um ein gleichbleibendes Einkommen zu erwirtschaften.

Für den User jedoch sehen 50% Nachlass natürlich besser aus als 30%. Und die Wahrscheinlichkeit, dass User überhaupt bereit sind, eine App zu kaufen, ist bei 89 Cent natürlich höher. In den vorigen Kapiteln wurde bereits ausführlich auf die Zahlungsbereitschaft von Smartphone-Nutzern und die Preissensibilität Ihrer Zielgruppe eingegangen. All diese Dinge spielen bei Preisnachlässen wieder eine entscheidende Rolle. Es liegt also an Ihnen, verschiedene Szenarien aufzustellen und zu entscheiden, in welcher Höhe eine Preissenkung bei Ihrer App Sinn macht.

Der richtige Zeitpunkt

Bei der Frage, wann sich Preissenkungen am meisten lohnen, sollten Sie darauf achten, dass Sie auf jeden Fall ein Wochenende mit einbeziehen. Erfahrungsgemäß werden am Wochenende deutlich mehr Apps heruntergeladen als an Werktagen. Weiterhin sollten Sie überlegen, ob es bestimmte Anlässe gibt, bei denen eine Preissenkung gerade für Ihre App Sinn machen könnte, weil Ihre App thematisch damit zusammenhängt. Beispielsweise könnten Sie Ihre Rezepte-App über die Weihnachtszeit im Preis senken, da in dieser Zeit besonders viele Rezepte gesucht werden. Im ersten Abschnitt dieses Kapitels wurden bereits einige Termine hervorgehoben, die für Sie ebenfalls eine gute Gelegenheit bieten könnten, Ihre App günstiger anzubieten.

Die Dauer der Preissenkung

Wie lange Sie Ihre App günstig anbieten, ist von Fall zu Fall unterschiedlich zu bewerten. Viele Apps reduzieren den Preis der App nur für einen Tag, manche für ein bestimmtes Event (z. B. Karneval) oder gar einen längeren Zeitraum (z. B. Adventszeit). Wenn Ihre App zeitlich nur sehr begrenzt günstig angeboten wird, steigt natürlich der Druck auf die User. Diese müssen sich schnell entscheiden, ob sie zuschlagen oder sich das Schnäppchen durch die Finger gehen lassen wollen. Andererseits sind nicht alle User ständig im Appstore unterwegs und viele potenzielle Schnäppchenjäger erfahren vielleicht nie davon, dass Ihre App günstiger angeboten wurde. Sie müssen hier also einen

8 App-Marketing

Mittelweg finden, der für Ihre App den größtmöglichen Nutzen bringt. Weiterhin sollten Sie sich darüber Gedanken machen, ob ein Tag ausreichend ist, um möglichst weit hoch in den Charts zu steigen, oder ob Sie nicht wertvolles Potenzial verschenken. Dies ist wiederum abhängig von der Wahl der richtigen Kategorie, die in Kapitel 7 thematisiert wurde.

Preissenkung kommunizieren

Egal, wie Sie sich bzgl. der Höhe der Preissenkung, der Dauer und des Timings entscheiden – Sie müssen natürlich dafür sorgen, dass die Smartphone-User davon erfahren. Denn wenn niemand von Ihrer Preissenkung erfährt, werden Sie schlicht und ergreifend auch keine zusätzlichen Downloads generieren können. Wie können Sie nun also gewährleisten, dass Ihr Preisnachlass auch publik wird? Sie müssen ihn natürlich offensiv kommunizieren. Dies gilt in erster Linie für die Beschreibung im App Store bzw. Play Store. Sie müssen also zuerst die Leute abgreifen, die entweder im Appstore stöbern und eher zufällig auf Ihre App stoßen oder gezielt nach bestimmten Apps via Suchfunktion suchen. Denn User, die das erste Mal auf der Detailseite Ihrer App landen, wissen ansonsten nicht, dass es sich gerade um ein Angebot handelt, und nehmen den aktuellen Preis als selbstverständlich hin. Setzen Sie diese Information an den Anfang der App-Beschreibung, so dass diese ebenfalls im Vorschautext erscheint, und heben Sie sie z. B. durch den Einsatz von Symbolen grafisch hervor. Jeder Besucher soll direkt wissen, dass Ihre App zeitlich befristet günstiger zu haben ist.

> **Beispiel**
>
> Sie bieten Ihre App für genau einen Tag zum halben Preis an, dann könnte die Info laugten: »PREISSENKUNG: Nur heute können Sie unsere App mit 50% Nachlass für 0,89 Euro anstatt 1,79 Euro herunterladen – Jetzt zugreifen!«

Dieser Beispielsatz enthält alle wichtigen Informationen, um eine Preissenkung zu kommunizieren. Der großgeschriebene Begriff »Preissenkung« fällt dem Leser direkt ins Auge. Mit »nur heute« treffen Sie eine Aussage darüber, wie lange die App günstig zu erstehen ist. Im Weiteren nennen Sie den alten und den neuen Preis und machen gleichzeitig noch deutlich, wie groß der Abschlag prozentual ist – eine Zahl wie 50% macht eine Menge Eindruck auf die User. Weiterhin ist es wichtig, 0,89 Euro anstatt 89 Cent zu schreiben. Denn auch wenn es sich in beiden Fällen um den gleichen Betrag handelt, werden die Leser die Null vor dem Komma zur Kenntnis nehmen. Diese verstärkt den

8.3 Preissenkungen

Schnäppchengedanken noch zusätzlich. Natürlich gilt dies auch für alle anderen Medien, über die Sie aktiv sind. Dazu gehören Ihre Website, die Facebook-Seite und ebenfalls der Twitter-Account. Platzieren Sie während der Preissenkung prominent Störer auf Ihrer Website, um Besucher über den Preisnachlass zu informieren. Posten Sie auf Ihrer Facebook-Wand, dass die App günstiger zu haben ist, und twittern Sie ebenfalls eine Nachricht, um Ihre Follower zu erreichen. Dies sind die einfachsten Mittel, um auf den günstigen Preis aufmerksam zu machen und so viele Leute wie möglich zu erreichen.

Eine Pressemitteilung zu einer Preissenkung zu verfassen, macht dagegen wenig Sinn. Zum einen ist der Aufwand sehr hoch, und falls Sie Ihre App nur einen Tag günstiger anbieten, werden die Journalisten gar nicht schnell genug reagieren können. Außerdem erhalten diese täglich sehr viele Anfragen und Preissenkungen sind einfach keine interessanten Themen für eine Veröffentlichung. Allerdings gibt es noch ein weiteres, sehr mächtiges Instrument, das Ihnen bei der Verbreitung der Preissenkung hilft. Die Rede ist von so genannten Schnäppchen-Apps. Diese Apps bieten dem User eine Übersicht aller Apps an, die aktuell für weniger Geld angeboten werden. Denn wie auch im realen Leben ist der Bedarf an Schnäppchen im mobilen Sektor ungehemmt groß und einige Apps decken genau diesen Bedarf ab. Der erfolgreichste Vertreter dieser Gattung ist die App »AppTicker«. Sie führt seit Längerem die Charts in der Kategorie Referenz an, was eindeutig für die Popularität dieser App spricht. Tabelle 8.1 zeigte eine Übersicht der verschiedenen Schnäppchen-Apps. Dabei fällt auf, dass lediglich zwei Apps für Android verfügbar sind. Dies ist sehr verwunderlich, da Android-Nutzer noch preissensibler sind als iPhone-Besitzer. Jedoch wird das Angebot hier sicherlich in den nächsten Monaten noch weiter zunehmen.

App	Plattform
AppTicker	iOS
Appgefahren	iOS
Appdiscounter	iOS
Appzapp	iOS
Appjog	iOS
Apps on Sale 2	Android
Appsfire	iOS / Android

Tabelle 8.1: Schnäppchen-Apps

8 App-Marketing

Vielleicht fragen Sie sich jetzt, was Sie tun müssen, um bei diesen Apps aufzutauchen bzw. gelistet zu werden. Bei Apps wie »AppTicker« oder »AppZapp« ist die Antwort relativ simpel. Gar nichts. AppTicker wie auch AppZapp durchsuchen den App Store täglich mehrmals und listen alle Schnäppchen automatisch, nach Datum sortiert auf. Für Sie als Publisher ist das ein sehr angenehmer Effekt. Sie erreichen eine sehr große Zahl von Usern, die weder den App Store durchstöbern noch gezielt nach Apps suchen. Schnäppchen-Apps sind dadurch ein Segen für beide Seiten, für Publisher gleichermaßen wie für Nutzer.

Das Fahrstuhl-Pricing

Der AppTicker bietet neben der Auflistung von aktuellen Schnäppchen eine weitere sehr interessante Funktion an, die sehr viel über die Strategie vieler App-Entwickler verrät. Die so genannte Preisentwicklung, die am Ende jeder App gefunden werden kann, zeigt bei vielen Apps einen Zickzack-Kurs im Preis. Dieses Phänomen wird als Fahrstuhl-Pricing bezeichnet, da der Preis mal nach oben und dann wieder nach unten geht. Hierbei werden mit hoher Regelmäßigkeit Preissenkungen vorgenommen, wodurch die App beinahe genau so oft günstig angeboten wird wie zum Normalpreis. Das bedeutet, dass Publisher oftmals ihre App gar nicht zum Normalpreis verkaufen wollen und lediglich einen Hebel für eine Preissenkung benötigen, um die bereits beschriebenen Effekte zu erzeugen. Sie rechnen also gar nicht damit, dass jemand die App zum normalen Preis kauft, und wenn jemand sie doch kauft, umso besser. Und obwohl dieses Mittel einen eher faden Beigeschmack hat, so ist es natürlich nicht verboten. Sie müssen nun für sich selbst entscheiden, wie oft Sie von dem Instrument Preissenkung Gebrauch machen wollen. Allerdings kann das Fahrstuhl-Pricing Ihnen auch dabei helfen, den richtigen Preis für Ihre App zu finden.

> **Beispiel**
>
> Angenommen, es gibt keinerlei Konkurrenzprodukte, an denen Sie sich orientieren können, und die Zahlungsbereitschaft Ihrer Zielgruppe ist schwer einzuschätzen. Sie entscheiden sich, Ihre App initial für 2,69 Euro anzubieten. Nach einiger Zeit stellen Sie fest, dass Ihre Downloadzahl sehr moderat ist, was womöglich am zu hohen Preis liegen kann. Sie entscheiden sich nun, kurzfristig den Preis auf 1,79 Euro herunterzusetzen. Die Downloadzahlen steigen zwar, allerdings ist dies womöglich auf die zeitliche Begrenzung zurückzuführen. Nun setzen Sie den Preis noch einmal für einen längeren Zeitraum herab auf 89 Cent, z. B. eine Woche, und stellen fest, dass Ihre Downloadzahlen in den Himmel schießen.

8.3 Preissenkungen

Dies ist ein guter Indikator dafür, dass die Zahlungsbereitschaft für Ihre App bei 89 Cent liegt. Sie können nun die Information der Preissenkung aus der App-Beschreibung entfernen und den Preis beibehalten. Sollten Sie jedoch feststellen, dass Sie in den Charts hinter die Top 50 abfallen, setzen Sie den Preis ruhig wieder herauf. Dadurch haben Sie rechtzeitig wieder einen Hebel zur Verfügung, bevor der Abstand zur Chartspitze zu groß wird. Sie wollen schließlich nicht den Anschluss verlieren und wieder ganz von vorne anfangen.

Apps kostenlos anbieten

Sie haben bestimmt schon oft gesehen, dass eine App zeitweise kostenlos angeboten wird. Auf den ersten Blick ist diese Maßnahme nicht einleuchtend und birgt zwei fundamentale Nachteile. Zum einen verzichtet der Entwickler natürlich auf jegliche Einnahmen, da die App kostenfrei heruntergeladen werden kann. Zum anderen, und das ist vielen nicht bewusst, verpufft der Schneeball-Effekt, sobald Sie die Preissenkung aufheben. Dies soll anhand eines Beispiels verdeutlicht werden.

> **Beispiel**
>
> Sie bieten Ihre App normalerweise für 0,89 Euro an. Nun bieten Sie mehrere Tage lang die App kostenlos an, steigen in Ihrer Kategorie in die Top 10 auf, jedoch unter den »Meistgeladenen Apps«. Sobald Sie nun die Preissenkung aufheben, fällt Ihre App sofort aus den Charts heraus, da nur kostenfreie Apps angezeigt werden.

Wie Sie sehen, gibt es auf den ersten Blick keinen Grund, warum Sie Ihre App kostenlos anbieten sollten. Und doch macht diese Maßnahme unter bestimmten Voraussetzungen Sinn. Zum Beispiel bei Apps, die zwar kostenpflichtig sind, aber in denen der User zusätzliche Inhalte bzw. Funktionen via InApp-Kauf erstehen kann. Zwar verzichtet der Entwickler auf die initialen Einnahmen, jedoch ergeben sich weiterhin Umsatzmöglichkeiten. Und dadurch, dass kostenlose Apps wesentlich häufiger heruntergeladen werden, vergrößert sich durch diesen Schritt schlagartig die potenzielle Käuferschaft. In diesem Fall ergibt sich unter Umständen ein Schneeballeffekt dadurch, dass Ihre App in den Charts für die umsatzstärksten Apps auftaucht.

Ein weiterer Grund ist Cross-Promotion. Wenn Sie eine populäre App kostenlos anbieten und dadurch die Downloadraten deutlich steigern, werden natürlich viel mehr Leute auf andere Apps aufmerksam gemacht, die Sie bereits entwickelt haben. Dies geschieht primär im App Store über den Abschnitt »Weitere iPhone Apps von«, aber natürlich auch über InApp-Cross-Promotion, die im nächsten Abschnitt ausführlich behandelt wird. Das heißt, dass Ihre Apps von der Popularität der kostenlosen App profitieren und Sie auf diesem Umweg doch höhere Einnahmen als sonst erwirtschaften können.

Angenommen, Sie bieten Ihre App für 89 Cent an und finden kaum Abnehmer. Dies kann zwei Gründe haben. Zum einen wissen ganz einfach zu wenig Leute von Ihrer App und zum anderen können selbst 89 Cent zu viel sein. Sie entschließen sich nun dazu, Ihre App kurzzeitig für 1,79 Euro anzubieten, um mit dem nun vorhandenen Hebel eine Preissenkung auf 89 Cent durchzuführen. Die Sichtbarkeit erhöht sich dadurch schlagartig durch die beschriebenen Schnäppchen-Apps. Sie stellen nun fest, dass Ihre App trotz der Preissenkung weiterhin nicht gekauft wird. In diesem Fall müssen Sie sich die Frage stellen, ob Sie das richtige Erlösmodell gewählt haben, als Sie sich dazu entschlossen haben, die App kostenpflichtig anzubieten. Sie setzen nun also den Preis komplett aus und stellen fest, dass sobald die App kostenlos angeboten wird, die Downloadzahlen in die Höhe schießen. Dies ist ein Indikator dafür, dass durchaus Nachfrage nach Ihrer App besteht, die User jedoch nicht bereit sind, dafür zu bezahlen. In diesem Fall müssen Sie darüber nachdenken, ob Sie nicht auf andere Einnahmequellen ausweichen. Überlegen Sie, ob Sie bestimmte Inhalte nur via InApp-Kauf verfügbar machen und der Kern der App trotzdem kostenlos bleibt.

Neben den bereits genannten Schnäppchen-Apps gibt es noch weitere Apps, die ausschließlich Apps vorstellen, die gerade kostenlos angeboten werden. Dazu gehören vor allem die App »App des Tages« und die App »App des Abends«, die beide vom gleichen Entwicklerteam stammen. Hierbei werden die vorgestellten Apps von einem Team ausgesucht. Sie müssen also selbst aktiv werden und Kontakt mit den jeweiligen Betreibern der App aufnehmen. Bei »App des Tages« geschieht dies beispielsweise durch ein Kontaktformular auf der Homepage www.app-kostenlos.de. Und tatsächlich gibt es noch einen weiteren Grund, warum Sie Ihre App für einen begrenzten Zeitraum kostenlos anbieten sollten. Durch die erhöhten Downloadzahlen steigt natürlich auch die Wahrscheinlichkeit, dass Sie neue Rezensionen und Bewertungen erhalten. Sollten Sie also über zu wenige Kommentare verfügen, können Sie so die Anzahl deutlich erhöhen. Oder Ihre App hat durch einen Bug schlechte Rezensionen gesammelt und Ihre durchschnittliche Bewertung ist in den Keller gegangen. Auch dann können Sie nach einem Update, das den Fehler behebt, neue positive Rezensionen generieren.

Wie Sie sehen, ist die Preissenkung ein überaus mächtiges und komplexes Instrument, um seine App-Verkäufe voranzutreiben und von den verschiedenen Mechanismen in den App Stores zu profitieren. Scheuen Sie sich nicht davor, verschiedene Dinge auszuprobieren und herauszufinden, welcher Preis der optimale für Ihre App ist.

8.4 Cross-Promotion

Cross-Promotion bedeutet, dass zwei unterschiedliche Werbeträger eines Unternehmens Produkte des anderen Unternehmens bewerben. Dabei gehören beide Werbeträger bzw. Unternehmen sowie die dazugehörigen Produkte klassischerweise zu einem Konzern. So macht z. B. der Fernsehsender Pro7 Werbung für Sendungen auf Sat1, da beide zur selben Unternehmensgruppe ProSiebenSat1 Media gehören. Der Fernsehsender ist hierbei der Werbeträger und die Sendung das Produkt. Falls Sie mehrere Apps entwickelt haben, bietet es sich natürlich an, in einer App für die anderen zu werben. Auf welche Art Sie eine Integration vornehmen, hängt davon ab, für welches Erlösmodell Sie sich entschieden haben. Haben Sie sich dazu entschlossen, Ihre Einnahmen durch mobile Werbebanner zu generieren, bietet sich natürlich die Möglichkeit an, Werbebanner der eigenen Apps mit einzubauen. Nun stellt sich bei dieser Betrachtung die Frage, warum Sie nicht ausschließlich Eigenwerbung betreiben sollten. Sie müssen bedenken, dass bei einer Einbindung von externen Anzeigen wesentlich mehr Apps beworben werden als bei einer eigenen Bannerschaltung. Sollten Sie also z. B. zwei weitere Apps programmiert haben, werden die User auch nur Banner zu zwei verschiedenen Apps sehen. Dies bringt zwei fundamentale Nachteile. Zum einen gibt es kaum einen Grund für einen User, der eine App-Anzeige bereits 10 Mal gesehen und ignoriert hat, plötzlich Interesse für Ihr Produkt zu entwickeln. Dies gilt vor allem bei Apps mit unterschiedlichen Zielgruppen. Auf der anderen Seite kann es natürlich sein, dass ein User bereits über beide Apps verfügt und die Werbung ins Leere läuft. In beiden Fällen verschenken Sie Werbepotenzial, was für eine Kombination aus beiden Möglichkeiten spricht. Technisch ist diese Integration jedoch mit einigem Aufwand verbunden. Sie müssen hierbei eigene Ads implementieren und die Bannerschaltung verschiedener Quellen verwalten. Hierfür bietet AdMob ebenfalls eine Lösung an, so genannte House Ads oder auch Interne Anzeigen genannt. Das Erstellen einer House-Ad-Kampagne verläuft dabei analog zur Erstellung einer Mobile-Ad-Kamapgne, die in Kapitel 10 ausführlich beschrieben wird. Abbildung 8.3 zeigt noch einmal das Zusammenspiel von House Ads und AdMediation in einer zusammenfassenden Grafik.

8 App-Marketing

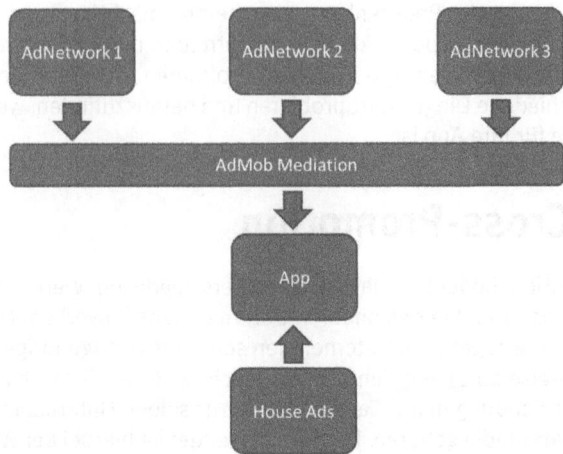

Abbildung 8.3: AdMob Mediation und House Ads

Sie können also Werbebanner für Ihre eigenen Apps integrieren und gleichzeitig die AdMob Mediation nutzen, um andere Netzwerke einzubinden. Der Aufwand für die Integration eigener Werbebanner in Kombination mit anderen Netzwerken kann sich durchaus lohnen. Sie sollten beobachten, ob die Einnahmen durch den Verkauf der eigenen Apps höher liegen als die erwirtschafteten TKPs oder CPCs.

Sollten Ihre Apps kostenpflichtig sein, können Sie natürlich nicht einfach ein Werbebanner in der App platzieren und darauf hoffen, dass Ihre User dies als Mehrwert wahrnehmen. Sie müssen ein wenig subtiler vorgehen und den User Ihre anderen Apps »entdecken« lassen. Dies kann z. B. durch ein so genanntes »Mehr-Apps«-Tab geschehen, das Sie als Menüpunkt in Ihre App einbauen. Über diesen Menüpunkt können die User eine Übersicht aller Ihrer Apps sehen und sie bei Interesse direkt kaufen. Diese Übersicht kann unterschiedlich gestaltet sein. Sie können eine Liste darstellen, durch die die User scrollen können, oder es kann via seitlichem Scrollen von einer App zur nächsten gesprungen werden. Folgende Informationen sollen dabei dem User übermittelt werden:

- App-Icon
- Name
- Preis
- Teaser

8.4 Cross-Promotion

In Abbildung 8.4 sehen Sie beispielhaft den »Mehr-Apps«-Tab der App »MwSt+«. Bei Klick auf das jeweilige Icon gelangt der User in den App Store und kann die App direkt herunterladen.

Abbildung 8.4: »Mehr-Apps«-Tab in der App »MwSt+«

Der Vorteil an Cross-Promotion ist die Tatsache, dass der User bereits eine Ihrer Apps heruntergeladen hat und sich von Ihren Entwicklerfähigkeiten überzeugen konnte. Weiterhin wird er direkt in den mobilen Appstore geleitet, es entsteht also kein Medienbruch. Die Wahrscheinlichkeit, dass sich User weitere Ihrer Apps herunterladen, steigt natürlich, wenn sich die Apps an die gleiche Zielgruppe richten. Cross-Promotion innerhalb der eigenen App ist ein sehr einfaches Mittel, um auf Ihre anderen Apps aufmerksam zu machen und so Ihren Gesamterfolg zu steigern.

Als Alternative zur Cross-Promotion eigener Apps können Sie ebenfalls andere Apps für sich werben lassen und im Gegenzug Apps anderer Entwickler bewerben. Dies hat einen ganz entscheidenden Vorteil gegenüber klassischen Ad-Kampagnen: Es ist kostenlos. Die einzige Leistung, die Sie erbringen müssen, ist, für die App des anderen in Ihrer App zu werben. Wie kann so eine Kooperation nun konkret aussehen? Wie eben beschrieben, können Sie ein »Mehr

Apps«-Tab in Ihre App implementieren. Jedoch können hier neben Ihren eigenen auch andere Apps platziert werden. Dies macht vor allem Sinn bei Apps, die sich gegenseitig ergänzen oder die gleichen Zielgruppen ansprechen. Natürlich sollten Sie keine Kooperation mit direkten Wettbewerbern eingehen. Sie sollten ebenfalls mit Ihrem Partner eine so genannte Blacklist anlegen können. Auf dieser Blacklist nennen alle Parteien die Apps, die als direkte Konkurrenten wahrgenommen werden und mit denen eine Kooperation dadurch ausgeschlossen wird.

Die Idee, umsonst Werbung für seine App zu erhalten, klingt zunächst sehr vielversprechend. Und in der Tat ist Cross-Promotion ein sehr guter Weg, um zusätzliche Downloads zu generieren. Aber natürlich gibt es auch hier einige Herausforderungen, die zunächst gemeistert werden müssen. Zunächst einmal müssen Sie natürlich geeignete Partner finden, mit denen Sie App-Promotion betreiben wollen. Wenn Sie Kontakt zu anderen Entwicklern haben, kontaktieren Sie diese als Erste und fragen Sie, ob Interesse an einer Kooperation besteht. Es spricht auch nichts dagegen, selbst im Appstore auf die Suche zu gehen und Entwickler z. B. direkt per E-Mail zu kontaktieren. Natürlich machen nur Apps Sinn, die in etwa die gleiche Kragenweite haben, und sich so keine der beiden Parteien benachteiligt fühlt. Anschließend erfolgt die Integration in beide Apps, die nach Möglichkeit an gleicher Stelle und in etwa gleich prominent platziert sein sollte, damit auch hier wieder Chancengleichheit besteht. Komplexer wird es dann, wenn Sie über mehrere Partner verfügen und entscheiden müssen, in welcher Reihenfolge diese eingeblendet werden sollen. Sie sind natürlich nicht auf den »Mehr-Apps«-Tab beschränkt. So können Sie ebenfalls Banner oder gar Interstitials einsetzen. Beachten Sie jedoch, dass bei einer kostenpflichtigen App auf keinen Fall Werbung eingesetzt werden sollte und Cross-Promotion eher »um die Ecke kommt«, also sehr subtil eingesetzt wird.

Wie Sie sehen, entsteht ein recht großer Aufwand, wenn Sie sich für Cross-Promotion entscheiden. Die Frage liegt nahe, ob es nicht Services gibt, die einem genau diese Arbeit abnehmen und automatisieren. Die Antwort lautet Jein. Es gibt mittlerweile einige Anbieter, die Cross-Promotion-Services anbieten und Entwicklern dabei helfen, ihre Apps gegenseitig zu bewerben. Dazu gehören applifier.com, chartboost.com und allen voran flurry.com mit seinem AppCircle. Alle drei bieten sehr umfangreiche Möglichkeiten im Bereich Cross-Promotion an und sind vor allem technisch ausgereift. Flurry bietet ein so genanntes Reward-System an, bei dem User durch das Downloaden von Apps virtuelle Credits erhalten und damit anschließend InApp-Käufe durchführen können.

8.4 Cross-Promotion

Seamless integration into the look and feel of your app

Recommended apps served during live session

Non-intrusive recommendations to your users

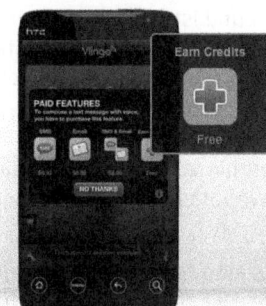
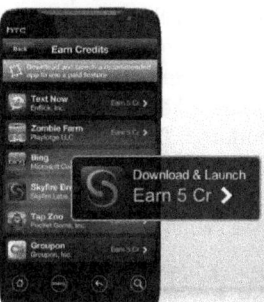

Abbildung 8.5: Flurry's AppCircle-Reward-System (Quelle: http://www.flurry.com/product/appcircle/index.html)

Jedoch haben alle drei Anbieter zwei entscheidende Nachteile. Zum einen konzentrieren sie sich auf englischsprachige Apps und zum anderen werden fast ausschließlich Spiele beworben. Dies liegt daran, dass mit Spielen der größte Umsatz in den Appstores gemacht wird und die Zielgruppe mit englischsprachigen Apps natürlich am größten ist. Einzig Flurry.com kommt als Anbieter infrage, sollte Ihre App über InApp-Käufe verfügen. Chartboost bietet Ihnen die Möglichkeit, durch die Nutzung des angebotenen SDKs internes Cross-Promotion durchzuführen und ebenfalls so genannte Publisher-to-Publisher Deals durchzuführen, wenn diese ebenfalls Chartboost einsetzen. Leider ist dieser Marktplatz ebenfalls nur für Spiele vorgesehen.

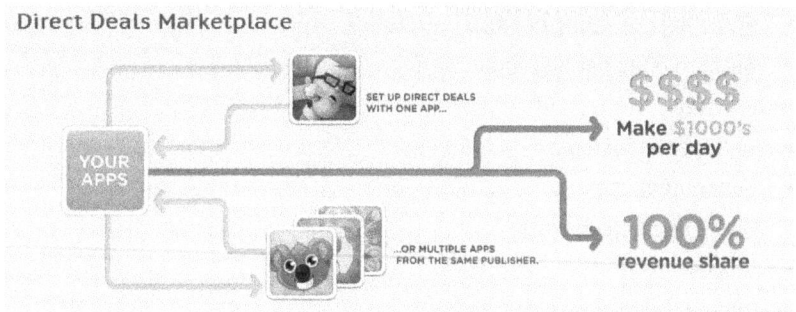

Abbildung 8.6: Direct Deals bei Chartboost

8.5 Die App-Website

Eine gute Website gehört zur Produktpräsentation und ist mindestens genau so wichtig wie die App-Beschreibung im App Store oder Play Store. Sie unterliegen hierbei allerdings in keinster Weise den Vorgaben der Store-Anbieter Google bzw. Apple, sondern können Ihre App auf Ihre ganz eigene individuelle Art und Weise präsentieren. Das Ziel bleibt dabei natürlich das gleiche, Sie wollen Besucher davon überzeugen, Ihre App herunterzuladen oder zu kaufen. Sie müssen dabei gar keine umfangreiche Webpräsenz aufbauen, eine Landingpage ist zum Teil völlig ausreichend.

Bevor Ihre App live geht, können Sie jedoch bereits eine so genannte »Coming Soon«-Seite platzieren. Bei dieser Seite handelt es sich um eine Art Platzhalter, die mit einer netten Grafik darauf hinweist, dass an dieser Stelle bald eine Website erscheint. Diese temporären Websites haben den Vorteil, dass Ihre Website bereits frühzeitig bei Google in den Index aufgenommen wird, noch bevor echter Content vorhanden ist. Sobald Ihre Seite live geht, wird Google dies relativ schnell merken. Das Design der »Coming Soon«-Seite sowie der späteren Website sollte sich mit dem Aussehen der App decken, um früh einen Wiedererkennungseffekt herzustellen. Achten Sie wie bei der App auf Nutzerfreundlichkeit und ein Design, das an die Bedürfnisse der Zielgruppe angepasst ist. User, die zunächst Ihre Website besuchen, werden innerlich eine Verbindung zwischen Website- und App-Design herstellen. Dies bedeutet, dass User bei einem guten Design der Website ebenfalls auf ein gutes App-Design schließen.

Es gibt unzählige Möglichkeiten, wie Sie die Website Ihrer App gestalten können und welche Inhalte sie enthalten kann. Dazu gehören:

- Kurze Beschreibung der App
- Beschreibung der einzelnen Features
- Preis(e)
- Verfügbare Systeme
- Kundenfeedback
- Bilder und Screenshots
- Videos
- Audio-Inhalte
- Social-Media-Integration

8.5 Die App-Website

- News
- Links zu den jeweiligen Appstores
- Kontakt und Feedback
- Presse-Bereich

Diese Inhalte sollen anhand der folgenden Websites näher beschrieben werden, damit Sie einen besseren Eindruck erhalten:

App	Website
iTheorie	http://www.itheorie.de
Blitzer.de	http://www.blitzer.de
MyCalendar	http://mycalendarbook.com
Mobilinga	http://www.mobilinga.de
Babyphone 3G	http://www.babymonitor3g.com
Kölsch Wörterbuch	http://koelschwoerterbuch.de

Tabelle 8.2: Gute App-Websites

Kurz-Beschreibung

Die Kurz-Beschreibung entspricht in etwa dem Vorschautext aus dem Appstore. Hierbei sollte das Ziel sein, in möglichst ein bis zwei Sätzen das Besondere an Ihrer App zu beschreiben. Sie sollte möglichst prominent platziert und grafisch hervorgehoben werden, damit sie dem Besucher direkt ins Auge fällt. Die Website der App »Babyphone 3G« macht dies sehr gut und schafft es, alle wichtigen Informationen in einem Abschnitt unterzubringen und dabei noch die allerwichtigsten Informationen grafisch hervorzuheben. Gleichzeitig ist dieser Abschnitt weit oben positioniert und fällt dem Besucher der Website direkt ins Auge.

Abbildung 8.7: Kurzbeschreibung der App »Babyphone 3G« auf der Website

8 App-Marketing

Beschreibung der Features

Wie im Appstore sollen Sie auf der Website die vorhandenen Features Ihrer App mit ihren Vorteilen erklären, damit der Besucher einen besseren Eindruck vom Gesamtumfang der App enthält. Sie können diese Features entweder durch Screenshots der App unterstützen oder spezielle Grafiken anlegen. Babyphone 3G unterstützt die Beschreibung ihrer einzelnen Features mit Grafiken, die zum Stil der Website passen und gleichzeitig den Kern der Funktionen sehr gut wiedergeben.

★ Funktionen

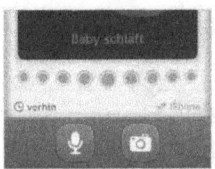

Leicht einzurichten und zu bedienen
Die App ist kinderleicht zu benutzen. Alles was Sie tun müssen, ist zwei iOS Geräte (iPhone, iPad oder iPod Touch) nach einer einfachen Schritt-für-Schritt-Anleitung zu verbinden.

2-Wege Audiokommunikation
Es ist kein Problem Ihr Kind zu hören und gleichzeitig mit ihm zu sprechen! Drücken Sie einfach den Knopf und reden Sie mit Ihrem Baby.

Weitere Funktionen
Babykamera-Funktion, um zu sehen, was im Kinderzimmer passiert + Verstärker, um jedes Geräusch im Kinderzimmer zu hören.

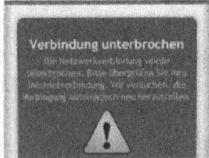
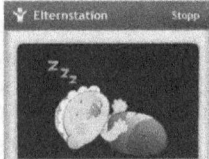

Zuverlässigkeit
Worauf wir uns am meisten konzentriert haben, ist Zuverlässigkeit. Verbindungen können gelegentlich unterbrochen werden und Sie möchten natürlich Bescheid wissen, wenn so etwas geschieht. Mit dem "Babyphone 3G" haben wir alle möglichen Szenarien sorgfältig analysiert und Sie werden sowohl visuell als auch hörbar alarmiert, falls einer dieser Fälle tatsächlich eintritt.

Unbegrenzte Reichweite
All das gibt es mit unbegrenzter Reichweite und der Möglichkeit, jedes zur Verfügung stehende Netz zu verwenden (WI-FI, 3G, Edge u.s.w.). Sie sind nicht länger darauf angewiesen eine WI-FI Verbindung zu verwenden, wie bei anderen Babyphone-Apps im App Store!

Universelle Anwendbarkeit
Wir unterstützen alle iOS Geräte inkl. iPhone, iPad und iPod Touch. Alle, was iOS 4.3 und darüber verwendet. Ferner besitzt die App eine auch für das iPad optimierte Nutzeroberfläche.

Abbildung 8.8: Funktionsbeschreibung der App »Babyphone 3G«

Preis(e)

Im App Store und Play Store werden die Preise für Ihre App automatisch angezeigt. Bei der Website müssen Sie darauf achten, diese sichtbar zu platzieren, damit Sie dem Kunden gegenüber von Beginn an Transparenz beweisen können. Kommunizieren Sie Ihren Preis offensiv, Ihre App ist ihr Geld schließlich wert, also warum sollten Sie den Preis verstecken wollen? Früher oder später wird der User sowieso darauf stoßen, spätestens im Appstore.

Abbildung 8.9: Preisauszeichnung Kölsch-App und App »Blitzer.de Pro«

Falls Ihre App über InApp-Käufe verfügt, können Sie darauf ebenfalls hinweisen, um eine möglichst große Transparenz für Ihre Kunden zu schaffen. Ebenfalls möglich ist eine Gegenüberstellung von Lite- und Pro-Version Ihrer App. So können User auf einen Blick sehen, welche Features ihnen in der kostenfreien Variante vorenthalten bleiben. Die Website der App »Blitzer.de«, die ebenfalls als »Blitzer.de Pro« verfügbar ist, hat solch einen Funktionsvergleich. Er ist sehr übersichtlich gestaltet und hilft dem Besucher dabei, direkt die Unterschiede der beiden Versionen zu erfassen.

8 App-Marketing

Gegenüberstellung der für Apple iPhone und iPad verfügbaren Apps.

	Blitzer.de	Blitzer.de PRO
Preis der App	kostenlos	0,79 EUR
Preis des Abos (mobile Echtzeit-Blitzerdaten)¹⁾		9,99 EUR
Warnung vor festen Blitzern	✓	✓
Warnung vor mobilen Blitzern	✓	✓ 1)
Optische und akustische Warnung	✓	✓
Melden von mobilen Blitzern	✓	✓
Bestätigen von mobilen Blitzern	✓	✓
Entfernungsanzeige zum Blitzer	✓	✓
Richtungspfeil zum Blitzer	✓	✓
Online/Offline Modus	✓	✓
Automatische Updates für feste Blitzer	✓	✓
Automatische Updates für mobile Blitzer	✓	✓ 1)
Redaktionelle Prüfung mobiler Blitzermeldungen		✓ 1)
Warnungen in 6 Sprachen möglich		✓
Hintergrundmodus	✓	✓
Kartenansicht (Open Street Map)		✓
Tag-/Nachtmodus		✓

Abbildung 8.10: Gegenüberstellung von kostenloser und Pro-Version der App »Blitzer.de«

8.5 Die App-Website

Verfügbare Systeme und Mindestanforderungen

Für die User ist es wichtig zu wissen, ob ihr iOS von Ihrer App unterstützt wird und welche Mindestanforderungen die Smartphones erfüllen müssen. Für iOS wird häufig das »Erhältlich im App Store«-Icon verwendet, da es den Usern bestens bekannt ist. Bei Android wird häufig der Android-Roboter genutzt oder das Google-Play-Logo, da diese Symbole ebenfalls sehr prägnant sind und von den meisten Usern direkt erkannt werden.

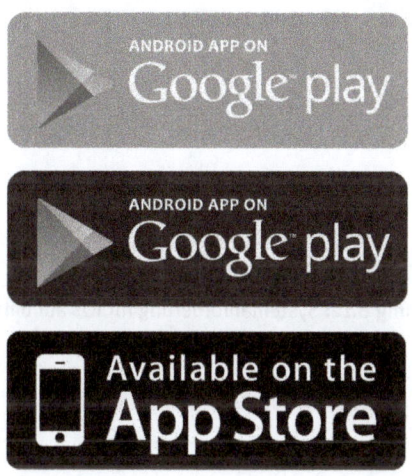

Abbildung 8.11: Homepage-Logos für Google Play und App Store

Hinter beiden Logos sollten sich natürlich die Links in die jeweiligen Stores verstecken. Auch diese Links sollten Sie tracken können. Legen Sie also auch hierbei z. B. mit bit.ly Links an, die zwar in den App Store oder Google Play Store weiterleiten, aber trotzdem von Ihnen gemessen werden können. Sie wollen schließlich wissen, wie viele Leute nach dem Besuch Ihrer Website darauf geklickt haben. Allerdings sollte nicht vergessen werden, dass ein Besucher, der sich für Ihre App interessiert, auch direkt auf seinem Smartphone nach der App suchen kann. Das reale Interesse kann also durchaus höher liegen als die gemessenen Klicks auf die Logos. In jüngster Zeit werden auch immer häufiger QR-Codes eingesetzt, um eben diesen Medienbruch für den User zu vereinfachen, aber natürlich auch, um eine Messbarkeit zwischen Website und Smartphone herzustellen.

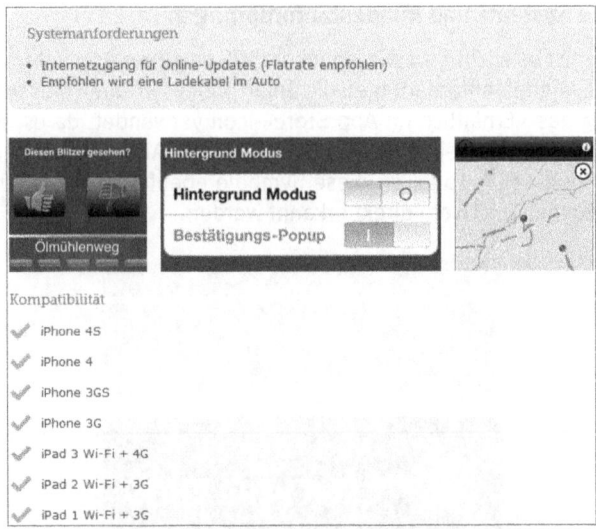

Abbildung 8.12: Systemanforderung für iOs auf blitzer.de

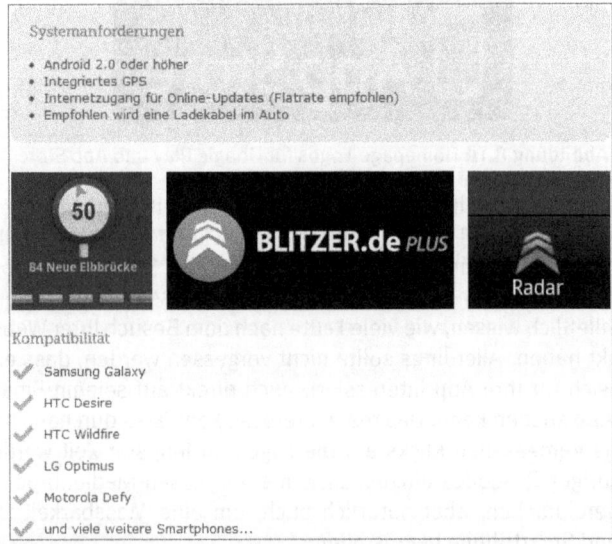

Abbildung 8.13: Systemanforderungen für Android auf `blitzer.de`

8.5 Die App-Website

Darüber hinaus sollte unbedingt erwähnt werden, welche Geräte unterstützt werden und welche iOS- bzw. Android-Version mindestens auf dem Gerät vorhanden sein muss. Auf der Website der App »Blitzer.de« sind sowohl die Spezifikationen für die iOS- als auch für die Android-Version zu finden.

Kundenfeedback

Im Gegensatz zum Appstore haben Sie auf Ihrer Website die Möglichkeit, nur die positiven Bewertungen und Kommentare der User anzuzeigen. Sie picken sich sozusagen die Rosinen heraus. Nehmen Sie die besten Bewertungen aus dem Play Store und App Store und veröffentlichen Sie sie auf Ihrer App-Website. Die Art der Darstellung kann dabei beliebig variieren. Sie können nur den Kommentar abbilden oder auch die dazugehörige Sternebewertung. In Abbildung 8.21 und Abbildung 8.22 sehen Sie beispielhaft die Kommentare zu den Apps »MyCalendar Mobile« und »Babyphone 3G«.

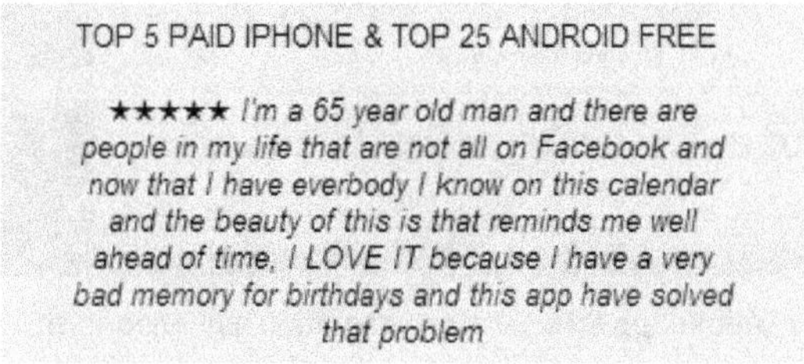

TOP 5 PAID IPHONE & TOP 25 ANDROID FREE

★★★★★ I'm a 65 year old man and there are people in my life that are not all on Facebook and now that I have everybody I know on this calendar and the beauty of this is that reminds me well ahead of time, I LOVE IT because I have a very bad memory for birthdays and this app have solved that problem

Abbildung 8.14: User-Kommentar zu MyCalendar Mobile

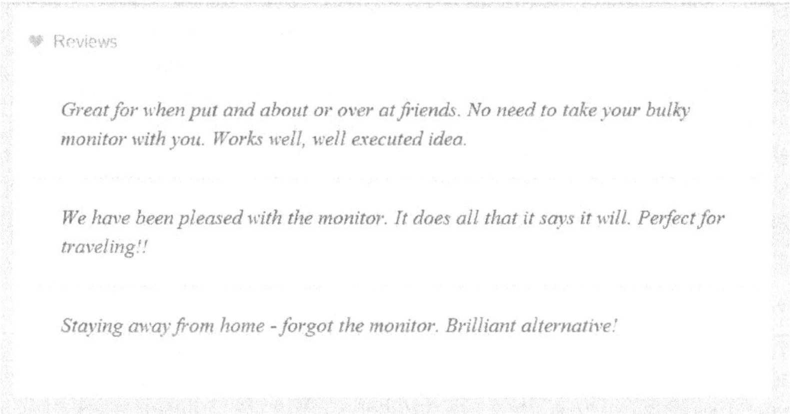

♥ Reviews

Great for when put and about or over at friends. No need to take your bulky monitor with you. Works well, well executed idea.

We have been pleased with the monitor. It does all that it says it will. Perfect for traveling!!

Staying away from home - forgot the monitor. Brilliant alternative!

Abbildung 8.15: User-Kommentar zu Babyphone 3G

8 App-Marketing

Die Website der App »iTheorie« geht einen etwas anderen Weg und bindet am rechten Bildschirmrand Kommentare und Bewertungen zu der eigenen App ein, die ständig aktualisiert wird. Besucher erhalten so direkt einen Überblick darüber, wie andere Nutzer über die App denken.

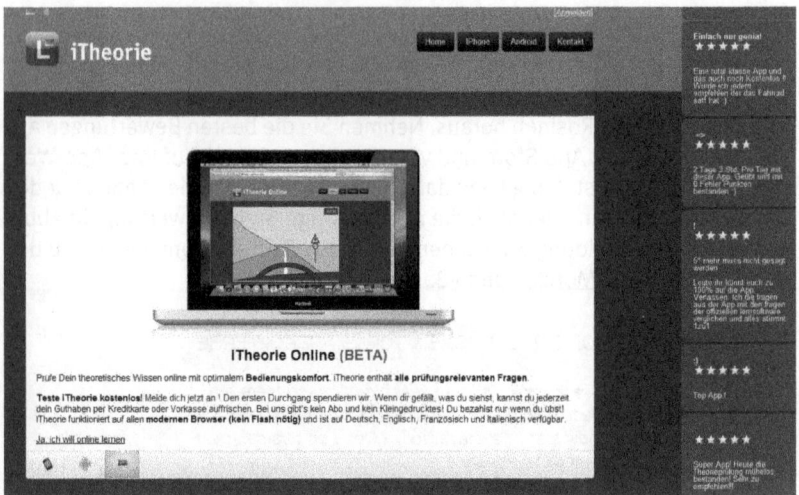

Abbildung 8.16: Twitter-Integration auf iTheorie.ch

Bilder und Screenshots

Genau wie im Appstore gehören Screenshots zu den wichtigsten Elementen Ihrer Website. Sie sollten also auch hier nicht mit Bildern sparen und dem User schon vor dem Kauf Ihrer App so viele Inhalte wie möglich grafisch präsentieren. In Kapitel 7 wurden ja bereits die verschiedenen Möglichkeiten dargestellt, wie Sie Screenshots anlegen können. Wo Sie diese auf der Website platzieren, hängt natürlich vom Design der Seite insgesamt ab. Stellen Sie jedoch sicher, dass die Besucher diese ähnlich schnell wie im Appstore finden. Dies gilt vor allem dann, wenn Sie erweiterte Screenshots erstellt haben, die Arbeit soll sich schließlich gelohnt haben.

Videos

Wenn Sie die Mühen zur Erstellung eines eigenen App-Videos auf sich genommen haben, sollten Sie es natürlich auch auf Ihrer Website einbinden. Bei einem kurzen Trailer können Sie darüber nachdenken, diesen via Autoplay direkt beim Laden der Website abzuspielen, um den Besucher direkt in Ihren Bann zu ziehen. Allerdings sollte das Video dann auch wirklich mitreißend inszeniert sein. Langatmige Erklärungsvideos werden die User eher abschrecken. In Kapitel 9 wird das Thema Videos noch einmal ausführlich mit allen Vor- und Nachteilen diskutiert.

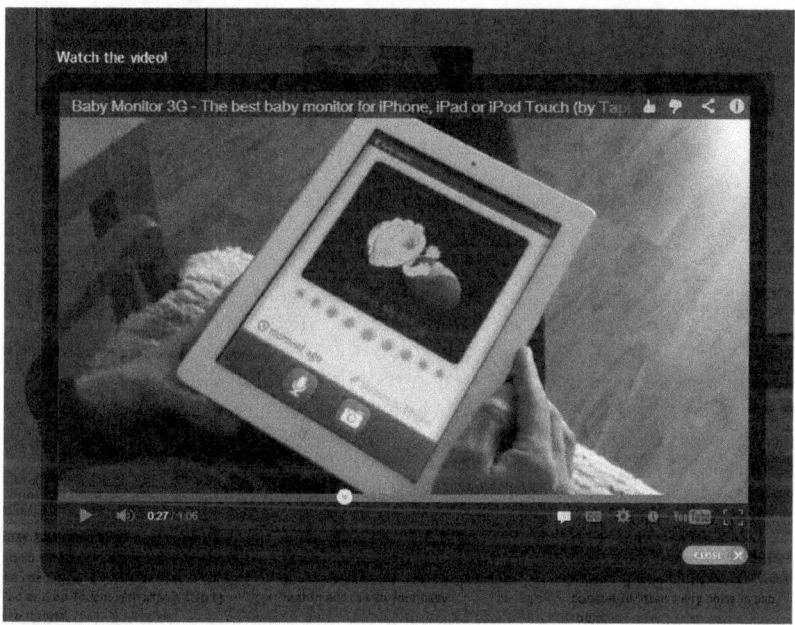

Abbildung 8.17: YouTube-Video »Babyphone 3G« auf Homepage

Hörproben

Viele Apps verfügen über Audio-Inhalte wie z. B. Kinderbücher oder Reiseführer. Nutzen Sie Ihre Website, um dem Besucher Hörproben anzubieten und somit von der Qualität der Audio-Inhalte zu überzeugen. Die App »Kölsch Wörterbuch« liest dem User über 150 Redewendungen in dem berühmt berüchtigten rheinischen Dialekt vor. Auf der Website kann der Besucher in vier dieser Redewendungen reinhören und sich dadurch von der Qualität der Toninhalte überzeugen. Wenn Ihre App also über Audio-Inhalte verfügt, sollten Sie überlegen, ob Sie einzelne Bestandteile daraus auf Ihrer Homepage den Besuchern verfügbar machen.

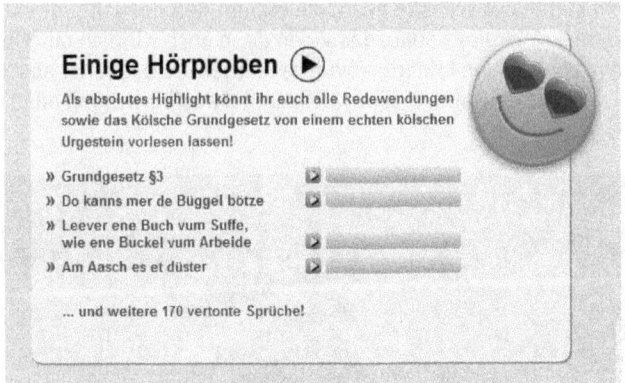

Abbildung 8.18: Hörproben auf koelschwoerterbuch.de

Social-Media-Integration

Social-Media-Integration gehört bei modernen Websites mittlerweile zu den Must-Have-Features. Es gibt kaum Portale, bei denen Sie die aktuelle Seite oder den Artikel nicht mit Ihren Facebook-Freunden teilen können. Und dies aus gutem Grund. Es gibt kaum eine einfachere Methode, Leute für die eigene Website bzw. App Werbung machen zu lassen. Dabei haben Sie zwei unterschiedliche Möglichkeiten der Social-Media-Einbindung. Zum einen können Sie Besuchern die Möglichkeit geben, Ihre Seite zu liken oder darüber zu twittern. Eine solche Einbindung erfolgt meist via Social-Media-Icons, wie sie auch auf babyphone3g.com zum Einsatz kommen und in Abbildung 8.20 dargestellt sind. Sie können aber auch ganz einfach auf Ihre Facebook- oder Twitter-Seite verlinken, so wie es das Team von Mobilinga getan hat (Abbildung 8.19).

Abbildung 8.19: Social-Media-Integration auf Mobilinga.de

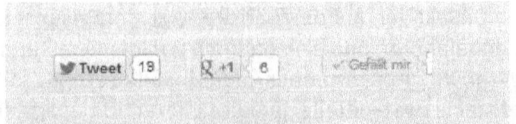

Abbildung 8.20: Social-Media-Integration Babyphone3G

8.5 Die App-Website

Allerdings können Sie natürlich auch Content von Facebook oder Twitter auf Ihrer Webpage einfügen und so zusätzliche interessante Inhalte für die Besucher bereitstellen. Auf vielen Portalen finden sich die so genannten Fan-Boxen wieder, in denen dargestellt ist, wie viele Fans Ihre Website schon hat und welche Kommentare diese hinterlassen haben.

News

Eine gute Möglichkeit, schon vor dem Live-Gang einer App auf diese aufmerksam zu machen und bereits zum Start über eine Fangemeinde zu verfügen, besteht im Führen eines so genannten Entwickler-Tagebuches. Klassischerweise wird dies mit einem Blog realisiert, der in die eigene Website eingebunden ist. Sie können mit Hilfe des Blogs regelmäßig über die Fortschritte Ihrer App berichten und vorab Screenshots, Videos etc. veröffentlichen. Das Anlegen eines Blogs hat den großen Vorteil, dass Sie schon früh anfangen, Content auf Ihrer Homepage zu generieren. Blogs machen vor allem dann Sinn, wenn Ihre App über einen längeren Zeitraum entwickelt wird. Sollten Sie innerhalb eines Monats mit der App fertig werden, lohnt sich ein Blog natürlich nicht. Sie sollten darauf achten, den Blog regelmäßig zu pflegen, und nicht zwei Beträge schreiben, um dann festzustellen, dass Sie gar keine Zeit dafür haben. Auch bei einem Blog besteht natürlich die Gefahr, dass andere Entwickler Ihre Ideen kopieren wollen. Daher gilt auch hier genau wie bei Beta-Tests, dass es nur, wenn Ihre App-Idee nicht einfach kopierbar ist, Sinn macht, damit frühzeitig an die Öffentlichkeit zu gehen. Sie können natürlich auch zu einem späteren Zeitpunkt, etwa der Beta-Phase, mit einem Blog online gehen, was Ihnen einen Entwicklungsvorsprung vor der Konkurrenz gibt.

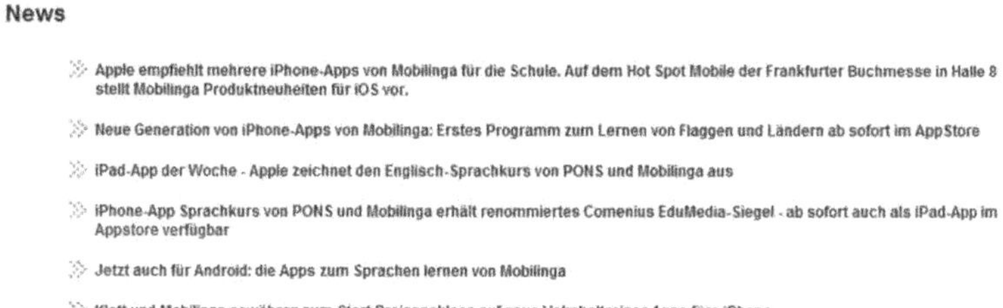

News

- Apple empfiehlt mehrere iPhone-Apps von Mobilinga für die Schule. Auf dem Hot Spot Mobile der Frankfurter Buchmesse in Halle 8 stellt Mobilinga Produktneuheiten für iOS vor.
- Neue Generation von iPhone-Apps von Mobilinga: Erstes Programm zum Lernen von Flaggen und Ländern ab sofort im AppStore
- iPad-App der Woche - Apple zeichnet den Englisch-Sprachkurs von PONS und Mobilinga aus
- iPhone-App Sprachkurs von PONS und Mobilinga erhält renommiertes Comenius EduMedia-Siegel - ab sofort auch als iPad-App im Appstore verfügbar
- Jetzt auch für Android: die Apps zum Sprachen lernen von Mobilinga
- Klett und Mobilinga gewähren zum Start Preisnachlass auf neue Vokabeltrainer-Apps fürs iPhone

Abbildung 8.21: News auf mobilinga.de

Nachdem Ihre App fertiggestellt ist, braucht Ihr Blog natürlich nicht brachzuliegen. Nutzen Sie den Blog, um News zu veröffentlichen. Darunter fallen alle Neuigkeiten, die thematisch mit Ihrer App zu tun haben. Typische Nachrichten sind dabei die Verfügbarkeit für neue Systeme oder wichtige Updates. Auch Preisnachlässe können Sie hervorragend über die News-Funktion an Ihre Besucher kommunizieren. Wird Ihre App in einem Medium erwähnt, so schreiben Sie dies ebenfalls als News. Dieser regelmäßig neue Content hilft Ihnen vor allem dabei, für Suchmaschinen wie Google relevant zu bleiben. Aktualität wird belohnt und bei einer Suche nach einem Begriff, der Ihrem Inhalt entspricht, haben Sie wesentlich bessere Chancen, weiter oben in den Suchergebnissen aufzutauchen.

Kontaktformular

Sie sollten Ihren Usern neben der Angabe einer E-Mail-Adresse die Möglichkeit geben, Sie über ein Kontaktformular anschreiben zu können. Dies verursacht zunächst zwar einen Mehraufwand, birgt aber deutliche Vorteile. Zum einen können Sie bestimmte Themen vorgeben, zu denen die User eine Nachricht verfassen können, um diese direkt zu kategorisieren und dadurch leichter bearbeitbar zu machen. Themen können sein

- Fehler in der App
- Verbesserungsvorschläge
- Allgemeine Anfragen

Zum anderen können Sie das Formular so anlegen, dass alle Anfragen nicht nur an Ihre E-Mail-Adresse weitergeleitet werden, sondern ebenfalls in einer Datenbank gespeichert werden. Diese Vorgehensweise hat den Vorteil, dass Sie E-Mail-Adressen, Inhalte etc. an einer zentralen Stelle gespeichert haben und später auswerten können.

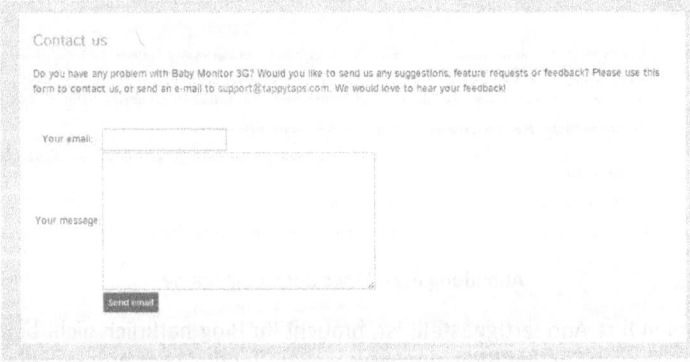

Abbildung 8.22: Kontaktformular auf Website

8.5 Die App-Website

Egal, für welche Lösung Sie sich entscheiden, eines ist ganz wichtig: Anfragen müssen zeitnah bearbeitet werden. Unterschätzen Sie zu keinem Zeitpunkt den Aufwand, den guter Support verursachen kann, besonders dann, wenn Sie via InApp-Käufe häufiger vom User profitieren wollen. Richten Sie in jedem Fall einen Auto-Responder ein, der dem Kunden das Gefühl gibt, beachtet zu werden. Über Tage gar keine Antwort zu erhalten, ist für niemanden eine befriedigende Lösung und wird im schlimmsten Fall mit einer negativen Bewertung bestraft.

Media Kit

Sie sollten auf Ihrer Website ebenfalls alle Dokumente bereitstellen, die Sie auch in Ihrer Pressemitteilung versenden. Oftmals recherchieren Journalisten auch selbst nach Apps und Pressematerialien machen ihnen die Entscheidung leichter, über Ihre App zu berichten. Nutzen Sie also Ihre Website als Sammelbecken für Presse-Material. Ganz wichtig hierbei ist es, Ihre Pressemappe als gepackte Datei (.zip) bereitzustellen, damit nicht alle Inhalte einzeln heruntergeladen werden müssen. Sie können für die Presse eine eigene Seite anlegen oder wie bei Babyphone 3G noch auf der Homepage alle Dateien bereitstellen.

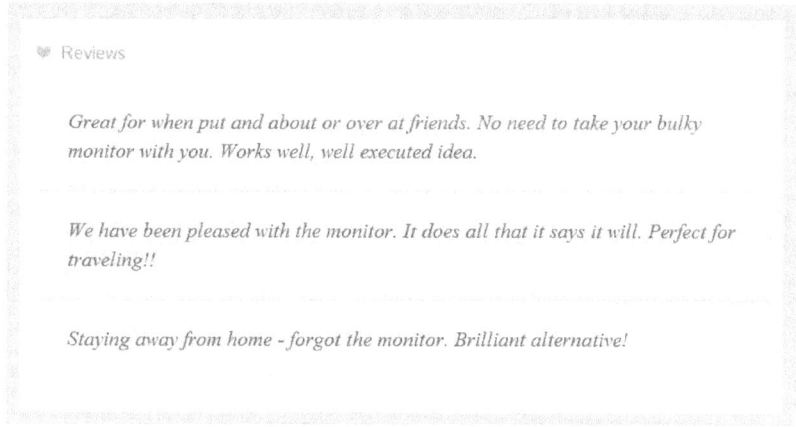

Abbildung 8.23: Pressematerial Babyphone 3G

Bei der Website haben Sie natürlich das Problem, dass Sie zwischen einer App-Website und einer Unternehmens-Website wählen müssen. Wenn Sie eine Marke aufbauen und mehrere Apps entwickeln wollen, fahren Sie mit einer Unternehmens-Website langfristig natürlich besser. Vor allem dann, wenn Sie das Online-Echo unter einem Dach vereinen können und dadurch

8 App-Marketing

Ihre Webpräsenz an Stärke gewinnt. Sie können und sollten natürlich für jede Ihrer Apps eine eigene Landingpage anlegen, um jeder App eine angemessene Präsenz zu verleihen. Die beschriebenen Inhalte sind sowohl für eine App-Website als auch für eine Unternehmens-Website gültig.

Kapitel 9

Social Media

Social-Media-Marketing beschreibt Maßnahmen, um Ihre App viral zu verbreiten. Bei diesen Maßnahmen stehen vor allem die User im Vordergrund, die Ihre App promoten. Es wird auch Word-of-Mouth-Marketing genannt und steht für die persönliche Empfehlung von Usern Ihrer App. Diese Art des Marketings wird von jedem Unternehmen angestrebt, denn User, die Ihre App promoten, bekommen nichts dafür – es ist also völlig kostenfrei. Diese Aussage stimmt natürlich nur zum Teil, denn Sie müssen dafür Sorge tragen, dass Ihre User auch über verschiedene Kanäle über Ihre App berichten können. Dabei gibt es drei Instrumente, die vor allem im Vordergrund stehen und daher detailliert beschrieben werden sollen. Zum einen Facebook, der Branchenprimus im Bereich Social Networks, Twitter und YouTube als beliebtestes Video-Portal.

9.1 YouTube

YouTube gehört zu einem der populärsten Social-Media-Kanäle, um Werbung für das eigene Produkt zu machen. Ähnlich wie bei Facebook werden User als Multiplikatoren genutzt, die Ihr Video mit ihren Freunden und Bekannten teilen. Bevor Sie jedoch mit Ihrem eigenen YouTube-Channel an den Start gehen können, brauchen Sie natürlich noch ein passendes App-Video. In den vorangegangenen Kapiteln wurden viele Möglichkeiten aufgezeigt, wie Sie Ihre App professionell präsentieren können. Neben einer guten Beschreibung, aussagefähigen Bildern und einem passenden Icon stellen App-Videos sozusagen die Königsklasse in der Produktpräsentation dar. Ein Video schafft es noch viel mehr, User emotional anzusprechen und in Ihren Bann zu ziehen. Wenn jemand die Wahl hat, sich einen Text durchzulesen, sich durch Screenshots durchzuklicken oder sich ein Video anzusehen, hat das Video ganz klar die Nase vorn.

Best Case Practices

Bei der inhaltlichen Gestaltung sind Ihnen beinahe keine Grenzen gesetzt. Sie können z. B. Screencast einsetzen, Aufnahmen aus der App heraus, die auf einem Emulator läuft. Durch Programme wie Camtasia können solche Screencasts ohne Probleme erstellt werden. Interaktionen auf dem Screen wie z. B. das Anklicken eines Menüpunktes werden grafisch hervorgehoben, damit der Zuschauer jederzeit weiß, was gerade passiert. Oftmals werden so genannte Screencasts angelegt und sind auch völlig ausreichend. Dabei handelt es sich um Filme, die die Abläufe bei der Verwendung von Software am Computer-Bildschirm wiedergeben und gegebenenfalls beschreiben. Häufig werden die Abläufe auch von Audio-Kommentaren begleitet. Allerdings machen sie z. B. bei Location Based Apps keinen Sinn. Hier gilt es, dem Zuschauer zu sagen, dass an verschiedenen Orten unterschiedliche Inhalte angeboten werden. Oder die App hat ein neuartiges Bedienungskonzept, das durch einen Screencast nicht wiedergegeben werden kann. Bei der App »Babyphone 3G« steht das Zusammenspiel von zwei Endgeräten im Vordergrund. Eines der Smartphones wird im Kinderzimmer positioniert und das andere haben die Eltern in Reichweite. Sollte das Kind nun anfangen zu schreien, wird eine Nachricht auf dem Empfängergerät angezeigt.

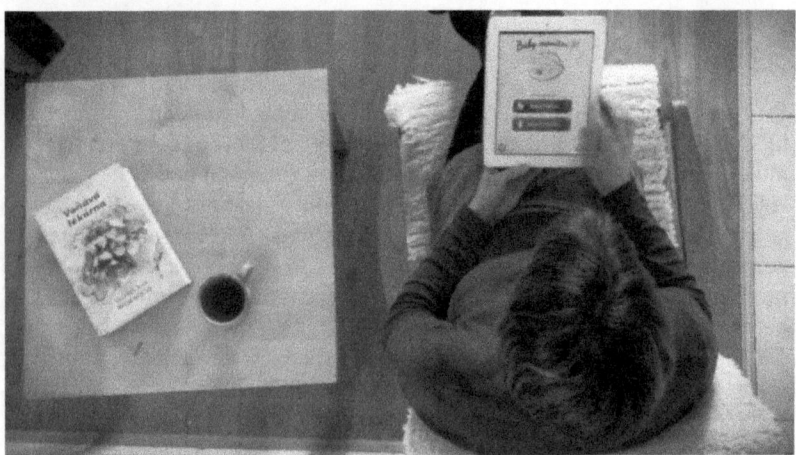

9.1 YouTube

Abbildung 9.1: Video zu Babyphone 3G

Dieses Nutzungsszenario lässt sich durch einen Screencast nicht visualisieren. In diesem Fall müssen also echte Video-Aufnahmen erstellt werden. Einen etwas anderen Weg geht die Android-App »SwiftKey 3«, die ein neuartiges Konzept zur schnellen Texteingabe verspricht. Auch in diesem Video wird eine reale Aufnahme gezeigt, um das Nutzungsszenario zu erklären, angereichert mit einigen Effekten, die die Funktionsweise der App zusätzlich visualisieren.

Abbildung 9.2: Video zu SwiftKey 3

Im Gegensatz hierzu wird bei Babyphone 3G die Zielgruppe, nämlich eine junge Familie, gezeigt. Als letzte Möglichkeit können Animationen eingesetzt werden, um Ihre App vorzustellen. Die stellen sozusagen einen Mittelweg dar zwischen Screencasts und realen Aufnahmen. Bei der App »Geocaching« z. B. werden alle Funktionen anhand eines Cartoons vorgestellt.

9.1 YouTube

Abbildung 9.3: Video zur Geocaching-App

Der Video-Dreh

Die vorgestellten Beispiele zeugen von einer hohen Qualität. Und genau dieser Qualitätsfaktor kommt bei Videos wesentlich höher zum Tragen als bei einer App-Beschreibung oder Screenshots. Da bei einem Video der Zuschauer auf vielen Sinnesebenen gleichzeitig angesprochen und emotionalisiert wird, kann sich dieser Effekt bei einem schlecht produzierten Video schnell ins Gegenteil umkehren. Wenn Sie also mit Videoproduktion nicht vertraut sind, sollten Sie es in die Hände von Profis geben. Diese können Ihnen nicht nur bei der Aufnahme und dem Schneiden des Videos unter die Arme greifen. Produzenten kümmern sich um das Casting von Leuten, die später vor der Kamera stehen werden, und der Auswahl der richtigen Location für den Dreh. Bei der Suche nach einem Video-Produzenten sollten Sie nach Leuten suchen, die bereits Erfahrung mit Apps gesammelt haben und wissen, welche Besonderheiten zum Tragen kommen. Dieser Produzent muss zunächst ausführlich über Ihre App aufgeklärt werden, was am besten während eines persönlichen Treffens geschieht. Erklären Sie, wie Sie auf die Idee für die App gekommen sind, über welche Funktionen und USPs Ihre App verfügt und welche Zielgruppe Sie ansprechen wollen.

Auf Grundlage dieses Briefings wird nun ein Storyboard erstellt, das den Ablauf des Videos skizziert. Das Storyboard stellt den chronologischen Ablauf des Videos für einen Produzenten dar, ähnlich dem Rezept beim Kochen, und dient als Arbeitsgrundlage für die spätere Produktion. Es enthält neben Szenenbeschreibung und Übergängen auch die Texte, die eingeblendet oder gesprochen werden sollen. Das Storyboarding erfordert eine enge Zusammenarbeit zwischen Ihnen und dem Video-Ersteller. Auf der einen Seite weiß Ihr Dienstleister natürlich, welche Effekte und welche Schnitte gut funktionieren und wie ein Video dramaturgisch aufgebaut werden sollte. Auf der anderen Seite kennen Sie Ihre App und Ihre Zielgruppe am besten. Achten Sie also darauf, dass das Storyboard inhaltlich korrekt ist und die Kernaussage Ihrer App triff. Eine der größten Herausforderungen ist dabei, die richtige Länge des Videos zu bestimmen. Diese ist natürlich abhängig von der Art des Videos. Wollen Sie nur einen kurzen Teaser produzieren, kann eine Länge von 30 Sekunden vollkommen ausreichend sein. Ein Video, das die App in ihrer Gesamtheit darstellen soll, kann auch mehrere Minuten lang sein. Je länger das Video dauert, umso größer ist natürlich die Wahrscheinlichkeit, dass Sie einen Zuschauer verlieren. Hier hängt vieles vom so genannten Spannungsbogen ab. Der Zuschauer muss zu jedem Zeitpunkt das Gefühl haben, dass er den Rest des Videos auch noch sehen muss. Nur durch Spannungsbögen halten Sie Zuschauer während des Guckens bei Laune und können sichergehen, dass Ihr Video auch komplett angesehen wird. Dieser Spannungsbogen ist natürlich bei Teasern auch wichtig, jedoch steigt die Wichtigkeit mit der Länge des Videos. Ihr Produzent sollte aber auch hier mit seiner Erfahrung weiterhelfen können.

Nach Fertigstellung des Videos beginnt die Vertonung. Es sollte eine angemessene Musik eingesetzt werden, um die Stimmung der App widerzuspiegeln. Falls Soundeffekte eingesetzt werden, sollte hierbei ebenfalls nicht auf das günstigste Material zurückgegriffen werden. Falls Text eingesprochen werden soll und Sie nicht, wie bei SwiftKey 3, selbst vor die Kamera treten, achten Sie weiterhin auf einen passenden Sprecher. Sie sollten darauf achten, dass neben dem Namen der App auch der Name Ihrer Marke bzw. Ihres Unternehmens eingeblendet wird. Dies kann am Anfang geschehen, aber auch erst am Ende zusammen mit Ihren Kontaktdaten oder zumindest einer E-Mail-Adresse. Die User sollen schließlich auch wissen, wer für die App verantwortlich ist.

Der eigene YouTube-Channel

Sie können bei der Erstellung Ihres YouTube-Channels Anpassungen vornehmen bzgl. der Darstellung, der angezeigten Tabs und allgemeiner Einstellungen. Bei der Darstellung sollten Sie ein Hintergrund-Bild wählen, das zu Ihrer Marke bzw. Ihrer App passt. In den allgemeinen Einstellungen sollten Sie einen passenden Namen für Ihren Kanal auswählen und eine aussagekräftige Beschreibung sowie die wichtigsten Keywords hinzufügen. Im Bereich TABS

9.1 YouTube

sollten Sie alle Aktivitäten, die Sie nicht teilen möchten, deaktivieren. Wenn Sie sich vor Spam-Kommentaren schützen wollen, können Sie zusätzlich die Option »Erst nach Genehmigung zulassen« aktivieren. Ebenfalls wichtig ist natürlich die Wahl eines geeigneten User-Namens. Dieser sollte Ihrer Marke oder Ihrer App entsprechen.

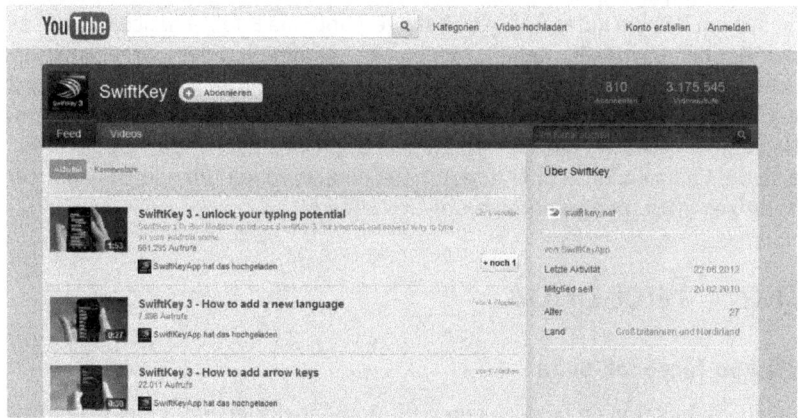

Abbildung 9.4: SwiftKey-Channel auf YouTube

Da YouTube ein Teil des Google-Konzerns ist, erhalten Sie darüber hinaus umfangreiche Analytics-Tools, die Sie über die Nutzung Ihres Videos auf dem Laufenden halten. So können Sie neben der Zahl der Aufrufe ebenfalls feststellen, wo die Leute sich Ihr Video angesehen haben und ob das Video auf YouTube oder auf einer externen Webseite aufgerufen wurde (z. B. Ihre Homepage).

Einsatzmöglichkeiten

Natürlich ist die Produktion eines Videos auch immer eine Kostenfrage. Im Vergleich zu anderen Instrumenten entstehen bei einem Video relativ hohe Kosten. Jedoch bringt ein gut produziertes App-Video auch enorme Vorteile bei der späteren Vermarktung Ihrer App mit sich. Zum einen können Sie Ihr Video über alle Online-Kanäle publizieren, in denen Sie tätig sind. Sie können das Video auf Ihrer Website oder Ihrer Facebook-Seite einbinden. Dadurch erhöht sich die Wahrscheinlichkeit eines viralen Effekts, da Videos von Leuten sehr gerne geteilt werden. Bei Android-Apps ist es ebenfalls möglich, das eigene YouTube-Video direkt auf die Detailseite der App einzublenden, ein großer Vorteil gegenüber dem App Store. In diesem Fall wird das Video zu einem festen Bestandteil der Appstore-Optimierung und kann bei einer Konkurrenzsituation den Unterschied ausmachen. Diese Vorteile zielen allerdings nur auf Ihre Zielgruppe ab. Videos erleichtern allerdings auch enorm die Pressearbeit. Ein Journalist, der in einer Pressemitteilung einen Video-Link findet, wird ebenfalls versucht sein, sich dieses zunächst anzusehen. Dies ist wesentlich weniger Aufwand, als sich Ihre App herunterzuladen und selbst zu testen. Natürlich ist das Ihr Ziel, ein gutes App-Video steigert aber die Erfolgschancen. Sollte es darüber hinaus möglich sein, Ihr Video einzubinden, hat der Journalist natürlich eine viel bessere Grundlage für einen Bericht. Denn auch Journalisten sind vor allem daran interessiert, ihren Lesern anspruchsvolle Inhalte zu liefern. Und ein Video wertet den eigenen Bericht deutlich auf. Ein App-Video steigert also die Chancen, dass über Ihre App berichtet wird, enorm und ist somit ein wichtiges Instrument zur Steigerung des Erfolgs.

9.2 Facebook

Die App-Facebook-Seite

Facebook bietet viele Möglichkeiten für App-Entwickler, um Aufmerksamkeit für ihre App(s) zu erzeugen und einen viralen Effekt auszulösen. Die Facebook-Seite gehört dabei zu einem der beliebtesten Mittel, um eine Präsenz in der Social Community aufzubauen. Sie können das Design der Seite nach Ihren Vorstellungen anpassen. Sie können eine Beschreibung Ihrer App hinzufügen, Bilder und alle weiteren wichtigen Informationen, die für Ihre User von Interesse sein könnten. Das Problem besteht nur darin, so viele User wie möglich zu finden, die auf den bekannten »Gefällt mir«-Button klicken und somit für Ihre Facebook-Seite Werbung machen. Zwei weitere Möglichkeiten, wie User für Sie aktiv werden können, bestehen in dem Liken von Statusmeldungen und Kommentaren.

Aller Anfang ist jedoch schwer und so ist es natürlich auch beim Sammeln von Fans. Welche Schritte sollten Sie also der Reihe nach durchgehen?

1. Schreiben Sie eine initiale Statusmeldung und bieten Sie den ersten 20 Fans einen Promo-Code für Ihre App an. Durch eine erste Statusmeldung holen Sie die Besucher ab und machen sie mit sich und Ihrer App vertraut. Die Promo-Codes sind ein beliebtes Lockmittel, um einen ersten Stamm an Fans aufzubauen. Sie können auch mehr Promo-Codes verschenken, schließlich dient jeder Fan als Multiplikator.

Beispiel

Sie entwickeln ein Nachschlagewerk für Cocktails. Dann könnte Ihre erste Statusmeldung folgendermaßen aussehen:

Endlich ist es so weit! Nach vielen Monaten der harten Arbeit ist unsere App »Cocktail Bibel« endlich im App Store angekommen – für alle Cocktail-Fans ein absolutes Must-Have! Die ersten 20 Fans erhalten sogar einen Promo-Code. ☺

2. Schreiben Sie eine Nachricht an alle Freunde aus Ihrem Netzwerk. Sie brauchen sich nicht davor zu scheuen. Es ist gang und gäbe, dass Menschen über Berufliches schreiben und Ihre persönlichen Kontakte werden es Ihnen nicht übelnehmen. Formulieren Sie eine sympathische Mail, in der Sie Ihre App kurz beschreiben und ebenfalls darauf hinweisen, dass Sie Promo-Codes an die ersten 20 Leute verteilen. Sie fragen sich vielleicht, warum eine Statusmitteilung nicht auch ausreichen würde. Hierbei gibt es leider einen kleinen Stolperstein. Und zwar werden Ihre Kontakte Ihre Statusmeldung natürlich sehen. Jedoch besteht aber die Gefahr, dass sie Ihren Kommentar teilen und nicht die eigentliche App liken. In den Statusmeldungen der Kontakte Ihrer Kontakte steht dann nicht etwa »X gefällt Cocktail-Bibel«, sondern »X gefällt Y Kommentar«. Dieser Weg ist nicht wirklich zielführend, auch wenn es sehr verlockend ist.

3. Nehmen Sie Kontakt zu den ersten Fans auf, danken Sie ihnen und senden Sie umgehend den Promo-Code zu, um nicht das Interesse an Ihrer App zu verspielen.

4. Ab jetzt beginnt sozusagen das Tagesgeschäft. Sie müssen regelmäßig Statusmeldungen posten, auf Kommentare reagieren und sich so eine stetig wachsende Fangemeinde aufbauen.

Unterschätzen Sie in keinem Fall den Aufwand, den solch eine Facebook-Seite verursachen kann. Wenn Sie sich einmal dazu entschließen, mit den Kunden über eine Community wie Facebook in Kontakt zu treten, müssen Sie damit rechnen, dass sie auch aktiv werden. Sie müssen auf Anfragen und Kommentare reagieren und haben hierfür noch weniger Zeit als bei der Beantwortung von Mails. Facebook ist sehr schnelllebig und die User erwarten von Ihnen auch ein angemessenes Engagement. Planen Sie also genügend Zeit für Facebook-Aktivitäten ein, sollten Sie eine Seite aufbauen wollen. Trotz dieser vermeintlichen Nachteile gehört Facebook natürlich zu einem der wichtigsten Instrumente, um vor allem junge Zielgruppen zu erreichen und für seine App zu gewinnen. Nutzen Sie also die Chance!

9 Social Media

Abbildung 9.5: Facebook-Seite von AppTicker

Falls Sie planen, eine eigene Marke aufzubauen, stehen Sie natürlich vor der Wahl zwischen einer Facebook-Seite für jede einzelne App oder einer Facebook-Seite für Ihre Marke. Dies ist vergleichbar mit einer Marke Audi, wo überlegt werden muss, ob nun für einen A3 oder A7 jeweils eine Seite angelegt wird oder Audi sich als Unternehmen präsentieren soll, das sein Image als Premiumhersteller auch in Facebook geschlossen darlegen möchte. Dieses Beispiel legt die Antwort schon nah. Natürlich macht eine Unternehmens-Seite mehr Sinn. Allerdings nur dann, wenn Sie wirklich vorhaben, eine starke Marke aufzubauen, die für eine Art von Apps steht. Das Unternehmen Mobilinga zum Beispiel, das für Apps wie »Pons Wörterbuch« verantwortlich ist, hat eine Unternehmens-Seite auf Facebook angelegt, da alle ihre Apps thematisch miteinander verknüpft sind. Diese werden dem Besucher direkt auf der Startseite präsentiert.

9.2 Facebook

Die Vorteile sind offensichtlich. Fans müssen Ihre Seite nur ein einziges Mal liken und sie können so auch bei neuen Apps wieder ohne Probleme erreicht werden. Sie brauchen also auch hier nicht bei jeder App wieder bei null anzufangen und sparen sich eine Menge Zeit. Wie Sie sehen, ist die Facebook-Seite mit knapp 204 Fans nicht übermäßig erfolgreich. Und das, obwohl die Apps sehr beliebt sind. Ein möglicher Grund dafür ist, dass die Marke Mobilinga im Hintergrund bleibt und von den Usern nicht wahrgenommen wird und dadurch keine besondere Popularität erlangen kann. Sie müssen also dafür sorgen, dass Ihre Marke zusammen mit der App von den Usern wahrgenommen wird, um bei Facebook eine ausreichend große Fangemeinde aufbauen zu können.

Abbildung 9.6: Facebook-Seite von Mobilinga

Sie werden sich vielleicht fragen, warum Sie noch eine zusätzliche Facebook-Seite aufbauen sollten, wenn Sie ebenfalls Sharing-Optionen in Ihre App selbst integriert und dadurch virales Marketing bereits angestoßen haben. Dieser Einwand ist völlig korrekt, jedoch gibt es einige Unterschiede. Der wichtigste Unterschied liegt natürlich darin, dass die User die Facebook-Seite liken und nicht die App selbst. Nutzer gelangen bei Klick auf den Post auf Ihre Facebook-Seite, wohingegen Sie bei der App-Integration auf beliebige URLs verknüpfen können. Dies macht vor allem dann einen Unterschied, wenn Sie eine Unternehmens-Seite auf Facebook anlegen. Sie sammeln dann Fans für Ihr Unternehmen bzw. Ihre Marke und nicht für eine einzelne App.

Neben der Möglichkeit einer eigenen Präsenz auf Facebook selbst können Sie ebenfalls einen Link oder Button direkt in Ihre App integrieren, der zu Ihrer Facebook-Seite führt. Bei einem Klick werden die User auf Ihre Facebook-Seite weitergeleitet und können anschließend den Like-Button betätigen.

> **Wichtig**
>
> Bei einem FB-Like ist zu beachten, dass Sie den Link angeben, der zu Ihrer mobilen Facebook-Seite führt. Facebook legt automatisch von jedem Profil auch eine mobile Version an. Sie erreichen diese Seite, indem Sie das www in der URL durch m ersetzen. So lautet die mobile FB-Seite von SwiftKey beispielsweise m.facebook.swiftkey.

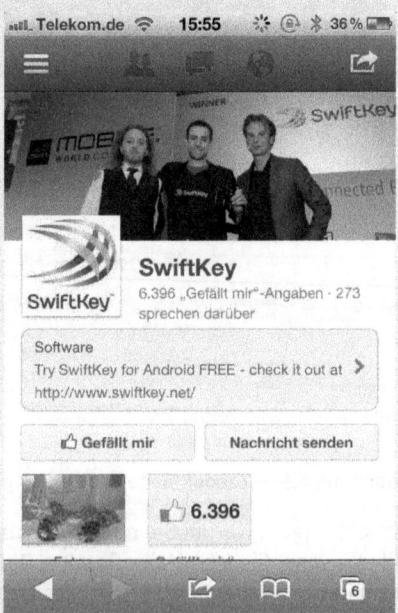

Facebook-Integration

Neben der Möglichkeit einer eigenen Präsenz auf Facebook selbst können Sie Facebook natürlich auch direkt in Ihre App integrieren. Dies kann auf vielen verschiedenen Wegen erfolgen. In den meisten Fällen wird das so genannte Content Sharing eingesetzt. Hierbei können die User Inhalte aus der App heraus posten und kommentieren. Dabei ist zu unterscheiden zwischen statischen und dynamischen Inhalten. Statische Inhalte sind solche, die bereits fest in der App verankert sind und vom User nicht verändert werden können.

> **Beispiel**
>
> Sie entwickeln eine Witze-App. User haben nun die Möglichkeit, Witze, die ihnen besonders gut gefallen haben, auf ihrer Pinnwand zu posten und so ihren Freunden mitzuteilen. Oder Sie entwickeln eine App mit Rezepten und User können ihre Lieblingsgerichte direkt über Facebook teilen. In beiden Fällen haben die User keinerlei Einfluss auf den eigentlichen Inhalt der Nachricht, der Witz wird also in seiner Originalform gepostet. Es besteht lediglich die Möglichkeit, einen Kommentar hinzuzufügen, der unterhalb des Posts erscheint.

Bei dynamischen Statusmeldungen sind die Inhalte abhängig von den Aktionen der User. Bei Spielen werden klassischerweise High Scores gepostet, aber auch für »normale« Apps bestehen durchaus Möglichkeiten, dynamische Inhalte bereitzustellen.

> **Beispiel**
>
> In der App »runtastig« können die User absolvierte Trainingseinheiten posten und ihre Freunde darüber aufklären, wie viele Kilometer sie gerade zurückgelegt haben. Die Kilometerzahl sowie die benötigte Zeit sind dabei die dynamischen Komponenten, denn sie sind vom User abhängig. runtastic geht sogar noch einen Schritt weiter. So können Freunde auf die Statusmeldung reagieren und den User noch während des Laufs anfeuern. In der App werden dann anfeuernde Rufe abgespielt, die den User zusätzlich motivieren sollen. Bei runtastic ist es darüber hinaus möglich, den Posting-Prozess zu automatisieren. So können User einstellen, dass automatisch nach jedem Lauf das Ergebnis auf der eigenen Pinnwand erscheint.

Jegliche Art von Content kann dabei für das Sharing verfügbar gemacht werden, völlig egal ob Bilder, Videos, Text oder gar Audio-Inhalte.

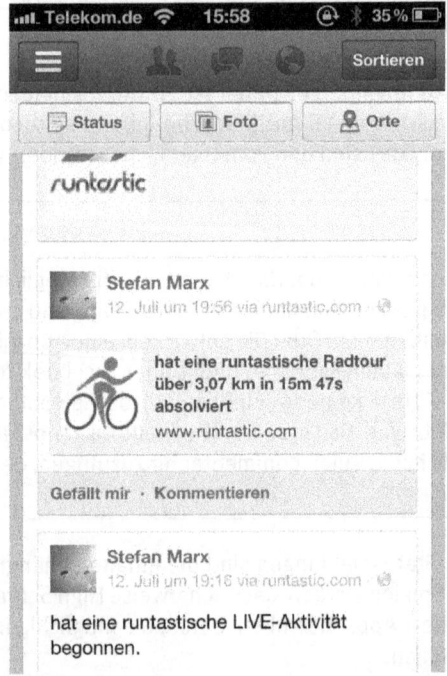

Abbildung 9.7: Sharing-Funktion bei »Runtastic«

> **Wichtig**
>
> Bei einer Content-Integration müssen Sie keine Facebook-Seite anlegen, sondern eine so genannte Facebook-App. Hierfür müssen Sie unter http://developers.facebook.com/ einen Developer-Account anlegen und können anschließend Ihre App erstellen. Nun können Sie alle wichtigen Eigenschaften festlegen wie App-Namen, Logo oder einen entsprechenden Link.

Natürlich können Sie jetzt die Frage stellen, ob Sie sowohl eine Facebook-Seite als auch eine Facebook-App benötigen oder ob nicht eins der beiden ausreicht. Der größte Unterschied zwischen beiden Varianten liegt vor allem im Kommunikationsfluss. Bei einer Facebook-Seite gehen Sie zunächst aktiv auf User zu. Diese »liken« Ihre Seite und veröffentlichen dadurch eine Statusmeldung. Sie sammeln dadurch nach und nach immer mehr Fans ein. Sie bleiben aber weiterhin das aktivere Glied in der Kette, da Sie neue Meldungen veröffentlichen, auf die Ihre Fans wiederum z. B. mit Kommentaren reagieren können. Bei dieser Variante dienen Ihre Fans als Multiplikatoren, um wiederum neue Fans anzulocken, die später zu Usern werden sollen.

Bei einer Facebook-App automatisieren Sie den Kommunikationsfluss zwischen Usern der App und deren Facebook-Freunden. Sie haben also selbst keinerlei Einfluss darauf, wie oft tatsächlich etwas über Ihre App gepostet wird. Allerdings ist Ihr Aufwand auch dementsprechend gering, da Sie selbst keine Meldungen veröffentlichen müssen. Bei einer Facebook-App sind die User also der aktivere Part.

Eine Facebook-Seite dient somit als Instrument zur Verbreitung Ihrer App direkt nach dem Launch und anschließend zur Kommunikation mit den Fans. Die Facebook-Seite dient in diesem Fall zusätzlich als Kundenbindungsinstrument. Und Kundenbindung ist genau so wichtig wie Kundenneugewinnung, diesen Umstand sollten Sie bedenken Die Facebook-App hingegen dient als Verkaufsförderungsinstrument über alle Phasen hinweg und kurbelt stetig Ihren Verkauf an. Was zusätzlich für eine FB-App spricht, ist das so genannte App Center von Facebook. In diesem App Center werden alle Apps gelistet, die über eine Integration verfügen. Bei Klick auf eine der Apps werden die User entweder in den App Store oder Play Store geführt, wo sie die entsprechende App herunterladen können. Es kann also durchaus als alternativer Appstore gesehen werden, der in Zukunft mehr und mehr an Einfluss gewinnen wird. Sie sollten sich diese Chance, im App Center gelistet zu werden, also nicht entgehen lassen. Es lohnt sich, in jedem Fall darüber nachzudenken, beide Varianten anzubieten, sowohl die App-Integration als auch eine Facebook-Seite.

Die Auswirkungen sind bei allen vorgestellten Varianten gleich. In beiden Fällen machen die User innerhalb ihres sozialen Netzwerks Werbung für Ihre App. Für Sie als App-Publisher ist diese kostenlose Werbung natürlich Gold wert und Sie sollten in jedem Fall eine Möglichkeit bereitstellen, Inhalte über Facebook zu posten, egal ob statische oder dynamische. Wenn Sie es dann noch schaffen sollten, dass die User bei runtastic regelmäßig Statusmeldungen veröffentlichen, sind Sie dem Erfolg ein großes Stück näher gekommen.

9.3 Twitter

Im Bereich Social Media stellt natürlich Twitter ein weiteres Schwergewicht dar, das von vielen App Publishern genutzt wird, um ebenfalls Werbung für ihre App zu betreiben.

Account erstellen

Sie müssen zunächst einen aussagekräftigen Account erstellen. Dafür suchen Sie einen geeigneten Nutzernamen aus, der nach Möglichkeit mit dem Namen oder Ihrer Marke übereinstimmt. Anschließend können Sie zusätzliche Angaben machen wie z. B. Internetadresse und Beschreibung der App.

Beim Design haben Sie auch zahlreiche Möglichkeiten, Ihre Twitter-Seite nach den eigenen Bedürfnissen anzupassen. Sie sollten nach Möglichkeit eine Grafik einsetzen, um das Ganze optisch aufzuwerden. Mindestens jedoch die Hauptfarben Ihrer App nutzen.

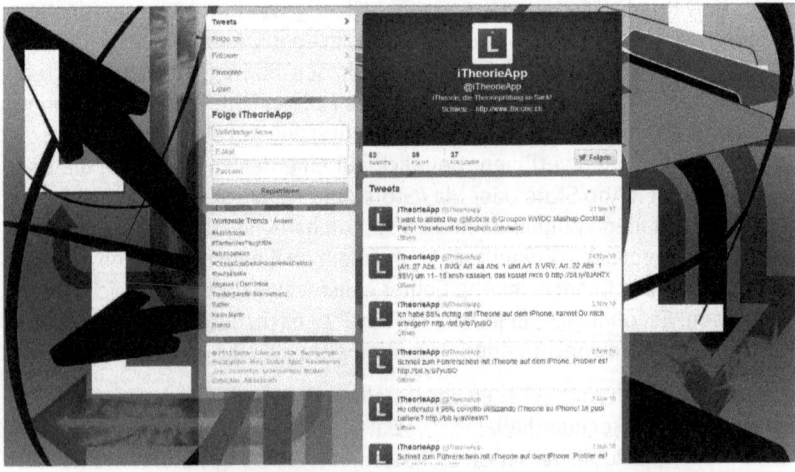

Abbildung 9.8: Twitter-Account von iTheorieApp

Tweets, Follower und Hashtags

Wie genau sieht die Kommunikation über Twitter nun aus? Im Grunde gibt es hier viele Gemeinsamkeiten mit Facebook. Ihre so genannten Tweets entsprechen inhaltlich etwa den Statusmeldungen in Facebook. Sie veröffentlichen

9.3 Twitter

Neuigkeiten zu Ihrer App. Dabei müssen Sie sich jedoch auf 140 Zeichen beschränken, ausufernde Texte finden somit bei Twitter nicht statt. Wenn ein User Ihre Nachricht für interessant hält, kann er sie selbst noch einmal veröffentlichen, der so genannte ReTweet. Dabei wird die gesamte Nachricht kopiert und mit einem »RT: « versehen. Dadurch wissen andere Nutzer, dass diese Nachricht zu einem anderen User gehört.

Jetzt stellt sich natürlich die Frage, warum Sie überhaupt einen Twitter-Account benötigen und sich nicht einfach auf Facebook beschränken sollten. Der entscheidende Unterschied zwischen Facebook und Twitter liegt in den Tweets selbst. Sie haben bei Twitter die Möglichkeit, so genannte Hashtags einzusetzen, die auch als Keywords bezeichnet werden können. Bei Twitter ist es nämlich durchaus üblich, dass User so genannte Hashtag-Suchen durchführen, um alle Meldungen zu einem bestimmten Keyword zu erhalten. Besonders Journalisten folgen bestimmten Hashtags, um immer auf dem Laufenden zu bleiben und keine News zu verpassen. Bei Facebook sind Sie auf Ihren Freundeskreis zugegangen, um erste Fans zu sammeln.

Abbildung 9.9: Twitterfeed für #app

Bei Twitter haben Sie die Möglichkeit, alle User, die sich für ein bestimmtes Thema, z. B. iPhone, interessieren, mit nur einer Statusmeldung zu erreichen. Hashtags sind versehen mit einem »#«-Symbol und werden dadurch direkt von Twitter als solche erkannt und markiert. Sie können diese Keywords entweder an das Ende Ihrer Statusmeldung setzen, als Anhang sozusagen, oder direkt in Ihre Meldung einbauen.

> **Beispiel**
>
> Zum Launch Ihrer App könnte der Tweet so aussehen: »Der #Strandführer für das #iPhone ist ab sofort im #App Store für nur 89 Cent verfügbar! #apps #mobile«

In diesem Beispiel haben Sie Hashtags sowohl in Ihrer eigentlichen Nachricht untergebracht als auch zusätzlich hinten angefügt. Dadurch erreichen Sie eine hohe Abdeckung der möglichen Suchbegriffe. Die richtigen Hashtags auszuwählen ist genau so wichtig wie die Wahl der richtigen Keywords für den Appstore. Denn nur so schaffen Sie es, auch ohne viele Follower mit Ihrem Tweet möglichst viele Leute zu erreichen. Und genau darin liegt der Unterschied zu Facebook, wo Sie ausschließlich innerhalb Ihres Netzwerks kommunizieren. Nichtsdestotrotz sollen Sie natürlich darin bestrebt sein, die Zahl Ihrer Follower stetig zu vergrößern, da dies auch für andere User ein Hinweis auf Ihre Popularität bei Smartphone-Nutzern ist.

Auch wenn sich Twitter nun durchaus vielversprechend anhört, sollte jedoch nicht verschwiegen werden, dass die Nutzung in Deutschland immer noch sehr begrenzt ist. Im Vergleich zu anderen Ländern nutzen nur wenige Leute Twitter als News-Aggregator. Ihre direkte Zielgruppe werden Sie dadurch also kaum erreichen. Allerdings wird Twitter von Journalisten sehr wohl eingesetzt. Und diese zu erreichen, ist für Sie fast ebenso wichtig. Wenn Sie also über die nötigen Ressourcen verfügen, sollten Sie durchaus einen Twitter-Account erstellen. Die Nachrichten können dabei mit denen von Facebook übereinstimmen. Sie müssen sich nicht extra neue Meldungen ausdenken, sondern lediglich zusätzlich die Hashtags mit einbauen.

Kapitel 10

Mobile Advertising

In Kapitel 6 wurden Mobile Ads als Einnahmequelle vorgestellt, über die Sie mit Ihrer App Umsätze generieren können. Natürlich besteht auch die Möglichkeit, dass Sie mobile Vermarktung dazu nutzen, um für Ihre eigene App zu werben und Downloads bzw. Käufe zu generieren. Die Vermarktung der eigenen App über Mobile Ads kann durchaus erfolgreich gestaltet werden, wenn Sie einige wichtige Dinge dabei beachten. Denn ähnlich wie auch bei der Bannerintegration haben Sie hierbei viele Ausgestaltungsmöglichkeiten, die natürlich auch oder vor allem von Ihrem Budget abhängig sind.

10.1 Die Wahl des richtigen Netzwerks

Die in Kapitel 6 beschriebenen Netzwerke eignen sich nicht nur dafür, seine App zu vermarkten, sondern auch, um darüber Ads für die eigene App zu schalten. Da Sie nun in der Rolle des Werbetreibenden stecken, unterscheiden sich die Kriterien für die Auswahl des richtigen Netzwerks in einigen wichtigen Punkten von dem in Kapitel 6 vorgestellten Kriterienkatalog.

Zielland und -region

Die Werbenetzwerke erlauben es Ihnen, geografische Einschränkungen vorzunehmen. Sie entscheiden somit darüber, wo Ihre Werbung eingeblendet werden soll. Dies kann ein Land sein, eine Region oder nur eine Stadt. Viele Netzwerke haben ihre eigenen Schwerpunkte. Sie sollten also einen Vermarkter wählen, der eine ausreichend hohe Reichweite in Ihrem Zielland hat bzw. bei dem Ihr Zielland einen großen Anteil am Gesamtumsatz ausmacht. Leider halten sich viele Netzwerke mit solchen Informationen bedeckt. Für Apps, die primär in Europa und damit auch in Deutschland vermarktet werden sollen, bietet sich ein Blick auf die folgenden Netzwerke an:

- Admoda
- Madvertise

- YOC Group
- AdMob
- InMobi
- Jumptap

Art der Vermarkter und Publisher

Sie haben hier ebenfalls die Wahl zwischen den bekannten Blind, Premium Blind und Blind Networks. Blind Networks verfügen über sehr viele, kleine Publisher mit mobilen Websites und Apps.

Sie als Advertiser wollen natürlich möglichst viel darüber erfahren, in welchen Apps Ihre Banner ausgeliefert werden. Allerdings werden Sie niemals eine vollständige Liste der Publisher erhalten, lediglich Beispiele. Sie werden weiterhin keine Informationen darüber erhalten, wo genau Ihre Anzeigen gerade geschaltet werden. Premium Blind Networks haben zwar Premium-Seiten bzw. -Apps im Angebot, lassen Sie aber auch nicht darüber entscheiden, wo Ihre Werbung eingeblendet wird. Premium Networks hingegen bieten so genannte Media Packages an, in denen fest vereinbart wird, auf welchen Seiten bzw. in welchen Apps Ihre Banner zu welchem Zeitpunkt geschaltet werden. Natürlich haben Premium Networks auch ihren Preis. Nur wenn Sie ein ausreichend großes Budget zur Verfügung haben, können Sie mit ihnen überhaupt über ein Angebot sprechen bzw. in Verhandlung treten.

Abrechnungsmodell

Die zwei beliebtesten Abrechnungsmodelle sind auch hier Cost-per-Click (CPC) und Tausendkontaktpreis (TKP). Cost-per-Click ist das bevorzugte Modell der Blind Networks. Sie zahlen nur, wenn der User tatsächlich auf Ihr Banner geklickt hat. Aufgrund der hohen Streuung bei Blind Networks macht dieses erfolgsabhängige Geschäftsmodell hier natürlich Sinn. Eine Abrechnung via TKP erfolgt hauptsächlich bei den Premium Networks. Hierbei zahlen Sie also einen festen Betrag für 1.000 Einblendungen Ihres Banners. Premium Blind Networks hingegen bieten häufig einen Mix aus CPC- und TKP-Vermarktung an. Überprüfen Sie daher, auf welchem Abrechnungsmodell der Schwerpunkt Ihres favorisierten Vermarkters liegt.

Click-Through-Rates

Nicht alle Werbe-Kampagnen zielen darauf ab, einen direkten Ertrag zu erwirtschaften, wie das z. B. bei einer kostenpflichtigen App der Fall ist. Oftmals geht es um einen Branding-Effekt, der erreicht werden soll. Die Nutzer werden so in einem überschaubaren Zeitraum möglichst oft mit einer Marke oder einem Produkt konfrontiert. Das bedeutet allerdings nicht, dass diese gleich den Wunsch haben sollen, dieses Produkt zu kaufen. Dieser Effekt kann erst viel später eintreffen, wenn sich der User in einer bestimmten Situation befindet und an das entsprechende Produkt erinnert. Durch diese Verzögerungen, die z.T. Monate betragen, wird es logischerweise schwieriger, den Effekt einer Kampagne zu ermitteln. Sie können natürlich auch eine Kampagne für Ihre App schalten und hoffen, dass der User sich in Zukunft an diese App erinnern wird – die Wahrscheinlichkeit ist allerdings denkbar gering. Sie als App-Entwickler sollten daher besonderes Augenmerk auf die Click-Through-Rates (CTR) richten, die die Vermarkter erreichen. Je höher diese ausfallen, umso öfter klicken User auf die Banner im Verhältnis zu den AdImpressions. Versuchen Sie im Vorfeld zu ermitteln, wie hoch die CTR Ihres favorisierten Networks im Durchschnitt sind.

Budget

Die vielleicht wichtigste Frage, die Sie bei der Wahl des richtigen Partners beantworten müssen, ist natürlich die nach dem verfügbaren Budget. Der günstigste Weg, eine mobile Kampagne durchzuführen, liegt im so genannten Run-Off-Network (RON). Hierbei schießen die Vermarkter sozusagen aus der Hüfte, ohne großartig auf Ihre Zielgruppe zu achten. Allerdings können Sie hier TKP-Kampagnen schon für kleines Budget durchführen. Je ausgeprägter das Targeting, umso deutlicher steigen natürlich auch die Preise. Dies gilt gleichermaßen für CPC- als auch TKP-Kampagnen. Das Schalten Ihrer Werbung in ausgewählten Premium Sites stellt folglich die kostspieligste Variante dar und ist tatsächlich nur für sehr große Marketingbudgets interessant. Die meisten Blind und Premium Blind Networks lassen den Publisher einen Preiskorridor vorgeben, der dann auch nicht überschritten wird. Dadurch haben Sie Ihre Kosten ständig unter Kontrolle und müssen nicht befürchten, dass die Ausgaben sich schlagartig vervielfältigen.

Abwicklung

Blind Networks bieten hauptsächlich Online-Zugänge an, über die Sie selbst alle Einstellungen vornehmen und Preise einstellen können. Sie sorgen sozusagen selbst für den Erfolg Ihrer Kampagne. Premium Networks hingen bieten einen persönlichen Kontakt, der Sie berät und genau das richtige Werbepaket für Sie und Ihre App schnürt.

Targeting

Die meisten Blind Networks bieten einen gewissen Grad an Targeting-Optionen an. Dazu gehören Land, Netzbetreiber oder auch Plattform. Premium und Blind Premium Networks bieten deutlich mehr Optionen an, lassen Sie also wesentlich zielgerichteter Ihre Werbung aussteuern. Dabei ist es z. B. möglich, ein und denselben User über verschiedene Seiten oder Apps zu identifizieren und so nach seinem Verhalten zu clustern. Solche Möglichkeiten bieten Blind Networks Ihnen natürlich nicht.

Tracking und Optimierung

Alle Networks bieten Tracking-Tools an, mit denen Sie den Verlauf Ihrer Kampagne analysieren und optimieren können. Je nach Network sind die Möglichkeiten natürlich stark unterschiedlich. Einige bieten darüber hinaus eine Integration mit Third-Party-Tools an wie z. B. DoubleClick's DART oder Omniture. Wenn Ihre Kampagne ein gewisses Budget übersteigt, sind die Vermarkter auch gerne dazu bereit, speziell für Sie angepasste Reports zu erstellen.

Reichweite und AdImpressions

Die beiden wichtigsten Kennzahlen, die Sie über einen Vermarkter wissen sollten, sind seine Reichweite und die ausgelieferten AdImpressions. Diese beiden Zahlen geben Aufschluss darüber, wie viele User Ihre Kampagne erreichen kann und wie häufig Ihr Banner eingeblendet wird. Denn je höher die Reichweite, umso größer ist auch die Wahrscheinlichkeit, dass Sie Ihre Zielgruppe erreichen können. Bei wenigen Publishern im Netzwerk müssen Sie schon sehr viel Glück haben, um auch genau die Leute zu erreichen, für die Ihre App interessant sein kann. Die Anzahl der AdImpressions wächst ebenfalls durch die Reichweite und trägt dafür Sorge, dass Ihr Budget auch tatsächlich ausgeschöpft wird. Wenn Sie schon bereit sind, einen gewissen Betrag für Werbung auszugeben, sollte er auch genutzt werden. AdImpressions alleine reichen meistens jedoch nicht aus, die Anzahl der Unique User spielt ebenfalls eine wichtige Rolle. Denn Sie haben nichts davon, dass Ihr Banner immer und immer wieder dem gleichen User angezeigt wird. Dieser wird Ihr Banner nach einiger Zeit einfach ignorieren, wenn er kein Interesse an Ihrer App hat. Allerdings können nur wenige Vermarkter konkrete Aussagen über die Anzahl der Unique User liefern. Die Anzahl der Auslieferungen werden jedoch fast immer publik gemacht, um Advertiser von einem Vermarkter zu überzeugen. Sie stellen sozusagen ein Qualitätsmerkmal dar, das einen Vermarkter von anderen unterscheiden soll.

Die Auswahl des richtigen Netzwerks kann, wie Sie sehen, ein durchaus aufwendiger Prozess sein. Oftmals werden Sie persönlich Kontakt mit den einzelnen Vermarktern aufnehmen müssen, um Ihre offenen Fragen zu klären. Jedoch sollten Sie im Hinterkopf behalten, dass Sie durch eine sorgfältige Auswahl sehr viel Geld sparen können, wenn Ihre Werbung effizient geschaltet wird und möglichst wenige Streuverluste dabei entstehen.

10.2 Werbemittel erstellen

Das Ziel Ihrer Kampagne liegt in der Generierung zusätzlicher Downloads Ihrer App. Dementsprechend sollten sich Ihre Bemühungen auf so genannte Click-to-Download-App-Anzeigen konzentrieren. Diese Banner leiten bei Klick direkt in den App Store oder Play Store und nicht, wie bei vielen anderen Kampagnen, auf eine Landingpage. Sie wollen schließlich die Wege für den User kurz halten und der Appstore enthält schließlich alle wichtigen Informationen, die ein User zur Entscheidungsfindung benötigt. Bei der Erstellung Ihres Banners geben Ihnen die verschiedenen Vermarkter viele Optionen. So können Sie z. B. zwischen Templates und eigenen Bannern auswählen, die ebenfalls animiert sein können.

Grundsätzlich ist bei der Bannerstellung darauf zu achten, dass Sie aufgrund der Displaygrößen von Smartphones auf sehr engem Raum arbeiten müssen. Im Gegensatz zu Online-Ads müssen Sie sich im mobilen Bereich auf das Nötigste beschränken. Welche Informationen sollten Sie also in Ihrem Banner unterbringen?

Zum einen benötigen Sie eine Headline, die User ähnlich einer News-Headline neugierig macht. Sie sollte sich auf wenige Worte beschränken und dabei eine konkrete Aussage treffen bzw. ein Versprechen enthalten.

> **Beispiel**
>
> Das Ad der App »Happy Hour Radar« enthält den Satz »Immer wissen, wo es die günstigsten Cocktails gibt!« Dieser Satz gibt dem User das Versprechen, dass er nie wieder zu viel für einen Cocktail bezahlen muss, und gleichzeitig stellt er die Kernfunktionen der App in den Vordergrund.

Weiterhin sollten Sie den Namen der App im Ad unterbringen. Anonyme Anzeigen sind selten attraktiv für User. Falls Ihre App kostenlos ist, sollten Sie dies natürlich ebenfalls erwähnen. Vermarkten Sie eine kostenpflichtige App, können Sie bei Preissenkungen einen begleitenden Satz hinzufügen wie »Nur kurze Zeit für 89 Cent«. Für mehr Informationen ist in einem Ad meistens kein Platz. Nun müssen Sie ein grafisches Element einfügen, das das Banner optisch aufwertet. Hierbei bietet sich das eigene App-Icon an, schafft es doch einen Wiedererkennungswert im Appstore. Bei der farblichen Gestaltung der Anzeige sollten Sie die gleichen Farben verwenden, die auch in der App Verwendung finden. Dadurch schaffen Sie es, den User direkt beim ersten Kontakt mit Ihrer Farbwelt zu emotionalisieren. Die App »skoobe« geht genau nach diesem Prinzip vor. Abbildung 10.1 zeigt das Banner, das über das iAd-Netzwerk von Apple ausgeliefert wird. In dieser Anzeige finden Sie neben dem App-Icon, dem Namen und dem Gratis-Preisschild drei kurze Headlines, die das Interesse des Users auf sich ziehen und ihn zu einem Klick auf das Banner bewegen sollen.

 App laden. Buch lesen.
So einfach ist das.
Jetzt ausprobieren!
iAd

Abbildung 10.1: skoobe-iAd-Banner

Audible.de hat ebenfalls eine mobile Kampagne für seine App gestartet. Auch dieses Banner folgt dem typischen Schema. Die Headline »Jetzt Gratis-Hörbuch sichern« hat zwei Funktionen. Zum einen teilt sie dem User mit, dass die App kostenlos ist. Zum anderen enthält sie eine klare Aufforderung, dass möglichst schnell zugegriffen werden soll. Und dies kann durch den Download-Button geschehen. Natürlich ist das gesamte Banner die Klickfläche. Allerdings wissen das viele User nicht, ein virtueller Button gibt eine visuelle Hilfestellung. Das Logo von Audible.de ist ebenfalls integriert, ansonsten müsste der User raten, um wessen App es sich handelt. Die Grafik am linken Rand ist etwas unglücklich gewählt, da sie kaum zu erkennen ist. Der Text ist so unscharf, dass ihn kaum jemand lesen können wird. Die Kopfhörer hingegen deuten an, dass es sich um Hörbücher handelt. Insgesamt ein gutes Banner, dass aber noch Verbesserungspotenzial hat.

Abbildung 10.2: Audible-Banner-Ad

Beim Ad der Plus500-App wurde eine Grafik gewählt, bei der jeder weiß, dass es um Aktien bzw. Aktienhandel geht. Der Chart ist ein Standard-Image für Aktienkurse. Dabei ist es keinesfalls Zufall, dass er grün ist und nach oben zeigt. Das suggeriert, dass mit der Nutzung der App ebenfalls eine positive Entwicklung beim User stattfinden wird. Weiterhin findet sich eine kurze und prägnante Headline wieder, auch hier eine Aufforderung, dieses Mal sogar mit einem Ausrufungszeichen am Ende. Auf einen Download-Button wurde verzichtet, der Hinweis, dass die App kostenlos verfügbar ist, fehlt aber keinesfalls. Das Plus500-Logo rundet die Ad ab.

Abbildung 10.3: Plus500-Banner

Das Ad von ImmobilienScout24 reiht sich mühelos in das mittlerweile bekannte Banner-Design ein. Neben dem Download-Button wurde das App-Icon als Grafik gewählt, um den Wiedererkennungswert im App Store zu erhöhen. Außerdem enthält es den Namen der App. Die Headline ist sehr gelungen, da sie dem User ein klares Versprechen gibt. Sie sagt aus, dass der User mit der Immoscout24-App Wohnungen in seiner Umgebung findet. Dabei handelt es sich gleichzeitig auch um das Kerngeschäft und Immoscout lehnt sich dabei keinesfalls zu weit aus dem Fenster.

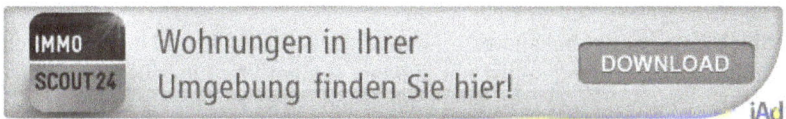

Abbildung 10.4: iAd-Banner von immoscout24

Als letztes Beispiel sollen zwei Ads von Booking.com vorgestellt werden, die unterschiedlicher nicht sein könnten. Während sich das iAd-Banner an das Schema hält und alle wichtigen Informationen liefert, fällt das AdMob-Banner in der Qualität stark ab. Es gibt keine echte Headline, die linke Grafik wirkt wie ein Windows-Icon und die Farben stimmen kaum mit der Website überein. Wie Sie im nächsten Abschnitt sehen werden, handelt es sich bei dem zweiten Banner um ein AdMob-Standard-Banner, bei dem ein Template genutzt wurde. In diesem Fall hat der Werbetreibende zwar weniger Arbeit, aber auch deutlich weniger Gestaltungsspielraum.

10 Mobile Advertising

Abbildung 10.5: iAd-Banner booking.com

Abbildung 10.6: AdMob-Banner Booking.com

Hier noch einmal zusammenfassend die wichtigsten Punkte, auf die Sie bei der Erstellung Ihres Banners achten sollten:

- Headline/Text, die/der neugierig macht
- Name der App
- Auszeichnung als kostenlos
- Download-Button
- Grafik mit Wiedererkennungswert, meist App-Icon oder Logo

10.3 Ihre erste AdMob-Kampagnen

AdMob ist einer der bekannteste Anbieter für Mobile Ads und lockt vor allem durch die Möglichkeit, selbst mit kleinem Budget Werbung für eine App zu betreiben. Bereits ab 50 US-Dollar können mobile Kampagnen geschaltet werden. Der Einstieg in die mobile Werbewelt wird vielen App-Publishern dadurch vereinfacht und das finanzielle Risiko ist überschaubar. Im Folgenden soll beispielhaft eine Kampagne aufgesetzt werden für eine App, die bereits im App Store verfügbar ist, »MwSt Plus«.

Kampagne anlegen

Zunächst müssen Sie einen passenden Kampagnennamen finden. Dieser kann z. B. dem Namen Ihrer App entsprechen. Sie geben nun an, in welchem Zeitraum die Kampagne laufen und wie hoch Ihr Tagesbudget sein soll. Das Tagesbudget ist insofern wichtig, weil Sie dadurch eine Deckelung Ihrer Kosten pro Tag haben, Sie also Ihr gesamtes Budget über einen längeren Zeitraum hinweg

10.3 Ihre erste AdMob-Kampagnen

aufbrauchen können. Dadurch erhalten Sie wertvolle Einblicke darüber, ob Ihre Kampagne an bestimmten Tagen erfolgreicher läuft als an anderen. Kampagnen stellen die höchste Hierarchie-Stufe dar und beinhalten alle Anzeigengruppen sowie die eigentlichen Anzeigen. Das bedeutet, dass alle Anzeigen(gruppen) die Einstellungen aus der Kampagne übernehmen. Der von Ihnen ausgewählte Zeitraum gilt also für alle Anzeigen, die Sie dort anlegen werden. Ebenfalls wichtig zu beachten ist, dass sich alle Anzeigen bzw. Gruppen das Kampagnen-Budget teilen. Ihre Aufgaben später werden also sein, die Gruppen hinsichtlich ihrer Performance zu vergleichen und derart zu optimieren, dass Ihr Budget so effizient wie möglich genutzt wird.

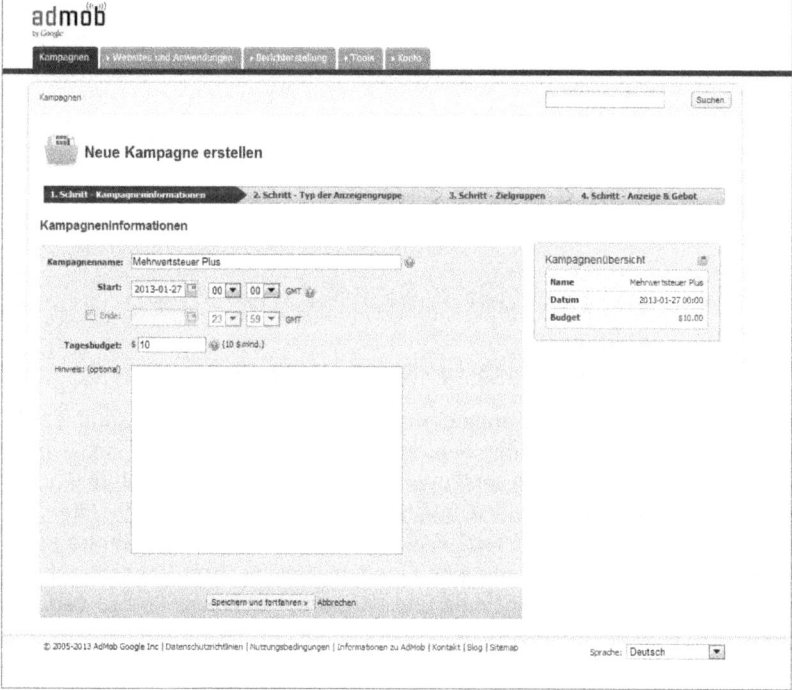

Abbildung 10.7: AdMob-Kampagneninformation

Anzeigengruppe erstellen

Nun beginnt der eigentliche Kern der Arbeit, die Erstellung einer Anzeigengruppe. Im ersten Schritt geben Sie an, dass Sie Werbung für eine App schalten wollen. Je nachdem, für welche Endgeräte Sie Ihre App anbieten, können Sie unterschiedliche Einstellungen vornehmen. In dem Beispiel handelt es sich um eine App, die ausschließlich für das iPhone verfügbar ist.

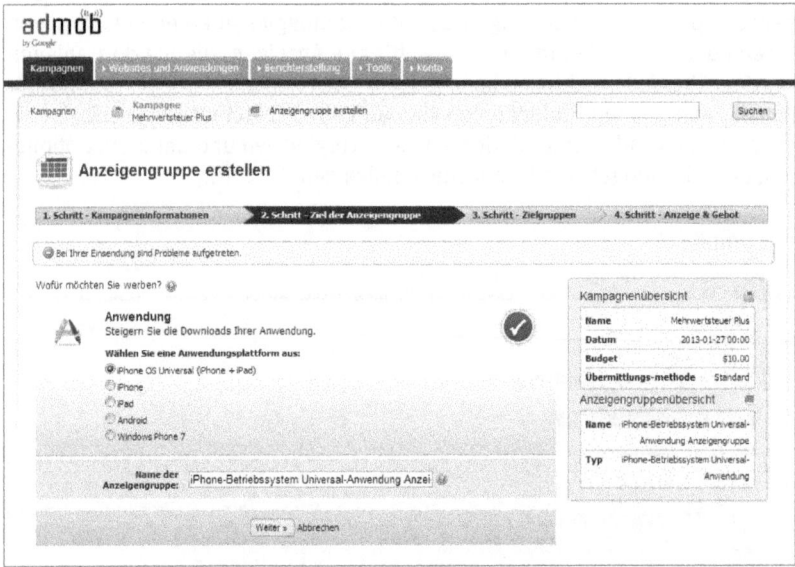

Abbildung 10.8: Erstellung der Anzeigengruppe

Nun müssen Sie Ihre Zielgruppe definieren, und zwar möglichst so, dass Sie unnötige Streuverluste vermeiden. Hierzu geben Sie zunächst an, welche Geräte und welche Softwareversionen unterstützt werden. Sollte Ihre iPhone-App beispielsweise erst ab der iOS-Version 5 laufen, müssen Sie die Unterstützung für das iPhone 2G und 3G deaktivieren, da es für diese Geräte keine neuen Software-Updates mehr gibt. Eine Auslieferung Ihres Banners auf diesen Geräten wäre daher unsinnig und würde nur unnötige Kosten verursachen.

10.3 Ihre erste AdMob-Kampagnen

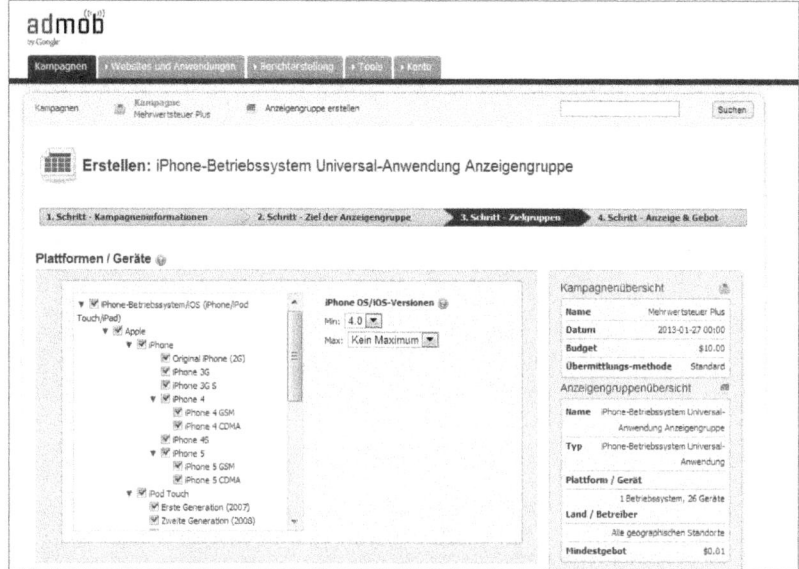

Abbildung 10.9: Geräte- und Plattformunterstützung

Weiterhin machen Sie geografische Angaben. Sie können dabei bis auf Bundeslandebene runtergehen. Sobald Sie ein Land ausgewählt haben, besteht die Möglichkeit, bestimmte Netzbetreiber auszuwählen. Die Option AUSRICHTUNG AUF WLAN-TRAFFIC wird dann wichtig, wenn Ihre App größer als 20 MB ist. In diesem Fall lässt sie sich nur runterladen, wenn der User in einem WLAN-Netzwerk angemeldet ist. Daher sollte die Option in solch einem Fall immer aktiviert werden. Sie wollen schließlich vermeiden, dass ein User auf Ihr Banner klickt und die App gar nicht herunterladen kann, weil er zurzeit unterwegs ist. Die Gefahr, dass er Ihre App vergisst, bevor er wieder in einem WLAN aktiv ist, ist einfach zu groß. In diesem Fall würden Sie wieder für einen Klick zahlen, ohne davon zu profitieren.

10 Mobile Advertising

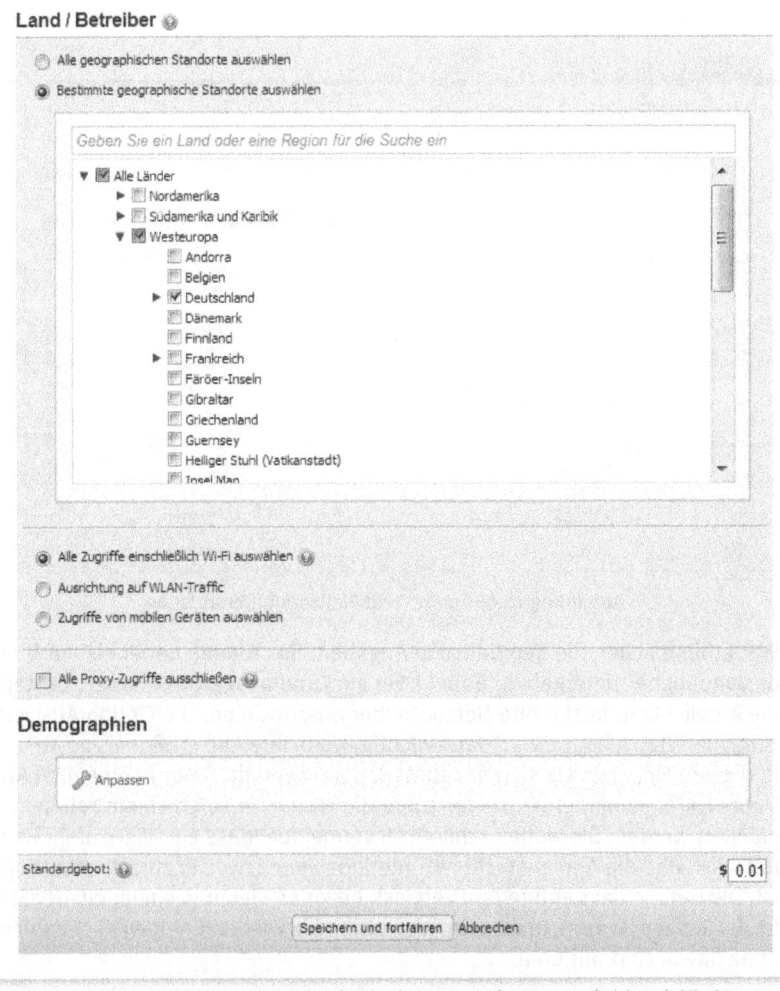

Abbildung 10.10: Angabe geografischer Standorte

Bei den demografischen Einstellungen können Sie das Geschlecht sowie die Altersgruppen auswählen. An diesem Punkt können Sie also von einer guten Zielgruppenanalyse, die Sie im Vorfeld durchgeführt haben, profitieren. Nun müssen Sie nur noch Ihr Standardgebot für den Klickpreis festlegen, der auto-

10.3 Ihre erste AdMob-Kampagnen

matisch für alle Anzeigen dieser Gruppe übernommen wird. Sie können diesen natürlich beim Minimum von 1 Cent lassen. Allerdings wird Ihr Banner erst dann geschaltet, wenn es keinen anderen Publisher gibt, der mit den gleichen Einstellungen bereit ist, mehr Geld für einen Klick auszugeben. Sie sollten im Hinterkopf behalten, dass vor allem Ihre Konkurrenz die gleichen Targeting-Optionen wie Sie auswählen kann. Auf der anderen Seite müssen Sie natürlich darauf achten, sich nicht zu überkaufen und mehr zu zahlen als eigentlich notwendig. Sie können diesen Wert allerdings jederzeit anpassen und jeder Anzeige ihren individuellen Preis hinzufügen. In dem vorliegenden Fall wurde ein Preis von 5 Cent ausgewählt.

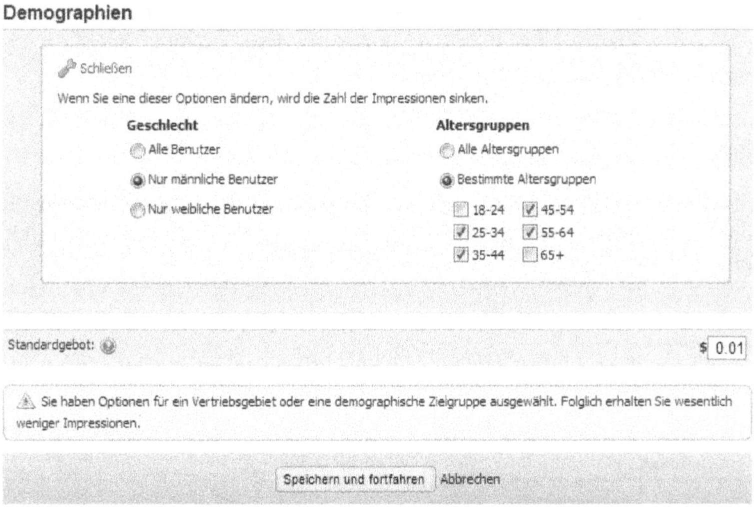

Abbildung 10.11: Demografische Einstellungen

Anzeigengruppen geben Ihnen also die Möglichkeit, innerhalb Ihrer App unterschiedliche Zielgruppensegmente anzusprechen. Das gibt Ihnen die Möglichkeit, Anzeigen noch besser anzupassen. So können Anzeigen für Frauen einen anderen Look haben als Anzeigen für Männer, obwohl für ein und dieselbe App geworben wird. Noch wichtiger ist diese Einstellung allerdings, wenn Ihre App mehrsprachig ist und Sie Ihre Anzeigen in verschiedene Länder ausliefern wollen. In diesem Fall sollten Ihre Headlines natürlich in der jeweiligen Landessprache vorliegen.

10 Mobile Advertising

Anzeigenkreation

Sind alle Einstellungen vorgenommen, können Sie nun Ihre Anzeige gestalten. Anzeigen sind somit die kleinste Einheit in diesem Modell und stellen das eigentliche Werbemittel dar. Dabei gibt AdMob Ihnen zwei unterschiedliche Gestaltungsmöglichkeiten. Sie können entweder eine Text- und Segmentanzeige schalten oder eine Bildanzeige erstellen. Bei der ersten Variante gibt AdMob Ihnen das Design vor und Sie können noch einige individuelle Änderungen vornehmen. Diese Option sollten Sie dann wählen, wenn Sie in kurzer Zeit ein Banner erstellen wollen. In der zweiten Variante können Sie ein eigenes Banner hochladen. Dies setzt natürlich voraus, dass Sie ein solches im Vorfeld erstellt haben. Um Zeit zu sparen, wird für »Mehrwertsteuer Plus« eine Text- und Segmentanzeige erstellt. Nun müssen Sie einen Anzeigennamen angeben und die App, für die Sie die Anzeige schalten wollen. Dazu müssen Sie den offiziellen iTunes-Link bereitstellen.

> **Tipp**
>
> Mit dem iTunes Linkmaker unter http://itunes.apple.com/linkmaker? können Sie problemlos nach Ihrer App suchen und den dazugehörigen Link herausfinden.

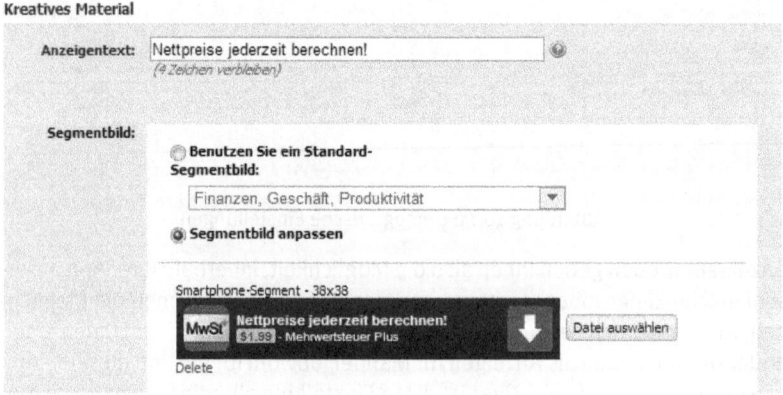

Abbildung 10.12: Anzeigenerstellung

Anschließend muss ein guter Text erstellt werden, der das Interesse der Zielgruppe trifft. In dem vorliegenden Fall soll die Zeile »Nettopreise jederzeit berechnen« eine der Kernfunktionalitäten der App wiedergeben. Als grafisches Element wird das App-Icon verwendet. Sie können natürlich auch auf ein Standard-Segmentbild zurückgreifen, allerdings sieht Ihre Anzeige dann aus wie viele andere Anzeigen auch. In kurzer Zeit ist somit eine Anzeige entstanden. Als letzten Schritt können Sie den Klickpreis, sollte dieser vom Standardgebot abweichen, für die jeweilige Anzeige einstellen.

Wenn Sie auf ANZEIGE ERSTELLEN UND VORGANG ABSCHLIESSEN klicken, haben Sie es fast geschafft. Bevor Ihre Anzeige sozusagen scharfgeschaltet und ausgeliefert wird, überprüft das AdMob-Team sie noch auf evtl. Copyrightverletzungen und konforme Inhalte.

10.4 Anzeigenoptimierung & Kosten-Nutzen-Kalkulation

Ziel Ihre Kampagne ist es, das vorhandene Budget optimal zu nutzen und so viele Downloads wie möglich zu generieren. Nur, wenn Ihre Einnahmen durch die Werbekampagne mindestens die Kosten decken, machen Mobile Ads aus wirtschaftlicher Sicht Sinn. In einem zweiten Schritt können Sie sich anschließend darum kümmern, die Effizienz Ihrer Kampagne zu steigern und die Einnahmen sukzessive zu erhöhen. Dabei spielt eine Kennzahl eine zentrale Rolle, die Conversion Rate (CR). Diese beschreibt das Verhältnis von Klicks zu Käufen.

Conversion Rate = Anzahl Klicks / Anzahl Käufe

Je höher die Conversion Rate, umso effizienter verläuft also die Kampagne.

> **Beispiel**
>
> Ihr Banner wird innerhalb einer Woche 200 Mal angeklickt. In diesem Zeitraum wird Ihre App sechs Mal heruntergeladen, Ihre Conversion Rate liegt also bei 6/200 = 0,03 = 3%.

Das Beispiel zeigt, dass die Conversion Rate alleine keine allzu große Aussagekraft hat. Sie müssen zusätzlich die Kosten ins Verhältnis zu den erzielten Einnahmen setzen, um eine Aussage darüber tätigen zu können, wie gut Ihre Kampagne läuft bzw. wie hoch Ihre Conversion Rate mindestens sein muss.

> **Beispiel**
>
> Der Klickpreis liegt bei 10 Cent. Ihre App verkaufen Sie für 2,69 Euro, erhalten 1,64 Euro netto. Ihre Conversion Rate muss also 0,1/1,64 = 6% betragen, damit Ihre Kosten durch die App-Einnahmen gedeckt werden. Für obiges Beispiel bedeutet das, dass Sie zwölf anstatt sechs Downloads bräuchten, um kostendeckend zu arbeiten.

Dieses einfache Beispiel zeigt, dass Sie bei einem niedrigen App-Preis natürlich unter höherem Druck stehen als bei hochpreisigen Apps. Würden Sie Ihre App für 6,99 Euro bzw. 4,25 Euro netto anbieten, wäre eine Conversion Rate von 0,1/4,25 = 2,3% ausreichend.

Nun stellen Sie sich vielleicht die Frage, warum in diesen Rechnungen die CTR nicht auftaucht, wurde diese doch bisher immer als besonders wichtig tituliert. Wie bereits erwähnt, geht es zunächst darum sicherzustellen, dass Ihre Kampagne kostendeckend verläuft. Da Sie bei CPC-Kampagnen nur für die verursachten Klicks bezahlen, kann Ihnen also zunächst einmal egal sein, wie hoch die CTR ist, solange die Conversion Rate stimmt.

Das ist natürlich nur die halbe Wahrheit. Sie wollen selbstverständlich auch Ihr Budget ausschöpfen, das Sie vorgegeben haben. Es hilft Ihnen nichts, 500 Euro Budget im Monat zur Verfügung zu stellen, wenn lediglich zehn Klicks verursacht werden. Selbst wenn jeder Klick zu einem Kauf führen würde, liegen Ihre Einnahmen bei 16,40 Euro. Dieser Wert ist schlichtweg lächerlich. Vor allem bei hohen Conversion Rates tut eine niedrige Click-Through-Rate weh. Denn mit jeder nicht geklickten Anzeige geht bares Geld verloren. In diesem Fall würde eine höhere CTR ebenfalls höhere Einnahmen bedeuten. Ihr Ziel besteht darin, die AdImpressions so gut wie möglich zu nutzen.

Die Anzahl der AdImpressions wiederum ist von zwei Faktoren abhängig. Zum einen spielen Ihre Targeting-Einstellungen eine große Rolle. Je enger Sie die Zielgruppe fassen, umso weniger AdImpressions werden auch ausgeliefert, weil einfach weniger User in Ihr »Beuteschema« passen. In diesem Fall bringt es Ihnen aber nichts, wenn Sie die Zielgruppe unnötig ausweiten. Sie würden zwar mehr AdImpressions verursachen, aber die CTR würde trotzdem sinken – aufgrund der falschen Zielgruppe, die mit dem Banner konfrontiert wird. Eine zweite Möglichkeit zur Erhöhung der AdImpressions liegt in der Anpassung des Klickpreises. AdMob hat natürlich ein Interesse daran, nach Möglichkeit die teuersten Anzeigen zuerst auszuliefern, da es daran auch das meiste mitverdient. Es wird also zunächst die Kampagne ausgeliefert, die am meisten für einen Klick

10.4 Anzeigenoptimierung & Kosten-Nutzen-Kalkulation

bezahlt. Sie können nun den Klickpreis erhöhen. Auch diese Vorgehensweise hat ihre Nachteile. Denn jede Erhöhung des Preises bedeutet, dass Ihre CR auch steigen muss, damit Sie kostendeckend Werbung betreiben können.

Sie verdoppeln den Klickpreis von 10 auf 20 Cent. Im vorigen Beispiel war eine Conversion Rate von 6% nötig. Durch die Preiserhöhung verdoppelt sich dieser Wert ebenfalls auf 12%. Diese Conversion Rate ist sehr hoch – die Wahrscheinlichkeit einer Kostendeckung also eher gering.

Sie müssen sich beim Preis also Stück für Stück vortasten, wenn Sie die Anzahl der AdImpressions steigern wollen.

Bezogen auf Ihre Kampagne gibt es nun eine ganz Reihe von Optimierungsmöglichkeiten, die Sie regelmäßig untersuchen sollten.

Falls Sie mehrere Anzeigengruppen geschaltet haben, sollten Sie gezielt nach Gruppen suchen, die in etwa die gleiche Conversion Rate und die gleiche Click-Through-Rate haben wie andere, allerdings unverhältnismäßig teuer sind. Sie können die Klickpreise für jede Gruppe einzeln angeben, daher kann es hierbei zu Missverhältnissen kommen. Sie suchen also nach Gruppen, die ein schlechtes Kosten-Nutzen-Verhältnis haben. Dies kommt meist durch einen zu hohen Klickpreis zustande. In diesem Fall sollten Sie ihn nach unten korrigieren. Falls durch diese Maßnahme schlagartig die Anzahl der Auslieferungen abnimmt, können Sie auch darüber nachdenken, ob Sie die Gruppe nicht einfach pausieren. Da sich alle Gruppen das Budget einer Kampagne teilen, müssen Sie einfach immer darauf achten, dass die Gruppen mit einem positiven Kosten-Nutzen-Verhältnis gestärkt werden.

Weiterhin müssen Sie analog nach überteuerten Anzeigen Ausschau halten. Jede Anzeige kann ihren eigenen Klickpreis erhalten. Bei vergleichbarer CTR sollten Sie untersuchen, ob andere Anzeigen vielleicht aufgrund des niedrigeren Preises etwas seltener ausgeliefert werden, aber deutlich billiger sind.

> **Beispiel**
>
> Sie schalten zwei Anzeigen, Anzeige A kostet 20 Cent pro Klick, Anzeige B 10 Cent. Beide Anzeigen haben eine gleich hohe CTR und CR. Ihr monatliches Budget liegt bei 600 Euro. Am Ende des Monats haben Sie 2.000 Klicks mit Banner A und 2.000 Klicks mit Banner B verursacht. Banner A wurde doppelt so häufig ausgeliefert wie Banner B. Angenommen, Sie haben eine Conversion Rate von 5%. Das bedeutet, dass Ihre Einnahmen bei Banner A 2.000 x 0,05 x 1,09 Euro = 425 Euro betragen und damit gerade mal 25 Euro

über den Kosten liegen. Bei Banner B hingegen verdienen Sie ebenfalls 425 Euro, haben aber nur 200 Euro dafür bezahlt. Sie nehmen damit mehr als doppelt so viel ein, wie Sie ausgegeben haben.

Dies ist natürlich ein extremes Beispiel. Es soll Ihnen lediglich verdeutlichen, dass überteuerte Anzeigen den Erfolg Ihrer Kampagne stark beeinflussen.

Nun sollten Sie vor allem nach Anzeigen und Gruppen mit niedriger CTR suchen. Denn bei gleichen Klickpreisen und vergleichbarer Conversion Rate verschwenden Sie unnötig AdImpressions und verlieren so Umsätze. Für eine niedrige CTR können vor allem zwei Dinge verantwortlich sein. Zum einen haben Sie vielleicht einen Fehler bei den Targeting-Optionen gemacht. Wenn Sie Ihre Ads an die falsche Zielgruppe ausliefern, dürfen Sie sich über schlechte Klickraten nicht wundern. Kontrollieren Sie daher noch einmal Ihre Einstellungen und achten Sie darauf, dass sie auf Ihre Zielgruppe zutreffen. Zum anderen kann es natürlich an den Anzeigen selbst liegen. Wenn Sie eigene Banner erstellen können, sollten Sie verschiedene Dinge ausprobieren. Am Anfang einer Kampagne ist es kaum möglich zu wissen, wie das perfekte Banner aussehen soll. Erstellen Sie daher unterschiedliche Banner mit unterschiedlichen Headlines und Grafiken. Nach einem bestimmten Zeitraum, z. B. einem Monat, sehen Sie sehr schnell, welche Banner häufiger angeklickt werden als andere. Die Banner mit der höchsten Performance sollten Sie beibehalten, während Sie die so genannten Underperformer ruhig pausieren können. Denn alle Anzeigen teilen sich ja die AdImpressions. Sie wollen also natürlich nur die Banner schalten, die auch geklickt werden.

Zuletzt gilt es, Banner hinsichtlich der CTR und CR zu vergleichen. Denn manchmal kann es passieren, dass ein Banner zwar sehr häufig angeklickt wird, aber kaum Käufe dadurch entstehen. Hier kann es sein, dass Sie mit dem Banner Erwartungen wecken, die sich nicht mit der Präsentation im Appstore decken. In Kapitel 7 wurde ausführlich auf die Präsentation im Appstore eingegangen. Nur wenn Sie sich diese Punkte zu Herzen nehmen und Ihre App hochwertig präsentieren, wird der User nach einem Klick auch bereit sein, Ihre App herunterzuladen. Vor allem negative Bewertungen können in solchen Momenten ausschlaggebend sein.

Mobile Advertising als Marketing-Instrument muss also durchaus sorgfältig kalkuliert sein. Im Gegensatz zu vielen anderen Maßnahmen fallen hierbei laufend Kosten an. Diese gilt es, mit den gewonnenen Einnahmen zu vergleichen und zunächst kostendeckend zu arbeiten. Anschließend müssen Sie Ihre Kampagne in regelmäßigen Abständen optimieren, um Ihr Budget so effizient wie möglich zu nutzen.

Kapitel 11

Public Relations

Eine gute Pressearbeit ist ebenso wichtig wie Werbung, um Aufmerksamkeit für Ihre App in der Öffentlichkeit zu schaffen. Der Vorteil gegenüber Werbung besteht darin, dass für die Platzierung Ihres Artikels keine Kosten anfallen. Sie können sehr viel Platz in einem Medium erhalten, ohne auch nur einen Cent dafür bezahlen zu müssen. Allerdings gelten für journalistische Texte ganz andere Anforderungen als für Werbeplatzierungen.

Es gibt viele Gründe, eine Pressemitteilung zu verschicken. Am wichtigsten ist natürlich die Veröffentlichung Ihrer App. Sie wollen so schnell wie möglich in den Medien präsent sein und Aufmerksamkeit für Ihre Applikation schaffen. Daneben macht es durchaus Sinn, bei wichtigen Updates die Presse ebenfalls auf dem Laufenden zu halten. Auch wenn Sie Ihre App für ein weiteres System anbieten oder eine iPad-Version veröffentlichen, sollte die Presse so schnell wie möglich davon erfahren. Auch Meilensteine lassen sich gut als Aufhänger nutzen, um eine Pressemitteilung zu verfassen, z. B. bei einer bestimmten Zahl von Downloads oder Usern. Wichtig ist, in regelmäßigen Abständen Pressemitteilungen zu versenden, damit Ihre App immer in den Köpfen der Medien bleibt und deutlich wird, dass Sie sich um Ihr Produkt kümmern.

Sie müssen durch eine gute Pressemitteilung zunächst die Journalisten davon überzeugen, dass Ihre App interessant genug ist, um einen Artikel darüber zu verfassen oder sie in einen Artikel mit einzubauen. Ihre erste Aufgabe besteht folglich darin, zu verhindern, dass Ihre Pressemitteilung im Papierkorb der Journalisten landet. Vor allem bei Print-Medien steht pro Ausgabe nur eine begrenzte Anzahl an Seiten und somit nur begrenzt Platz zur Verfügung, um Ihre App zu positionieren. Dabei erfordert der Umgang mit der Presse einiges an Übung und Erfahrung. Es gibt zahlreiche Details, auf die Sie in der Kommunikation mit Journalisten achten müssen. Im Folgenden sollen daher die wichtigsten Schritte der Pressearbeit im Einzelnen beschrieben werden.

11.1 Die Pressemitteilung

Ihre Pressemitteilung stellt den inhaltlichen Kern der Pressearbeit dar. Sie fasst alle wichtigen Informationen zusammen und ist somit auch Arbeitsgrundlage für Journalisten bei der Artikel-Erstellung. Pressemitteilungen folgen immer dem gleichen Muster und sind unterteilt in

- Titel
- Hauptteil bzw. Fließtext
- Unternehmens-Vorstellung
- Ansprechpartner für die Presse

Die Überschrift

In der Regel überfliegen Journalisten die Überschriften von Pressemitteilungen und entscheiden innerhalb weniger Sekunden, ob eine Pressemitteilung relevant ist oder nicht. Dieses kleine Zeitfenster müssen Sie mit einem aussagekräftigen Titel so gut wie möglich nutzen. Der Journalist muss also erfahren, worum es in der Meldung geht und in welchen Bereich diese eingeordnet werden kann. Oftmals werden Pressmitteilungen an Kollegen weitergeleitet, die sich auf ein bestimmtes Themengebiet spezialisiert haben. Je länger jemand braucht, um den Inhalt Ihrer Überschrift zu verarbeiten, desto höher ist das Risiko, dass Ihre Pressemitteilung mit nur einem Mausklick in der Versenkung verschwindet. Sie müssen sich klar darüber sein, dass täglich zig Mails einen Journalisten erreichen und um dessen Aufmerksamkeit buhlen. Dieser ist also sehr geübt darin, binnen Sekunden die Spreu vom Weizen zu trennen und wirklich nur relevante Artikel zu lesen.

Ihre Überschrift sollte daher auf den Punkt genau sein und die Kernaussage des Textes wiedergeben. Dabei sollten Sie den Namen der App, das Betriebssystem sowie einen Bezug zum Mobile Business einbauen. Ob Ihre App für Android oder Apple verfügbar ist, macht zum Teil einen großen Unterschied. Oftmals gibt es in Redaktionen unterschiedliche Tester für beide Geräte. Falls Sie Ihre App für beide Systeme anbieten, müssen Sie dies natürlich nicht erwähnen. In diesem Fall nutzen Sie den Platz besser für die Kernaussage, sollten jedoch anderweitig Bezug zum Mobile Business aufbauen, beispielsweise durch das Wort »Smartphone« oder »App«.

So lautet die Überschrift der Idealo-App folgendermaßen: »Idealo Flug-App – Flugpreissuche ohne versteckte Kosten«.

11.1 Die Pressemitteilung

Diese Überschrift lässt keine Fragen offen. Sehr schnell wird klar, dass es sich um eine mobile App handelt, mit der User nach kostengünstigen Flügen suchen können. Der Name geht voran und die Länge ist ebenfalls völlig ausreichend für einen Journalisten, um zu entscheiden, ob die Pressemitteilung für ihn relevant ist.

Die App »barcoo« hat folgende Pressemitteilung veröffentlicht: »barcoo bringt erste Kinder-Lebensmittelampel auf das Smartphone«.

Der Begriff Smartphone deutet darauf hin, dass die App für Android und iOS veröffentlicht wurde. Der Begriff Lebensmittelampel ist ebenfalls sehr bekannt und sagt aus, dass mit der App eine gesunde Ernährung der Kinder unterstützt wird. Der Name der App ist ebenfalls vorhanden.

Die App »twigspot« versucht es mit einer etwas anderen Überschrift. Diese lautet »Auf dem Weg an die Spitze der Download-Top-Ten: twigspot jetzt im App Store«.

Diese Headline soll klarmachen, dass die App bereits kurze Zeit nach Veröffentlichung hoch in den Charts vertreten ist. Keine schlechte Idee, da Journalisten natürlich großes Interesse an erfolgreichen Apps haben, die auch eine Vielzahl ihrer eigenen Leser interessieren kann. Der zweite Teil deckt noch die wichtigsten Informationen ab, den Namen der App sowie das System, für das es erschienen ist – in diesem Fall iOS.

Zuletzt noch ein Beispiel, das nicht direkt nach dem Launch der App veröffentlicht wurde, sondern erst bei Erreichen einer Downloadgrenze bzw. zum ersten Geburtstag: »MEDIAN Jobs-App knackt zu ihrem 1. Geburtstag die 1.500er-Marke«.

Auch hier findet sich die typische Struktur einer Überschrift wieder. Allerdings nehmen die Macher der MEDIAN-App den ersten Geburtstag zum Anlass, um eine Pressemitteilung zu veröffentlichen. Da der Geburtstag alleine nicht ausreichend ist, wurde die Anzahl der bisherigen Downloads als weitere wichtige Kennzahl mit angegeben. Pressemitteilungen zu bestimmten Meilensteinen sind keine Seltenheit. Falls Ihre App ebenfalls eine wichtige Hürde nimmt, können Sie auch für diesen Fall eine Pressemitteilung formulieren.

Eine gute Überschrift für Ihre Pressemitteilung zu finden, kann ruhig etwas Zeit in Anspruch nehmen. Schließlich müssen Sie ausreichend viele Informationen auf relativ kleinem Raum darstellen. Denken Sie vor allem daran, möglichst den Kernnutzen Ihrer App in die Überschrift einzubeziehen, so wie es die obigen Beispiele tun. Bei der idealo-App ist es die Suche nach günstigen Flügen, bei Barcoo die gesunde Ernährung der Kinder. Sollte Ihre App im Appstore innerhalb der ersten Stunden einen Höhenflug erleben, können Sie dies wie bei twigspot ebenfalls als Aufhänger nutzen.

Der Hauptteil

Hat sich der Journalist dazu entschlossen, nach der Überschrift weiterzulesen, folgt das Kernstück Ihrer Pressemitteilung, der Fließtext. Hier präsentieren Sie Ihre App inklusive aller Funktionen und Vorteile – der Hauptteil kann also verglichen werden mit der Beschreibung in den Appstores. Der erste Absatz des Hauptteils ist dabei besonders wichtig, da jeder Journalist möglichst schnell die wichtigsten Informationen bekommen will. Dieser erste Absatz wird daher *Lead* genannt und sollte die so genannten fünf W-Fragen beantworten. Zu diesen Fragen zählt

- Wer macht was?
- Wann?
- Wo?
- Wie?
- Warum?

Weitere Details über Funktionen, Beweggründe oder Sie als Entwickler folgen im restlichen Teil des Fließtextes. Sie sollten außerdem Ihre Motivation hinter der App erläutern. Oftmals werden auch extra für Pressemitteilungen angefertigte Zitate von den Machern einer App mit eingebaut. Die zusätzlichen Informationen helfen dem Journalisten dabei, sowohl mehr über Sie zu erfahren als auch mehr Material für seinen eigenen Artikel zur Verfügung zu haben. Am Ende einer Pressemitteilung finden sich häufig Links zu Bildern, Ihrer Pressemappe oder direkt zu den Appstores, in denen die App verfügbar ist.

Der gesamte Pressetext sollte so geschrieben sein, dass er von hinten gekürzt werden kann. Journalisten haben selten genügend Platz, um Ihre gesamte Mitteilung zu übernehmen. Oftmals müssen Sie sich mit ein oder zwei Absätzen zufriedengeben. Daher ist es auch enorm wichtig, im Lead die wichtigsten Informationen zusammenzufassen. Weiterhin werden bei Pressemitteilungen deutlich kürzere Absätze verwendet, als dies bei anderen Texten der Fall ist.

> **Beispiel**
>
> Der Hauptteil der Pressemitteilung zur idealo-App lautet folgendermaßen:
>
> Berlin (ots) - Deutschlands großer Preisvergleich Idealo bietet seine erfolgreiche Flug-Suchmaschine unter flug.idealo.de ab sofort auch als App für iOS und Android an. Damit können Nutzer von iPhone, iPad, Android-Smartphone und Tablet PC aus einer Vielzahl von Anbietern schnell, einfach und kostenlos günstige Flüge finden.

11.1 Die Pressemitteilung

> • • •
>
> Die Flugsuche-App bietet hilfreiche Funktionen, wie zum Beispiel eine Preisvorschau im Kalender, geobasierte Umkreissuche und umfangreiche Filtermöglichkeiten. Die App ist kostenlos im Appstore sowie auf Google Play erhältlich. Gelistete Online-Reisebüros und Fluglinien müssen Konformität gemäß der EU-Verordnung zur Transparenz von Flugpreisen erklären und unterliegen einer ständigen Qualitätskontrolle.
>
> Sucht ein User über die Flug-App oder unter http://flug.idealo.de nach Flugangeboten, müssen zusätzliche Kosten von vornherein ausgewiesen sein. Darüber hinaus verlangt Idealo von seinen Kooperationspartnern, dass mindestens ein gängiges kostenloses Zahlungsmittel angeboten wird.
>
> Hier geht es zum Download:
>
> Die App für iOS: http://ots.de/8mLGJ
>
> Die App für Android: http://ots.de/6YBAa

Im Lead der Pressemitteilung wird noch einmal die Überschrift aufgegriffen und erläutert. Dabei wird zunächst kurz auf das Unternehmen Idealo als Publisher der App hingewiesen als auch auf die unterstützten Systeme im Einzelnen. Die Kernfunktionen werden mit wichtigen Attributen wie »kostenlos«, »einfach« und »schnell« dargestellt, um die Kundenfreundlichkeit und den Nutzen in den Vordergrund zu stellen. Im Lead werden somit alle wichtigen Fragen beantwortet. Im zweiten und dritten Absatz werden anschließend die Funktionen detaillierter erläutert und zuletzt noch Download-Links für beide Apps mit eingefügt. Es handelt sich bei diesen Links um ots-Links, die die Technologie des Kurz-URL-Dienstes dpaq nutzen. Damit verkürzen die Redaktionen der Deutschen Presse-Agentur (dpa) lange Webadressen und andere URLs und sie sind mit dem beliebten Dienst bit.ly vergleichbar.

> **Beispiel**
>
> Berlin (ots) - Mit der MEDIAN Jobs App betrat MEDIAN Kliniken 2011 als erster deutscher Klinikbetreiber mit ihrer Karriere-App Neuland beim Mitarbeiter-Recruiting. Nach 366 Tagen (2012 ist ja ein Schaltjahr), hat die MEDIAN Jobs App zu ihrem 1. Geburtstag die Marke »1500 Downloads« geknackt.
>
> Vor einem Jahr waren die MEDIAN Kliniken mit der ersten Jobs-App im Gesundheitswesen auf den Markt gegangen. Die MEDIAN Jobs-App – zum Startzeitpunkt eine iPhone-App - war entwickelt worden, um das auf der MEDIAN-Website enthaltene Karriereportal sinnvoll zu erweitern und den
> • • •

› › ›

Usern einen komfortablen Service zu bieten. Damit reagierte MEDIAN Kliniken innovativ auf den weiter fortschreitenden Fachkräftemangel im Gesundheitswesen.

Seit März 2012 steht die Jobs-App auch für Android-Smartphones zur Verfügung. Interessant liest sich die Statistik der Downloads: Die meisten Downloads sind natürlich aus Deutschland (bisher 1.192). Es gab aber auch Downloads z. B. aus Indien, Hong Kong, Griechenland, Mexiko und Israel.

Mit der App wollen die MEDIAN Kliniken insbesondere junge und junggebliebene mobile Menschen ansprechen, die mit diesem Medium vertraut sind. Die Suche nach einer Stelle in einer MEDIAN Klinik wird für die App-Nutzer deutlich schneller und komfortabler als für alle anderen Interessenten.

Mit der App haben Jobsuchende die Möglichkeit, an jedem Ort und zu jeder Zeit aktuelle Angebote zu durchsuchen und zu speichern, sich bei neuen Angeboten automatisch benachrichtigen zu lassen und sich direkt zu bewerben.

Die Funktion der Benachrichtigung aufs eigene Handy ist bei Android-Apps bisher noch wenig verbreitet und nicht selbstverständlich.

Ein ganz einfach zu konfigurierender Suchagent meldet in Echtzeit jedes neue Jobangebot, das der selbstdefinierten Suchanfrage entspricht. Die Jobsuche bietet optional eine Umkreissuche, eine Freitextsuche und eine Filtersuche.

Interessierte haben gleichzeitig die Möglichkeit, MEDIAN Kliniken als potentiellen Arbeitgeber und als Gesundheitsunternehmen kennen zu lernen.

Die Entwicklung und Umsetzung der App erfolgte durch die UVA Kommunikation und Medien GmbH in Potsdam. Mit dem Team um Geschäftsführerin Andrea Vock haben die MEDIAN Kliniken einen Partner gefunden, der auf dem Gebiet der digitalen Medien in der Klinikkommunikation mit kreativen Ideen und hohem fachlichen Knowhow aufwartet.

Der Hauptteil ist deutlich länger als beim idealo-Beispiel. Dies ist darin begründet, dass viel mehr Statistiken zu der MEDIAN-App geliefert werden, z. B. in welchen Ländern die meisten Downloads getätigt wurden. Weiterhin wird im letzten Abschnitt noch auf die Umsetzung und das verantwortliche Team eingegangen.

Beispiel

Der Hauptteil der barcoo-Pressemitteilung weicht etwas vom allgemeinen Schema ab.

Berlin (ots) -

- App unterstützt Eltern bei gesunder Ernährung ihrer Kinder
- Verschärfte Kennzeichnung mit roten und grünen Ampelmännchen
- Vermeintlich gesunde Kinderlebensmittel werden enttarnt

Die Verbraucher-App barcoo erweitert ihre Lebensmittel-Ampel um die Funktion der Kinder-Lebensmittelampel. Durch Scannen des Strichcodes von Kinderlebensmitteln erhalten Eltern nun auch spezielle Nährwertangaben für Kinder. Wenn ein oder mehrere Nährwerte der normalen Lebensmittel-Ampel 30 Prozent der für Kinder empfohlenen Nährwerte erreichen oder überschreiten, erscheint ein rotes Ampelmännchen. Ebenso wenn Alkohol enthalten ist. Damit ist das gescannte Produkt für Kinder ungeeignet. Nur wenn jeder Nährwert im grünen Bereich ist und das Produkt keinen Alkohol enthält, zeigt barcoo ein grünes Ampelmännchen. Eltern können Kindern dieses Lebensmittel ohne Bedenken geben. Bei der Errechnung der Werte bezieht sich die kostenlose App auf die Richtwerte der GDA (Guideline Daily Amount) für die Tageszufuhr für Kinder.

Bereits seit 2009 zeigt barcoo die Lebensmittel-Ampel als Orientierungshilfe für die gesunde Ernährung von Erwachsenen an. Verbraucherschützer und Ärzteverbände fordern seit Jahren eine verpflichtende Ampelkennzeichnung der Nährstoffe auf Lebensmittelverpackungen. Jedoch lehnte das EU-Parlament den Gesetzesentwurf ab. Mit barcoo sind Verbraucher von der Politik unabhängig. Fehlende Nährwerte können sie selbst eintragen und anderen zur Verfügung stellen. Bisher haben Nutzer über 850.000 Nährwerte in die barcoo-Datenbank eingegeben. Barcoo ist mit über 8 Millionen Downloads eine der beliebtesten Apps in Deutschland.

Bildmaterial:
https://www.box.com/s/jsj9u4nqahgh615u43up
http://www.flickr.com/photos/barcoo/sets/

Download:
http://www.barcoo.com/de/w/barcode-scanner-qr-code-reader-download

Im Lead wird bei dieser Pressemitteilung kein Fließtext benutzt, sondern in Gliederungsform die wichtigsten Fakten hervorgehoben. Der große Vorteil bei dieser Variante: Ein Journalist kann die Informationen sehr schnell erfassen. Auf der anderen Seite kann dieser solch einen Text nicht einfach für seinen Artikel übernehmen und muss ihn folglich umschreiben. Die Zeitersparnis auf der einen Seite ist leider verbunden mit einem etwaigen Mehraufwand beim Verfassen des Artikels. Neben einem Download-Link sind diesmal auch Links zu Bildmaterialien angegeben. Bildmaterialien gehören neben dem Text zum wichtigsten Input für den Journalisten, da sie häufig für die jeweiligen Artikel genutzt werden. Bilder sind Bestandteil Ihrer Pressemappe, die im übernächsten Abschnitt näher erläutert wird.

Neben den inhaltlichen Anforderungen an den Hauptteil gibt es eine ganze Reihe formaler Regeln, die Sie bei der Erstellung beachten sollten. So müssen Sie zunächst darauf achten, dass Journalisten Ihre Inhalte möglichst 1:1 übernehmen können. Das bedeutet, dass Sie keine Hervorhebungen im Text nutzen sollten. Ebenso sollten Sie auf Formulierungen verzichten, die mehr an Werbung als an einen journalistischen Text erinnern. Statt einem »wir« sollten Sie Ihren Namen, den Unternehmensnamen oder das Label nennen, unter dem Sie Ihre Apps veröffentlichen. Wenn Ihr Name in der Pressemitteilung fällt und Sie eine bestimmte Position wie z. B. Geschäftsführer bekleiden, sollte diese ebenfalls genannt werden. Alternativ können Sie darstellen, wofür Sie während der Entwicklung verantwortlich waren, z. B. für die Programmierung oder das Interface-Design. Wenn Sie dritte Personen in der Pressemitteilung zitieren, so müssen diese darüber informiert und eine Einverständniserklärung eingeholt werden.

Verzichten Sie auf relative Begriffe wie »heute« oder »gestern«. Sie wissen nicht, wann Ihre Mitteilung abgedruckt wird. Verwenden Sie daher stets das Datum, auf das Sie sich beziehen. Sie sollten weiterhin mit Superlativen vorsichtig sein – diese haben oftmals einen werberischen Charakter und somit einen faden Beigeschmack.

Zuletzt noch der Hinweis, dass Ihre Pressemitteilung unbedingt fehlerfrei sein muss hinsichtlich Rechtschreibung und Zeichensetzung. Kein Journalist dieser Welt beschäftigt sich länger als nötig mit einem schlampig geschriebenen Text.

Vorstellung

Nach dem Hauptteil, der sich vor allem auf die App selbst und ihre Funktionen konzentriert hat, beginnt nun der formelle Teil der Pressemitteilung. Dabei müssen Sie zunächst sich selbst, das Entwicklerteam oder die Firma, die hinter der App steht, vorstellen.

11.1 Die Pressemitteilung

Beispiel

Bei der Pressemitteilung der Better-Taxi-App sieht die Vorstellung folgendermaßen aus:

Über die BetterTec GmbH

Die BetterTec GmbH ist das Unternehmen hinter BetterTaxi und wurde im Januar 2012 von Dr. Niels Beisinghoff, Marius Schatke und Fredrik Forstbach gegründet. Das Berliner Startup hat sich zum Ziel gesetzt, Taxifahren nachhaltiger und komfortabler zu gestalten. Das Unternehmen erhält ein EXIST-Gründerstipendium und wird von der Humboldt Innovation unterstützt. Für den ökologischen Ansatz bekommt BetterTec einen Climate-KIC Greenhouse Grant vom European Institut of Innovation and Technology (EIT). «

Diese Vorstellung beinhaltet alle wichtigen Informationen zu den Machern der App sowie die Hintergründe der Gründung. Alternativ zur Unternehmensvorstellung können Sie auch noch einmal Ihre App allgemein vorstellen. Dies macht vor allem dann Sinn, wenn Sie z. B. bei einem wichtigen Update oder Erreichung eines Meilensteins eine Pressemitteilung verschicken. In diesem Fall konzentrieren Sie sich im Hauptteil auf das aktuelle Geschehen und beschreiben in der Vorstellung noch einmal kurz und knapp die App im Allgemeinen.

Beispiel

Über barcoo:

Die kostenlose App barcoo (www.barcoo.com) macht Mobiltelefone zum Barcode-Scanner. Damit können Verbraucher über den Barcode (Strichcode, EAN-Code) auf der Verpackung Informationen zu Produkten abrufen. Barcoo macht Produktinformationen allen Verbrauchern bequem zugänglich und schafft Transparenz beim Einkauf. Die App ist auf über 8 Millionen Mobiltelefonen installiert und für iPhone, Android-Geräte und Samsung Apps verfügbar. Funktionen: Lebensmittel-Ampel, Nachhaltigkeitsampel, Preisvergleich, Testbereiche, Laktose, vegane Produkte, Fairtradeinfos, CO_2-Bilanzen, Gentechnik, Lebensmittelklarheit.de, Bio-Siegel, Lebensmittelplagiate, Nutzerbewertungen uvm.

Dieser Text beschränkt sich noch einmal auf die wichtigsten Fakten und Informationen zur barcoo-App, da sich die eigentliche Pressemitteilung auf die Kinder-Lebensmittelampel konzentriert. Sie haben also auch beim Vorstellungsteil mehrere Optionen zur Verfügung, wie Sie ihn gestalten können.

Kontakt

Die Kontaktperson steht dem Journalisten bei Rückfragen zur Verfügung. Diese wird angegeben mit

- Name
- Position
- Adresse
- Telefonnummer
- E-Mail-Adresse
- Faxnummer

Bitte achten Sie darauf, dass all diese Daten korrekt sind. Sie wollen auf alle Fälle vermeiden, dass ein Journalist Sie nicht erreicht oder eine E-Mail nicht ankommt.

Sie werden im Laufe der Zeit immer wieder Pressemitteilungen veröffentlichen. Es bietet sich daher an, sie auf Ihrer Website zu zeigen. Zum einen sorgt neuer Content dafür, dass Sie für Google relevant bleiben und Ihre Website in den Suchergebnissen eine gute Platzierung erhält. Zum anderen können sich interessierte Journalisten sowie potenzielle Kunden über Ihre App informieren. Abbildung 11.1 zeigt die Presseseite der App »BetterTaxi«.

Abbildung 11.1: Presseseite der BetterTaxi-App
(Quelle: http://www.bettertaxi.de/presse/)

11.2 Die Pressemappe

Ihre Pressemitteilung alleine reicht in den meisten Fällen nicht für eine Redaktion aus, sondern stellt nur ein Element von vielen dar. Vor allem Bilder werden benötigt, um einen Artikel ansprechend gestalten zu können, und müssen von Ihnen bereitgestellt werden. Eine gute Pressemitteilung hat die folgenden Bestandteile:

Pressemitteilung

Journalisten werden häufig ganze Textteile aus Ihrer Pressemitteilung übernehmen. Daher sollten Sie diese sowohl im PDF- als auch im Word-Format zur Verfügung stellen, um das Bearbeiten zu erleichtern, da sich das Kopieren aus PDF-Dokumenten als äußerst nervig herausstellen kann.

App-Icon

Ihr App-Icon gehört zu den wichtigsten visuellen Elementen, um einen Wiedererkennungseffekt zu schaffen. Sie sollten daher das App-Icon in verschiedenen Größen (512x512, 1024x1024) zur Verfügung und stellen dies in der Form, so wie es auch in den Appstores erscheint.

Screenshots

In Kapitel 7 wurden mehrere Möglichkeiten aufgezeigt, wie Sie Ihre Screenshots für den Appstore aufbereiten können. Neben diesen erweiterten Screenshots sollten Sie auch unbearbeitete Screenshots in die Pressemappe mit einfügen, damit der Journalisten ebenfalls Zugriff auf unverfälschtes Bildmaterial hat.

Presse-Fotos

Presse-Fotos sind Bilder, die Sie speziell für Presse-Artikel anfertigen. Sie sind nicht ganz so werblich gestaltet wie erweiterte Screenshots, sind aber gleichzeitig schöner als die gewöhnlichen Screenshots und lassen sich gut in redaktionelle Texte einbauen. Abbildung 11.2 zeigt ein Presse-Foto, das Teil der Pressemappe der Babyphone-3G-App ist.

Die Pressemappe sollten Sie auf Ihrer Website zum Download bereitstellen. Ebenfalls sollten Journalisten in der Pressemitteilung einen Link erhalten, über den Sie sie direkt herunterladen können. Im Gegensatz zur Testversion muss diese nicht durch ein Passwort geschützt sein, da sie der breiten Öffentlichkeit zur Verfügung gestellt werden soll.

11 Public Relations

Abbildung 11.2: Presse-Foto der App »Babyphone 3G«

11.3 Der Presseverteiler

Blogs und News-Portale

Nachdem Sie Ihre Pressemappe fertiggestellt haben, müssen Sie natürlich die richtigen Redaktionen finden, an die Sie Ihre Pressemitteilung verschicken wollen. Es geht also im nächsten Schritt darum, einen Presseverteiler aufzubauen. Der erste Weg ist immer über die Online-Medien. Diese haben gegenüber klassischen Print-Medien den Vorteil, dass Redaktionen viel kurzfristiger reagieren können. Ihre Pressemitteilung muss demnach nicht wochenlang auf eine Veröffentlichung warten, nur weil Sie den Abgabetermin knapp verpasst haben. Online-Redaktionen können sehr zeitnah neue Artikel aufnehmen. Weiterhin haben Websites keine feste Anzahl an Seiten, die pro Ausgabe vergeben werden. Die Anzahl der Artikel ist also ebenfalls sehr flexibel. Nichtsdestotrotz sind die Ressourcen einer Redaktion im Sinne von Manpower trotzdem begrenzt. Bei Online-Medien muss zwischen Tech-Websites und Special-Interest-Portalen unterschieden werden. Zu den Tech-Websites gehören jene Webseiten, die sich auf News aus der IT-Branche konzentrieren, also Artikel zum Thema Apps, Hardware etc. veröffentlichen. Diese wiederum sind untereilt in Blogs, die meistens von einer Person betrieben werden, und News-Portalen, die von einer Redaktion betrieben werden. Naturgemäß haben News-Portale eine größere Reichweite als Blogs und die Anzahl der veröffentlichten Artikel ist ebenfalls wesentlich höher. Nichtsdestotrotz sollten Sie auch Blogger in Ihre Presseplanung miteinbeziehen, da auch sie eine treue Leserschaft haben.

Tabelle 11.1 zeigt eine Übersicht von verschiedenen Blogs und News-Portalen, die Artikel über Apps veröffentlichen.

Name	Link
24Android	24android.com
Android Mag	androidmag.de
Android Next	androidnext.de
Android User	android-user.de
androider	androider.de
AndroidPit	androidpit.de
apfelnews	apfelnews.eu
App News	apps-news.de
App Report	appreport.com
APPgefahren	appgefahren.de
appguide	appguide.de
appkit	appkit.de
appleunity	appleunity.de
Apps & Co	appsundco.de
Apps Island	apps-island.de
appsblog.de	appsblog.de
AppSpy	appspy.de
app-store.de	app-store.de
appstore-news.de	appstore-news.de
apptests.de	apptests.de

Tabelle 11.1: Blogs und News-Portale für Apps

Name	Link
Chip	chip.de
cnet	cnet.de
Computerbild	computerbild.de
Computerwoche	computerwoche.de
Engadget Germany	de.engadget.com
i-App.de	i-app.de
iFun	iphone-ticker.de
iPhoneBlog.de	iphoneblog.de
iphone-notes.de	iphone-notes.de
iSzene	iszene.com
iTopNews	itopnews.de
iTouch-Magazine	itouch-magazine.eu
Macnews	giga.de/macnews
Macwelt	macwelt.de
mobiFlip	mobiflip.de
N-Droid	n-droid.de
PadMania	padmania.de
PC Welt	pcwelt.de
shortappnews	shortappnews.de
Tecchannel	tecchannel.de
your-android.de	your-android.de

Tabelle 11.1: Blogs und News-Portale für Apps (Forts.)

Um Ihre Pressemitteilung zu verschicken, müssen Sie die E-Mail-Adresse eines Ansprechpartners recherchieren. Diese erhalten Sie meistens über das Impressum oder die Kontaktseite der Websites. Bei einigen Portalen müssen Sie Ihre App über ein Online-Formular eintragen. Die Redaktionen haben dadurch die Möglichkeit, Pressemitteilungen besser zu verwalten.

Es gibt natürlich Portale, die wichtiger sind als andere und auf die Sie auch mehr Zeit investieren sollten, um einen Presseartikel zu platzieren. Allen voran natürlich große Portale, die ebenfalls als Print-Medium verfügbar sind. Dazu gehören beispielsweise *chip.de*, *computerbild.de* oder *Macwelt*. Diese Portale haben natürlich höchste Priorität, allerdings werden gerade diese Redaktionen geradezu überschwemmt mit Pressemitteilungen.

Abbildung 11.3: Computerbild.de mit App-Artikel

11 Public Relations

Dass Sie einen Kontakt zur Online-Redaktion haben, bedeutet übrigens nicht, dass Sie auch gleichzeitig Chancen auf eine Veröffentlichung im Print-Medium haben. Print- und Online-Redaktionen haben häufig unterschiedliche Ansprechpartner. Sie müssen also ggf. zweimal recherchieren, um die Kontaktdaten beider Verantwortlichen herauszufinden.

Neben Portalen, die ebenfalls als Print existieren, sind auch Websites von großer Wichtigkeit, die über eine eigene App verfügen. Dazu gehören *chip.de* mit dem eigenen »Chip App Guide«, *appgefahren.de* und *apps-news.de*. Der Vorteil liegt bei mobilen App-Artikeln klar auf der Hand. Ein User, der innerhalb einer App von Ihrer App erfährt, hat einen viel kürzeren Weg, um sich diese herunterzuladen. Da er sein Smartphone bereits benutzt, kann er Ihre App direkt herunterladen und ausprobieren. Oftmals sind Apps direkt verlinkt und müssen gar nicht erst im Appstore gesucht werden. Liest der User hingegen einen Online-Artikel, muss er zunächst zum Smartphone greifen, nach der App suchen und diese dann kaufen. Natürlich ist dieser Weg auch nicht sehr kompliziert – sollte der User Interesse an Ihrer App haben, wird er sich auch sicherlich diese »Arbeit« machen. Websites mit eigenen Apps haben nichtsdestotrotz ihre Vorteile und sollten auf Ihrer Favoritenliste ganz weit oben stehen.

Abbildung 11.4: Chip App Guide

11.3 Der Presseverteiler

Neben den IT-Portalen sollten Sie sich auf die Suche nach Websites machen, die inhaltlich zu Ihrer App passen. Denn nicht alle Smartphone-Besitzer sind gleichzeitig auch regelmäßige Besucher von IT-Newsportalen. Sie müssen also versuchen, Ihre Zielgruppe auf zwei Ebenen anzusprechen.

> **Beispiel**
>
> Sie entwickeln Ihre Push-up-App. Sie können sich nun auf die Suche nach Blogs und News-Portalen machen, die ebenfalls das Thema Sport bzw. Fitness aufgreifen. Zu den größten Vertretern gehört sicherlich *menshealth. de*, der Online-Ableger des beliebten Print-Magazins, oder auch *fitforfun. de*. Diese Portale berichten regelmäßig über Apps, die mit dem Thema Sport und Fitness in Zusammenhang stehen. Die Anzahl der Online-Portale und Blogs zu diesem Thema ist recht groß und Sie können dadurch eine Vielzahl von Usern erreichen, die Sie ansonsten verpassen würden.

Bei Redaktionen, die nicht auf Apps bzw. IT-News spezialisiert sind, sollten Sie zunächst telefonisch Kontakt aufnehmen und herausfinden, wer genau Ihr Ansprechpartner in Sachen Mobile Kommunikation ist. Sie können dann mit dieser Person sprechen und vorab herausfinden, wie groß das Interesse an Ihrer App ist. So garantieren Sie, dass Ihre Pressemitteilung auch den richtigen Ansprechpartner erreicht und nicht zwischen allen anderen Nachrichten untergeht.

Print-Magazine und Zeitschriften

Trotz der großen Beliebtheit von Online-Medien sind klassische Print-Magazine und Zeitschriften immer noch ein wichtiges Medium, um eine hohe Anzahl von Lesern zu erreichen und den Erfolg Ihrer App voranzutreiben. Sie suchen also zunächst nach Zeitschriften aus dem IT-Bereich, die für Apps infrage kommen. Tabelle 11.2 zeigt eine Übersicht der wichtigsten Print-Medien, die Sie anschreiben können.

Name	Plattformen
Android 360	Android
Android Magazin	Android
Android Praxis	Android
Android User	Android

Tabelle 11.2: Print-Medien für Apps

11 Public Relations

Name	Plattformen
Android Welt	Android
Chip	Apple, Android
Computerbild	Apple, Android
Connect	Apple, Android
iPad & Co	Apple
iPad Welt	Apple
iPhone & iPad	Apple
iPhone Life	Apple
iPhone Welt	Apple
Mac	Apple
Mac Easy	Apple
MacLife	Apple
Macwelt	Apple
Mobile Business	Apple, Android
My Mac	Apple
Tablet PC	Apple, Android

Tabelle 11.2: Print-Medien für Apps (Forts.)

Die Kontaktdaten der jeweiligen Redaktionen können Sie dem Impressum in der Zeitschrift entnehmen. Oftmals lassen sie sich aber auch online recherchieren. Der wichtigste Unterschied zwischen Online- und Print-Medien liegt in den Erscheinungszyklen. Wo Online-Portale täglich oder sogar stündlich neue Artikel veröffentlichen, erscheinen Print-Medien zumeist in einem wöchentlichen oder monatlichen Zyklus. Jede Redaktion muss sich dabei an feste Abgabetermine halten, da die Magazine vor Erscheinen unter anderem gedruckt und an die jeweiligen Distributionszentren verteilt werden müssen. Die Vorlaufzeiten für Print-Redaktionen sind somit um einiges länger als bei Online-Redaktionen. Bei Wochenzeitungen dauert es ein paar Tage bis zur Veröffentlichung. Monatlich erscheinende Zeitschriften haben oft einen Vorlauf von mehr als einem Monat. Das bedeutet, dass Sie sich z. B. im September darum kümmern sollten, wenn Sie mit Ihrer App in der November-Ausgabe erscheinen wollen.

11.3 Der Presseverteiler

Noch länger sind die Vorlaufzeiten bei Fachzeitschriften. Drei bis vier Monate sind keine Seltenheit, auch sechs oder acht Monate kommen vor. Sie sollten versuchen, herauszufinden, welche Sonderthemen geplant sind, und schon sehr frühzeitig eine Platzierung forcieren. Beziehen Sie diese Vorlaufzeiten unbedingt in Ihre Planung mit ein. Weiterhin ist der Platz bei Print-Medien auf eine bestimmte Seitenanzahl beschränkt. Dadurch ist der Kampf um eine Artikel-Platzierung sehr viel härter als im Online-Bereich. Redaktionen fassen daher auch häufig mehrere Apps in einen Artikel unter einem Thema wie z. B. »Die besten Apps für Liegestütze« zusammen. Dies ist vor allem bei Zeitschriften der Fall, die sich nicht ausschließlich mit IT-Themen beschäftigen. Genau wie im Online-Bereich können Sie auch hier Zeitschriften in Ihren Verteiler mit aufnehmen, die inhaltlich zu Ihrer App passen. Im Fitness-Bereich sind die bereits erwähnten *Fit For Fun* und *Men's Health* natürlich auch als Print eine wichtige Anlaufstelle, um Ihre App zu platzieren.

Sie sollten alle recherchierten Informationen in einer Tabelle festhalten, um Ihre Ansprechpartner jederzeit griffbereit zu haben. In dieser Tabelle sollten vorhanden sein

- Name des Mediums
- Link
- Name des Ansprechpartners (wenn vorhanden)
- E-Mail-Adresse
- Telefon
- Faxnummer
- Adresse

Der Aufbau eines Presseverteilers inklusive Ansprechpartner und Kontaktdaten ist gerade am Anfang sehr zeitintensiv. Der große Vorteil: Sie müssen ihn nur einmal anlegen und können ihn dann immer und immer wieder nutzen. Wenn Sie planen, mehrere Apps zu veröffentlichen, wird in diesem Zusammenhang übrigens sehr deutlich, warum Sie Apps aus dem gleichen Bereich veröffentlichen und nicht jedes Mal ein neues Thema angehen sollten. Können Sie den Presseverteiler der IT-Portale und Print-Medien noch für alle Apps nutzen, gilt dies für Verteiler aus einem bestimmten Bereich, z. B. Sport, nicht mehr. Sie müssen also jedes Mal aufs Neue recherchieren und starten bei jeder App fast wieder bei null. Seien Sie sich dessen bewusst, wenn Sie Ihre nächste App konzipieren.

11.4 Promo-Codes

Bevor die Presse über Ihre App berichten kann, ist es völlig normal, dass sie auch von den Redaktionen getestet wird. Bei kostenlosen Apps genügt ein Link in der Pressemitteilung. Wenn Sie Ihre App allerdings kostenpflichtig anbieten, können Sie natürlich nicht von den Journalisten erwarten, Geld auszugeben. Für solche Fälle gibt es so genannte Promo-Codes, die Ihnen Apple zur Verfügung stellt. Für jede Version Ihrer App erhalten Sie 50 Stück dieser Codes, die Sie frei verteilen dürfen und mit denen die Adressaten in der Lage sind, Ihre App umsonst herunterzuladen. Oftmals werden diese auch an Freunde und Bekannte geschickt. Allerdings können Apps, die mittels Promo-Code heruntergeladen wurden, nicht bewertet oder kommentiert werden. Und das positive Feedback Ihrer Bekannten ist, besonders am Anfang, Gold wert. Von daher sollten Sie Promo-Codes für die Presse aufsparen, da sie keine Bewertung für Ihre App hinterlassen wird. Das Einlösen der Promo-Codes ist relativ simpel und besteht aus folgenden Schritten:

In iTunes:
1. Auf der App-Store-Startseite im Menü oben rechts den Punkt EINLÖSEN auswählen.

Abbildung 11.5: iTunes Menü

2. Auf der nächsten Seite wird der jeweilige Code in das Feld kopiert bzw. eingegeben.

11.4 Promo-Codes

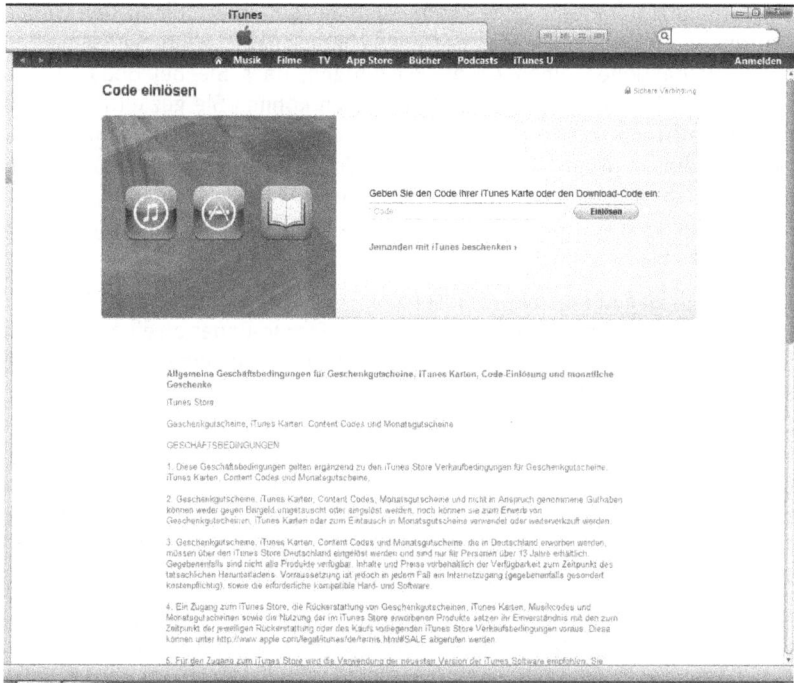

Abbildung 11.6: Eingabemaske für Promo-Codes

3. Falls der Benutzer nicht angemeldet ist, muss er sich noch anmelden.
4. Nun wird die App heruntergeladen und bei der nächsten Synchronisation auf dem iPhone installiert.

Auf dem iPhone:

1. In der App-Store-App im Menüpunkt HIGHLIGHTS ganz nach unten scrollen und auf EINLÖSEN klicken.
2. Anschließend den Code einfügen.
3. Die App wird heruntergeladen und direkt auf dem iPhone installiert.

Journalisten, die häufiger mit Apps zu tun haben, kennen diesen Prozess. Redaktionen, die bisher keine Erfahrungen mit diesem Vorgehen haben, sollten Sie evtl. diese kurze Beschreibung zukommen lassen, um mögliche Schwierigkeiten auszuräumen.

11 Public Relations

Die Verteilung der Promo-Codes kann ebenfalls auf unterschiedlichen Wegen stattfinden. Der einfachste Weg besteht sicherlich darin, in Ihrem Anschreiben an die Redaktionen einen Absatz einzufügen, dass Sie bei Bedarf gerne Promo-Codes herausgeben. Beim Nachfassen können Sie gezielt fragen, ob der Journalist Interesse an einem Promo-Code hat, und ihn ihm dann zuschicken. Auf diesem Wege können Sie Ihre 50 Codes effektiv an echte Interessenten verteilen. Sie sollten in diesem Fall in einer Tabelle festhalten, welchen Code Sie an wen verschickt haben. Sie behalten dadurch den Überblick, wie viele Codes Sie noch zur Verfügung haben.

Es gibt auch eine Alternative zu dieser manuellen Arbeit. Auf der Seite http:// redeemco.de haben Sie die Möglichkeit, Ihre Promo-Codes an einer zentralen Stelle zu hinterlegen. Journalisten bekommen von Ihnen einen Link, über den sie auf das Portal und somit auch auf Ihre Promo-Codes zugreifen können. Dadurch werden Ihre Codes ebenfalls nur an Journalisten verteilt, die auch Interesse daran haben. Ein weiterer Vorteil dieser Plattform besteht darin, dass Sie Statistiken erhalten, die Ihnen zeigen, wer den Link zu welchem Zeitpunkt angeklickt hat. Sie sehen darüber hinaus auch, wie viele Promo-Codes tatsächlich heruntergeladen wurden. Dadurch erhalten Sie wertvolle Informationen für den Versand Ihrer nächsten Pressemitteilung.

Sie können den Code natürlich auch direkt in Ihre Pressemitteilung integrieren. Auf diesem Wege kann der Journalist bei Bedarf Ihre App direkt herunterladen und selbst ausprobieren. Es ist also kein Umweg nötig über Redeemco beziehungsweise der Journalist muss sich nicht bei Ihnen melden. Sie umgehen so einen Arbeitsschritt, der jemanden daran hindern könnte, Ihre App zu testen. Allerdings wissen Sie dadurch auch nicht, wie viele Codes genutzt wurden, und erhalten auch keine Statistiken. Sie müssen daher beide Möglichkeiten sorgfältig abwägen.

Promo-Codes sind ein wichtiges Instrument während der Pressearbeit, um Journalisten Zugang zu Ihrer kostenpflichtigen App zu verschaffen und die Wahrscheinlichkeit eines Artikels zu erhöhen. Leider ist die Nutzung von Promo-Codes auf kostenpflichtige Apps beschränkt. Für InApp-Purchases existiert aktuell keine Möglichkeit, sie ebenfalls kostenpflichtig anzubieten. Zwar gab es in der Vergangenheit Ansätze von unzufriedenen Entwicklern, eigene Systeme zu entwickeln. Allerdings wurden diese Mechanismen in den meisten Fällen von Apple abgelehnt.

Android-Entwickler haben zurzeit noch keine Möglichkeit, Promo-Codes zu versenden. Allerdings gibt es auch hierfür einen Workaround. Im Gegensatz zu iPhone-Apps können Sie Ihre App auf Ihrem eigenen Server ablegen und via

Link zum kostenlosen Download anbieten. Sie versehen das entsprechende Verzeichnis mit einem Nutzernamen und Passwort, die Sie den Journalisten zukommen lassen. Dadurch vermeiden Sie, dass »normale« Benutzer Ihrer Website Ihre App herunterladen können. Die Installation der App erfolgt dann genau auf dem gleichen Wege, wie bereits in Abschnitt 5.8 beschrieben wurde. Die Journalisten können die APK-Dateien direkt auf ihren Geräten installieren, ohne den Umweg über den Play Store gehen zu müssen. In dieser »Presse-Version« Ihrer App sollten Sie außerdem darauf achten, dass alle kostenpflichtigen Erweiterungen, die normalerweise via InApp-Purchases gekauft werden müssen, bereits freigeschaltet sind. Auf diesem Wege können Sie Ihre ansonsten kostenpflichtige App Journalisten in vollem Funktionsumfang frei zur Verfügung stellen.

11.5 Versand und Nachfassen

Nachdem Sie nun Ihre Pressemitteilung verfasst, die Pressemappe zusammengestellt und einen Presseverteiler angelegt haben, kommt nun die eigentliche Arbeit auf Sie zu: das Versenden der Pressemitteilungen sowie das Nachfassen. Der Versand der Pressemitteilungen geschieht typischerweise in digitaler Form via E-Mail. Es ergeben sich jedoch eine Vielzahl von Fragen, die in diesem Zusammenhang auftauchen:

- An welchem Tag wird die Pressemitteilung am besten verschickt?
- Gibt es eine bestimmte Uhrzeit, zu der die Pressemitteilung verschickt werden soll?
- Soll die Pressemitteilung als HTML-E-Mail verschickt werden oder als Anhang?
- Soll der Versand über ein Newsletter-System erfolgen oder reicht ein E-Mail-Client wie z. B. Outlook aus?
- Wann sollte bei den Redaktionen nachgefasst werden?

Die richtige Uhrzeit

Viele Redaktionen verfügen über einen normalen Arbeitstag von 9 bis 17 Uhr. Das Versenden der Pressemitteilung nach 17 ist daher nicht wirklich empfehlenswert. Sie sollten die Pressemitteilung am Vormittag verschicken und dadurch den Redakteuren die Möglichkeit geben, sie noch am gleichen Tag zu sichten und über eine Veröffentlichung zu entscheiden.

Der richtige Wochentag

Bei den Wochentagen empfiehlt sich das Versenden an regulären Arbeitstagen, also von Montag bis Freitag, da Redaktionen in dieser Zeit am besten besetzt sind. Online-Redaktionen sind natürlich auch am Wochenende spontan in der Lage, Artikel zu veröffentlichen. Oftmals wird davon abgeraten, die Pressemitteilung am Montag zu versenden, da Redaktionen an diesem Tag noch nicht vollständig aufnahmefähig sind. Gleiches gilt übrigens auch für den Freitag. Besonders ungeeignet für Pressemitteilungen sind die Tage zwischen Weihnachten und Neujahr. Hier wird auch in den Redaktionen nur wenig gearbeitet. Daher sollten Sie Ihre Pressemitteilung erst im neuen Jahr versenden.

Pressemitteilung als Anhang oder HTML-Mail versenden

Beim Versenden Ihrer Pressemitteilung haben Sie grundsätzlich zwei Möglichkeiten. Sie können zum einen Ihre Pressemitteilung im PDF-Format als Anhang in Ihre E-Mail einfügen. Hierbei formulieren Sie in der Mail selbst Ihr Anliegen und weisen innerhalb des Anschreibens noch mit Links auf Ihre Pressemappe, Website, YouTube-Videos etc. hin. Dies macht vor allem dann Sinn, wenn Sie einen direkten Ansprechpartner recherchieren konnten und ihn persönlich anschreiben und nicht direkt mit der Pressemitteilung konfrontieren wollen. Auf der anderen Seite muss er natürlich erst einmal Ihre Pressemitteilung öffnen, um sich für oder gegen einen Artikel zu entscheiden. Dieses Problem haben Sie bei HTML-Mails nicht. Die gesamte Pressemitteilung kann direkt in der Mail verwendet und formatiert werden. Bilder können eingebaut und URLs direkt als aktive Links verwertet werden. In vielen Mailprogrammen wird eine Vorschau der Mails angezeigt, die Mail muss also nicht einmal aktiv geöffnet werden, um einen Teil der Pressemitteilung lesen zu können. Im Text selbst weisen Sie natürlich auf Ihre Pressemappe hin, damit die Redaktion trotzdem bei Bedarf den Text im Word-Format herunterladen kann.

Bei HTML-Mails können Sie Ihre Pressemitteilung ansprechend gestalten, formatieren und mit Bildern anreichern. Abbildung 11.7 zeigt einen Auszug der HTML-Version der Pressemitteilung der clixxie-App. Diese enthält neben formatierten Schriften das App-Icon sowie App-Screenshots.

Nicht alle E-Mail-Programme stellen HTML-Mails korrekt dar bzw. sind voreingestellt auf eine so genannte Text-Ansicht. Sie müssen daher zur Sicherheit Ihre HTML-Inhalte ebenfalls als unformatierte Textinformationen bereitstellen. Sie wollen schließlich sichergehen, dass zumindest die Grundinformationen, der Text der Pressemitteilung, vom Adressaten gelesen werden können. Abbildung 11.8 zeigt die Textversion der clixxie-Pressemitteilung.

11.5 Versand und Nachfassen

Presseinformation

clixxie-App macht aus iPhone-Fotos ganz einfach hochwertige Fotobücher - jetzt zwei Formate zur Auswahl

- Kostenlose iPhone-/iPad-App erstellt Fotobücher in bester Qualität
- Update bringt neues Buchformat "compact" (18,8 x 14,5 cm)
- Vielseitige, spontane Geschenkidee - für Geburtstag, Weihnachten & Co.

München, 9. November 2012 - Auf iPhone oder iPad schlummern meist viele selbst geknipste Fotos, die zum größten Teil ungenutzt auf dem Gerät verbleiben. Das muss nicht sein! Mit der "clixxie-fotobuch"-App von femory kann jeder schnell und einfach ein persönliches Fotobuch erstellen, egal ob Familienmensch, Weltenbummler oder Partygänger. Ab sofort bietet die kostenlose App neben dem Mini-Fotobuch auch das größere Format "compact" an. Mit nur wenigen Klicks ist es möglich, ein hochwertiges Fotobuch zu gestalten und direkt vom Gerät zu bestellen.

Regina Wagner, Geschäftsführerin der femory GmbH & Co. KG: "Das iPhone schießt fantastische Bilder, dank Filter- und Foto-Apps kann mittlerweile jeder kleine Kunstwerke zaubern. Mit clixxie-fotobuch werden die Erinnerungen der digitalen Bilder wieder zu einem echten haptischen Erlebnis."

Das Münchener Unternehmen bietet damit eine Lösung, die intuitiv und unkompliziert funktioniert. Die App führt den Nutzer zügig durch den gesamten Gestaltungsprozess inklusive Bestellung.

Der Nutzer wählt zunächst aus zwei verschiedenen Buchformaten: dem Taschenformat "pocket" (13 x 10 cm) und dem neuen Format "compact" (18,8 x 14,5 cm). Die Preise liegen zwischen 7,50 € für das kleinere Format mit 15 Bildern und 15,50 € für die größere Variante mit 30 Bildern. Alle Preise gelten jeweils zzgl. Versand. Verwendet werden können Fotos aus Aufnahmen, Fotostream (iCloud) und importierten Bilderordnern. Gedruckt wird im Digitaldruck-Verfahren. Der Nutzer erhält sein Fotobuch innerhalb von 5-7 Werktagen und kann sogar ein Wunschlieferdatum auswählen.

iPhone-Fotos werden so in wenigen Schritten zu einem brillanten Fotobuch mit Softcover-Bindung. Auf diese Weise ist es sogar möglich, unterwegs im Urlaub sein Fotobuch zu designen und es sich nach Hause schicken zu lassen, bevor man selbst zurück ist.

Abbildung 11.7: clixxie-HTML-Pressemitteilung

Pressemitteilung

Die clixxie-App macht aus iPhone-Fotos ganz einfach hochwertige Fotobücher - jetzt zwei Formate zur Auswahl

- Kostenlose iPhone-/iPad-App erstellt Fotobücher in bester Qualität
- Update bringt neues Buchformat "compact" (18,8 x 14,5 cm)
- Vielseitige und spontane Geschenkidee - für Geburtstag, Weihnachten & Co.

München, 9. Oktober 2012 - Auf iPhone oder iPad schlummern meist viele selbst geknipste Fotos, die zum größten Teil ungenutzt auf dem Gerät verbleiben. Das muss nicht sein! Mit der "clixxie-fotobuch"-App von femory kann jeder schnell und einfach ein persönliches Fotobuch erstellen, egal ob Familienmensch, Weltenbummler oder Partygänger. Ab sofort bietet die kostenlose App neben dem Mini-Fotobuch auch das größere Format "compact" an. Mit nur wenigen Klicks ist es möglich, ein hochwertiges Fotobuch zu gestalten und direkt vom Gerät zu bestellen.

Regina Wagner, Geschäftsführerin der femory GmbH & Co. KG: "Das iPhone schießt fantastische Bilder, dank Filter- und Foto-Apps kann mittlerweile jeder kleine Kunstwerke zaubern. Mit clixxie-fotobuch werden die Erinnerungen der digitalen Bilder wieder zu einem echten haptischen Erlebnis."

Das Münchener Unternehmen bietet damit eine Lösung, die intuitiv und unkompliziert funktioniert. Die App führt den Nutzer zügig durch den gesamten Gestaltungsprozess inklusive Bestellung.

Der Nutzer wählt zunächst aus zwei verschiedenen Buchformaten: dem Taschenformat "pocket" (10 x 13 cm) und dem neuen Format "compact" (18,8 x 14,5 cm). Die Preise liegen zwischen 7,50 € für das

Abbildung 11.8: clixxie-Pressemitteilung als Text

HTML-Mails werden ähnlich wie Websites von verschiedenen Browsern und E-Mail-Programmen wie z. B. Outlook unterschiedlich dargestellt. Sollten Sie sich also für eine HTML-Darstellung entscheiden, sollten Sie Ihre Pressemitteilung auf so vielen Systemen wie möglich testen. Schicken Sie die Pressemitteilung an sich selbst bzw. an Freunde und überprüfen Sie, ob die Darstellung mit Ihrer Vorlage übereinstimmt. Erst dann sollten Sie die Pressemitteilung an Ihren Presseverteiler versenden.

Zu den wichtigsten Browsern gehören

- Chrome
- Firefox
- Internet Explorer
- Opera
- Safari

Die wichtigsten E-Mail Clients sind

- Apple Mail
- Lotus Notes
- Microsoft Outlook
- Outlook Express
- Thunderbird

HTML-Mails bedeuten somit einen deutlich höheren Aufwand in der Erstellung als beim Versand als Anhang. Außerdem passiert es recht häufig, dass sie als Spam identifiziert werden und es dadurch gar nicht erst ins Postfach des Journalisten schaffen. Zuletzt werden Bilder häufig aus Sicherheitsgründen blockiert. Der Vorteil eines ansprechenden Designs ist somit hinfällig. Nichtsdestotrotz sind HTML-Pressemitteilungen eine gute Alternative zu klassischen Mails, da kein zusätzlicher Anhang geöffnet werden muss.

Egal, für welche Variante Sie sich entscheiden. Wichtig ist es, eine griffige Betreff-Zeile zu formulieren. Diese entspricht in den meisten Fällen der Überschrift Ihrer Pressemitteilung mit dem Zusatz »Presseinformation:« Dadurch weiß jeder Journalist, dass es sich um eine offizielle Pressemitteilung handelt. Hierbei müssen Sie allerdings beachten, dass jede Betreffzeile ab einer bestimmten Länge in der Vorschau beschnitten wird. Sie müssen also Ihren Betreff kurz und knapp halten oder so formulieren, dass in den ersten Worten klar wird, worum es geht, auch wenn die letzten Wörter vielleicht nicht vollständig angezeigt werden.

Versand über E-Mail-Client vs. Newsletter-Systeme

Vor dem Versenden Ihrer Pressemitteilung steht noch eine letzte schwierige Entscheidung an. Sie müssen wählen, ob Sie Ihre Pressemitteilung über einen normalen E-Mail-Client wie z. B. Microsoft Outlook verschicken wollen oder ein Newsletter-System nutzen. Der Vorteil von E-Mail-Clients liegt auf der Hand. Zum einen sind sie sehr günstig und jeder weiß damit umzugehen. Sie können problemlos innerhalb von Minuten einen Verteiler anlegen und anschließend Ihre Mail an alle Empfänger aus dieser Liste versenden.

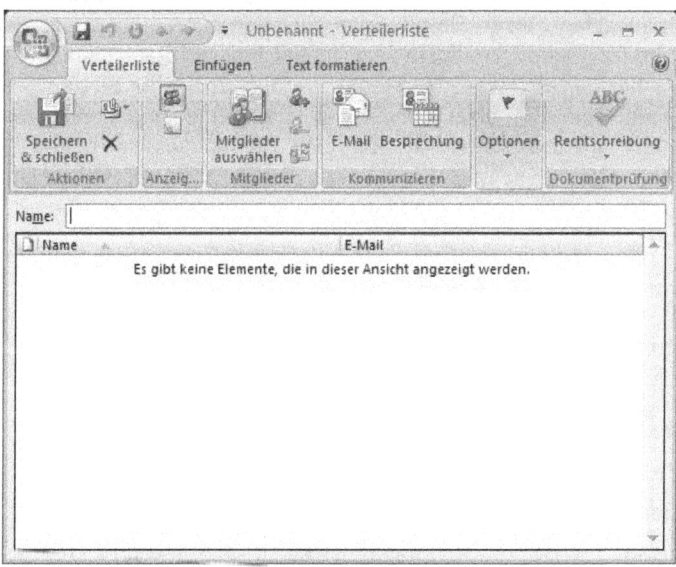

Abbildung 11.9: Verteiler anlegen mit Microsoft Outlook

Ihnen entstehen weiterhin keine zusätzlichen Kosten beim Einsatz von E-Mail-Clients. So weit die Vorteile. Ebenfalls möglich ist das Anlegen von HTML-Newsletters. Sie müssen lediglich die entsprechende HTML-Datei als Vorlage nutzen, die vom Client anschließend geladen und verschickt wird. Dabei müssen Sie allerdings darauf achten, dass alle grafischen Elemente auf einem Webserver gespeichert sind, so wie das bei einer Website der Fall ist. In dem HTML-Dokument sind somit keine lokalen Dateipfade enthalten, sondern URLs. Outlook versendet keine Grafiken. Würden Sie also auf diesen Schritt verzichten, würde keine Ihrer Grafiken angezeigt werden.

11 Public Relations

Die Nachteile von Clients werden vor allem nach dem Versand deutlich. So werden Sie keinerlei Info darüber erhalten, wie oft Ihre E-Mail tatsächlich geöffnet wurde und zu welchem Zeitpunkt. Zwar können Sie eine Lesebestätigung anfordern, diese wird aber in der Regel ins Leere laufen. Newsletter-Systeme bieten hierfür umfangreiche Statistiken an, die Ihnen sehr schnell einen Überblick darüber verschaffen, wie gut Ihre Pressemitteilung angekommen ist. Natürlich haben diese Systeme ihren Preis. Dieser richtet sich hauptsächlich nach der Anzahl der verschickten Mails bzw. nach Anzahl der Empfänger.

Newsletter-Systeme sind auf sehr große Empfängerlisten aus dem B2C-Bereich ausgelegt. Wenn Sie also eine klassische Pressemitteilung verschicken, wird für Sie der günstigste Satz sicherlich ausreichend sein. Rapidmail, ein sehr bekanntes Newsletter-System, verfügt über eine Vielzahl weiterer Funktionen, wie z. B. einen Newsletter-Editor, eine Empfängerverwaltung sowie umfangreiche Statistiken. Natürlich ist Rapidmail nicht der einzige Anbieter in diesem Segment. Es gibt noch eine Zielzahl weiterer Anbieter, auf die Sie einen Blick werfen können. Tabelle 11.3 zeigt eine Übersicht der bekanntesten Newsletter-Systeme.

Name	Link
Benchmark	benchmarkemail.com/de
CleverReach	cleverreach.de
Clever Elements	cleverelements.com
flatrate Newsletter	flatrate-newsletter.de
MailChimp	mailchimp.com
Rapidmail	rapidmail.de

Tabelle 11.3: Newsletter-Systeme

Falls Sie also darüber nachdenken, ein Newsletter-System einzusetzen, sollten Sie einen Blick auf diese Kandidaten werfen und in Ruhe Preise vergleichen. Grundsätzlich lässt sich festhalten, dass Newsletter-Systeme mit zusätzlichen Kosten verbunden sind, aber aufgrund ihrer umfangreichen Funktionen eine wertvolle Hilfe beim Erstellen und Versenden einer Pressemitteilung sein können.

Der richtige Zeitpunkt zum Nachfassen

Nachdem Sie nun Ihre Pressemitteilung verschickt haben, müssen Sie etwas Geduld beweisen. Blogger und News-Portale, die Interesse an einer Platzierung Ihrer Pressemitteilung haben, werden selbst auf Sie zukommen bzw. Sie davon in Kenntnis setzen, dass ein Artikel platziert wurde. Falls Sie Ihren Promo-Code nicht direkt mitverschickt haben, wird sich im Optimalfall die ein oder andere Redaktion bei Ihnen melden und nach einem Promo-Code fragen.

Sie werden allerdings sehr schnell feststellen, dass dies nur sehr vereinzelt der Fall sein wird. Vor allem Redaktionen von Zeitschriften, die sich nicht mit IT beschäftigen, sind in dieser Hinsicht oftmals scheu. Sie müssen also bei allen Redaktionen, von denen Sie nichts mehr hören, selbst nachfassen. Dies sollte ein oder zwei Tage nach Veröffentlichung der Pressemitteilung geschehen, um nicht zu viel Zeit vergehen zu lassen, da Redaktionen täglich mit einer Vielzahl von Mails konfrontiert werden. Am besten nehmen Sie telefonisch Kontakt mit der Redaktion oder dem direkten Ansprechpartner auf, weisen auf Ihre Pressemitteilung hin und fragen nach, ob noch Fragen zur App bestehen bzw. die Möglichkeit einer Platzierung besteht. Bei Redaktionen, die keinen Promo-Code erhalten haben, können Sie nachhören, ob Interesse an solch einem besteht.

Das Telefonat mit der Redaktion ist extrem wichtig. Zum einen erfahren Sie oftmals, welche Kriterien die Redakteure ansetzen, um über eine App zu berichten. Zum anderen können Sie eine persönliche Beziehung zu den Journalisten aufbauen. Dieser persönliche Kontakt ist in der Zukunft von extrem hoher Wichtigkeit, da Sie sich immer wieder an ihn wenden können und genau wissen, welche Ansprüche er an eine Pressemitteilung setzt, damit sie auch veröffentlicht wird. Die gesamte Kommunikation sollte ebenfalls festgehalten werden, damit Sie die gewonnenen Informationen aus einem Gespräch nachverfolgen und beim nächsten Kontakt nutzen können. So kann es zum Beispiel sein, dass ein Redakteur Ihnen verrät, dass in vier Monaten ein Special zu Fitness-Apps geplant ist. Aufbauend auf diesen Informationen können Sie sich einen Reminder setzen und rechtzeitig erneut Kontakt aufnehmen, um Ihre App in diesem Artikel unterzubringen.

11.6 Presseportale und -services

Neben Blogs, News-Portalen und Zeitschriften haben Sie noch eine weitere Möglichkeit, Ihre Pressemitteilung zu veröffentlichen. So genannte Presseportale veröffentlichen Pressemitteilungen und bieten dadurch zumeist interessierten Journalisten Zugang zu allen wichtigen Informationen. Viele Journalisten abonnieren bestimmte Themen und halten sich durch Presseportale auf

11 Public Relations

dem Laufenden. Zumeist wählen Sie dabei als App-Publisher eine passende Kategorie aus und versehen Ihre Pressemitteilung mit wichtigen Keywords, so dass diese leicht gefunden werden kann.

Sie sollten Ihre Pressmitteilung auf so vielen Portalen wie möglich publik machen. Je mehr Multiplikatoren Sie nutzen, desto größer ist auch die Wahrscheinlichkeit, dass Journalisten von Ihrer App erfahren, die noch nicht in Ihrem Presseverteiler sind. Es ist also ein passives Mittel, um zusätzlichen Pressekontakt zu generieren. Dabei gibt es eine ganze Reihe von Portalen, wo Sie Ihre Mitteilung platzieren können. Tabelle 11.4 zeigt eine Übersicht der bekanntesten Presseportale.

Name	Link
24PR	24pr.de
Agentur-Presse	agentur-presse.de
fair-News	fair-news.de
firmenpresse	firmenpresse.de
life PR	lifepr.de
na presseportal	presseportal.de
OpenPR	openpr.de
premiumpresse	premiumpresse.de
Presseanzeiger	presseanzeiger.de
PresseEcho	presseecho.de
Pressemitteilung WS	pressemitteilung.ws
PressNetwork	pressnetwork.de
ptext.de	ptext.de

Tabelle 11.4: Presseportale

LifePR und *OpenPR* gehören sicherlich zu den beliebtesten Vertretern. Aber auch alle anderen Genannten sind einen Blick wert und erhöhen die Reichweite Ihrer Pressemitteilung. Bei der Gestaltung haben Sie je nach Portal unterschiedliche Möglichkeiten. Bei vielen ist es möglich, Screenshots und Icons direkt in die Mitteilung zu integrieren. Abbildung 11.10 zeigt beispielhaft eine Pressemitteilung auf *lifePR.de* zur Limo-App. Neben den klassischen Textinhalten kann sich der Leser durch verschiedene Screenshots klicken und diese

11.6 Presseportale und -services

ebenfalls herunterladen. Auch das App-Icon ist vorhanden und kann bei Bedarf heruntergeladen werden. Auf der linken Seite zu sehen sind die Kategorien, in diesem Fall »Medien und Kommunikation«, und die verwendeten Schlagwörter, darunter z. B. »limo-app« oder »limousine«. Auf der rechten Seite kann eine Pressemappe als ZIP-Datei heruntergeladen werden inkl. Fotos und der Pressemitteilung im Textformat. Die Kontaktdaten geben dem Journalisten weiterhin die Möglichkeit, den Herausgeber der App direkt zu kontaktieren.

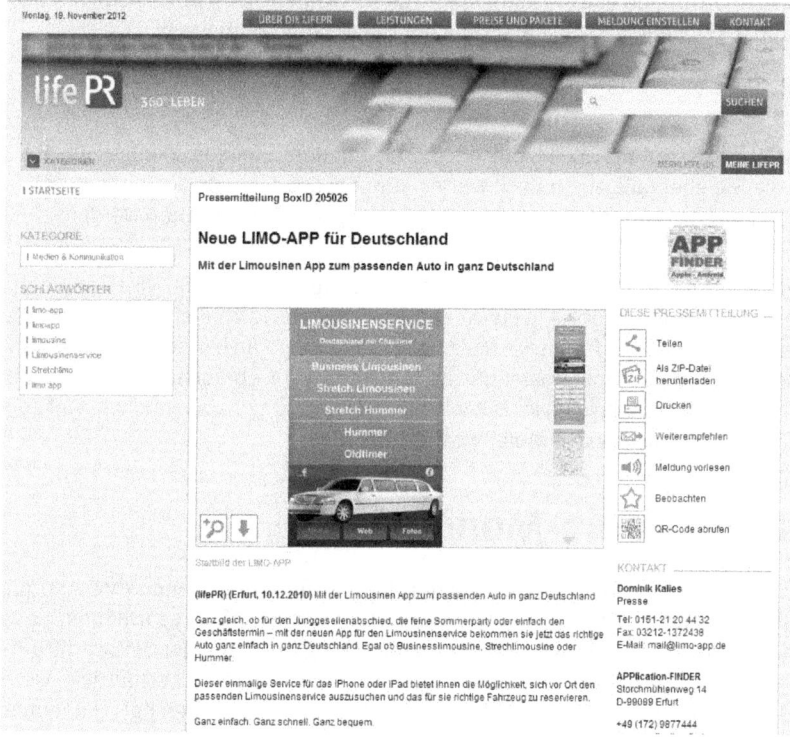

Abbildung 11.10: Pressemitteilung der Limo-App auf lifepr.de

Im Gegensatz zu anderen Portalen ist das Einstellen einer Pressemitteilung bei *lifePR* kostenpflichtig. Bei einer einzigen Mitteilung liegen die Kosten bei 199 Euro. Allerdings sind damit auch weitere Leistungen verbunden. So wird Ihre Pressemitteilung an einen Verteiler von mehr als 6.000 Journalisten versendet, ein nicht unerheblicher Umfang. Mit dem so genannten Verteilercheck können Sie sich selbst ein Bild von allen Medien machen, die Ihre Pressemitteilung erhalten.

Weiterhin trägt *lifePR* dafür Sorge, dass Ihre Pressemitteilung in sozialen Netzwerken gelistet bzw. veröffentlicht wird. Die Pressemitteilung wird dadurch vor allem für User sichtbar, die in der Suche nach bestimmten Schlagwörtern suchen. Zu den angebundenen Social Networks gehören z. B. Facebook oder Twitter.

Ein weiterer Service von *lifePR* ist das Veröffentlichen Ihrer Pressemitteilung auf anderen Presseportalen, die in Tabelle 11.4 genannt wurden. Dadurch sparen Sie sich eine Menge Zeit und müssen Ihre Pressemitteilungen nicht bei allen Plattformen einzeln anmelden. Zuletzt werden Ihnen Auswertungen und Statistiken geliefert, um den Erfolg Ihrer Kampagne zu messen.

> **Tipp**
>
> Neben diesen Services bietet *lifePR* noch andere Premium-Dienste an, auf die Sie ebenfalls einen Blick werfen können. Die gesamte Liste kann unter http://www.lifepr.de/preise-auftrag.html eingesehen werden.

lifePR ist nicht die einzige Plattform, die kostenpflichtige Services anbietet. Auch *fair-news* bietet sie in etwas anderer Form an. So können Sie Ihre Pressemitteilung z. B. mit fair-news-Mulitply für 24,95 Euro an bis zu 145 Portale versenden. Ob Sie von kostenpflichtigen Services Gebrauch machen, hängt natürlich davon ob, wie viel Budget Sie zur Verfügung haben und wie viel Zeit Sie selbst in die Pressearbeit investieren wollen.

11.7 Media-Monitoring

Oftmals werden Sie von Journalisten darüber informiert, wenn Ihre App für einen Artikel genutzt wird. Allerdings passiert es ebenfalls sehr häufig, dass auch ohne Ihr Wissen Ihre App auf einem Blog oder in einer Zeitschrift auftaucht. In solchen Fällen generieren Sie häufig überdurchschnittlich viele Downloads, ohne zu wissen, was diesen Effekt hervorgerufen hat. Um immer auf dem Laufenden zu bleiben, in welchem Medium Ihre App erschienen ist, müssen Sie ein so genanntes Media-Monitoring durchführen. Alle Online- und Print-Medien werden in diesem Fall regelmäßig auf eine Nennung Ihrer App hin kontrolliert.

Die einfachste Möglichkeit, um Ihre Online-Präsenz zu analysieren, besteht darin, den Namen Ihrer App bei Google einzutippen und die Suchergebnisse zu analysieren. Google zeigt neueste Meldungen meist weit oben im Suchergebnis an, so dass Sie häufig gar nicht lange suchen müssen, um neue Ein-

11.7 Media-Monitoring

träge zu entdecken. Abbildung 11.11 zeigt eine Suche nach »swiftkey 3«. Dabei ist relativ schnell ersichtlich, dass in vielen Online-Medien wie *chip.de* oder *tecchannel.de* über die App berichtet wurde.

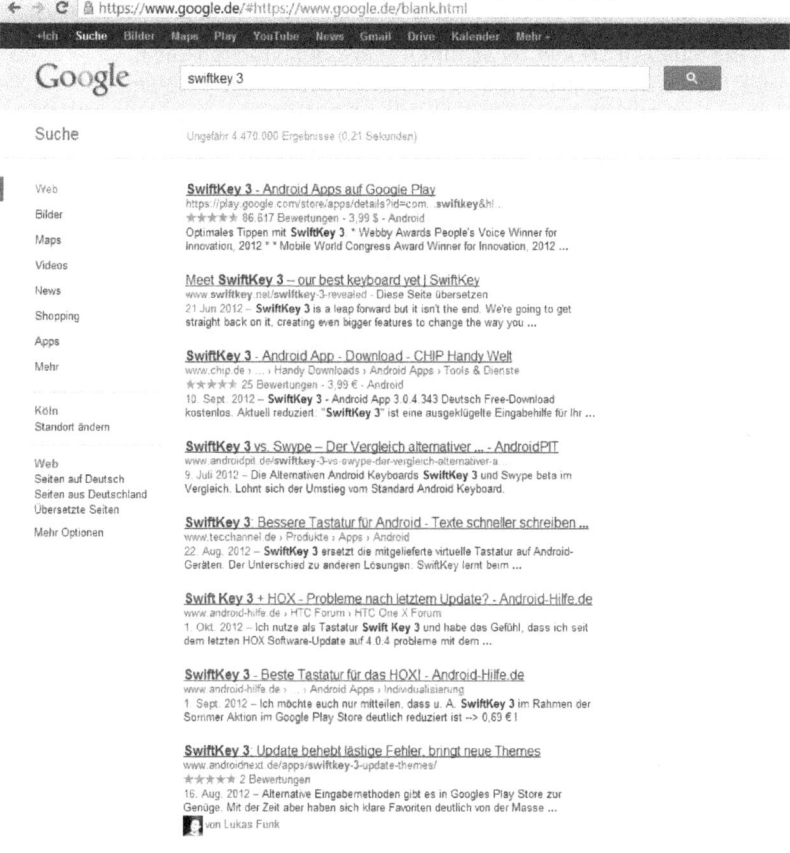

Abbildung 11.11: Google-Suche nach SwiftKey 3

Eine andere Möglichkeit besteht darin, Google Alerts einzusetzen, so wie dies auch schon in Kapitel 4 zur Wettbewerbsbeobachtung getan wurde. Verwenden Sie einfach den Namen Ihrer App als Keyword, Sie erhalten anschließend jedes Mal eine Nachricht, wenn Ihre App online genannt wurde. Natürlich erhalten Sie auf diesem Wege nicht alle Nennungen Ihrer App, da auch von Google nicht alle Inhalte indiziert werden können. Daher gibt es kostenpflich-

11 Public Relations

tige Online-Tools, mit denen Sie auch soziale Netzwerke wie Facebook relativ einfach überprüfen können. *Net-clipping* (netclipping.de) ist solch ein Tool und bietet einen 14-tägigen Testzugang an, mit dem Sie alle Funktionen kostenlos testen können.

Bei Print-Medien gestaltet sich das Monitoring schon etwas schwieriger. In der Theorie müssten Sie alle Zeitschriften selbst durchforsten und nach Ihrer App Ausschau halten. Dieser Weg ist natürlich keineswegs empfehlenswert. Sie sollten sich in solch einem Fall an eine Presse-Agentur wenden, die Ihnen diese Clippings, natürlich kostenpflichtig, zur Verfügung stellt.

Alle Veröffentlichungen sollten inklusive Datum festhalten werden und zusätzlich ein Screenshot erstellt oder die jeweilige Internetseite als PDF-Dokument angelegt werden. Bei Print-Medien notieren Sie Namen und die Ausgabe und scannen die Seiten, auf denen Ihre App auftaucht. Dadurch erstellen Sie ein so genanntes digitales Presse-Clipping, eine Zusammenfassung aller Nennungen in Online- und Print-Medien. Je mehr Einträge sich in Ihrem Presseclipping wiederfinden, umso erfolgreicher waren Ihre Bemühungen im Bereich Public Relations.

Kapitel 12

Kundenbindung

Viele der in diesem Buch vorgestellten Instrumente zeigen Möglichkeiten auf, wie Sie neue Kunden gewinnen können. Vor allem nach der Veröffentlichung Ihrer App sollte dies natürlich auch Ihr Hauptanliegen sein. Allerdings ist es genauso wichtig, bestehende Kunden zu halten und zu einer langfristigen Nutzung Ihrer App zu motivieren. Dies gilt vor allem dann, wenn Sie eine neue App veröffentlichen und kostenpflichtige Inhalte implementieren oder Ihre App durch Werbung finanzieren. Das Prinzip der Kundenbindung wurde bereits in Kapitel 9 thematisiert. Facebook und Twitter stellen hervorragende Möglichkeiten dar, um mit seiner Fanbase in Kontakt zu bleiben und über Neuheiten zu informieren. Ihr eigentliches Ziel besteht aber darin, dass bestehende User die App selbst so lange wie möglich bzw. regelmäßig nutzen. Sie müssen also dafür sorgen, dass Sie als App-Publisher eine immer enger werdende Beziehung zu den Usern aufbauen. Gleichzeitig müssen Sie Instrumente einsetzen, die vermeiden, dass Ihre App zwischen all den anderen Apps in den Hintergrund gerät und die Nutzung nach und nach abnimmt bzw. an einem bestimmten Punkt von einer anderen App auf dem Smartphone des Users verdrängt wird. Es gibt mehrere Möglichkeiten, wie Sie mit Ihren Usern in Kontakt bleiben und diese langfristig an Ihre Applikation binden können.

12.1 Push-Nachrichten

Sowohl bei Android als auch bei Apple ist es möglich, so genannte Push-Notifications in die eigene App zu implementieren. Sinn und Zweck von Push-Notifications ist es, den User mit Informationen zu versorgen, auch wenn die App geschlossen ist. Die meisten Apps machen von dieser Möglichkeit Gebrauch, um den User zur regelmäßigen Interaktion mit der App zu bewegen. Push-Nachrichten haben den Vorteil, dass sie sehr aufmerksamkeitsstark sind, ähnlich wie empfangene SMS. Wenn Sie also eine Push-Nachricht verschicken, werden die User dies in der Regel auch mitbekommen. Eingesetzt werden können Push-Nachrichten sowohl auf iOS- als auch auf Android-Geräten. Bekannt

12 Kundenbindung

sind Push-Nachrichten vor allem durch den Einsatz bei Messenger-Apps. Ob Facebook, What's App oder iMessage, fast jeder Smartphone-Benutzer ist schon einmal mit Push-Nachrichten in Kontakt gekommen. Ebenfalls häufig genutzt werden Push-Nachrichten bei

- Erinnerungen
- Sport-Ergebnissen
- Ungelesenen Mails
- Aktienkursen, die einen bestimmten Kurs erreichen
- Neuen Artikeln bei News-Apps

Sie als App-Publisher haben nun die Aufgabe, zu entscheiden, welche Nachrichten in Ihrem Fall für den User einen Mehrwert darstellen. Sie können dabei dem User selbst die Möglichkeit geben, Einstellungen zu treffen, wann er welche Art von Push-Nachrichten erhalten soll.

> **Beispiel**
>
> Ihre App bietet Sportergebnisse für die Erste und Zweite Bundesliga. Ein User, der Schalke-Fan ist, möchte aber lediglich Fußball-Ergebnisse der Ersten Bundesliga erhalten. In den Einstellungen der App kann er selbst auswählen, dass er nur für die oberste Spielklasse Nachrichten erhalten möchte.

Geben Sie dem User so viele Möglichkeiten wie möglich, um die Häufigkeit der Nachrichten an seine eigenen Bedürfnisse anzupassen. Dadurch verhindern Sie, dass Push-Nachrichten zu irgendeinem Zeitpunkt als nervig wahrgenommen werden. In einigen Fällen ist der Push-Dienst sogar so wertvoll für die User, dass sie bereit sind, dafür Geld zu bezahlen. So gibt es neben der kostenlosen Version des AppTickers noch eine weitere kostenpflichtige Variante, AppTicker Push genannt. Vorteil dieser App ist, dass User benachrichtigt werden, sobald gespeicherte Apps einen bestimmten Preis erreicht haben. Sie müssen die App also nicht mehr jeden Tag aufrufen und selbst überprüfen, ob einer der Favoriten günstig heruntergeladen werden kann. Für diesen Service müssen die User allerdings 2,69 Euro zahlen.

Zu beachten ist, dass für Push-Nachrichten die Zustimmung des Users benötigt wird. Auf iOS-Geräten erscheint nach dem Start einer App eine Systemnachricht, die den User fragt, ob er Push-Nachrichten für diese App zulassen möchte. Es wird also ein OptIn durchgeführt. Bei Android hingegen wird die Zustimmung des Users oftmals in den Berechtigungsoptionen vor dem Herunterladen einer App direkt mit eingeholt.

Abhängig davon, ob Sie Push-Nachrichten auf iOS-Geräten oder auf Android-Smartphones einsetzen, haben sie natürlich unterschiedliche Eigenschaften und Ausprägungen. Auf dem iPhone können Push-Nachrichten an diversen Stellen auftauchen, je nach aktueller Benutzung und Einstellung des Users. Die Push-Einstellungen können dabei für jede App einzeln angepasst werden. Die Einstellungen sind in Abbildung 12.1 dargestellt. Der User kann zunächst auswählen, ob die Nachrichten in der Nachrichtenzentrale angezeigt werden und wie viele Objekte maximal dargestellt werden sollen. Dabei wird zwischen einer Banner- und der Hinweis-Darstellung unterschieden.

Abbildung 12.1: Einstellungen für Push-Nachrichten

12 Kundenbindung

Banner werden am oberen Bildschirmrand eingeblendet. Der User kann durch Klicken auf das Banner direkt in die jeweilige Applikation wechseln. Bei Bannern wird der User nicht bei der Nutzung des Smartphones unterbrochen, da sie sich außerhalb der für Apps reservierten Bildschirmfläche befinden. Sollte der Bildschirm gesperrt sein, werden die Banner direkt auf dem Bildschirm platziert. Sobald der User seinen Bildschirm wieder aktiviert, kann er durch Ziehen des entsprechenden Icons nach rechts gleichzeitig den Bildschirm entsperren und direkt in die jeweilige App wechseln.

Hinweise hingegen werden direkt auf dem Bildschirm dargestellt und unterbrechen die aktuelle Nutzung. Der User kann in solchen Fällen auswählen, ob er die Nachricht öffnet oder sie einfach ignoriert. Ist das Smartphone gesperrt, werden die Hinweise sehr prominent in der Mitte des Bildschirms platziert. Auch hier kann der User durch Ziehen des Icons nach rechts direkt in die Applikation wechseln. Die Anzeige auf dem gesperrten Screen kann über die Option IM SPERRBILDSCHIRM deaktiviert werden. Abbildung 12.2 zeigt eine Push-Nachricht auf einem gesperrten iPhone, die dem User mitteilt, dass gleich eine seiner Lieblingsserien beginnt.

Abbildung 12.2: Push-Mitteiung des TV Show-Trackers

12.1 Push-Nachrichten

Zuletzt kann der User entscheiden, ob das App-Icon wie in Abbildung 12.2 ebenfalls angezeigt werden soll und ob beim Empfang der Nachricht ein akustisches Signal ausgegeben werden soll.

Um zu verhindern, dass Ihre Push-Nachricht ignoriert und anschließend vergessen wird, können Sie das so genannte Badge verwenden. Dabei handelt es sich um eine Zahl, die am App-Icon erscheint und darauf hinweist, dass noch eine Nachricht in der App auf den User zum Abruf bereitsteht. Auch innerhalb der App kann dieses Badge verwendet werden. Abbildung 12.3 zeigt einen iPhone-Screen mit gleich mehreren Badges, die jeder iPhone-Benutzer kennt.

Abbildung 12.3: Badges auf dem iPhone

Die Zahl 85 zeigt an, dass 85 Apps aktualisiert werden können. Bei den Einstellungen wird angedeutet, dass ein System-Update verfügbar ist. Das letzte Badge visualisiert die Anzahl ungelesener Mails.

Auf Android-Geräten ist es ebenfalls möglich, Push-Nachrichten zu versenden. Diese tauchen ähnlich wie bei Apple am oberen Bildschirm-Rand auf. Aller-

12 Kundenbindung

dings kann der User nicht direkt durch Antippen in die Applikation wechseln, sondern muss zunächst das Notification Center öffnen, wo er mit zusätzlichen Informationen versorgt wird. Badges können ebenfalls bei Android eingesetzt werden.

> **Hinweis**
>
> Ausführliche Informationen zur technischen Umsetzung von Push-Nachrichten finden Sie unter http://developer.apple.com für iOS-Geräte und http://developer.android.com für Android.

Push-Nachrichten enthalten bis zu vier verschiedene Elemente:

- App-Name
- Text
- Icon
- Buttons

Im Textteil müssen Sie abhängig vom Einsatzszenario sichergehen, dass der User nur die wichtigsten Infos zu sehen bekommt. Bei Bedarf kann er immer noch in die Applikation wechseln und zusätzliche Informationen erhalten. Durch diese Vorgehensweise stellen Sie sicher, dass der User die Push-Nachricht als Mehrwert empfindet und sich über diesen Service Ihrer App »freut«.

> **Beispiel**
>
> Sie entwickeln eine App mit aktuellen Sport-Ergebnissen. Wenn nun z. B. ein Tor bei einem Fußballspiel fällt, haben Sie zwei Möglichkeiten. Zum einen können Sie das Ergebnis direkt in den Nachrichtentext implementieren. Der User erhält so zeitnah die wichtigsten Informationen. Wenn er zusätzlich wissen möchte, wer das Tor geschossen hat, kann er in die Applikation wechseln.

Die bisherigen Beispiele konzentrierten sich vor allem darauf, Push-Mitteilungen als Service in Ihre Applikation zu implementieren und mit Funktionen in der App zu verknüpfen. Durch diese Maßnahmen wird vor allem die Kundenzufriedenheit gesteigert.

Es gibt aber noch andere Einsatzmöglichkeiten für Push-Nachrichten. Sie als Publisher haben die Möglichkeit, bei geschicktem Einsatz mit Ihren Usern in Kontakt zu treten und dadurch die Kundenbeziehung zu festigen. Im Online-Bereich werden häufig Inaktivitäts-Mails an User verschickt, die sich über einen gewissen Zeitraum hinweg nicht mehr eingeloggt haben. Diese E-Mail-Reminder haben häufig den Betreff »Wir vermissen Dich« und enthalten unter anderem Informationen darüber, welche neuen Inhalte und Funktionen es mittlerweile gibt und warum der User doch wieder aktiv werden sollte. Bei Apps lässt sich solch ein Mechanismus ebenfalls nutzen. Viele Apps werden auf den Geräten installiert und anschließend über einen langen Zeitraum nicht mehr genutzt. Sie werden nicht deinstalliert, sondern einfach vom User vergessen. In solchen Fällen gilt es, inaktive User mittels Push-Nachricht wieder zu reaktivieren.

Die Wichtigkeit von Push-Mitteilungen haben auch einige Start-ups erkannt und bieten App-Entwicklern verschiedene Tools an, um Push-Mitteilungen effektiv einzusetzen. Urbain Airship[1], ein Start-up aus den USA, bietet App-Publishern umfangreiche Möglichkeiten, um individuelle Rich-Push-Mitteilungen zu generieren. Damit sind mobile Landingpages gemeint, auf die der User nach Klick auf Ihre Push-Mitteilung geleitet wird. Diese basieren auf Websprachen wie HTML5 und können z. B. auf besondere Neuerungen innerhalb der App hinweisen. Der Unterschied zur klassischen Push-Funktion besteht darin, dass Sie als Entwickler entscheiden, wann eine Push-Nachricht verschickt wird. Bisher wurden Push-Nachrichten automatisch in Abhängigkeit von den Funktionen Ihrer App verschickt. Sie haben also die Möglichkeit, nach Bedarf Push-Nachrichten zu erstellen und zu versenden. Ebenfalls möglich ist der standortabhängige Versand von Push-Nachrichten. Wenn Sie also nur User aus einem bestimmten Land oder einer bestimmten Stadt als Empfänger auswählen, können Sie diese gezielt mit Ihren Push-Nachrichten ansprechen. Standortabhängige Push-Nachrichten machen vor allem bei Location Based Services Sinn.

> **Beispiel**
>
> Sie veröffentlichen einen Strandführer für Deutschland. Wenn nun ein spezielles Event an einem der Strände stattfindet, können Sie User aus dieser Region mit einer Push-Mitteilung darüber in Kenntnis setzen.

---

1. urbanairship.com

Diese werden die Nachrichten in solch einem Fall als Mehrwert wahrnehmen. Darüber hinaus erhalten Sie bei Urban Airship umfangreiche Statistiken, um einen Überblick über die Nutzung zu bekommen. Mit der Plattform Xtify[2] lassen sich ebenfalls Push-Mitteilungen genieren und an einen ausgewählten Nutzerkreis versenden sowie zahlreiche Statistiken einsehen. Als letzter Vertreter soll noch Appoxee[3] genannt werden. Dieses Start-up unterscheidet sich von seinen Konkurrenten dadurch, dass es verschiedene Funktionen zusammenführt, die zur Kundenbindung herangezogen werden können. So ist es mit Appoxee möglich, neben Push-Mitteilungen ebenfalls ein »Mehr-Apps-Tab« einzurichten, das bereits in Kapitel 8 vorgestellt wurde.

Push-Mitteilungen sind also ein sehr mächtiges Instrument, um die Stickyness Ihrer App zu erhöhen und regelmäßig in Kontakt mit Ihren Usern zu treten. Sie sollten in Ihrer App unbedingt Gebrauch von dieser Möglichkeit machen.

12.2 Feedback und Umfragen

Die App-Bewertungen im App Store und Play Store stellen für Sie als App-Publisher sozusagen das Sprachrohr Ihrer Nutzerschaft dar. Wenn die Leute von Ihrer App begeistert sind, werden sie sie auch dementsprechend gut bewerten. Wie bereits erwähnt, kann Ihre App im Appstore aber leider wesentlich schlechter dargestellt werden, als sie in Wirklichkeit von der gesamten Nutzerschaft wahrgenommen wird, da User häufiger einen Kommentar hinterlassen, wenn sie unzufrieden sind. Eine Möglichkeit, schlechten Bewertungen entgegenzuwirken, bestand in der Platzierung von Kontaktdaten direkt in der App-Beschreibung.

Es gibt noch andere Möglichkeiten, wie Sie innerhalb Ihrer App aktiv auf Ihre User zugehen können und sich wertvolles Feedback bzgl. Ihrer App holen können. Zum einen können Sie ein Feedback-Formular in Ihre App integrieren. Dieses Formular kann sowohl quantitative als auch qualitative Felder beinhalten. So können Sie z. B. ähnlich dem Appstore eine Bewertung nach Sternen vornehmen lassen und anschließend noch ein Feld zur freien Eingabe anbieten. Genau wie beim Kontaktformular auf der Website können Sie auch hier wieder verschiedene Kategorien angeben, um das Feedback besser zu kanalisieren. Der Vorteil liegt klar auf der Hand. User müssen nicht erst in den Appstore wechseln, um eine Bewertung zu schreiben. Weiterhin können Sie einer mög-

---

2. xtify.com
3. appoxee.com

12.2 Feedback und Umfragen

lichen schlechten Bewertung aus dem Weg gehen, indem Sie dem User einen zusätzlichen Feedback-Kanal liefern. Auf der anderen Seite müssen Sie natürlich vermeiden, dass positives Feedback nicht im Appstore landet, sondern nur in Ihrem eigenen System. An den Ausgängen einer großen Lebensmittel-Einzelhandelskette hängen Poster, auf denen der Filialleiter mit den Worten abgebildet ist: »Wenn Sie nicht zufrieden waren, sagen Sie es mir. Wenn doch, sagen Sie es weiter.« In dieser Aufforderung steckt natürlich die Intention, negatives Feedback am besten direkt vom Kunden zu bekommen, wohingegen positive Erfahrungen an die Außenwelt gegeben werden können.

Appoxee bietet auch für Feedback-Integrationen eine Lösung an, die Sie als App-Publisher mit relativ wenig Aufwand implementieren können. Natürlich sind Sie in diesem Fall an das vorgegebene Layout gebunden und haben auch relativ wenige Anpassungsmöglichkeiten. Eine eigene Lösung hingegen stellt natürlich einen erhöhten Aufwand dar. Allerdings macht es Sinn, Feedback über die Website und aus der App heraus zentral zusammenlaufen zu lassen.

Abbildung 12.4: Feedback-Formular mit Appoxee
(Quelle: http://www.appoxee.com/features-feedback.html)

Durch Feedback-Formulare innerhalb der App zeigen Sie Ihren User, dass Sie sich Feedback wünschen und immer ein offenes Ohr haben. Diese Funktion

12 Kundenbindung

trägt also zur allgemeinen Kundenzufriedenheit und dadurch auch zur Kundenbindung bei, erhöht aber nicht die erwähnte Stickyness Ihrer App. Um Ihre User zu motivieren, Ihrer App treu zu bleiben, bietet sich die Implementierung von Umfragen an. Bei diesen Umfragen können Sie aktiv Feedback von Usern holen und müssen nicht darauf warten, dass sie das Feedback-Formular nutzen. Den größten Effekt erreichen Sie mit Umfragen, die sich auf zukünftige Entwicklungen der App beziehen. So können Sie z. B. mit einer Umfrage die User selbst entscheiden lassen, welche Funktionen als Nächstes in die App implementiert werden sollen. Dabei können Sie auch auf Vorschläge und Wünsche aus bisherigen Kommentaren und Bewertungen eingehen. Diese Vorgehensweise hat zwei entscheidende Effekte. Zum einen sehen Ihre User, dass Sie Ihre App so nah wie möglich an den Kundenbedürfnissen orientieren wollen. Zum anderen sehen sich die User als Teil Ihres Teams, das ein Mitbestimmungsrecht bei der Gestaltung der App hat. Sie haben dadurch die Möglichkeit, eine sehr treue Nutzerschaft aufzubauen, die Ihre App gegenüber der Konkurrenz präferieren wird.

Bei der Ausgestaltung einer Umfrage haben Sie mehrere Optionen. Der Aufruf zur Umfrage kann ähnlich erfolgen wie die Bewertungserinnerung. User können dann entweder zustimmen, die Umfrage später beantworten oder ganz ablehnen. Die Anzahl der Fragen sollte auf ein Minimum beschränkt werden, da Ihre User schließlich die App nutzen und nicht minutenlang Fragen beantworten wollen. Sie können natürlich auch nur eine einzige Frage stellen. Anschließend sollten Sie sich bei dem User für das Mitmachen bedanken.

Wenn Sie sich für eine Umfrage entscheiden, müssen Sie sich im Klaren darüber sein, dass es dann auch kein Zurück mehr gibt. Sie können keine Umfrage starten und anschließend eine kostenpflichtige Erweiterung implementieren, die gar nicht zur Auswahl stand. Der Imageschaden in solch einem Fall wäre beachtlich. Die Umsetzung eines Umfragesystems ist natürlich mit zusätzlichem Aufwand verbunden. Sie müssen also entscheiden, ob Sie Ihre Energie in solch ein System oder in die Erweiterung der App ohne Umfrage stecken wollen. Aktuell befinden sich auch noch keine ausgereiften Systeme im Umlauf, auf die Sie zurückgreifen könnten. Polldaddy[4] bietet zwar ein SDK für iOS-Systeme, mit denen sich Umfragen in Apps integrieren lassen. Allerdings ist es im Umfang noch stark beschränkt und für den produktiven Einsatz eher ungeeignet. Nichtsdestotrotz können Sie sich mit solch einem System positiv von der Konkurrenz absetzen und Ihre Nutzer langfristig an sich binden.

---

4. polldaddy.com

12.3 Updates

Keine App wird es schaffen, User langfristig zu binden, ohne regelmäßig Updates durchzuführen. Sie werden immer wieder Fehler beheben, neue Funktionen implementieren und nach einer gewissen Zeit die ein oder andere Änderung am User Interface vornehmen. Updates sind für User extrem wichtig, um eine Entwicklung Ihrer App zu sehen. Vor allem Updates, die Bugs beheben, die bereits in negativen Bewertungen aufgetaucht sind, oder neue Funktionen, die auf Grundlage einer Umfrage implementiert wurden, sorgen bei Usern dafür, dass sie sich weiterhin mit Ihrer App wohlfühlen und so gar nicht erst auf die Idee kommen, sich nach Konkurrenzprodukten umzusehen.

Auf iOS-Systemen werden User darüber aufgeklärt, dass ein neues Update für eine App verfügbar ist, indem auf dem Homescreen oben rechts am Icon eine Zahl erscheint. Die Zahl sagt aus, wie viele Updates verfügbar sind. Der User kann nun in den App Store wechseln und unter dem Menüpunkt UPDATES eine Liste mit allen Apps einsehen, für die eine neue Version zur Verfügung steht. Bei Klick auf eine der Apps sieht der User den Text, den Sie bei jedem Update angeben müssen. Dadurch werden die Leute darüber aufgeklärt, welche Änderungen sich mit der neuen Version ergeben. iPhone-Nutzer sind extrem affin für Updates und laden sie sehr zeitnah herunter. Dadurch hat ein Großteil Ihrer Nutzer schon nach 48 Stunden die neueste Version heruntergeladen und installiert, der Rest folgt normalerweise innerhalb eines Monats. Allerdings haben die User auch die Möglichkeit, alle Apps gleichzeitig zu aktualisieren. Diese Funktion macht aus Nutzersicht Sinn. Denn zum einen sparen sie jede Menge Zeit, dass sie nicht jede App einzeln aktualisieren müssen. Zum anderen handelt es sich bei Updates in 90% der Fälle um so genannte Minor Bugfixes. Damit sind Updates gemeint, die kleinere Fehler, z. B. Rechtschreibfehler, beheben. Die User wollen deshalb in den meisten Fällen gar nicht wissen, welche Neuerung es gibt, sondern einfach nur auf dem neuesten Stand sein.

Angenommen, Sie haben nun eine kostenpflichtige Erweiterung in Ihre App integriert. Dann wollen Sie natürlich so schnell wie möglich feststellen, wie viele Leute daran Interesse haben. Die Möglichkeit, alle Apps auf einmal zu aktualisieren, hat natürlich den Nachteil, dass Nutzer zum Teil gar nicht mitbekommen, welche Änderungen Sie in Ihre App implementiert haben, und werden dementsprechend auch keinen Kauf durchführen. Bei Android-Geräten stellt sich die Sache noch etwas dramatischer dar. Der User hat die Möglichkeit, Aktualisierungen automatisch vornehmen zu lassen. In diesem Fall erhält

12 Kundenbindung

er lediglich eine kurze Nachricht im Notification Center, dass ein Update durchgeführt wurde, weiß aber nichts über dessen Inhalt.

Dieses Problem lässt sich auf zwei Arten lösen. Zum einen können Sie einen zusätzlichen »Was ist neu«-Screen in Ihre App integrieren, der den User beim ersten Start der App nach dem Update kurz über alle Aktualisierungen aufklärt. Abbildung 12.5 zeigt solch einen Screen, in dem der gleiche Text wie im Update-Teil des Appstores angezeigt wird.

Abbildung 12.5: »Was ist neu«-Message bei runtastic

Dadurch gehen Sie sicher, dass die User zumindest einen flüchtigen Blick auf die Neuerung werfen, wenn sie die App das nächste Mal starten. Mit diesem Vorgehen brauchen Sie also nicht darauf zu warten, dass Ihre User die neuen Funktionen von alleine entdecken.

Updates sollten regelmäßig durchgeführt werden, um eine stetige Weiterentwicklung der App zu bestätigen. Eine App, die nur einmal im Jahr ein rudimentäres Update erhält, wird bei den Usern niemals eine nachhaltige Nutzung erreichen. Updates sind Ihre Möglichkeit, zu sagen: »Seht her, liebe User, wir denken an euch und wollen die App stetig verbessern auf Grundlage eures Feedbacks.«

12.3 Updates

Vor allem die Integration neuer Funktion ist sehr wichtig, um Ihre User bei Laune zu halten. Während der Konzeption wurde darauf hingewiesen, dass Sie mit den wichtigsten Funktionen starten sollen, um nicht unnötige Arbeit in Ihre App zu investieren, ohne sie im Markt getestet zu haben. Nun ist es an der Zeit, nach und nach diese »ausstehenden« Features zu implementieren. Wenn Sie also von Beginn an alle Ideen, die Sie für Ihre App haben, auch in dieser unterbringen, wird es zu einem späteren Zeitpunkt schwieriger, neue Funktionen zu entwickeln. Wie viele Änderungen Sie in ein Update packen, ist abhängig von der Dringlichkeit und dem Umfang der neuen Inhalte. Generell gilt: Bugs sollten so schnell wie möglich behoben werden. Laden Sie die neue App-Version hoch, sobald Sie den Fehler behoben haben, um schlechten Bewertungen aus dem Weg zu gehen. Warten Sie in diesem Fall nicht darauf, dass noch andere, geplante Inhalte fertig werden, bevor die neue Version hochgeladen wird.

Updates haben noch einen weiteren Effekt, der für Sie als App-Publisher von großem Wert sein kann. Sie erhalten von Apple keinerlei Informationen darüber, wie viele aktive Installationen auf den Zielgeräten vorhanden sind. Aktive Installation bedeutet, dass ein User Ihre App heruntergeladen hat und sich die App immer noch auf seinem Smartphone befindet. Der Anteil an aktiven Installationen ist vor allem bei Apps wichtig, die nicht kostenpflichtig sind und z. B. durch Werbung oder kostenpflichtige Erweiterungen finanziert werden sollen. Wenn Sie also feststellen, dass die Update-Zahlen nach einem Monat weit unter den eigentlichen Downloadzahlen liegen, müssen Sie davon ausgehen, dass die Anzahl an aktiven Nutzern sehr viel niedriger ist, als Ihre Downloadzahlen es vermuten lassen. Bei Android hingegen werden von Google Statistiken über aktive Installationen direkt mitgeliefert, dazu mehr im nächsten Kapitel.

Kapitel 13

Erfolgsmessung

In diesem letzten Kapitel soll ein weiterer wichtiger Punkt aufgegriffen werden, die Erfolgsmessung. Sie wollen natürlich wissen, welche Früchte Ihre Arbeit trägt und wie sich der Erfolg Ihrer App über die Zeit entwickelt. Die Erfolgsmessung wird Sie nach der Veröffentlichung Ihrer App ständig begleiten und ein fester Bestandteil Ihres Tagesgeschäfts werden. Denn nur durch regelmäßiges Monitoring können Sie auf Entwicklungen, positive wie negative, reagieren und die richtigen Maßnahmen ergreifen. Dabei gilt es, die richtigen Kennzahlen im Auge zu behalten, mit den richtigen Tools Informationen darzustellen und vor allem so zu verdichten, dass Sie die richtigen Schlüsse daraus ziehen können. Dabei kommen natürlich in erster Linie iTunes-Connect sowie die Google Developer Console zum Einsatz.

13.1 Die wichtigsten Kennzahlen im Blick

Google und Apple bieten mit ihren eigenen Analytics-Tools erste Anlaufstationen, um die wichtigsten Kennzahlen einzusehen. Das iTunes Connect Dashboard kommt etwas altbacken daher, bietet jedoch alle wichtigen Informationen auf einen Blick. So erfahren Sie in der Standardansicht anhand eines Balkendiagramms, wie viele kostenfreie Apps aus Ihrem Portfolio pro Tag heruntergeladen wurden. Die Gesamtzahl pro Tag wird genauso dargestellt wie die relative Veränderung zur Vorwoche in Prozent. Dadurch lassen sich downloadstarke Tage identifizieren.

Alternativ können Sie auch auf das Liniendiagramm zugreifen, das Verläufe noch etwas deutlicher als das Balkendiagramm darstellt. Sie können ebenfalls auf eine wöchentliche Ansicht umschalten oder sich ein bestimmtes Datum gezielt aussuchen.

13 Erfolgsmessung

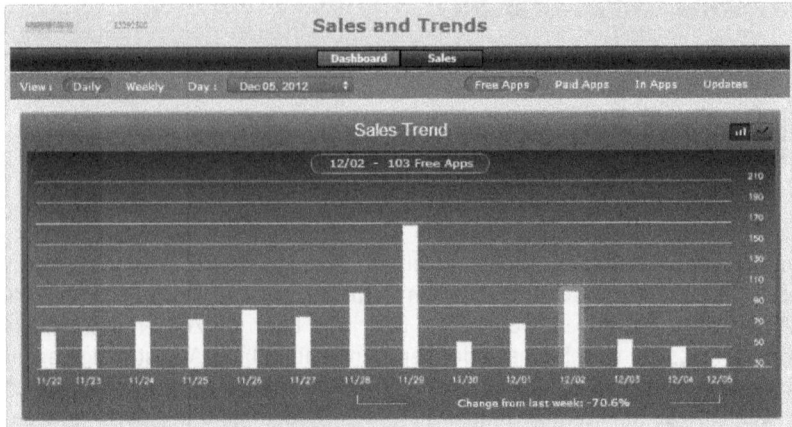

Abbildung 13.1: iTunes Connect Dashboard

Im unteren Bereich sind die Downloadzahlen nach Apps aufgeschlüsselt und absteigend sortiert nach Downloads. Zusätzlich finden Sie die relative Veränderung im Vergleich zum Vortag. Die Anzahl der Downloads gehört natürlich zu den wichtigsten Kennzahlen, die eine Aussage über den Erfolg Ihrer App zulassen.

Allerdings gilt dies nur bedingt bei kostenpflichtigen Apps. Wenn Sie Ihre Apps kostenpflichtig anbieten oder InApp-Purchases in Ihre Apps integriert haben, können Sie das Dashboard ebenfalls auf diese umstellen. Allerdings, und hier liegt ein großer Nachteil des Dashboards, erhalten Sie keinerlei Informationen zum Umsatz. Im Dashboard werden nur Download-Statistiken angezeigt. Falls Sie nur eine App veröffentlichen und den Preis nicht ändern, können Sie unter Umständen die Erträge im Kopf ausrechnen. Sollten Sie aber mehrere Apps mit unterschiedlichen Preisen im Portfolio haben, ist das Dashboard leider unzureichend.

> **Beispiel**
>
> Sie senken den Preis Ihrer App um 50%. Sie verursachen dadurch allerdings 70% zusätzliche Downloads. Das bedeutet, dass Sie im Dashboard eine durchaus positive Entwicklung sehen, aber der monetäre Effekt noch viel größer ist. Oder aber Sie erhöhen den Preis um 30%, die Downloads gehen aber um lediglich 10% zurück – Sie verdienen also auch mit weniger Downloads mehr Geld. Auch in diesem Fall lässt sich dies nicht aus den Downloadstatistiken alleine herauslesen.

13.1 Die wichtigsten Kennzahlen im Blick

Die einzige Möglichkeit, um nähere Informationen zu Umsätzen zu erhalten, findet sich im Tab SALES wieder. Hier wird jeder einzelne Kauf festgehalten, der durchgeführt wurde. Dies ist allerdings nicht mehr als eine tabellarische Aufzählung und bietet weder eine kumulierte Ansicht noch irgendeine Art von Sortierfunkion.

Eine weitere Aufschlüsselung wird im Dashboard nach Ländern vorgenommen. In dieser Tabelle sehen Sie ebenfalls absteigend sortiert die Länder, in denen Ihre App heruntergeladen wurde. Falls Sie sich dazu entschlossen haben, Ihre App zu lokalisieren, können Sie hier feststellen, in welchem Land Ihre App am erfolgreichsten ist bzw. ob Sie Ihre Zielmärkte auch tatsächlich erreichen.

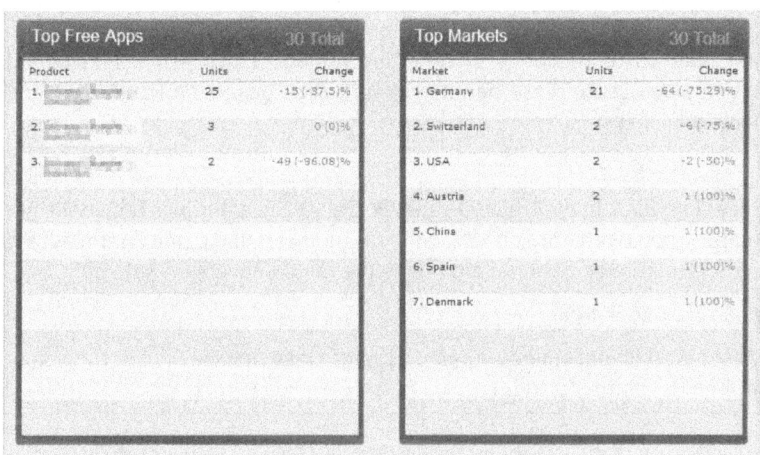

Abbildung 13.2: Dashboard mit Top Apps und Top Markets

Zuletzt können Sie ebenfalls einen Blick auf die Zahl der Updates werfen. Diese sind deswegen interessant, weil Sie daraus ableiten können, wie viele User Ihre App tatsächlich noch installiert haben. Bei iOS erhalten Sie im Gegensatz zu Android keinerlei Informationen über aktive Installationen. Aktive Installationen sind besonders für werbefinanzierte Apps interessant. Denn um regelmäßige Einnahmen generieren zu können, benötigen Sie auch aktive Nutzer. Wenn Sie also feststellen, dass der Anteil der Updates stark unter den Downloadzahlen liegt, können Sie davon ausgehen, dass Ihre App nicht die gewünschte Stickyness hat. In solch einem Fall müssen Sie entweder mehr neue Downloads generieren, um den Nutzerschwund auszugleichen, oder Ihre App erweitern und attraktiver für Ihre Nutzer machen. Gerade bei Apps, die den User nichts gekostet haben, ist die Hemmschwelle relativ niedrig, sie einfach wieder zu löschen. Apps, bei denen die User Geld investiert haben, erhalten in der Regel mehr Chancen, um sich im Alltag »zu beweisen«.

Ebenfalls wichtig sind aktive Installationen dann, wenn Sie zu einem späteren Zeitpunkt eine kostenpflichtige Erweiterung implementieren wollen. Um die Conversion Rate und damit den Erfolg der Erweiterung festzustellen, benötigen Sie Informationen darüber, wie viele User Ihre App tatsächlich noch verwenden.

> **Beispiel**
>
> Ihre App wurde bereits 10.000-mal heruntergeladen. Sie implementieren nun eine kostenpflichtige Erweiterung für 89 Cent. Nach einem Monat haben 1.000 Leute diese bereits gekauft. Die Conversion Rate liegt demnach bei
>
> 1.000 / 10.000 = 10%
>
> Bei einem Blick in die Update-Statistik stellen Sie allerdings fest, dass nur knapp 4.000 User Ihre App tatsächlich aktualisiert und damit Zugriff auf die neuen Funktionen haben. Somit liegt Ihre reale Conversion Rate bei
>
> 1.000 / 4.000 = 25%
>
> Dieser Wert ist um einiges höher und zeigt, dass sich die Erweiterung einer großen Beliebtheit erfreut.

Natürlich sollten Sie sich Gedanken darüber machen, warum Sie bereits 6.000 User verloren haben, ein Schwund von 50% ist durchaus ernst zu nehmen. Obwohl die meisten Apple Nutzer innerhalb weniger Tage ihre Apps aktualisieren, kann die Verbreitung doch einige Wochen dauern. Nach gut einem Monat haben Sie aber bereits einen guten Überblick darüber, wie viele aktive Nutzer Ihre App noch aufweist.

Das Dashboard liefert Ihnen also die wichtigsten Informationen auf einen Blick mit Abstrichen bei der Umsatzanzeige.

Google hingegen setzt auf eine moderne Web-Oberfläche, wie Sie bereits aus Google Analytics bekannt ist. Die Developer Console bietet zunächst eine Übersicht aller Apps und legt hierbei den Schwerpunkt auf andere Kennzahlen als Apple. Zunächst werden in einer Übersicht neben den Gesamtdownloads die aktiven Installationen ausgewiesen. Der Umweg über die Anzahl der

13.1 Die wichtigsten Kennzahlen im Blick

Updates ist somit bei Android nicht nötig. Ebenfalls ausgewiesen werden die Anzahl der Bewertungen sowie die durchschnittliche Bewertung jeder App. Eine weitere wichtige Kennzahl ist die Anzahl an dokumentierten Abstürzen. Als iOS-Entwickler erfahren Sie von Abstürzen meist erst durch negative Kommentare Ihrer User. In der Google Developer Console werden diese Daten bereits dargestellt, damit Sie schneller reagieren können.

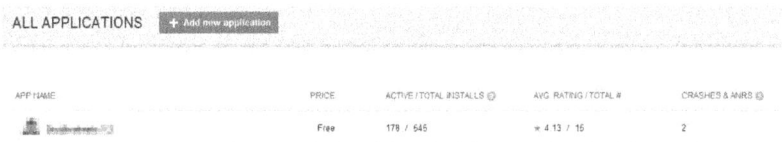

Abbildung 13.3: App-Zusammenfassung in der Google Developer Console

Für jede App können Sie nun die Statistiken aufrufen, um detaillierte Informationen zu erhalten. Im Gegensatz zu Apple neben der üblichen Statistik ebenfalls die Android-Versionen, mit denen Ihre App genutzt wird. Auch die genaue Gerätebezeichnung wird direkt mitgeliefert. Wenn Sie sich also während der Umsetzung auf bestimmte Geräte konzentriert haben, können Sie hier überprüfen, ob Sie mit Ihrer Einschätzung richtig gelegen haben. Bezüglich der Zielgruppe erhalten Sie weiterhin Auskunft darüber, welcher Mobilfunkanbieter genutzt wird.

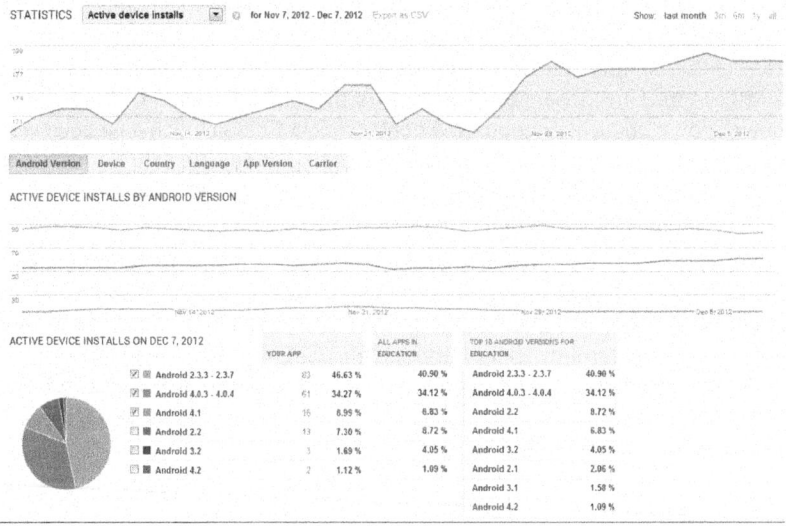

Abbildung 13.4: Android Statistics

13 Erfolgsmessung

Im Bereich RATINGS & REVIEWS erhalten Sie eine schnelle Übersicht darüber, welche Bewertungen Ihre App im Einzelnen erhalten hat. Sie können diese zusätzlich nach Sprache, App-Version und Gerät filtern. Wenn also mehrere schlechte Bewertungen von Geräten verschickt werden, die Sie während der Test-Phase außen vor gelassen haben, dann wissen Sie, dass hier schnell Abhilfe geschaffen werden muss.

Abbildung 13.5: Ratings & Reviews in der Google Developer Console

Die Google Developer Console bietet Ihnen also ein wesentlich breiteres Informationsspektrum als das iTunes Connect Dashboard. Allerdings hat auch dieses seine Nachteile. Zunächst einmal verfügt es nur über Ansichten für eine einzige App. Eine Gesamtansicht, wie es diese beim iTunes Connect Dashboard gibt, wird nicht angeboten. Ebenfalls nicht übersichtlich angezeigt werden Umsätze. Die Financial Reports von Google bieten eine sehr unübersichtliche Tabelle ähnlich iTunes Connect mit einzelnen Zahlungen, die unaufbereitet sehr wenig Aussagekraft haben.

Somit stellen iTunes Connect und die Developer Console für App-Publisher zwar eine wichtige Anlaufstelle zur Erfolgsmessung dar. Allerdings sind sie aktuell in ihrem Funktionsumfang noch unzureichend. Darüber hinaus wünscht sich jeder Entwickler natürlich ein Tool, mit dem beide Plattformen gleichzeitig dargestellt werden können. Sie wollen schließlich wissen, ob Ihre App auf iOS oder auf Android populärer ist, um auch hier wieder rechtzeitig die richtigen Maßnahmen ergreifen zu können.

13.2 App Analytics mit dem Distimo Monitor

Um die funktionalen Lücken von iTunes Connect und der Developer Console zu schließen, sind nach und nach immer mehr Third-Party-Tools in den Markt eingetreten. Diese vereinen nicht nur die verschiedenen mobilen Betriebssysteme in sich, sondern bieten darüber hinaus noch eine Vielzahl weiterer Funktionen an, um App-Publishern effiziente Erfolgsmessungen zu ermöglichen. Eines der bekanntesten Tools ist der Distimo App Monitor. Der App Monitor bündelt die wichtigsten Informationen zu Ihren Apps und stellt diese in einer übersichtlichen, grafischen Oberfläche dar. Nach der Registrierung müssen Sie lediglich Ihre Zugangsdaten für die jeweiligen Appstores eintragen, Distimo synchronisiert anschließend täglich die App-Statistiken völlig automatisch.

Downloads

Natürlich liefert auch Distimo umfangreiche Informationen zu den Downloads Ihrer App. Allerdings haben Sie wesentlich mehr Möglichkeiten, die vorhandenen Zahlen zu filtern und darzustellen. So können Sie zunächst auswählen, ob die Statistiken nach Datum oder nach geografischer Region dargestellt werden sollen. In der Zeitachse können Sie zunächst den Zeitraum auswählen. Sie können entweder auf die zur Verfügung gestellten Zeiträume zugreifen, wie aktueller Monat, letzter Monat etc., oder eigene Zeiträume definieren. Weiterhin können Sie auswählen, ob Sie ein Balkendiagramm oder einen Linienchart bevorzugen. Im unteren Teil erhalten Sie zusätzlich zu der grafischen Ansicht die Zahlenwerte im Einzelnen dargestellt.

Auf der linken Seite haben Sie zahlreiche Filtermöglichkeiten. So können Sie einzelne Stores, Apps oder Länder auswählen. Darüber hinaus können Sie sich auch nur Statistiken über Updates anzeigen lassen (siehe Abbildung 13.6).

Die geografische Ansicht hingegen schlüsselt Ihre Downloads nach Ländern bzw. Kontinenten auf (siehe Abbildung 13.7).

Eine weitere wichtige Funktion von Distimo ist die Möglichkeit, die aktuellen Einstellungen zu speichern. So müssen Sie nicht immer und immer wieder die Filter neu einstellen, sondern können direkt auf Ihre gespeicherten Ansichten zurückgreifen.

Trotz der vielen Möglichkeiten stellt Distimo leider keine Informationen zur Verfügung bezüglich der Geräte oder Mobilfunkanbieter, wie dies in der Google Developer Console der Fall ist.

13 Erfolgsmessung

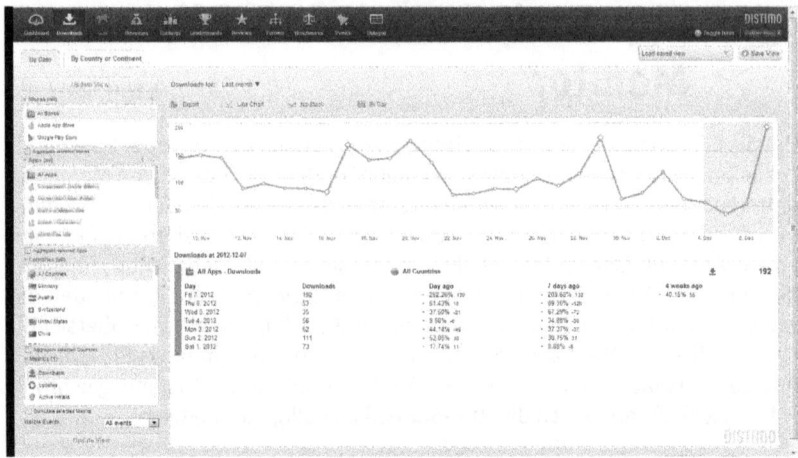

Abbildung 13.6: App-Downloads im Distimo Monitor

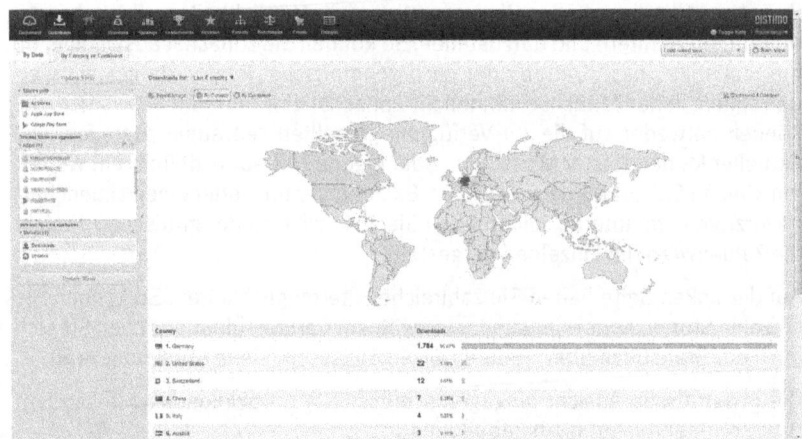

Abbildung 13.7: Downloads nach Ländern

Umsätze

Einer der größten Nachteile von iTunes Connect und der Developer Console war die Tatsache, dass sie völlig unzureichende Informationen zu Umsatzerlösen enthalten haben. Distimo greift diese Schwäche auf und bietet eine Zusammenfassung Ihrer Erlöse. Auch hier haben Sie wieder zahlreiche Filter-

13.2 App Analytics mit dem Distimo Monitor

optionen zur Auswahl, um genau zu analysieren, welche Apps Ihnen die meisten Umsätze bringen. Sie können weiterhin auswählen, ob Brutto- oder Netto-Umsätze angezeigt werden sollen und in welcher Währung. Google und Apple liefern Ihnen in ihren Financial Reportings lediglich Informationen in US-Dollar, daher ist diese Option besonders hilfreich. Allerdings stimmen die Zahlen nicht immer mit den tatsächlichen Auszahlungen überein. Dies ist durch Wechselkursschwankungen zu erklären, Distimo verwendet hier zum Teil andere Kurse als Apple oder Google. Umsätze durch InApp-Käufe werden ebenfalls erfasst und dargestellt.

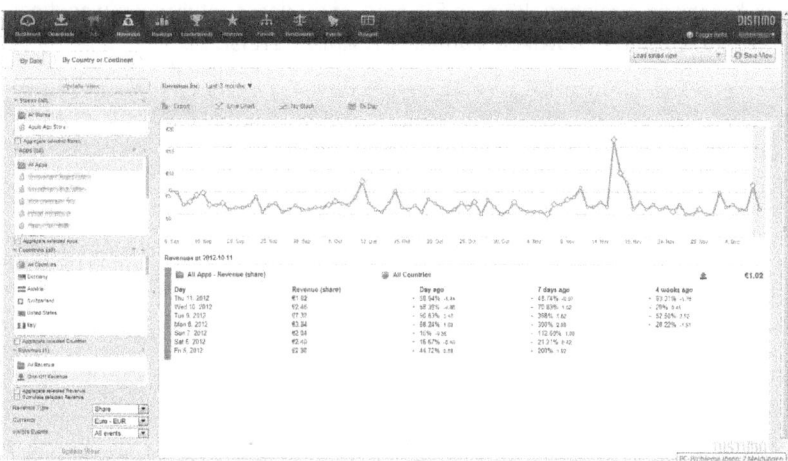

Abbildung 13.8: Umsätze im Distimo Monitor

Rankings

Als App-Publisher sollten Sie immer ein Auge darauf haben, welche Chartpositionen Ihre Apps einnehmen. Allerdings kann es sehr mühselig sein, ständig die Positionen im App Store und Play Store zu überprüfen. Bei Apple werden sogar nur die ersten 200 Positionen angezeigt. Rutscht Ihre App unter diese Marke, wissen Sie also nicht, ob Sie auf Position 201 oder 300 liegen. Auch hier schafft Distimo Abhilfe. Apps werden bis Position 400 dargestellt und können miteinander verglichen werden. Sie erhalten dadurch ein gutes Instrument, um Ihren Erfolg ins Verhältnis zu Apps aus der gleichen Kategorie zu setzen, und bekommen so ein Gefühl dafür, wie viele Downloads in etwa nötig sind, um auf den vorderen Rängen zu landen und anschließend vom Schneeball-Effekt zu profitieren.

Genau wie in den Stores können Sie auswählen, ob Sie die Positionen innerhalb der kostenpflichtigen, kostenfreien oder umsatzstärksten Apps sehen möchten. Dadurch wird Ihre App ebenfalls erfasst, wenn Sie sie zum Beispiel für begrenzte Zeit umsonst anbieten, um neue Bewertungen zu generieren. Eine Lücke in der Chart-Ansicht bedeutet also, dass Ihre App nicht erfasst wurde, weil sie z. B. in diesem Zeitraum nicht kostenpflichtig angeboten wurde.

Ebenfalls möglich ist die Analyse der Overall-Charts. Denn Ihre App konkurriert nicht nur mit Apps aus der eigenen Kategorie, sondern mit allen verfügbaren Apps. Wenn Sie also mit Ihrer App einen sehr guten Platz in Ihrer eigenen Kategorie erreichen, können Sie ein Gefühl dafür entwickeln, was dieser im Vergleich zu den Downloadzahlen aller Apps wert ist.

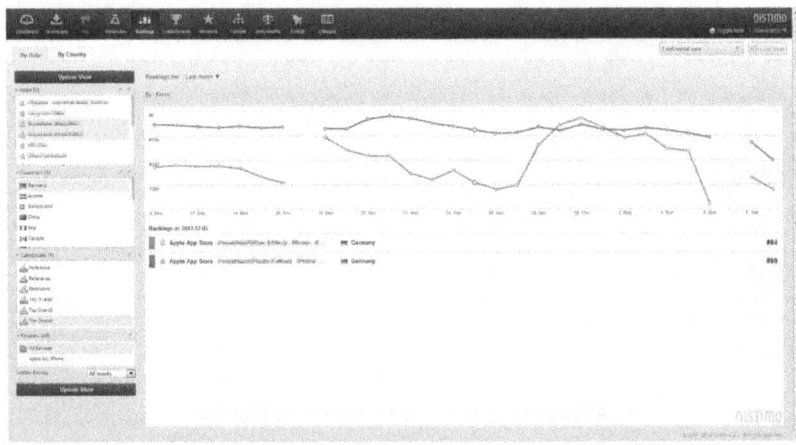

Abbildung 13.9: App-Rankings im Distimo Monitor

Reviews

Die Google Developer Console bietet Ihnen bereits Informationen zu den Bewertungen Ihrer App an. Allerdings geht Distimo auch hier einen Schritt weiter und bietet neben den üblichen Filtern nach Store, App, Land auch die Möglichkeit an, die verschiedenen Kommentare mit so genannten Labels zu kategorisieren. Sie können dabei auf die vorhandenen Kategorien Bug, Compliment und Feature zugreifen oder gar eigene Labels erstellen. Besonders die Unterscheidung in Bugs und Features macht Sinn, da Sie dadurch eine Art Priorisierung vornehmen können. Bugs sollten immer als Erstes behoben werden, vor allem, wenn die Zahl der Kommentare in dieser Kategorie

13.2 App Analytics mit dem Distimo Monitor

innerhalb kurzer Zeit stark zunimmt. Anschließend können Sie sich um die Wünsche der User kümmern. Falls sich der ein oder andere Wunsch oder Bug wiederholt, sollten Sie hierfür eine eigene Kategorie anlegen.

Als Gimmick kann die Twitter-Funktion bezeichnet werden. Diese ermöglicht es Ihnen, einen bestimmten Kommentar direkt über Ihren Twitter-Account zu veröffentlichen. Wenn Sie also einen Twitter-Account pflegen, können Sie besonders gute Kommentare durchaus zu Marketing-Zwecken nutzen.

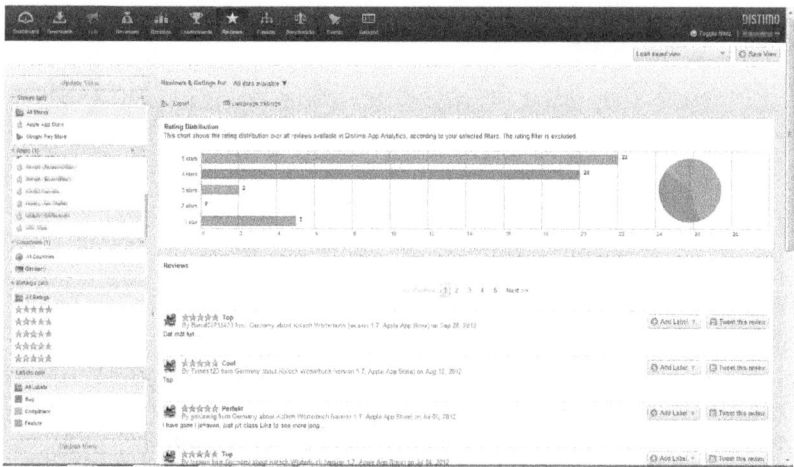

Abbildung 13.10: App-Reviews im Distimo Monitor

Dashboard

Sie müssen natürlich nicht alle Funktionen des Distimo Monitors einzeln aufrufen, um die wichtigsten Informationen zu erhalten. Das Dashboard bietet ähnlich wie iTunes Connect eine Übersicht der wichtigsten Kennzahlen. Der große Vorteil: Sie können sie vollständig nach Ihren Wünschen personalisieren und nur die Auswertungen erhalten, die für Sie von Relevanz sind. In der Standard-Ansicht werden Downloads, Umsätze, Rankings und Bewertungen zusammengefasst. Weiterhin erhalten Sie einen Überblick darüber, wie sich die Downloads vom Vortag im Vergleich zu den vorigen Wochen entwickelt haben. Zuletzt sehen Sie noch einen Vergleich der Wochentage im Verhältnis zur Vorwoche.

Nutzen Sie also die Personalisierungsfunktion und richten Sie das Dashboard so ein, dass Sie sich jederzeit schnell einen Überblick verschaffen können.

13 Erfolgsmessung

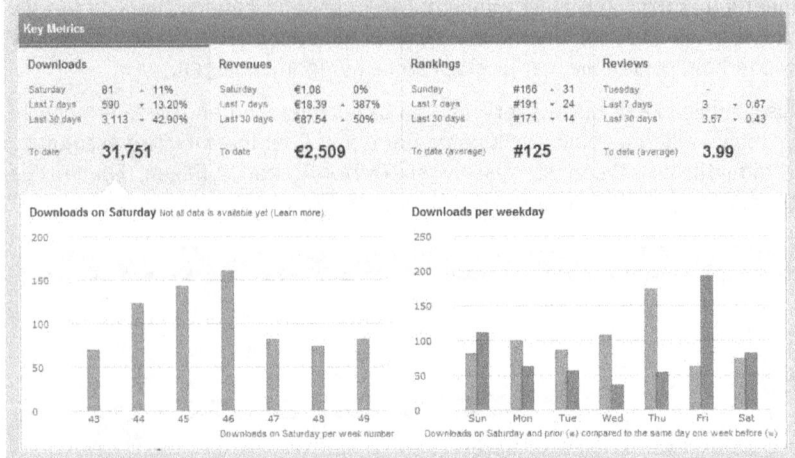

Abbildung 13.11: Standard-Ansicht des Dashboards

Weitere Funktionen

Die Möglichkeiten des Distimo Monitors sind mit den beschriebenen Funktionen noch nicht annähernd erschöpft. Sie können auf eine Vielzahl weiterer Features zugreifen, um noch effektiver die Entwicklung Ihrer App zu beobachten. Das Datagrid liefert Ihnen eine tabellarische Darstellung aller vorhandenen Kennzahlen. Sie können diese nach Belieben sortieren und anschließend zur weiteren Verwendung exportieren. Benchmarks hingegen erlauben es Ihnen, die Performance Ihrer Apps in verschiedenen Ländern mit den Downloads aller Apps in diesen Ländern zu vergleichen. Sie bekommen also einen Überblick darüber, in welchen Ländern die meisten Apps heruntergeladen werden, und sehen gleichzeitig, wie erfolgreich Sie selbst in diesem Land sind.

Beispiel

90% aller Apps werden in den USA heruntergeladen. Sie erzeugen aber 90% Ihrer eigenen Downloads in Deutschland, wo lediglich 5% aller App-Downloads weltweit erzeugt werden. Sie können nun den Schluss ziehen, dass Sie in Deutschland zwar die meisten Apps absetzen, aber die Zahl an möglichen Downloads in den USA viel höher wäre. Eine Lokalisierung Ihrer App und die Ausweitung Ihrer Marketing-Maßnahmen auf den amerikanischen Markt könnten also durchaus sinnvoll sein.

Leaderboards sind besonders während der Marktanalyse sehr hilfreich. Sie zeigen nicht nur die Charts an einem bestimmten Datum und können nach Store, Land, Kategorie gefiltert werden. Sie können weiterhin sehen, wie hoch der Preis der einzelnen Apps ist und ob diese über InApp-Purchases verfügen. So können Sie z. B. herausfinden, welche Art von kostenpflichtigen Erweiterungen besonders erfolgreich ist. Eine manuelle Recherche würde hierfür sehr viel Zeit in Anspruch nehmen. Neben den Charts des Apple App Store und Play Store wird noch eine Vielzahl weiterer Stores unterstützt wie z. B. der Windows Phone Store.

Alternativen

Der Distimo Monitor ist natürlich nicht das einzige Tool, das Sie verwenden können, um Ihre App-Statistiken aufbereiten zu lassen. Wie bereits erwähnt, tummeln sich mittlerweile eine Großzahl von Anbietern im Markt und buhlen um die Gunst der App-Publisher. Ein weiterer sehr populärer Anbieter in diesem Segment ist App Annie[1]. Auch hier können Sie umfangreiche Reports anlegen und den Erfolg Ihrer Apps überwachen. Appfigures[2] ist ebenfalls ein sehr flexibles Tool, hält allerdings weniger Marktdaten bereit. Weiterhin können Sie hier in der kostenlosen Basisversion lediglich fünf Apps tracken. Außerdem müssen Sie die Synchronisierung zwischen dem Tool und den einzelnen Appstores manuell auslösen, ansonsten werden keine neuen Daten importiert. Weitere Funktionen können Sie sich gegen eine monatliche Gebühr freischalten lassen, die von Ihren persönlichen Wünschen abhängig ist.

Wer nicht auf eine Web-Oberfläche zurückgreifen möchte, kann sich den AppViz[3] herunterladen. Er ist jedoch nur für Mac-Systeme verfügbar und kostenpflichtig. Die Preise variieren zwischen 49 und 500 US-Dollar je nach der gewählten Lizenz.

13.3 Das Ursache-Wirkung-Prinzip

Natürlich dient der tägliche Blick in die Statistiken nicht nur dazu, sich auf dem Laufenden zu halten. Genau wie im Online-Business müssen Sie lernen, die richtigen Zusammenhänge zu erkennen und die richtigen Schlüsse daraus zie-

---

1. appannie.com
2. appfigures.com
3. http://www.ideaswarm.com/AppViz2.html

hen. Insbesondere müssen Sie feststellen können, ob die in diesem Buch beschriebenen Marketing- und PR-Maßnahmen gegriffen haben.

Preisanpassung

Wie Sie in Kapitel 6 und 8 sehen konnten, haben Preisanpassungen große Auswirkungen auf die Downloadzahlen respektive Käufe Ihrer App. Zu unterscheiden ist hierbei zwischen einer dauerhaften und einer temporären Preisänderung. Dauerhafte Preisänderungen nehmen Sie dann vor, wenn Sie davon ausgehen, dass Ihr aktueller Preis nicht optimal ist. So können Sie z. B. bei höherpreisigen Apps den Preis leicht anheben, um festzustellen, ob Ihre Zielgruppe mit einem höheren Preisniveau ebenfalls einverstanden ist. Bei moderaten Preisanpassungen nach oben kann es durchaus passieren, dass Ihre Downloadzahlen zunächst zurückgehen, sich nach einer gewissen Zeit aber wieder auf das alte Niveau einpendeln. Dies liegt daran, dass einige User den alten Preis Ihrer App bereits kannten und nun aufgrund der Preiserhöhung abgeschreckt sind. Je mehr Zeit jedoch vergeht, umso weniger spielt Ihr alter Preis eine Rolle. Nach etwa einem Monat können Sie sehen, wie sich der neue Preis tatsächlich auf die Nachfrage auswirkt.

Kurzfristige Preisanpassungen finden meistens im Rahmen einer Preissenkung statt, so wie dies in Kapitel 8 erläutert wurde. Im Gegensatz zu dauerhaften Preisänderungen sollten Sie hierbei sehr schnell einen Anstieg der Downloadzahlen beobachten können, meistens noch am Tag der Anpassung selbst. Wenn sich innerhalb der ersten 48 Stunden nach Preissenkung keine nennenswerten Effekte beobachten lassen, können Sie davon ausgehen, dass Ihre Bemühungen ins Leere gelaufen sind. Dies kann z. B. daran liegen, dass selbst der neue Preis noch über den Erwartungen der User liegt, um als echtes Schnäppchen wahrgenommen zu werden. In solch einem Fall sollten Sie in Erwägung ziehen, den Rabatt bei der nächsten Preissenkung größer ausfallen zu lassen.

Updates

Wie beschrieben können Sie mit Updates überprüfen, wie viele aktive Nutzer Ihre App tatsächlich noch hat. Aber natürlich ist dies nicht der eigentliche Sinn und Zweck von Updates. Vielmehr wollen Sie mit diesen die User Experience verbessern, sei es durch neue Funktionen oder die Behebung von Bugs. Werden diese Änderungen von den Usern positiv angenommen, sollte sich nach und nach eine Erhöhung der Downloadzahlen beobachten lassen. Falls Sie nachträglich kostenpflichtige Inhalte in Ihre App integrieren, sollten Sie wie beschrieben darauf achten, wie viele User sie nach einem Update innerhalb des ersten Monats kaufen.

Achten Sie nach Updates ebenfalls stark auf die neuesten User-Bewertungen und überprüfen Sie, ob sie sich auf Ihre Aktualisierungen beziehen. Oftmals können Sie innerhalb weniger Tage anhand der Bewertungen einen Trend erkennen, ob Ihr Update Früchte trägt oder weiterhin Optimierungsbedarf an der einen oder anderen Stelle besteht. Besonders bei neuen kostenpflichtigen Funktionen werden Sie sehr schnell wissen, was Ihre User davon halten.

Presseveröffentlichungen

Bei Veröffentlichungen Ihrer App in einer Print-Zeitschrift oder auf einem Online-Portal sollte sich ebenfalls eine, zumeist kurzfristige, positive Entwicklung der Downloadzahlen einstellen. Wie groß dieser Effekt ist, hängt von der Reichweite des jeweiligen Mediums ab. Eine Erwähnung auf großen Websites wie z. B. *chip.de* hat natürlich mehr Einfluss auf den Erfolg Ihrer App als ein Bericht in einem privaten Blog. Behalten Sie daher alle Veröffentlichungen im Auge und ordnen Sie Ausschläge in den Statistiken diesen zu. Dadurch erhalten Sie wertvolle Informationen darüber, wie groß der Einfluss der einzelnen Medien wirklich ist.

In Zukunft können Sie sich, falls Sie nur begrenzt Zeit aufbringen können, auf die erfolgversprechendsten Medien konzentrieren. Allerdings werden Sie, falls Sie nicht auf einen professionellen Dienst zur Erstellung von Presseclippings zurückgreifen, kaum in der Lage sein, alle Veröffentlichungen zu tracken. Gerade Veröffentlichungen in Print-Medien entgehen oftmals der eigenen Aufmerksamkeit, so dass Sie vielleicht nie erfahren, ob eine Veröffentlichung in einer Zeitschrift für den Ausschlag nach oben verantwortlich war.

Plötzlich sinkende Downloadzahlen

Von Zeit zu Zeit wird es passieren, dass Sie von negativen Statistiken überrascht werden. Sie werfen eines Tages einen Blick auf die aktuellen Zahlen und stellen fest, dass Ihre Downloadzahlen eingebrochen sind. Dafür kann es zahlreiche Gründe geben. Zum einen sollten Sie unbedingt einen Blick auf die Bewertungen werfen. Vor allem nach Updates kann es passieren, dass ein neuer Bug auftaucht und sich innerhalb kurzer Zeit mehrere negative Bewertungen aneinanderreihen. In diesem Fall ist höchste Eile geboten, Sie sollten so schnell wie möglich nach einer Lösung suchen. Sollte sich Ihre App bis zu diesem Zeitpunkt in den Top 25 aufgehalten haben und nun unter diese wich-

13 Erfolgsmessung

tige Marke rutschen, ist mit weiteren Einbrüchen zu rechnen. Gerade im App Store ist solch eine Entwicklung fatal, da Sie eine neue Version erst wieder bei Apple einreichen müssen. Selbst wenn Sie innerhalb weniger Stunden den Fehler behoben haben, kann es durchaus sein, dass bis zur Veröffentlichung der neuen Version eine Woche vergeht.

Weiterhin kann es Veränderungen im Konkurrenzumfeld gegeben haben, die für den Einbruch verantwortlich sind. So kann es vorkommen, dass Ihre Konkurrenz die Preise für ihre App gesenkt hat. In diesem Fall müssen Sie darauf achten, ob die Preissenkung nur kurzfristig ist oder dauerhaft. Denn auch der Wettbewerb weiß Preissenkungen durchaus als kurzfristiges Verkaufsförderungsinstrument einzusetzen. Ernster wird die Lage bei dauerhaften Preissenkungen. Sollten sich die Konkurrenz-Apps kaum von Ihrer unterscheiden, werden sich, vor allem bei niedrigen Preisen, die User fast immer für die günstigere Variante entscheiden. Dieses Problem lässt sich leider nicht ad hoc lösen. Sie können nun panikartig ebenfalls die Preise senken und sich in einen Preiskampf stürzen – mit nachhaltigen Auswirkungen auf Ihre Umsätze. Oder Sie entwickeln eine Strategie, um Ihren USP noch deutlicher hervorzuheben, um so die User davon zu überzeugen, dass Ihre App auch wirklich das Geld wert ist.

Neue Konkurrenten können ebenfalls ein Grund dafür sein, dass Ihre App an Downloads einbüßt. Je mehr Konkurrenz Sie haben, umso härter wird der Kampf um neue User. Hier müssen Sie ebenfalls einen Weg finden, um sich Ihre verlorenen Marktanteile wieder zurückzuerobern.

Bei Apps, die auf populäre Suchbegriffe abzielen, sollten Sie Ihre Positionierung innerhalb der Suchergebnisse überprüfen. Sollte sich diese tatsächlich verschlechtert haben, kann auch dies ein Grund für rückgängige Downloadzahlen sein.

Abgleich mit anderen Marketing-Maßnahmen

Sie sollten die Downloadzahlen regelmäßig mit den Nutzungsstatistiken Ihrer anderen Marketingmaßnahmen vergleichen. Die Aufrufe Ihres YouTube-Videos können ein Hinweis für das Interesse an Ihrer App sein. Besonders dann, wenn Sie das Video direkt im Play Store veröffentlichen. Ein Anstieg der Aufrufe sollte sich dann ebenfalls in steigenden Downloadzahlen ausdrücken. Auch die Besucher Ihrer Website können als wichtige Orientierung dienen. Falls immer mehr Leute auf Ihre Website gehen, Sie aber daraus keinen Profit schlagen können, müssen Sie Ursachenforschung betreiben und gegebenenfalls die Website optimieren, um eine bessere Conversion von Besuchern zu

Usern bzw. Käufern zu erreichen. Zuletzt sollte die Anzahl Facebook-User, die Ihre App oder Ihre Facebook-Seite geliked haben, analog mit den Downloadzahlen steigen. Dies gilt auch für Ihre Follower auf Twitter. Beobachten Sie stets Entwicklungen auf der einen Seite und überprüfen Sie, ob sich die Zahlen mit dem aktuellen Erfolg Ihrer App decken.

Sie sehen, es gibt eine Vielzahl an Rückschlüssen, die Sie aus den Statistiken von Distimo und Co. ableiten können. Sie können sowohl die Auswirkungen von gezielten Maßnahmen beobachten als auch unerwartete Veränderungen auf Ihre Ursachen hin untersuchen. Die Erfolgsmessung ist ein wesentlicher Bestandteil Ihrer täglichen Arbeit und darf in keinem Fall unterschätzt werden. Denn nur wer sich ausreichend Zeit nimmt, Statistiken zu lesen, wird langfristig in der Lage sein, den Erfolg seiner App maßgeblich zu bestimmen.

Index

A
Abonnement 173
Abrechnungsmodell 288
Abwicklung 289
AdImpression 290
AdMediation 249
AdMob-Kampagne 294
AdNetworks 178
Alternativer Appstore 32
Amazon Android Market 32
Analyse
    demografische 62
Android 19, 29
    Update 30
Android Market 21
Android-Gerät
    Auflösungen 30
Android-Nutzer
    Kaufbereitschaft 66
AndroidPIT 33
Anzeigengruppe 295
Anzeigenkreation 300
Anzeigenoptimierung 301
App
    funktionale 37
    kostenpflichtige 150
App Analytics 359
App Store 27
App-Icon 315
Apple
    Regularien 28
App-Marketing 237
Appstore Optimization 197
AppWalls 189
Auflösung
    Android-Geräte 30
    iOS-Geräte 27

B
Banner-Ads 183
Beschreibungstext 201
Bewertung 83, 226
Billig-App 155
Blind Network 180
Blind Networks 179
Blog 316
Brainstorming 50
Break-even 192
Break-even-Analyse 192
Bücher 41
Budget 289
BundleID 146

C
Chartposition 85
Click-Through-Rate 177, 288
Click-to-Download 291
Content-App 38
Content-Lieferant
    Überblick 89
Contentlieferant 88
Cost-per-Click 177
CPC 177
Cross-Promotion 207, 249
CTR 177

D
Dashboard 363
Datenlieferant 88
Datennetz
    mobiles 97
Datenschutz 131
Debugging 139
Demografische Analyse 62

Index

Demografisches Merkmal 62
Design 108
Developer Challenge 19
Distimo Monitor 359

E
EDGE 16, 98
E-Mail-Client 331
Erfolgsmessung 353

F
Facebook 276
    Integration 281
Facebook-Seite 276
Fahrstuhl-Pricing 246
Fantasienamen 129
Feedback 346
Fill Rate 177
Follower 284
Foto-Apps 37
Freemium-Modell 166
Fun Apps 40
Funktionale App 37

G
Game 44
Geschäftsmodell 149
Global Positioning System 99
Google Developer Console 146
Google Play 21, 29
GPS 99
Grobkonzept 104
Grocery List 29

H
Hashtag 284
Header 110
Hörprobe 263
Hot Spots 98
House Ads 249
HSDPA 16
HTC Sense 21

I
Icon 221
Ideenfindung 50
Impressum 131
Impressumspflicht 131
InApp-Purchase 162
Informationsflut 118
Innovation 113
Integration
    in Facebook 281
Interface-Design 109
Interstitial 186
iOS 27
    Update 28
iOS-Gerät
    Auflösungen 27
iOS-Nutzer
    Kaufbereitschaft 66
iPad 18
iTunes Connect 144
iTunes Connect Dashboard 353

K
Kamera 100
Kaufbereitschaft 66
Keyword-Namen 128
Keywords 197
Kommentar 226
Kontaktformular 266
Kostenkalkulation 192
Kosten-Nutzen-Kalkulation 301
Kostenpflichtige App 150
Kundenbindung 339
Kundenfeedback 261

L
Lion 28
Lite-Version 79, 239
Location Based Service 39
Lokalisierung 136

M

Mac OS X Snow Leopard 28
Market-based View 52
Marketing 82
Marktgröße 61
Marktpotenzial 61
Marktumfeld 61
Massenmarkt 55
Media Kit 267
Media-Monitoring 336
Mental Model 120
Merkmal
   demografisches 62
Mindmap 103
Mindmapping 50
Mobile Advertising 287
Mobile Gaming 44
Mobiles Datennetz 97
Mockups 116
Monkey Island 44
Multitouch 97

N

Nachfassen
   Pressemitteilung 327
Nachfrage 152
Nachfragekurve 151
Namensfindung 138
Near Field Communication 101
Newsletter-System 331
News-Portal 316
NFC 101
NFC-Chip 101
Nischenmarkt 55
Nutzungsszenario 67

O

Open Mobile Store 34
Open Source 29
OS X Lion 28

P

Pageflow 114
PageImpression 177

PDA 17
Performance-Marketing 176
Preisanpassung 366
Preisgestaltung 149
Preissenkung 241
Preissensibilität 65
Preisstufe 152
Premium Blind Networks 179
Presse-Foto 315
Pressemappe 315
Pressemitteilung 306, 315
   nachfassen 327
Presseportal 333
Pressestimme 207
Presseveröffentlichung 367
Presseverteiler 316
Pricing 78
Print-Magazin 321
Prohibitivpreis 151
Promo-App 45
Promo-Code 230, 324
Public Relations 305
Push-Ads 188
Push-Nachricht 339

R

Ranking 361
Regularien
   Apple 28
Reichweite 176, 290
Resource-based View 52, 53
Retina-Display 28
Review 362
Rich Media Ads 187
Run-Off-Network (RON 289

S

Sättigungsmenge 151
Screenshot 217, 315
SlideMe 35
Snow Leopard 28
Social Media 269
Spiel 44
Standards 110
Statusmeldung 276

Index

Suchergebnis 233
SWOT-Analyse 92
Symbian 17
Symbol 203
Synergien 56
System 17

T

Targeting 290
Tausendkontaktpreis 176
Technologie-Analyse 74
Teledienstgesetz 131
Telemediengesetz 131
Testing 139
TKP 176
Touchscreen 97
ToucWiz 21
Tracking 290
Trichter-Modell 101
Tweet 284
Twitter 284

U

Umfrage 346
Umsatzpotenzial 62
UMTS 16
Umweltanalyse 93
Unique Selling Proposition 104
Universal-App 159
Unternehmensanalyse 94
Unternehmens-Apps 42
Update 349, 366
    Android 30
    iOS 28
Upload 143

Usability 108
User Centric Design 67
USP 104

V

Vergütungsmodell 176
Vermarktung 138
Vermarktungskonzept 49
Video-Ad 186
View
    market-based 52
    Resource-based 53
Virtuelle Güter 171
Vorschautext 201

W

Werbebanner 176
Werbeinventar 177
Werbemittel 183, 291
Werbung 176
Wettbewerb 73
Widget 29
Windows Phone 23
Wireframing 116

Y

YouTube 269

Z

Zeitschrift 321
Zeitschriften 41
Zielgruppenanalyse 61
Zielsetzung 149

Holger Hinzberg

Objective-C
und Cocoa
Praxiseinstieg

Programmierung für Mac® OS X und iPhone

2. Auflage

- Grundlagen von Objective-C und Cocoa
- Programmierung für iPhone & Co.
- Zahlreiche praxisnahe Beispiele

Die Programmierung für Mac OS X und iPhone wird immer beliebter, jedoch ist der Einstieg nicht immer einfach. Holger Hinzberg zeigt Ihnen von Grund auf und praxisnah, wie Sie Anwendungen mit Objective-C und Cocoa erstellen und die dazu nötigen Werkzeuge bedienen. Alle Funktionen werden anhand von Beispielen erklärt. So lernen Sie das Handwerkszeug, das Sie benötigen, um später eigene Anwendungen zu entwickeln. Der Autor stellt die Praxis in den Vordergrund und die Beispiele sind so angelegt, dass sie leicht programmiert werden können.

In Teil I lernen Sie zunächst das Arbeiten mit der neuen Entwicklungsumgebung Xcode 4 kennen sowie alle wichtigen Grundlagen von Objective-C. Anhand von einfachen Beispielprogrammen wie Volumenberechnungen oder Personenlisten lernen Sie die ersten Schritte, um eigene kleine Programme zu schreiben.

Teil II beschäftigt sich mit dem Einsatz von Cocoa für grafische Benutzeroberflächen. Hier lernen Sie, wie Textfelder, Schaltflächen und viele andere Steuerelemente funktionieren. MVC-Architektur, Delegation und Sprachausgabe sind nur einige der behandelten Themen. Von einem kleinen Rechner über eine Taxianwendung bis hin zu sortierbaren Tabellen mit Drag und Drop werden hier zahlreiche Beispielanwendungen entwickelt.

Teil III widmet sich der Programmierung für iOS, also für iPhone, iPad und iPod Touch. Diese Geräte bieten vollkommen andere Möglichkeiten der Bedienung. Hier erfahren Sie, was bei der Programmierung anders ist, welche Funktionen Sie hierfür benötigen und worauf Sie achten müssen. Auch hier werden wieder verschiedene Anwendungen erstellt wie z.B. eine Länderdatenbank oder ein Farbmischer.

Zu jedem Kapitel finden Sie Übungsfragen mit Lösungen.

Das Buch richtet sich an Leser mit grundlegenden Programmierkenntnissen einer objektorientierten Programmiersprache. Vorkenntnisse in der Mac-Programmierung sind nicht erforderlich.

Für das Buch wurde Xcode 4.3 verwendet und die Beispiele sind unter Mac OS X ab Version 10.7 Lion oder höher lauffähig.

Über den Autor:
Holger Hinzberg arbeitet seit vielen Jahren als Softwareentwickler und hat bereits das Buch „Mac-Programmierung für Kids" geschrieben.

Probekapitel und Infos erhalten Sie unter:
www.mitp.de/9227

ISBN 978-3-8266-9227-7

Holger Hinzberg

iPhone
Programmierung

- **Vom Autor des bestverkauften und beliebten Einführungsbuches zu Objective-C und Cocoa**
- **Praktischer Einstieg mit zahlreichen einfachen Beispielen**
- **Alle grundlegenden Themen detailliert erläutert**

Die Entwicklung von Apps für das iPhone wird immer beliebter, jedoch ist der Einstieg nicht immer einfach. Holger Hinzberg zeigt Ihnen von Grund auf und praxisnah, wie Sie Apps mit Objective-C und Cocoa erstellen und die dazu nötigen Werkzeuge bedienen. Alle Funktionen werden anhand von Beispielen erklärt. So lernen Sie das Handwerkszeug, das Sie benötigen, um später eigene Apps zu entwickeln. Der Autor stellt die Praxis in den Vordergrund und die Beispiele sind so angelegt, dass sie leicht programmiert werden können.

Probekapitel und Infos erhalten Sie unter:
www.mitp.de/9287

ISBN 978-3-8266-9287-1